EL
ENEMIGO
DEL PUEBLO

EL ENEMIGO DEL PUEBLO

DEL PUEBLO

Una época peligrosa para
contar la verdad en América

JIM ACOSTA

HarperCollins *Español*

Los libros de HarperCollins Español pueden ser adquiridos para propósitos educativos, negocios y promoción. Para información escriba un
correo electrónico a SPsales@harpercollins.com.

Título original *The Enemy of the People* en Nueva York en 2019 por
HarperCollins Publishers.

PRIMERA EDICIÓN

Jefe de edición: Edward Benítez
Traducción: Carlos Ramos Malavé

Se han solicitado los registros de catalogación en publicación de la Biblio-
teca del Congreso.

ISBN 978-0-06-298163-9

19 20 21 22 23   LSC   10 9 8 7 6 5 4 3 2 1

Para H.O.P.

Contenido

Prólogo

—Noticia de última hora de la CNN...

Estaba sentado en un avión pocos minutos después de despegar cuando la noticia apareció en las pantallas de televisión de la cabina. Era la mañana del 25 de octubre de 2018 y yo había despegado del Aeropuerto Nacional Ronald Reagan de Washington para volar a San Francisco, donde daría un discurso en la Universidad Estatal de San José sobre el estado de la prensa bajo el mandato del presidente Donald J. Trump y aceptaría un premio del programa de Periodismo de la facultad. Tenía planeado utilizar las horas de vuelo para trabajar en mi discurso, pero de pronto me quedé pegado a la pantalla de televisión que tenía delante.

El Departamento de Policía de Nueva York tenía unidades rodeando el Time Warner Center en Columbus Circle, justo delante del Central Park. Las oficinas centrales de la CNN estaban siendo evacuadas tras haber descubierto un paquete sospechoso en la sala de correo del edificio. Habían enviado una bomba casera a la CNN en Nueva York, pero su objetivo era el antiguo director de la CIA, John Brennan, un crítico habitual de Trump. El artefacto era similar a las bombas enviadas a los adversarios demócratas de Trump, incluido el expresidente Barack Obama y la rival de Trump en las elecciones de 2016, la exsecretaria de Estado Hillary Clinton.

Pensé que era previsible que, tarde o temprano, se produjera algún acto de violencia.

Temía que llegara el día en el que la retórica del presidente llevara a uno de sus seguidores a herir o incluso a asesinar a un periodista. Y, cuando sucediera, Estados Unidos experimentaría un cambio radical, pasaría a formar parte de la lista de países de todo el mundo donde los periodistas ya no estaban a salvo por contar la verdad. Quizá esa era ya está aquí, una época peligrosa para contar la verdad en Estados Unidos.

Estaba claro que yo no podía hacer nada desde donde me encontraba, atrapado en mi asiento al inicio de un vuelo de cinco horas hacia el norte de California. Lo único que podía hacer era contemplar las imágenes de terrorismo doméstico que se reproducían en la diminuta pantalla situada frente a mí.

Sí, para un periodista hay pocas cosas peores que perderse una gran historia como esta. Pero el "miedo a perdérmelo" no era la emoción que sentía en aquel momento. Estaba enfadado. Muy, muy enfadado. Se trataba de un ataque terrorista a mi empresa informativa y, sin duda, a la prensa libre estadounidense.

Desde la época anterior a la designación de la candidatura en Iowa en 2016, había cubierto el inimaginable ascenso de Trump al poder y su tumultuoso mandato. Mis cámaras, productores y yo hicimos la cobertura a los mítines en los que Trump demonizaba a la prensa, donde nos llamaba "asquerosos" y "deshonestos", antes de que pasara al siguiente nivel y, durante una rueda de prensa celebrada antes de jurar el cargo, calificara a mi cadena y a mí de *fake news*, o "noticias falsas". Nos tocó escuchar acusaciones como "la CNN es una mierda" de la boca de su multitud de seguidores, los vimos sacarnos el dedo y los oímos llamarnos "traidores" y "escoria". Y, por supuesto, ¿cómo olvidar que el presidente de Estados Unidos dijo que éramos "el enemigo del pueblo"?

De camino a California, hice pedazos el discurso original que tenía previsto para la Universidad de San José y empecé de cero. Había decidido que los estudiantes se enterarían de la verdad sin adornos de lo que había tenido que presenciar durante el tiempo que había pasado cubriendo las noticias de Trump. Como conté más tarde ante la multitud, temía que el presidente estuviera poniendo en peligro nuestras vidas. Pero no era el momento de echarse atrás. La verdad, les dije, era más importante que un presidente que se comportaba como un abusador. Estábamos luchando por la verdad y el riesgo era elevado.

A lo largo de la carrera de Trump hacia la Casa Blanca y durante sus dos primeros años de mandato, he estado escribiendo anécdotas, recopilando citas de diversas fuentes, escuchando historias de ayudantes y socios de Trump, pasados y presentes, y acumulando reflexiones sobre la que, sin duda, es la noticia política más importante de mi vida. En muchos aspectos, he estado preparándome para contar esta historia desde que supe que quería ser periodista.

Habiendo crecido en la zona de D.C., llevo la política en la sangre. Todas las mañanas dejaban el *Washington Post* en nuestra casa. Mis padres eran obreros, pero mi madre leía el *Post* de cabo a rabo todos los días. Mi padre trabajaba en supermercados locales y volvía a casa relatando que había conocido a gente como Dick Gephardt, antiguo congresista de Misuri y candidato demócrata a las presidenciales. En cuanto a mí, fui a la escuela secundaria con la hija del senador de Estados Unidos Trent Lott. Eugene Dwyer, el padre de mi mejor amigo, Robert, trabajaba en el Departamento de Estado.

Al contrario de muchos de los periodistas jóvenes de hoy en día, yo seguí el camino tradicional. Empecé trabajando en los informativos locales y en las cadenas de televisión por cable. Con los años, acabé trabajando en todas partes, desde D.C. hasta Knoxville, pasando por Dallas y Chicago, aprendí de algunos grandes periodistas y cubrí todo tipo de noticias. En los informativos locales, andaba siempre de aquí para allá, yendo del consistorio a los juzgados o a la comisaría de policía. Así fue como empecé a cultivar fuentes, a generar exclusivas y, sobre todo, a informar de la mejor manera posible, con precisión y honestidad.

Finalmente, CBS News me ofreció la oportunidad de mi vida: trabajar para gente como Dan Rather y Bob Schieffer. Cubrí la guerra de Irak, el huracán Katrina y la campaña presidencial de John Kerry. Fue una transición asombrosa para mí que me abrió un mundo de posibilidades, pero fue la CNN la que me dio el trabajo que siempre había deseado, como reportero político. En 2008, cubrí la épica batalla entre Barack Obama y Hillary Clinton. En 2010, me hice un hueco informando sobre el ascenso del Tea Party (una labor que me prepararía para sobrevivir a los mítines de Trump algunos años después). Y, dos años más tarde, la cadena me envió a cubrir la campaña presidencial fallida de Mitt Romney.

Tras la derrota de Romney, la CNN me trasladó a la Casa Blanca para cubrir el segundo mandato de Obama. "Obama sin drama", como era conocido, experimentó muchos dramas durante sus últimos cuatro años en el cargo. El ataque de Bengasi, la desafortunada presentación de la página web de Obamacare, el ascenso del ISIS y el escándalo en el Departamento de Asuntos de Veteranos fueron desafíos muy serios que preocuparon a Obama y dañaron su legado como el presidente que detuvo una segunda Gran Depresión y ordenó la misión de acabar con Osama bin Laden. Resultó que muchas de las noticias que nos mantuvieron ocupados durante el segundo mandato de Obama, como el ISIS y la incapacidad del presidente para aprobar la reforma de inmigración, constituirían algunos de los temas que Trump llevaría consigo hasta el Despacho Oval.

Mucho antes de ser candidato a la presidencia, Trump era un habitual comentarista político en los informativos por cable, en parte debido a su devoción por el movimiento *birther*, alimentado por la falsa teoría conspiratoria que aseguraba que Obama no había nacido en Estados Unidos. Trump fue uno de los principales defensores de aquella mentira sobre el primer presidente afroamericano de la nación. Gracias a su exitoso *reality show* en televisión, *The Apprentice*, Trump ya era una estrella, pero la conspiración *birther* lo convirtió en una especie de referente en las esferas conservadoras, cuando empezó a aparecer en los programas para hablar de sus sospechas de que Obama no era realmente estadounidense. Fue algo vergonzoso.

La élite de Washington, a decir verdad, no consideraba a Trump una figura creíble. Y el presidente Obama restó importancia a sus ataques tildándolos de tonterías de un "charlatán de feria". Aun así, recuerdo que, en la prensa, dimos muchísima cobertura a aquella mentira descabellada sobre sus orígenes.

Después de que Trump anunciara su candidatura a la presidencia en junio de 2015, pocas personas dentro del Ala Oeste de Obama pensaron que tuviera oportunidades de llegar a la Casa Blanca. Para ellos, él era más un chiste que un posible presidente. Estaban convencidos de que Hillary Clinton sería la próxima presidenta.

Esa imagen tardó muy poco en empezar a cambiar.

Llegado el otoño de 2015, cuando Trump empezaba a atraer grandes multitudes a sus mítines, recuerdo que asistí a una recepción extraoficial en el despacho de Susan Rice, consejera de Seguridad Nacional. (Creo que eran unas copas con los empleados). Un alto funcionario me preguntó si pensaba que Trump podía ganar realmente la candidatura republicana. Claro, le dije. No había más que ver la cantidad de personas que se presentaban en sus actos.

La gente de Obama empezaba a prestar atención, pero seguían plenamente convencidos de que Clinton se convertiría en la cuadragésimo quinta presidenta. Eso mismo pensaba casi todo el mundo.

Tras el discurso de Obama sobre el Estado de la Unión en 2016, salí de la Casa Blanca con un nuevo encargo en el horizonte. Durante los diez meses siguientes, cubriría la campaña de Trump, desde la presentación de la candidatura en Iowa hasta la noche de las elecciones en el centro de Manhattan. Entonces me instalaría en un hotel frente al Central Park durante el periodo de transición hasta que, con suerte, pudiera regresar a mi casa en Washington.

Nunca olvidaré lo que vi durante la campaña y lo que he

presenciado cubriendo el mandato de Trump. Incluso ahora, cuando llevamos más de dos años de su presidencia, sigo sorprendiéndome al recordar a Trump, como candidato a la presidencia, cuando dijo que podría plantarse en mitad de la Quinta Avenida, empezar a disparar a la gente y salir impune. Sigo sorprendiéndome al recordar el momento en el que se burló del cautiverio de un héroe de guerra como John McCain, al reírse de un periodista discapacitado y al describir a los inmigrantes mexicanos indocumentados como "violadores"; y, con todo eso, no tener que hacer frente a las consecuencias, que para cualquier otra persona habrían supuesto el abandono de la candidatura presidencial.

Más allá de las tácticas de desacreditación y los ataques empleados en su campaña contra sus rivales, con frecuencia Trump ha manipulado la verdad, ha mentido y ha atacado a aquellos que destapaban sus falsedades; concretamente a la prensa nacional. Los comprobadores de datos del *Washington Post* han contabilizado y catalogado casi diez mil declaraciones falsas o engañosas en los primeros dos años de su mandato. Las versiones de Trump prosperaron en este panorama distorsionado porque los hechos ya no tienen el mismo valor que tenían antes. El difunto senador Daniel Patrick Moynihan dijo una vez: "Todo el mundo está en su derecho a dar su opinión, pero no a dar sus hechos". Eso ya no es así. En la actualidad, cada uno tiene sus propios hechos. El resultado: los hechos se ven asediados cada minuto del día en el espectro fracturado de la información —solo hay que pensar en Breitbart y en Fox News— y en las redes sociales, por supuesto. Basta con preguntar al presidente algo a lo que no quiere responder, y lo cataloga de "noticias falsas" o de "enemigo del pueblo". O peor aún: un funcionario de la administración me apodó una vez, creo que cariñosamente, "enemigo público número uno".

Lo más difícil de entender es cómo muchos de mis compatriotas estadounidenses han aceptado y, en algunos casos, incluso adoptado esta degradación a nuestra cultura política. En resumen, Estados Unidos ha cambiado ante mis ojos. Observo este fenómeno en las amenazas de muerte y en los mensajes violentos que se cuelan en mis perfiles de redes sociales. Los autodenominados partidarios de Trump me han dejado incontables mensajes diciendo que debería ser asesinado mediante todo tipo de torturas medievales. Los comentarios publicados en mis páginas de Instagram y Facebook recomiendan que me castren, me decapiten o me prendan fuego. Por pura curiosidad, me fijo en las cuentas responsables de esos horribles mensajes. Sienten el mismo tipo de odio que ahora había llevado a alguien a enviar bombas caseras a la CNN.

Sabiendo que aún me quedaban horas de avión hasta aterrizar en San Francisco, me recosté en mi asiento y me quedé mirando la pantalla de televisión, pensando en todo lo que nos había llevado hasta aquel momento. Pese al miedo que sentía por mis compañeros y por mí mismo —la amenaza de la violencia física ahora parecía horriblemente real—, sabía que no era el momento de dejarse intimidar. Era el momento de hacer las preguntas difíciles.

Recuerdo estar tomándome algo una tarde con un alto funcionario de la Casa Blanca que de pronto dijo: "El presidente está loco". Pasó después a confesarme que, cuando llegó a la presidencia, Trump no entendía la Constitución. ¿Cuáles eran las normas para designar funcionarios de gabinete?, quiso saber Trump. ¿Cuánto tiempo puede quedarse un secretario interino? El funcionario se sintió frustrado por la ignorancia de Trump, por su comportamiento. Muchos nos sentimos así. Pero ¿es realmente Trump el culpable de lo que vemos cada día? ¿O deberíamos mirarnos en el espejo, para variar? ¿Queremos que este sea el estado de nuestra política? A lo largo de los dos últimos años, se ha hablado mucho sobre si hemos permitido o no que nuestro discurso político descienda hasta un nivel que está por debajo de todos nosotros. Hay cada vez más voces, no solo entre los demócratas y liberales, sino también entre los republicanos y conservadores, que están hartas de la desintegración de la decencia en nuestras elecciones. En las décadas que están por venir, ¿qué demonios escribiremos en los libros de historia para explicar lo que le ha sucedido a Estados Unidos?

La respuesta: Eso depende de lo que hagamos ahora mismo. Porque de nosotros depende.

He visto mi vida patas arriba mientras cubría la presidencia de Trump. Los ataques dirigidos contra mí y contra mis compañeros, periodistas dedicados y talentosos, tienen consecuencias en la vida real. Mi familia y mis amigos están preocupados por mi seguridad. Espero que, a fin de cuentas, el sacrificio haya valido la pena. No. No lo espero. Lo sé.

1

Marcos vacíos

A medida que se acercaba el nombramiento de Donald J. Trump como cuadragésimo quinto presidente de Estados Unidos, por todas partes se veían recordatorios del cambio dramático que estaba a punto de experimentar el mundo. El 19 de enero de 2017, yo estaba informando desde la Casa Blanca sobre el último día de la administración de Barack Obama. Pero la noticia ya no era Obama; su tiempo se había acabado. La noticia era la llegada de Trump. Y se respiraba cierto miedo en el Ala Oeste de Obama.

Aquel día, el último antes de que Trump tomara posesión del cargo, decidí deambular por el pasillo del Ala Oeste accesible a los medios que conduce al área conocida como "Prensa Superior". Es ahí donde se ubica el despacho del secretario de Prensa de la Casa Blanca, y yo daba vueltas por allí con la esperanza de poder despedirme de algunas de las personas que habían trabajado para Obama. El último secretario de Prensa de la administración Obama, Josh Earnest, ya había vaciado su despacho. Se había marchado. También lo había hecho Eric

Schultz, vicesecretario de Prensa de Obama. Schultz y yo habíamos desarrollado una buena relación laboral durante el tiempo
que pasé cubriendo la Casa Blanca en la época de Obama.

Cualquiera que conociera a Eric comprendería muy bien
que tuviera sus dudas con respecto a la prensa. Pensaba que
seguíamos muy de cerca los objetos brillantes que Trump
nos lanzaba, y tenía razón. A Schultz también le gustaba fas-
tidiarme con la pregunta que le hice a Obama en una rueda
de prensa celebrada durante la cumbre del G20 en Turquía en
2015. Fue entonces cuando presioné a Obama sobre la incapacidad de su administración para controlar la expansión del
grupo terrorista ISIS, que asediaba Irak y Siria, creando un
califato que desestabilizaba la región y era responsable del asesinato de varios periodistas extranjeros.

—¿Por qué no podemos acabar con esos cabrones? —le pregunté a Obama en la rueda de prensa.

Obama ofreció una respuesta detallada y algo distante, casi
clínica, a la pregunta. Pese a todos sus puntos fuertes y su in-
telecto, parecía haber malinterpretado el miedo del pueblo al
ISIS, algo que sus propios ayudantes me admitirían más tarde
en privado. A los que trabajaban en la Casa Blanca les molestó
la pregunta en su momento, y Schultz siempre se encargaba
de recordarme que al equipo de Obama no le había gustado.
Desde ese día en adelante, Eric me enviaba por correo electrónico informes de prensa sobre diversos éxitos de la administración Obama en su batalla contra el ISIS.

"Tenemos a uno de esos cabrones", me escribía de vez en
cuando. En parte, lo decía con humor, o eso pensaba yo, pero
también era su forma de decirme que los había incomodado.

En los días posteriores a la victoria de Trump, había charlado con Eric en su despacho. Schultz tenía la expresión agónica de alguien que lleva días sin dormir. Durante los preparativos de la campaña de 2016, habíamos hablado mucho sobre lo apropiado de que Hillary Clinton se presentara a la presidencia. A Schultz, como a muchos otros en la Casa Blanca de Obama, le preocupaba que Clinton pareciera haber estropeado lo que debería haber sido una campaña ganadora. Todos habían sufrido una gran pérdida. Todos habían apostado por esa sensación generalizada en Washington de que Trump no tenía posibilidades de ganar. ¿Cómo era posible que el hombre que había acusado a Obama de no haber nacido en Estados Unidos sucediera al primer presidente afroamericano del país?, se preguntaban todos con temor. ¿Cómo podía terminar así?, pensaban.

Aquel 19 de enero, en el área de Prensa Superior, vi que Eric y el resto del equipo de Obama se habían esfumado de las zonas accesibles a la prensa en el Ala Oeste. Al mirar a mi alrededor, solo vi paredes vacías y escritorios vacíos, y percibí un silencio siniestro. Es algo que pocos estadounidenses pueden presenciar jamás. Los ayudantes de Obama habían recogido sus cosas para marcharse. Era la transición del poder. Fuera lo viejo y que entre lo nuevo. Así es como funciona nuestra democracia.

La imagen que mejor representaba esta fría realidad eran los marcos de fotos que colgaban en el vestíbulo frente al área de Prensa Superior. Durante los años de Obama, habían colgado allí fotografías del cuadragésimo cuarto presidente y su familia. Pero la noche del 19 de enero los marcos estaban vacíos. Habían retirado las fotos de Barack, Michelle, Malia y Sasha Obama. A lo largo de las próximas semanas, las fotos de Trump y de su familia ocuparían esos marcos. Hasta entonces, no eran más que un lienzo en blanco.

En cierto sentido, cada nueva administración es un marco vacío, y estábamos a punto de descubrir cómo lo llenaría Trump. Pese a todas las fanfarronadas que había soltado en campaña, nadie sabía con exactitud cómo pensaba gobernar. Claro, algunas cosas eran fáciles de imaginar. La capacidad de Trump para enfrentar entre sí a distintos grupos de estadounidenses, su ataque a los inmigrantes y, sí, la demonización de la prensa y los ataques a la verdad eran marcas distintivas de su ascenso al poder. Trump era descarado, pero eso es ser demasiado amable; podía actuar como un auténtico abusador. Con ese estilo de gobierno, la pregunta estaba clara: ¿cambiaría la presidencia o la presidencia lo cambiaría a él?

Muchos especialistas y respetados historiadores presidenciales, tal vez llevados por un sentimiento de ansiedad nacional, predijeron que la presidencia que estaba a punto de asumir transformaría a Trump. Se albergaba la esperanza de que la presidencia de Estados Unidos, con todos sus formalismos y ceremoniosidad, pesara demasiado sobre los hombros de Trump, bajándole los humos y convirtiendo al magnate neoyorquino en un líder al que todos los estadounidenses pudieran admirar. Pero, como decía el estratega de Obama, David Axelrod, las campañas presidenciales tienden a amplificar la personalidad de uno; como una "resonancia del alma". El alma de Trump estaba a punto de ser amplificada y proyectada sobre el escenario mundial. Y las lecciones aprendidas en los momentos previos al 20 de enero de 2017 sugerían que la nación estaba a punto de soportar una prueba admirable y crucial.

Aquella noche del 19 de enero sí encontré a un último empleado de la administración Obama. Un ayudante de prensa, Brian Gabriel, me saludó y comentó el increíble giro de los acontecimientos políticos que estaba a punto de producirse al día siguiente. Bromeé diciendo que básicamente él era la Casa Blanca. Le costó trabajo sonreír.

Mientras charlaba con Brian, se me ocurrió una pregunta que consideré que sería mejor quitarme de encima mientras tuviera oportunidad. El trato de Trump hacia la prensa me había resultado preocupante a lo largo de la campaña, así que le pedí a Brian si no le importaría compartir conmigo un secreto.

—¿Podían ustedes escuchar nuestras conversaciones en las zonas de prensa de la Casa Blanca? ¿Había dispositivos ocultos en las cabinas? —le pregunté, refiriéndome a las pequeñas zonas de trabajo instaladas para las cadenas de televisión y agencias de noticias en las zonas de prensa del Ala Oeste.

—No. No que yo sepa —respondió Gabriel con la mirada confusa. Confieso que, en su momento, me pareció una pregunta absurda, pero su respuesta me alivió en parte. Al menos la gente de Trump no tendría ya infraestructura instalada para espiarnos, pensé.

BASÁNDOME EN LO QUE HABÍA VISTO DURANTE LA CAMPAÑA, la víspera del nombramiento de Trump, tenía razones para preocuparme. Como corresponsal que había cubierto las administraciones anteriores, además de gran parte de la campaña de Trump, sospechaba que el cargo no lo cambiaría. Trump me parecía alguien muy poco preparado para la Casa Blanca. Ni sus consejeros ni él mismo pensaban que fuese a ganar. Aun así, habían dado un buen espectáculo.

Dos noches antes de las elecciones, estaba en Pensilvania y vi un claro indicio de que se avecinaba la ola Trump. El repu-

blicano había organizado un acto cerca del aeropuerto de Pittsburgh. La multitud era grande y ruidosa. Los seguidores de
Trump eran tan fieles que abuchearon una canción de Bruce
Springsteen que sonaba por los altavoces. No gritaban "Bruce";
abucheaban, tal vez en respuesta al comentario de Springsteen
al referirse a Trump como un "idiota" en las semanas previas
a las elecciones.

Pero no fue ese el recuerdo que se me quedó grabado. Fue
cuando el director de campaña de Trump en Pensilvania, David Urban, se me acercó y me dijo:

—Sígueme. —Salimos a la calle y recorrimos la fila de personas que esperaban para entrar. Podría alcanzar fácilmente
los dos kilómetros—. ¿A ti esto te parece la campaña de un
perdedor? —me preguntó Urban.

—No, no me parece —respondí. Era algo digno de ver. Se
me ocurrió entonces una cosa: Si Trump gana en Pensilvania,
Clinton tiene serios problemas.

La noche siguiente, cubrimos el último acto de Trump durante la campaña de 2016, un mitin en Grand Rapids frente a
miles de asistentes vociferantes procedentes de Michigan, todos con gorras rojas de *Make America Great Again*. Trump había comentado que aquella multitud no tenía cara de quedar en
segundo lugar. ¡Qué razón tenía! Con multitudes como las que
estaba reuniendo en sus últimos días de campaña, a Trump
no le hacía falta la prensa. Y lo que sucedió después del último
mitin en Grand Rapids lo dejó más que claro.

Aunque el avión de Trump estaba situado en la pista junto
al avión de la prensa, el candidato republicano rechazó la tradición según la cual el candidato a la presidencia posa frente

al avión para hacerse una foto con los periodistas que cubren su campaña. Una de las ayudantes de prensa que viajaba con Trump, Stephanie Grisham, nos dijo que no estaba disponible. (Sí, claro). Decepcionados, nos subimos al avión de la prensa para regresar a Nueva York.

No era sorprendente que Trump quisiera privar a la prensa de la foto al pie del avión. Se había pasado la mayor parte del último año desacreditando a los medios de comunicación. Según sus palabras, éramos "asquerosos", "deshonestos", "escoria", "ladrones", "criminales", "mentirosos" y otras muchas cosas. Simplemente no nos soportaba.

Como periodista corresponsal, yo ya había cubierto tres campañas presidenciales antes de que llegara "el Donald". Mi primera foto de víspera de elecciones con un candidato fue en 2004, con John Kerry, que perdió. Nunca olvidaré aquel día. Al contrario de Trump, que iba en su propio avión privado (apodado por la prensa Trump Force One), alejado del avión de la prensa, Kerry y los medios de comunicación viajaron todos en el mismo vuelo charter. (Esa es la norma de la campaña, una de las muchas que Trump no tuvo problemas en romper). Y el día de las elecciones de 2004, Kerry se acercó a la cabina de la prensa y nos repartió chaquetas de lana de color rojo. Las chaquetas llevaban grabadas las palabras "Corresponsales de prensa de Kerry Edwards". (Solo había un pequeño problema: "Kerry Edwards" aparecía bordado en un blanco brillante. Las palabras "corresponsales de prensa" apenas se distinguían, escritas en azul oscuro; tan oscuro que, en una gasolinera de camino a casa, tras la derrota de Kerry, un motorista se fijó en mi chaqueta nueva y me dijo: "Siento que perdieran". No se precató por la chaqueta de que yo era miembro de la prensa).

Nadie esperaba recibir una chaqueta de lana de la campaña de Trump. No había habido tiempo para estrechar lazos con Trump a medida que la campaña de 2016 llegaba a su fin, de modo que no fue una gran sorpresa que prescindiese de la foto grupal y de un último momento como candidato para hacer las paces con su supuesto enemigo. Su equipo, que no dejaba nada librado al azar, lo había organizado todo para que los dos aviones ni siquiera aterrizasen en el mismo aeropuerto; el avión de la prensa aterrizó en Newark, bien lejos de LaGuardia, el destino del Trump Force One.

Me apenaban los reporteros más jóvenes, algunos con apenas veinte años, que se habían pasado los últimos dieciocho meses haciendo la crónica de la candidatura de Trump. Quería que se hicieran la foto. Así que, cuando nos bajamos del avión en Newark a las 3:30 de la madrugada el día de las elecciones y empezamos a caminar hacia los autobuses tristes y oscuros que allí nos esperaban, les grité que se juntaran todos frente al avión. Íbamos a hacernos la maldita foto.

Uno de mis compañeros había conseguido una silueta de cartón del candidato Trump. La situamos entre nosotros y nos apretamos bien en la pista de aterrizaje para hacernos la foto. Rodeados por los destellos de las cámaras de nuestros teléfonos móviles, los cuales orientamos hacia nuestras caras para que hubiera algo de iluminación, conseguimos hacernos una foto bastante digna en mitad de la noche delante del avión. Después de todas las burlas y los ataques de un candidato que vilipendiaba sistemáticamente a los medios de comunicación, posar para aquella foto nos hizo pasar un buen rato.

ERAN LAS 4:30 DE LA MADRUGADA DEL DÍA DE LAS ELECCIOnes cuando los periodistas de campaña que seguían la inusual, increíble y poco convencional candidatura a la presidencia de Donald J. Trump llegaron, cansados, medio borrachos y con los ojos rojos, al hotel de Manhattan donde solían alojarse los corresponsales de prensa, el JW Marriott Essex House.

Estábamos esperando en fila a que nos dieran la llave de nuestras habitaciones cuando, de pronto, apareció Reince Priebus, el presidente del Comité Nacional Republicano. Priebus era un consejero de confianza de Trump y se había mantenido inmovible junto al magnate en tiempos difíciles. A mí Priebus siempre me había caído bien. Era un tipo agradable de Wisconsin, el más competente del Partido Republicano, de trato fácil con el Partido y con la prensa. Me parecía un tipo muy humano; una *rara avis* en el nido de víboras de Washington.

El presidente del Comité republicano había estado con Trump en los buenos tiempos y en los malos. Había participado en los "espectáculos" y había luchado por la causa, insistiendo, pese a todas las pruebas que evidenciaban lo contrario, en que el antiguo presentador del *reality show The Apprentice* iba a ganar la presidencia.

Pero, en privado, Priebus se mostraba menos convencido. En el vestíbulo del Essex House, se me acercó y me dijo:

—Vamos a necesitar un milagro para ganar. —Priebus estaba un poco borracho aquella madrugada. Aun así, yo no podía creer lo que estaba oyendo. Se me acercó con cierto estupor y empezó a decir aquello. Así que lo dejé hablar.

Me confesó lo que les decían los datos: que la campaña de

Trump perdería, pero por un margen muy estrecho. Según Reince, aquello suponía una pequeña victoria.

—¿No creías que estábamos acabados después de lo de *Access Hollywood*? —me preguntó.

—Sí —respondí—. Ya lo dije en televisión. —Y era cierto. Lo había dicho en *The Situation Room with Wolf Blitzer*, el mismo día en que salió a la luz lo de la cinta de *Access Hollywood*. En la cinta, como ya casi todo el mundo sabe, se escuchaba a Trump con el micrófono abierto diciendo que podía agarrar a una mujer "por su coño" y salir impune, entre otros comentarios escandalosos. En su momento, dije que esa cinta supondría el final de su campaña. "Lo peor de lo peor", fue como describí el comportamiento de Trump en la grabación. Y cuánto me equivocaba.

—¿No pensaste que ese era el final? —insistió Priebus.

—Sí —le dije, sin saber por qué no paraba de hacerme la misma pregunta.

Entonces pasó a ver el lado positivo de la situación y comentó que la campaña de Trump había logrado alejarse del abismo y continuar ilesa durante las últimas semanas antes de las elecciones. Iba a ser un resultado ajustado, no una derrota aplastante frente a Clinton. Los suyos eran buenos argumentos, y muy ciertos. Eso fue lo que el presidente del Partido Republicano intentaba transmitir en un momento desesperado, en su carrera y en su vida. Repito, me caía bien Reince, así que lo sentí por él.

Luego pasó a decir que los republicanos definitivamente no perderían la Cámara de Representantes, y que tal vez pudieran quedarse con el Senado. Una vez más, el presidente del Comité

Nacional Republicano, algo ebrio, estaba diciendo la verdad. Eso era lo que imaginaba yo también.

Y, sin más, se marchó. Ya había dicho su parte.

Sobra decir que Priebus se equivocaba. Como todos. Cinco días más tarde, Trump anunciaba que Priebus sería el próximo jefe de Gabinete de la Casa Blanca.

Yo no era la única persona que había escuchado las preocupaciones de Reince con respecto a Trump. El futuro cuadragésimo quinto presidente también había oído salir de su boca aquellas predicciones tan poco halagüeñas. Antes de las elecciones, Reince había dejado claro en el equipo de campaña de Trump que pensaba que el candidato republicano estaba metido en un buen lío tras el bombazo de *Access Hollywood*. Tras ocupar el cargo, claro está, Trump se encargó de pinchar a Priebus por su falta de fe en los últimos días de la campaña. Reince se reía para restarle importancia, pero Trump nunca lo olvidó. Claro, necesitaba a Reince para enviar un mensaje a la élite republicana y dejar claro que no iba a reducir Washington a cenizas. Sin embargo, Trump nunca perdona a la gente por su falta de lealtad. A sus ojos, Priebus entró en la Casa Blanca como mercancía defectuosa.

La noche de las elecciones fue una experiencia surrealista. Estábamos en el salón de baile del Hilton de Midtown; casi todos los corresponsales de prensa de Trump esperábamos una derrota humillante para el candidato republicano. (De hecho, habíamos hecho planes para salir a tomar algo esa noche). Hasta los seguidores de Trump que andaban por ahí parecían estar preparándose para el final. Con la excepción de un pastel con la forma de Trump, aquel no era un ambiente de celebración. Durante gran parte de la noche, el salón estuvo medio vacío. Entonces empezaron a conocerse los resultados. Los estados iban cayendo a favor de Trump antes de lo que se imaginaba. Florida y Carolina del Norte no tardaron en favorecer a Trump, sorprendiendo a analistas y miembros de la campaña por igual. Empezaba a circular por el Hilton el rumor de que tal vez Trump fuese a obtener un resultado mucho mejor de lo que habían predicho los expertos.

No hace falta contar, minuto a minuto, lo que sucedió después. Todos nos acordamos. Pero fue una escena digna de ver. El salón de baile acabó llenándose de seguidores de Trump. Algunos acosaban a la prensa. Yo miré hacia mi compañera de campaña Katy Tur, de NBC News, que me devolvió una mirada de asombro. Mi compañera de la CNN, Sara Murray, me escribió un correo electrónico diciendo "te lo dije". Es verdad que Sara había predicho que Trump ganaría las elecciones. Yo, erróneamente, me negaba a creer que alguien pudiera alardear de agarrar a las mujeres por los genitales y salir impune de aquello. Mi predicción parecía la más segura.

Los resultados definitivos no llegarían hasta las tantas de la madrugada del 9 de noviembre. Para entonces, en aquel lugar había incontables gorras rojas de MAGA.* Mientras contemplaba a la multitud, recuerdo que pensé que a Estados Unidos acababa de llegar un nuevo movimiento político ultranacionalista como nunca en mi vida había visto. Y allí estaba Trump con su familia, acompañados del vicepresidente electo Mike Pence y del resto del séquito de la campaña. Se respiraba cierta

---

* MAGA (*Make American Great Again*) Volvamos a Hacer de América un Gran País.

ausencia de emoción en la sala. Era casi como si los allí presentes estuvieran tan desconcertados como el resto de nosotros. Cuando todo terminó, recuerdo que me bajé de la plataforma destinada a la prensa y me acerqué a Pence, a quien había cubierto cuando era congresista en Indiana. Me dijo que estaban preparados para ponerse a trabajar. No le creí. No tenían ni idea de lo que se les venía encima.

Supe cómo iban realmente las cosas dentro de la campaña de Trump gracias a Jessica Ditto, una empleada de comunicación, que se encontraba también en el salón de baile aquella madrugada. Los felicité, a ella y a otros dos empleados de Trump que estaban por allí. Pero Ditto me respondió con frialdad:

—Bueno, puede que ahora los medios de comunicación nos hagan una mejor cobertura.

Y entonces pensé una cosa: Siguen heridos. Aún se sienten agraviados. Y me di cuenta de que la relación entre la prensa y la nueva administración seguiría siendo tensa.

Eran casi las 4:30 de la madrugada cuando por fin pude recostar mi cabeza sobre la almohada de mi habitación en el hotel. No había cenado nada. Me comí una lata pequeña de Pringles, me tomé una cerveza y me dormí. Empezó a sonarme el teléfono tres horas más tarde. Trump iba a ser presidente y el mundo entero entraba en pánico.

PARECÍA QUE EL 9 DE NOVIEMBRE NO IBA A ACABAR NUNCA. Después de mi sueñecito de tres horas aquella noche, salí a correr. Y después otra vez a trabajar. Aquella tarde hicimos un reportaje para *The Situation Room with Wolf Blitzer*. Y, poco después, me tocó entrar en directo con *Anderson Cooper 360*.

Estaba otra vez en la rueda del hámster. El ritmo frenético de la campaña no terminó el 8 de noviembre. En todo caso, se aceleró.

Mientras nos preparábamos para entrar en directo a las 8:00 de la noche, empezó a suceder algo increíble. Miles de personas recorrían las calles de Manhattan en dirección a la Torre Trump, gritando: "¡No es mi presidente!". Yo caminaba por la Cincuenta y Siete Oeste hacia la Quinta Avenida y había manifestantes por todas partes. La elección de Donald J. Trump había terminado. La resistencia a Trump acababa de comenzar.

Pero esta nueva fuerza política era una fuente de energía inestable y no iba enteramente dirigida hacia el nuevo presidente. Mientras me preparaba para el directo de las ocho, con mi productora Kristen Holmes y un agente de seguridad de pie junto a mí, la multitud de manifestantes comenzó a rodearnos. Como es de entender, estaban enfadados. Muchos de ellos se mostraban furiosos y emocionales, y no todos fueron amables con nosotros. Entonces empecé a oír los gritos.

—¡La CNN ha elegido a Trump! ¡La CNN ha elegido a Trump! —gritaban algunos de los manifestantes, muchos de ellos directamente a mí. El suyo era un punto de vista compartido por otros. Parecíamos haber dado a Trump demasiada cobertura durante la temporada de las primarias del Partido Republicano. Los jefes de la cadena ya hacía tiempo que lo habían admitido. Nosotros no lo elegimos, pero, como suelo recordar a muchos de los defensores de Trump, la prensa en su conjunto dio a su candidato una publicidad durante las primarias que no habría podido comprarse ni con todo el dinero del mundo.

La hostilidad con la que nos encontramos aquella noche

resultaba descontrolada y posiblemente peligrosa. En cuanto terminamos con el directo, los productores del programa *Anderson Cooper 360* nos dijeron que nos largáramos de allí. Nuestro guardia de seguridad nos escoltó a través de la muchedumbre y nos fuimos. Después de pasar meses siendo el blanco de la gente en los mítines de Trump, ahora nos tocaba escuchar la bronca de los del otro lado. Era una señal del nuevo mundo en el que estábamos a punto de entrar. La elección de Trump no había suavizado las tensiones en ninguno de los bandos; no había hecho sino verter gasolina sobre ellos. Todo el país, defensores y detractores de Trump por igual, estaban enfadados: en un estado cercano a la rabia.

Los demócratas, por supuesto, debían hacer examen de conciencia. Como vi con claridad a lo largo de la campaña, Clinton estaba fatigada hasta el extremo, cosa que creo que los demócratas no apreciaron plenamente en su momento. En mi opinión, fue un importante error de cálculo por parte del Partido. Gracias a mis interacciones con los ayudantes de Obama dentro de la Casa Blanca, sé que ellos preferían a Hillary Clinton por encima de Joe Biden, pese al hecho de que Biden encajaba mejor como adversario de Trump. El vicepresidente, dado su atractivo para el estadounidense común, que lo denominaba el "tío Joe", podría haberse hecho con el favor de la clase trabajadora de Trump y, probablemente, haber ganado Pensilvania, Michigan y Wisconsin para los demócratas. El "Muro Azul" podría haber resistido aquel resurgimiento de Trump a finales de octubre. Y no se habría producido el informe de James Comey, que cuestionó la legitimidad de Clinton al usar un servidor de correo electrónico privado, lo cual cambió el rumbo once días antes de las elecciones.

El vicepresidente no era perfecto, por supuesto. Podía ser demasiado sincero, cosa que a la prensa le encantaba. Recuerdo estar en una fiesta de Navidad en la mansión oficial del vicepresidente, en los terrenos del Observatorio Naval de Estados Unidos, a finales de 2015. La casa estaba llena de periodistas y agentes del mundo de Biden. Al contrario de Obama, que rara vez se relacionaba con periodistas, a Biden le gustaba conversar con sus invitados en sus fiestas navideñas. Al final de aquella noche, antes de que nos echaran a todos, Biden estuvo charlando con un par de docenas de periodistas durante casi una hora. Estuvo bromeando sobre la campaña presidencial. Parecía disimular sus preocupaciones sobre Hillary Clinton con el clásico humor del viejo "tío Joe".

—Marco Rubio es el candidato más carismático sobre el terreno —nos dijo Biden—. En ambos partidos —continuó, en referencia a Clinton.

—¿Y qué pasa con Ted Cruz? —preguntó alguien.

—Ese hijo de perra —respondió Biden—. Quiero decir hijo su madre.

Los periodistas se rieron a su alrededor. Pero era el clásico Biden. Tenía ese tipo de sentido del humor capaz de competir con Trump.

Pero, aunque Biden fantaseaba con la idea de presentarse a la presidencia, simplemente no tenía energía para organizar una campaña. Acababa de perder a su hijo, Beau, víctima de un cáncer, en agosto de 2015. Un funcionario demócrata me había informado sobre una conversación telefónica de Biden con los miembros del Comité Nacional Demócrata mientras el vicepresidente deliberaba. En un momento dado de la conversación, Biden dijo a los funcionarios demócratas que no estaba seguro de tener el "combustible emocional" para presentarse. Biden era así. Era sincero. Pero estaba agotado. El mismo Biden que en su juventud había perdido a una esposa y a una hija en un accidente de auto, había sufrido ahora otra tragedia.

Era demasiado pedir que volviera a presentarse. Y la Casa Blanca había dejado clara su decisión. La gente de Obama quería a Hillary. Era "su turno", nos dijeron. Querían a Biden dentro del Ala Oeste, pero no les apetecía una candidatura suya.

Dicho esto, derrotar a Trump en 2016 debería haber sido pan comido. No lo fue. El Partido Demócrata había desacreditado e incluso se había reído de las posibilidades de Trump desde el mismo momento en que presentó su candidatura. Y ahora, sin saber bien cómo, era presidente.

Durante su transición al poder a lo largo de los meses siguientes, Trump no pareció interesarse por unificar al país. En su lugar, hizo lo que mejor se le daba: convirtió gran parte de la transición en un *reality show*. Mientras formaba su gabinete y su equipo en la Casa Blanca, hizo desfilar a un sinnúmero de candidatos por la Torre Trump. Pero el episodio de este *reality show*, en mi opinión, que mejor resumió aquel proceso caótico fue el trato del presidente electo hacia Willard Mitt Romney.

Quizá sea demasiado decir que soy una autoridad en Mitt Romney. Pero lo cubrí durante la campaña presidencial de 2012. Romney libró una batalla ardua y respetable, pero perdió, concediendo a Barack Obama un segundo mandato. Fue el segundo intento del antiguo gobernador de Massachusetts por llegar a la presidencia y, durante un breve periodo de tiempo en 2015, se planteó intentarlo por tercera vez. Pero, a medida que la campaña de 2016 se calentaba, Romney dejó claro que no quería perder por tercera vez. Eso lo situó en una posición incómoda. Deseaba ser presidente. Había miembros de su familia dispuestos a apoyarlo en caso de decidir presentarse en 2016. Pero Mitt, un ser humano decente, dominó su ambición y se mantuvo al margen.

Y aun así, Romney no se estuvo callado. Tras intentar lograr el apoyo de Trump en 2012 (evento que cubrí en Las Vegas), era evidente que sentía la necesidad de enmendar aquel error. Romney, como me dijeron mis fuentes, se arrepentía de haber pedido el apoyo de Trump, un respaldo que se produjo en un día muy intenso; públicamente porque mostraba a dos hombres que no podían ser más diferentes entre sí, y personalmente porque creo que esa fue la primera vez que Trump me atacó.

Trump intervino en *The Situation Room* por vía telefónica, como solía hacer con la CNN y otros canales, justo después de mi directo sobre el respaldo a Romney. Yo había centrado mi información en la decisión de Romney de aceptar el respaldo de Trump, pese a que el magnate de Manhattan y reconocido defensor del movimiento *birther* suponía una afrenta para los buenos modales del antiguo gobernador de Massachusetts.

Cuando terminó mi intervención, Trump se quejó de que mi directo parecía haber sido escrito por el Partido Demócrata.

Más tarde, un empleado de Obama me escribió un correo electrónico diciendo: "¿Trump acaba de hablar mal de ti?".

"Sí", le respondí. Quedaban años para que surgiera lo de las *fake news*, pero era evidente que ya lo había airado.

Nos adelantamos hasta 2016, y era como si Romney estuviese intentando deshacer el respaldo de Trump. En un momento crítico durante los primeros días del ciclo de las primarias republicanas en 2016, el antiguo gobernador de Massachusetts lanzó una importante advertencia al mundo. En un auditorio del campus de la Universidad de Utah, contemplé con cierto asombro cómo Romney criticaba y atacaba al hombre cuyo apoyo había aceptado alegremente tiempo atrás.

—Toma por imbéciles a los miembros del público estadounidense —djo Romney—. Él tiene acceso directo a la Casa Blanca y nosotros nos conformamos con una gorra de cuarta.

El discurso del exgobernador fue una advertencia brutal y directa para la nación. Allí estaba el candidato republicano de 2012, un hombre de carácter tranquilo, describiendo al posible candidato actual del Partido como poco más que un payaso de *reality show*. Romney, un hombre cuya idea de volverse loco era abrir una lata de Coca-Cola Light, decía de Trump que era una amenaza para el mundo que quería llegar a la Casa Blanca mediante engaños.

Entiendo muy bien la franqueza del mensaje de Romney. Como reportero en su avión de campaña, había podido ver al Romney que el resto del país no conocía. Rígido e incómodo ante las cámaras, podía ser divertido y encantador en sus interacciones con los periodistas fuera de cámaras. Casi todos los corresponsales de prensa de Romney lo veíamos más como una figura paterna admirable; pero caramba (como diría el propio Romney), era un candidato desastroso a la presidencia. Pese a su decencia y a sus cualificaciones como empresario y gobernador, tenía tendencia a meter la pata. Esas metidas de pata ahora me parecen pintorescas. Y hubo muchas durante la campaña de 2012:

"Me gusta poder despedir a la gente".

"Las corporaciones también son personas".

"Archivadores llenos de mujeres".

Y así sucesivamente.

En los mítines de Trump cuatro años más tarde, el candidato republicano ridiculizó a Romney por su derrota en las elecciones de 2012. "Se atragantó como un perro", solía gritar. Romney "caminaba como un pingüino", bromeaba. Los republicanos partidarios de Trump lo deglutían con gusto. Se reían de la torpeza de Romney con una crueldad que me sorprendía. Las diatribas de Trump eran muy intencionadas. Con frecuencia eran espasmos verbales de un candidato que disfrutaba instigando al público. No se equivocaba. Bromeaba con cosas que pensaba de verdad y que, en muchos casos, eran odiosas. Recurrió de manera magistral a ese sadismo una y otra vez.

Al final, el Partido Republicano restó importancia a la advertencia de Romney en Utah, e incluso se sentía justificado para ello. Después de las elecciones, hasta Romney pareció aceptar aquello. Durante la transición hacia la presidencia de Trump, Romney dejó claro que estaba interesado en ser el secretario de Estado de Trump. Muchos en la élite republicana sentían que encajaría a la perfección. Normalizaría a Trump, pensaban algunos. Calmaría un poco las cosas. Pero ese matrimonio tan improbable jamás llegaría a producirse. En su lugar, el presidente electo prefirió humillar a Romney, restregarle que había conseguido algo que el exgobernador de Massachusetts, otro multimillonario como él (al menos sobre el papel), no había podido lograr.

Me encontraba en las oficinas de la CNN en Nueva York una noche durante el periodo de transición cuando recibimos la confidencia de que Trump y Romney iban a cenar juntos en la ciudad. Uno de los productores de la CNN centrado en la campaña, Noah Gray, descubrió dónde: Jean-Georges, en el

Hotel Internacional Trump, frente a los estudios de la CNN en Manhattan. Mi productora, Kristen, y yo hicimos una reserva para las cinco y media. Nos sentamos en el restaurante y estuvimos dos horas engordando la cuenta hasta que por fin aparecieron Trump y Romney. Estuvimos haciendo tiempo hasta ese momento. No pudimos tener más suerte. Los sentaron a una mesa situada a unos cinco metros de nosotros.

No solo los veíamos hablar. Estábamos lo suficientemente cerca para ver lo que comían. El lenguaje corporal era significativo: Trump sentado con los brazos cruzados como el macho alfa mientras Romney trataba de cerrar el trato. El presidente del Comité Nacional Republicano y futuro jefe de Gabinete de la Casa Blanca, Reince Priebus, también estaba sentado a la mesa.

En un momento dado, Trump se dio la vuelta y dijo:

—Hola, Jim Acosta.

Nos descubrió. Pero también éramos clientes y no podían hacer nada al respecto. Entré en directo, por teléfono, con Anderson Cooper para informar a la CNN. ¿Sería demasiado hacer un directo desde un restaurante de cinco tenedores para informar sobre una cena que tenía como protagonistas al presidente electo y a su antiguo rival? Tal vez. Pero era un momento importante de teatro político, algo que permitiría al público atisbar lo que podría haber sido un momento de unificación en la inminente administración Trump.

De haber elegido a Romney, Trump habría enviado un mensaje poderoso. Hasta cierto punto, se lo habría considerado alguien unificador, capaz de curar las heridas políticas de la nación. Pero, claro, Trump no es un unificador. El "secretario Romney" nunca sería una realidad; aquella reunión era solo un fingimiento. La prensa acudió a sacar fotos y la imagen que circuló aquella noche mostraba a Romney con la expresión de un hombre que estuviese cenando cuervo a la plancha. No fue uno de sus mejores momentos.

Los altos funcionarios me enviaban señales confusas sobre si Trump y su gente deseaban humillar a Romney mostrando a un hombre decente, pero derrotado, agachando la cabeza ante el próximo presidente. Un alto funcionario de la Casa Blanca insistía en que Trump había tenido en cuenta esa idea. Al salir del restaurante, le pregunté a Trump si Romney sería el próximo secretario de Estado.

—Ya veremos —respondió. Y después se marcharon.

Unos quince minutos más tarde, vi a Romney delante de su hotel, a un par de cuadras de distancia. Estaba de pie bajo la lluvia, solo, con el paraguas en la mano.

—No tengo nada para ti, Jim —me dijo.

—Claro —respondí. Y lo dejamos así.

Me pareció una escena triste y conmovedora: un hombre que, tan solo cuatro años antes, era el candidato republicano a la presidencia se hallaba solo bajo la lluvia. No había agentes del Servicio Secreto a su alrededor. No llevaba séquito. Mitt Romney había intentado advertir a los republicanos para que se mantuvieran alejados de Trump y estos le habían dado una patada para quitárselo de encima.

LAS HERIDAS ABIERTAS QUE SE VIERON DURANTE LA TRANSICIÓN no hicieron más que reafirmar mi escepticismo sobre lo que estaba por venir con la investidura de Trump. Pensemos en la mañana del 11 de enero de 2017. A poco más de una semana de su investidura, el presidente electo Donald J. Trump celebró su primera y única rueda de prensa desde que ganara la Casa Blanca (de hecho, la primera desde finales de julio de 2016).

Yo imaginaba que no aceptaría ninguna pregunta mía, pero también pensaba que tal vez lo hiciera. Trump parece adicto al conflicto. Y desde luego yo había tenido mis momentos con él durante gran parte de la campaña de 2016.

Más allá de que Trump hubiera hablado mal de mí durante la campaña de Romney en 2012, su actitud avinagrada hacia mí comenzó en una rueda de prensa en Florida en 2016, poco después de ganar Carolina del Sur en las primarias. El acto, como casi todos, se celebró en una propiedad de Trump: su campo de golf en West Palm. La organización de los asientos para la rueda de prensa fue la primera señal de alarma. En un enorme salón de baile decorado con lámparas de araña doradas y otros toques *trumpianos* y excesivos —había fotos de Trump por todas partes—, los organizadores del evento habían colocado unas veinte filas de sillas. Las primeras quince estaban reservadas a los invitados. En la parte trasera de la estancia se hallaban los asientos para la prensa. Parecía que esperaban que gritásemos nuestras preguntas por encima de los invitados reunidos allí. Era evidente que estaba diseñado para limitar nuestras preguntas a aquellas que los invitados considerasen adecuadas.

Aquella rueda de prensa se produjo después del infame debate republicano en el que Marco Rubio se burló del tamaño de las manos de Trump. Como todos recordamos por desgracia, Trump había defendido el tamaño de sus manos en el debate bromeando con que no le preocupaba quedarse corto en ningún otro aspecto (refiriéndose al tamaño de su pene). Sí, así andábamos en 2016. La cobertura mediática duró días, con discusiones sobre el hecho de que Trump defendiera su hombría en un debate político. A él no parecía importarle menospreciar la presidencia al arrastrar alegremente por el fango el discurso político nacional.

Lo que nos lleva a mi pregunta durante esa rueda de prensa. Eso fue justo lo que le pregunté: ¿Era digno de un presidente ponerse a hablar del tamaño de su miembro?

—No debería haber hecho usted esa pregunta —me dijo, claramente molesto.

Una de las invitadas, una mujer que estaba sentada delante de mí expresó su repugnancia.

—Qué idiota eres —dijo en voz alta.

Pero entonces Trump pasó a defender el tamaño de sus manos, diciendo que eran grandes y bonitas. Incluso se volvió hacia uno de sus amigos en la primera fila para alardear de su habilidad para golpear una pelota de golf. Fue raro oírlo hablar de ese modo. Que quede claro que no era eso lo que yo le había preguntado. Entonces respondió a la pregunta asegurando que sería el presidente más digno desde Abraham Lincoln.

Aun así, aquel episodio perjudicó mi posición en la campaña de Trump. Más tarde, en marzo de 2016, canceló sin previo aviso una rueda de prensa que tenía programada en Mar-a-Lago la noche de las primarias de Florida, una competición que ganó sin problemas, dejando a Rubio fuera de la carrera. Llamé a su portavoz, Hope Hicks, para preguntarle por qué Trump había cancelado de manera tan abrupta.

—¿Por qué? ¿Para que puedas preguntarle otra vez por el tamaño de sus manos? —me preguntó ella sarcásticamente.

Y después vino un encontronazo que tuve con Trump en

mayo de 2016, cuando dijo que yo era una "auténtica belleza". Trump celebraba una rueda de prensa en la Torre Trump para responder a las preguntas sobre sus donativos, o la falta de los mismos, a los grupos de veteranos. Casi todo aquello se remontaba a la decisión del magnate inmobiliario, unos meses atrás, de saltarse un debate en Iowa y, en su lugar, celebrar un acto para recaudar dinero para asistencia a los veteranos. En los meses transcurridos desde entonces, había quedado cada vez más claro que Trump no había sido tan generoso como decía que sería. Para cuando llegó el mes de mayo, los periodistas ya habían empezado a hacer preguntas difíciles. ¿Dónde estaba el dinero que les había prometido a los veteranos? ¿Cuánto había contribuido Trump? No soportaba el escrutinio, pero le encantaba la cobertura.

En la rueda de prensa celebrada en mayo en la Torre Trump para responder a las preguntas, Trump recurrió a su arsenal de comentarios ingeniosos y mordaces. Le pregunté por qué no soportaba el escrutinio asociado a la candidatura para la presidencia de Estados Unidos. La pregunta asestó un golpe en una de sus principales debilidades: su temperamento. Trump podría haber respondido fácilmente diciendo: "Puedo manejar el escrutinio. Buen intento, Jim. Siguiente pregunta".

En su lugar, por supuesto, pasó al ataque:

—Lo he visto antes por televisión. Es usted una auténtica belleza —me dijo.

Sobra decir que, para cuando llegó la rueda de prensa en la Torre Trump previa a la investidura en enero de 2017, Trump podía hacerse una idea de lo que sucedería cuando me diera la palabra.

Parte del motivo por el que pensaba que evitaría mi pregunta era que mis compañeros de la CNN acababan de destapar una noticia importante según la cual el presidente electo estaría al corriente de las preocupaciones de los servicios de inteligencia de Estados Unidos, que temía que el gobierno ruso pudiera tener información comprometedora sobre él. Otro canal de noticias, BuzzFeed, había publicado algunos de los alegatos, procaces, pero inconsistentes, que figuraban en el expediente, que pasó a ser conocido como el Expediente Steele. La CNN no indagó en esos detalles, al considerar que no estaban demostrados y, por tanto, quedaban fuera del ámbito del periodismo de rigor.

A Trump no le sentó nada bien aquello. Los demócratas se pasaron semanas asegurando que se trataba de un presidente electo ilegítimo, ya que había perdido el voto popular frente a Hillary Clinton y estaba vinculado a una posible injerencia rusa en las elecciones. En su momento se cuestionaron sus vínculos financieros con los rusos, pero entonces no se hallaron pruebas concluyentes de colusión. El equipo de Trump veía la historia rusa como otro intento por desprestigiar al nuevo presidente, restándole fuerza de cara a 2020. Y Trump ya estaba pensando en 2020; sí, antes incluso de ser investido. Así que decidió recurrir a una de sus jugadas favoritas dentro del manual de su campaña: atacar a los medios de comunicación, especialmente a la CNN y a BuzzFeed, por haber publicado la noticia del Expediente Steele.

El secretario de Prensa de Trump, Sean Spicer, comenzó el bombardeo diciendo que la información de la CNN y de Buzz-Feed era un "intento triste y patético por conseguir clics". La acusación resultó especialmente frustrante para mis compañeros de la CNN, porque nosotros no habíamos publicado los detalles proporcionados por BuzzFeed, ya que en su momento carecían de consistencia. Sin embargo, la CNN había decidido que el hecho de que los servicios de inteligencia hubiesen presentado a Trump la información sobre los rusos era, en sí mismo, una noticia, y era cierto. No podía negarse que se trataba de una novedad importante.

Pero Spicer y el equipo de Trump decidieron meter a la CNN y a BuzzFeed dentro del mismo saco en un intento por minar la credibilidad de los medios de comunicación en general.

—Con todo lo que se habla últimamente de noticias falsas, esta caza de brujas política por parte de algunos medios de comunicación se basa en una información poco fiable y resulta vergonzosa y deshonrosa —dijo Spicer.

Nótese el uso del término "noticias falsas". El ataque de las noticias falsas fue una estratagema cínica. Los servicios de inteligencia estadounidenses habían determinado que los agentes rusos habían activado una tormenta de "noticias falsas" sobre la campaña de Hillary Clinton en un esfuerzo por impulsar a Trump. El más siniestro de esos informes falsos había acusado a la campaña de Clinton de dirigir una red sexual de menores en una pizzería de Washington, D.C. Era una mentira ridícula y enfermiza, pero un perturbado de Carolina del Norte se creyó que tenía algo de cierto y se presentó en el restaurante con una pistola, con la que abrió fuego en el interior del local. Las noticias falsas no eran solo maliciosas; podían llegar a ser mortales.

Pero Spicer no fue el único que convirtió las "noticias falsas" en el tema de conversación del día. El vicepresidente entrante, Mike Pence, siguió con aquel ataque planificado, calificando también las historias rusas como "noticias falsas".

—Hoy volveremos a las noticias reales, a los hechos reales y al progreso real que nuestro presidente entrante ya ha llevado a cabo al revitalizar la economía americana y formar un equipo que vuelva a hacer de América un gran país —añadió Pence.

Después, en su rueda de prensa, el propio presidente electo intensificó la retórica aún más. Primero intentó dividir y vencer, enfrentando a un canal de noticias contra otro.

—Quiero dar las gracias a muchas de las organizaciones de noticias, porque algunas de ellas no me han tratado muy bien a través de los años, dos en particular, y se han revelado con fuerza contra las noticias falsas y contra el hecho de que estuvieran escritas por un grupo y por una cadena de televisión en concreto —comentó.

Minutos más tarde, en la rueda de prensa, volvió a utilizar esa frase.

—Vi la información; leí la información al salir de la reunión —dijo, refiriéndose al Expediente Steele—. Son todo noticias falsas. Es una falsedad. No sucedió jamás.

Y otra vez más...

—Bueno, hoy mismo el presidente Putin y Rusia han emitido un comunicado asegurando que [el expediente] esas noticias falsas eran, en efecto, noticias falsas. Han dicho que nunca tuvo lugar tal cosa —dijo Trump, fiándose de la palabra del líder ruso por encima de los periodistas estadounidenses y, de hecho, por encima de los servicios de inteligencia de Estados Unidos.

Más tarde, Major Garrett, de CBS News, preguntó a Trump si defendía un tuit que había publicado en el que comparaba a los servicios de inteligencia de Estados Unidos con la Alemania nazi. El presidente electo había acusado a los líderes de las agencias de inteligencia de filtrar el material a los medios de comunicación para perjudicarlo.

Volvió a emplearse la palabra "falsas" una vez más.

Trump también ligó a la CNN con BuzzFeed, a quien calificó de "un montón de basura". BuzzFeed también había sido un incordio para él durante la campaña, hasta el punto de llegar a prohibir la entrada a sus actos a los reporteros de ese sitio de noticias. En defensa de BuzzFeed, cabe aclarar que muchos de sus reporteros son excelentes, y algunos pasaron a ser contratados por la CNN.

El presidente electo, junto con su nuevo secretario de Prensa y su vicepresidente electo, había puesto en entredicho la credibilidad de la CNN una y otra vez durante su candidatura a la presidencia. Ahora, en la rueda de prensa, yo pensaba en todo lo que estaba sucediendo delante de nuestros ojos. Trump no solo atacaba la credibilidad de una de las cadenas de noticias más importantes del mundo, sino que además faltaba sistemáticamente a la verdad. El hecho de que los servicios de inteligencia estadounidenses hubieran advertido al presidente electo sobre una posible trama rusa no tenía debate posible. Era algo que había sucedido. Se trataba de un intento por su parte de decirle al público que arriba era abajo, que lo blanco era negro y que lo real era falso. Y estaba sucediendo todo delante de nuestras narices.

Trump había contado algunas mentiras durante la campaña. La mayor de todas tal vez fuera su promesa de construir un muro y hacer que lo pagara México, sobre todo a la luz de sus reiterados esfuerzos por obligar a los contribuyentes estadounidenses a pagar la cuenta de ese inmenso proyecto. Aun así, la montaña de estiércol del discurso de Trump iba mucho más allá.

Acusó falsamente al padre de Ted Cruz de formar parte de la conspiración para asesinar a John F. Kennedy.

Puso en duda la validez de la tasa de desempleo de Estados Unidos, arguyendo que superaba el cuarenta por ciento cuando en realidad rondaba el cinco por ciento.

Dijo haber presenciado cómo los musulmanes celebraban el ataque terrorista a las Torres Gemelas en 2001. Eso nunca ocurrió.

Aseguró estar en contra de la guerra de Irak pese a que las entrevistas pasadas demostraran que había apoyado la desventura militar de la administración Bush en aquel país.

Mintió al declarar cuánto dinero había recibido de su familia para fundar su propio negocio, asegurando que su padre le dio solo un millón de dólares, pero esto era solo una fracción del apoyo económico real.

No es de extrañar que Trump demonice a la prensa. Como le dijo en una ocasión Lesley Stahl, de CBS News, a Judy Woodruff, de la PBS, Trump le confesó que denominaba a los medios de comunicación "noticias falsas" para que la gente no se creyera las informaciones de la prensa.

Allí estábamos, sentados en el vestíbulo de la Torre Trump, escuchando cómo el futuro presidente de Estados Unidos nos despedazaba. Pero Trump solo estaba haciendo lo mismo que había hecho durante la campaña: atacar al mensajero. Lo mismo que en los mítines. A lo largo de la campaña de 2016, nos había llamado:

Deshonestos

Asquerosos

Mentirosos

Escoria

Ladrones

Sinvergüenzas

Lo peor

El ataque de las "noticias falsas" a la CNN y a BuzzFeed en la rueda de prensa pareció un golpe coordinado. Como le gusta decir a Trump, cuando lo golpean, él golpea diez veces más fuerte. Tras escuchar las críticas fulminantes a mi cadena, y tras pasar meses oyendo a los seguidores de Trump gritar "La CNN es una mierda" durante toda la campaña, decidí que quería una respuesta a mi pregunta. De un modo u otro, tenía que preguntar a Trump por los rusos. ¿Lo tenían calado? Y, quizá lo más importante, ¿sus socios habían tenido algún contacto con los rusos durante la campaña?

Por fin se me presentó la oportunidad. Trump había estado evitándome durante casi toda la rueda de prensa. Mientras yo gritaba "señor presidente electo" en voz alta, pero con respeto, en al menos doce ocasiones, él daba la palabra a otros periodistas para responder a sus preguntas. Me miraba y negaba con la cabeza, como diciendo: "Nada de preguntas". De modo que yo tenía que tomar una decisión: o dejaba que sus ataques quedaran impunes y abandonábamos la rueda de prensa tras ser el blanco de sus críticas una vez más, o alteraba la rueda de prensa y probaba una táctica que él no se esperaba.

Esto es lo que yo pensaba: Trump había atacado la credibilidad de la CNN. Nos había llamado "noticias falsas". Lo justo era que pudiéramos hacer una pregunta, aunque eso supusiera montar una escena. Y eso fue lo que hice.

ACOSTA: Dado que nos está atacando, ¿podría concedernos una pregunta? Señor presidente electo...

TRUMP: Adelante [dirigiéndose a otro reportero].

ACOSTA: Señor presidente electo, dado que está atacando a nuestro canal de noticias...

TRUMP: Usted no. Usted no.

ACOSTA: ¿Podría darnos una oportunidad?

TRUMP: Su organización es terrible.

ACOSTA: Está atacando a nuestra organización, ¿podría concedernos la oportunidad de hacerle una pregunta, señor? ¿Podría...?

TRUMP: Cállese.

ACOSTA: Señor presidente electo, ¿podría...?

TRUMP: Está haciendo una pregunta, no sea grosero. No sea grosero.

ACOSTA: ¿Podría concedernos una pregunta, ya que nos está atacando? ¿Podría concedernos una pregunta?

TRUMP: No sea grosero. No, no voy a concederle ninguna pregunta. No voy a concedérsela.

ACOSTA: ¿Puede asegurar...?

TRUMP: Ustedes son noticias falsas. Adelante [de nuevo, dirigiéndose a otro reportero].

ACOSTA: Señor, ¿podría asegurar que nadie...? No, señor presidente electo, esto es inapropiado.

Negué con la cabeza. No era necesario seguir. Ya había dejado clara mi postura. Viéndolo con el tiempo, desearía haberle dicho algo más que "esto es inapropiado". Pero ya estaba; había sucedido: un presidente de Estados Unidos había cuestionado la integridad de una organización de noticias con una frase pegadiza que recordaba mucho al "Estás despedido" de su época en *The Apprentice*.

Como se vio más tarde en el programa documental de la PBS *Frontline*, dedicado a la investigación rusa y emitido en otoño de 2018, al final conseguí formular mi pregunta pese a las repetidas interrupciones de Trump:

—¿Tuvieron usted o sus socios algún contacto con los rusos durante la campaña?

No es de extrañar que no respondiera.

Mi interrupción no fue bien recibida por el equipo de transición de Trump. Por el rabillo del ojo, vi que Steve Bannon, futuro jefe de Estrategia del nuevo presidente electo, hacía gestos a los guardias de seguridad de Trump. Bannon me quería fuera de allí.

Momentos después, Sean Spicer se dirigió hacia mí. Me miró y me dijo que, si volvía a hacer eso, me expulsarían de la rueda de prensa. Para dejar clara su postura, hizo un gesto parecido al que haría un árbitro de béisbol al expulsar a un bateador. Si volvía a intentarlo, me sacarían del partido.

Cuando terminó la rueda de prensa, Spicer se me acercó de nuevo y siguió reprendiéndome, insistiendo en que, al interrumpir la rueda de prensa, había sobrepasado un límite y mi comportamiento era inapropiado. Traté de estrecharle la mano, pero se negó. Tenía un trabajo que hacer. Tenía que defender a su jefe. Pero yo también tenía un trabajo que hacer. Mi trabajo, en aquel momento, era hacerle una pregunta al presidente electo. Resultaba evidente que se trataba de una pregunta que Trump deseaba ignorar.

Aunque finalmente acabó respondiendo. Hacia el final de la rueda de prensa, Cecilia Vega, reportera de ABC News, le hizo la misma pregunta que yo había intentado formular: si alguno de los socios del presidente había tenido contacto con los rusos durante la campaña. Pero la suya era solo la primera mitad de una pregunta de dos partes. Trump respondió a la segunda mitad de la pregunta desde el atril, pero esquivó la parte relativa al contacto con los rusos.

Al final respondió cuando caminaba hacia el ascensor tras finalizar la rueda de prensa.

—No —dijo antes de salir del vestíbulo. No hubo tiempo para más. Las puertas del ascensor se habían cerrado.

Como el mundo descubriría mucho después, hasta catorce individuos relacionados con él y con su campaña habían mantenido algún tipo de contacto con los rusos durante el curso de la campaña. Y, como la pregunta había sido formulada, ahora Trump había dado una respuesta públicamente. Pero resultó que aquella respuesta no era cierta.

———————

TRAS LA RUEDA DE PRENSA, EMPECÉ A DARME CUENTA DE LA magnitud de mis actos. En su momento, mi intención solo era lograr que Trump respondiera a mi pregunta. Ahora, mientras atravesaba el vestíbulo de la Torre Trump, me daba cuenta de que había hecho algo que resultaría bastante controvertido: me había convertido en parte de la noticia.

Sentía curiosidad por saber qué impresión les habría causado el momento a mis compañeros. Primero acudí a Elizabeth Landers, mi productora en la rueda de prensa de la Torre Trump. Nunca olvidaré su cara: se había quedado con la boca abierta. Estaba sin palabras. Después acudí a Matt Hoye, gran amigo y antiguo productor. Estaba allí ejerciendo de productor para mi compañera y corresponsal Sara Murray.

—¿Qué te ha parecido? —le pregunté.

—¡Ha sido fantástico! —exclamó.

Landers se volvió entonces hacia mí y captó mi atención. En aquel momento yo estaba algo aturdido. La CNN me quería en el aire de inmediato. Los reporteros de otras cadenas trataban de detenerme mientras me dirigía hacia la cámara. La pregunta era, en resumen: ¿por qué has hecho eso, Jim?

Acto seguido pasé a relatar en la CNN, en directo, los acontecimientos que habían tenido lugar en la rueda de prensa. Expliqué que la CNN había sido atacada por el presidente entrante. Merecíamos que nos concediera una pregunta. Por desgracia, Spicer lo había convertido en un asunto personal. En entrevistas posteriores en la cadena favorita de la campaña de Trump, Fox News, Sean me llamaría mentiroso y "sinvergüenza", y exigiría que me disculpara con el presidente electo por mi comportamiento, que calificó de irrespetuoso. Yo traté de actuar con ética profesional. Más tarde expliqué en la CNN que no me había tomado los ataques de Spicer como algo personal. De hecho, mencioné que conocía a Sean desde hacía años y añadí que me caía bien y lo respetaba.

La CNN emitió una declaración en la que defendía mis intentos de hacer una pregunta en la rueda de prensa. "Su trabajo consiste en ser persistente y hacer preguntas complicadas, y cuenta con todo nuestro apoyo", decía la declaración. Fue un alivio. Es bueno que la empresa te respalde, sobre todo con algo tan grande como aquello.

La declaración de la CNN hacía referencia a algunas de las críticas de Spicer y a la reticencia ocasional del futuro secretario de Prensa a la hora de decir la verdad. "Como ya hemos visto en muchas ocasiones, el hecho de que Sean Spicer diga algo no significa que sea cierto. Jim Acosta es un reportero veterano de máxima integridad y con una dilatada experiencia cubriendo la Casa Blanca y al presidente electo", continuaba la declaración.

Aquel momento en la Torre Trump inició un enfrentamiento entre Spicer y yo, algo que se repetiría en incontables ocasiones durante las sesiones informativas diarias de la Casa Blanca. En cuanto a la exigencia de Spicer para que me disculpara, lo siento, pero eso no va a pasar. Solo estaba haciendo mi trabajo. Además, no recuerdo que Trump se disculpara jamás por su comportamiento.

En aquella rueda de prensa del 11 de enero de 2017, lo único que hice fue tratar de preguntar algo. Soy reportero. Me dedico a eso. Y, dado que la prensa se había visto asediada a lo largo de la campaña de 2016, he aquí lo que me dije: Mi trabajo es hacer preguntas a los funcionarios del gobierno y enfrentarme al poder con la verdad. Pero, tras la elección de Trump, había quedado claro que el deber de la prensa era aún mayor: teníamos que luchar por la verdad, porque de pronto era un campo de batalla. Durante años habíamos hecho nuestro trabajo dando por sentado que determinados hechos y verdades eran universales; con esta administración, eso ya no era así. Había que cuestionarlo todo. Deseaba dejar claro que podían atacarnos todo lo que quisieran, podían llamarnos lo que quisieran, pero nosotros íbamos a seguir buscando la verdad. Y, cuando estuviésemos seguros de haberla encontrado, daríamos la noticia. No una noticia falsa. Una noticia real.

La historia de Rusia era una noticia real porque, en su momento, había muchas preguntas legítimas. Habríamos descuidado nuestro deber de no haberlas formulado.

El público estadounidense pareció estar de acuerdo. Desde

aquel momento en la rueda de prensa, la gente se me acercaba para darme las gracias; en el aeropuerto, en la estación de tren, en el supermercado. Las mujeres me aplaudían en la peluquería. Los desconocidos me paraban por la calle para pedirme un *selfi*. Un vecino me dejó una botella de *bourbon* en el buzón. Tampoco fue la última botella que me enviaron. De pronto tenía más de lo que era capaz de beber.

Esto es lo que sentí entonces y lo que siento hoy en día todavía con más fuerza: No creo que los reporteros tengan que ser la noticia. Así fue como me formaron. Pero, en aquella rueda de prensa, me había visto obligado a elegir: ¿Aceptamos sin más los ataques de Trump? ¿O contraatacamos y nos defendemos? Es una decisión difícil a la que los miembros de la prensa se vieron enfrentados en muchas ocasiones durante los dos primeros años de presidencia de Trump. En mi opinión, Trump representaba un nuevo tipo de presidente y, como tal, era necesario un nuevo manual de estrategias por parte de los periodistas.

Pero aquel día había una emergencia mucho más importante: la desconsideración de Trump hacia la verdad. El presidente entrante estaba cuestionando la validez de una noticia perfectamente legítima. Trump sabía que no nos lo íbamos a creer, pero también se daba cuenta de que millones de sus seguidores aceptarían su versión de los hechos. Espera un momento, me dije aquel día. Este hombre que habla desde el atril está a punto de ser investido presidente. No puede hacer esto. Ya no se trataba de un empresario descarado que desafiaba las convenciones, como lo habían descrito sus defensores. Se trataba de un hombre a punto de ocupar el despacho más poderoso del mundo.

Algo que traté de dejar claro en aquella rueda de prensa es que merece la pena defender la verdad. Es la fuerza que mantiene el orden en nuestro mundo; al final, es lo único que tenemos. El futuro presidente estaba desequilibrando aquella fuerza. Trump, que había sido descrito por Jeb Bush como el "candidato caótico", era un maestro a la hora de crear problemas. Como me dijo después un alto funcionario de la Casa Blanca, todo aquello estaba programado.

—Gobierna con la inestabilidad. Gana haciendo que todo a su alrededor sea inestable —me dijo el funcionario. De ese modo, me dijo, Trump controlaba el caos.

En aquella infame rueda de prensa en Manhattan, Trump estaba desestabilizando nuestro sentido colectivo del mundo real. Lo que era real, ahora se tildaba de "falso". Había negado la realidad una y otra vez durante aquella campaña descabellada. Pero ¿qué peligro había en que un candidato político inexperto hiciera aquello durante una campaña electoral?, se preguntaba la gente. Esto era diferente. Esto era serio. A menos de diez días de la investidura, me vino a la cabeza una imagen terrible: que todos nosotros estábamos a punto de entrar en la batalla. En mi opinión, aquel 11 de enero de 2017, Donald J. Trump había declarado la guerra no solo a la prensa. Había declarado la guerra a los hechos. Nuestra lucha por la verdad acababa de empezar.

2

La primera mentira

El día de la investidura por fin había llegado y yo tenía un trabajo que hacer. Mi misión era cubrir al presidente, es decir al presidente Donald J. Trump, aquel día desde la Casa Blanca; bueno, para ser más exacto, estaría ubicado en mitad del Jardín Norte de la Casa Blanca. Sí, justo en el medio, desde donde informaría en directo sobre el que pasaría a ser el primero de muchos días surrealistas en su administración.

Era un lugar raro en el que ubicarse. Normalmente, la prensa entraba en directo desde "Pebble Beach", la zona designada a los medios y cubierta por carpas situadas en el extremo oeste del Jardín Norte. Pero aquel día, la Casa Blanca y el Servicio Secreto nos permitían informar desde el centro del jardín frontal de la mansión ejecutiva, donde habían colocado una larga alfombra azul que conectaba la puerta principal de la Casa Blanca con las gradas presidenciales para el desfile de investidura. Aquella ubicación privilegiada me permitiría observar los movimientos de Trump cuando abandonara la ruta del desfile y entrara en la Casa Blanca por primera vez como presidente.

Y se me ocurrió una cosa: me encontraba en una magnífica posición para lanzarle una pregunta al nuevo presidente.

Antes incluso de que llegara Trump, ya teníamos una noticia entre manos. Las gradas que recorrían la avenida Pensilvania, frente a la Casa Blanca, estaban casi vacías. Fila tras fila desocupada. Cierto, había miles de personas a lo largo de la ruta del desfile, pero mi experiencia cubriendo las investiduras de Barack Obama me decía que aquellas gradas no deberían haber estado vacías. Trump se daría cuenta de aquello. (Cualquiera se habría dado cuenta). Y, siendo Trump como era, no le haría gracia.

Las gradas vacías indicaban que la multitud de la investidura de Trump era mucho menor que la de las dos investiduras de Barack Obama o un fallo por parte del comité de investidura por no haberse asegurado de que esas gradas estuvieran llenas; tal vez fuera un poco de ambas cosas. La inconfundible imagen de las gradas vacías y las fotos de la multitud, de menor tamaño en general, se convertirían en parte importante de la noticia que estaba a punto de producirse.

Pese al tono oscuro del discurso de investidura de Trump, en el que habló de la "carnicería estadounidense" que estaba destruyendo el país, el nuevo presidente parecía estar de buen humor. Cuando, acompañado de la primera dama, Melania Trump, atravesó el Jardín Norte, decidí hacerle, o más bien gritarle, una pregunta bastante benévola. Por una vez, le lancé una fácil.

—¿Qué tal ha ido el día, señor presidente? —pregunté.

—Ha sido increíble —respondió con una sonrisa. Melania,

que siempre había sido una cara amable hasta aquel momento, también parecía verdaderamente feliz.

Muchos de mis compañeros me enviaron correos electrónicos felicitándome por haber recibido una respuesta de Trump. Me alegro mucho por ti, Jim, decían algunos. Había quien pensaba que aquello era señal de que habría paz con la prensa, o con la CNN, o tal vez solo conmigo. Pero, como ya lo había seguido mucho, sabía que aquel era un clásico gesto de Trump. Es capaz de ser encantador, incluso con aquellos a quienes considera la oposición. Aun así, aquel era su día. Era su investidura. Me dije a mí mismo que de ninguna manera podría hacerle una pregunta polémica. Esos días ya llegarán, me dije. Y llegaron.

———

RESULTÓ QUE ESOS DÍAS LLEGARON MUCHO ANTES DE LO QUE cualquiera de nosotros podría haber imaginado. Para muchos estadounidenses que habían votado en contra de Trump, las primeras dos semanas de su administración fueron la peor de las hipótesis hecha realidad, cuando el cuadragésimo quinto presidente ocupó el cargo. Aunque yo creía haber visto casi de todo durante la campaña, hubo algunos momentos horrendos que me sorprendieron incluso a mí. De hecho, dos de las principales controversias de aquellas semanas fueron algo muy personal: la guerra de la administración contra los medios de comunicación y sus severas políticas de inmigración. Y el hecho de que se produjeran tan pronto ayudó a sentar las bases de la que sería mi cobertura informativa durante los próximos años.

Empezó el sábado 21 de enero, el primer día completo de

Trump como presidente. Solo con mirar a través de las ventanas de la residencia de la Casa Blanca aquella mañana, Trump se dio cuenta de que lideraba una nación amargamente dividida. Fue un día de protestas por todo el país, incluido Washington. La manifestación organizada frente a la Casa Blanca era tan ruidosa que la oíamos desde dentro de la Sala de Prensa. Así que Trump la oiría también.

Trump tendría la oportunidad de presenciar de primera mano aquella democracia en plena acción al viajar a Virginia para cumplir con el punto culminante de aquel día: una visita a la Agencia Central de Inteligencia (CIA) en Langley. En aquel momento no estaba muy contento con la CIA. Había culpado a los servicios de inteligencia de las filtraciones a los medios de comunicación sobre la información comprometedora que el gobierno ruso podría tener de él, por no mencionar las historias sobre la injerencia del Kremlin en las elecciones en su nombre.

Pero el presidente estaba molesto por otra cosa aquel día. Como hace frecuentemente, Trump había visto las noticias en el despacho aquella primera mañana, y se puso furioso al ver que el público que asistió a su investidura, aunque decente, había sido modesto en comparación con otras investiduras recientes, en particular las de su archienemigo Barack Obama.

Más tarde, dejó bien claros sus amargos sentimientos durante el feroz discurso que pronunció en la CIA. De pie frente a un monumento en memoria de los agentes caídos de la Agencia, el presidente arremetió contra los medios de comunicación, acusando a la prensa de haber mentido intencionadamente sobre la cantidad de público que asistió a su investidura. Noticias falsas, aseguró.

—Es mentira —dijo en la CIA el nuevo presidente—. Tengo una guerra abierta con los medios de comunicación —continuó, como si estuviéramos en uno de sus mítines—. Son los seres humanos más deshonestos de la tierra.

Para Trump, no había diferencia entre un estadio de *hockey* al oeste de Pensilvania y el núcleo central de los servicios de inteligencia de Estados Unidos.

—Tuvimos una afluencia masiva de gente. Ustedes lo vieron. Estaba abarrotado. Me levanto esta mañana, pongo una de las cadenas y muestran un paisaje vacío. Me digo, un momento, si yo di un discurso. Miré hacia allí y había... no sé, parecía un millón o millón y medio de personas. Pero ellos han mostrado un plano en el que no habían (sic) prácticamente nadie.

No era cierto, pero él siguió y siguió.

—Sinceramente, a mí me pareció un millón y medio de personas. Fuera como fuera, fue así. La gente llegaba hasta el Monumento a Washington. Y yo enciendo la tele y, por error, pongo esta cadena, y veo un paisaje vacío. Y decían que solo acudieron doscientas cincuenta mil personas. No está nada mal, pero es mentira. Sí que tuvimos a doscientas cincuenta mil personas literalmente a nuestro alrededor, en el pequeño estadio que construimos. Eso sí eran doscientas cincuenta mil personas. Pero el resto de las veinte cuadras hasta llegar al Monumento a Washington estaba abarrotado de gente.

Yo sabía bien, gracias a la campaña, que Trump está obsesionado con las cifras de asistentes a los actos. En todos los mítines se quejaba de que los fotógrafos (como llamamos en la industria a nuestros operadores de cámara) en sus actos no desviaban sus cámaras del escenario para mostrar a las miles de personas que acudían a escuchar sus discursos. Criticaba a los reporteros si se atrevían a informar de la presencia de asientos vacíos. Para Trump, la cantidad de público asistente era tan importante o incluso más que lo que un periodista pudiera decir sobre el contenido de su discurso. ¿Si se metían con su retórica? No era para tanto. ¿Si decían que había tenido poco público? Gran error.

Volver a sacar todo aquello durante la visita a la CIA resultaba particularmente preocupante. Con el público dividido a causa de su nuevo presidente, Trump estaba redoblando sus ataques a los medios de comunicación en un lugar sagrado; un espacio donde se honra la memoria de los agentes de la CIA por sus sacrificios por el país, por defender la misma democracia que se suponía debía proteger la libertad de prensa en Estados Unidos. Para asombro de muchos de los allí presentes, y desde luego de muchos en todo el mundo, se produjeron algunos aplausos frente a aquel último exabrupto de Trump contra los periodistas. Como muchos de los episodios que se producirían en esa nueva administración, resultó sorprendente e inquietante al mismo tiempo.

En cualquier caso, se había enviado un mensaje: Ahora, esta era la CIA de Trump. Estaba al mando de una agencia poderosa que podría, posiblemente, utilizarse con fines perversos. Creo que fue una terrorífica forma de recordar a los medios de comunicación que nuestras libertades podrían estar en peligro. Pero Trump y su equipo no habían terminado de descargar su ira contra la prensa.

Ese mismo día, el primer día completo de Trump en el cargo, los reporteros de la Casa Blanca fueron convocados a la Sala de Prensa para escuchar la declaración de Sean Spicer, secretario de Prensa entrante. Antes de ser nombrado secretario de Prensa de la Casa Blanca, Spicer era considerado en todo Washington como un portavoz del Comité Nacional Republicano bastante fiable e incluso simpático. Casi todos los reporteros de la capital de la nación tenían la información de contacto de Sean almacenada en sus teléfonos móviles. Sean podía ser amable. Le gustaba beber con los reporteros. Y, lo más importante, era bastante receptivo. Si le enviabas un mensaje para confirmar una noticia, a no ser que te tuviera entre ceja y ceja, normalmente recibías una respuesta. No revelo ningún secreto de gobierno si digo que había sido una de mis fuentes antes de la campaña de 2016.

De modo que no debería sorprender que casi todos los medios de comunicación de Washington respirasen aliviados cuando Spicer fue elegido secretario de Prensa. Muchos reporteros, incluyéndome a mí, pensaban que Trump había escogido bien. Los corresponsales de prensa necesitaban algún tipo de vía de comunicación con el presidente electo, y Sean parecía ser alguien que entendía el importante papel que desempeñaría su gabinete a la hora de salvar la inmensa brecha entre el mundo de Trump y la prensa.

Aquel primer día, todos nos dimos cuenta de que habíamos calculado mal.

Sobra decir que la actuación de Spicer aquel día fue memorable. Quedó claro que íbamos por mal camino cuando, en las pantallas de la Sala de Prensa, aparecieron las fotografías del público que asistió a la investidura de Trump. Spicer, al igual que el presidente, cargó contra la prensa, acusando a los reporteros de haber manipulado los hechos con el número de personas asistentes al evento. Declaró enfáticamente que la multitud de la investidura de Trump había sido la más grande de todas.

—Es la mayor cantidad de público que jamás haya visto una investidura, punto, tanto en persona como en todo el mundo —dijo Spicer a los reporteros. Añadió lo de "en todo el mundo" de un modo descaradamente deshonesto, como si el número de personas que vieron la investidura en televisión o en sus dispositivos pudiera sumarse a la multitud reunida por Trump. Se produjo entonces otra amenaza, esta vez por parte del secretario de Prensa—. Se ha hablado mucho en los medios sobre el deber de responsabilizar a Donald Trump. Yo estoy aquí para decirles que esa es una carretera de doble sentido. Nosotros también vamos a responsabilizar a la prensa.

Tras hacer algunos comentarios sobre otros temas, y sin aceptar ninguna pregunta, Spicer abandonó precipitadamente la sala. Los verificadores de información destrozarían más tarde su intervención. "¡Mentiroso!", clamó PolitiFact. Cabe destacar que, más adelante, Spicer dijo que sus comentarios aquel día fueron un error.

Yo estaba sentado en el asiento reservado a la CNN en la primera fila, justo al lado del corresponsal de Reuters en la Casa Blanca, Jeff Mason. Nos miramos el uno al otro con asombro, preguntándonos qué diablos acabábamos de presenciar. Momentos más tarde, informé en directo desde la Sala de Prensa, como había hecho en muchas ocasiones durante la administración Obama. Pero aquella era una experiencia nueva. Las sesiones informativas para la prensa de la Casa Blanca de Obama no solían ser así. Ni de lejos. Sí, la gente de Obama podía inventar, mentir y equivocarse también. Pero esto era diferente. Sean Spicer, el nuevo secretario de Prensa de la Casa Blanca, acababa de pedir a los medios de comunicación, y al resto del mundo, que no creyeran lo que veían con sus propios ojos; por increíble que pareciera, estaba pidiendo al mundo que, en su lugar, creyese a Trump.

Tras recobrar el sentido, nos pusimos a trabajar. Mi productor aquel día, Kevin Liptak, me ayudó a desenterrar algunos puntos clave que refutaran la diatriba falsa de Spicer. El secretario de Prensa había informado a los reporteros de que las lonas blancas utilizadas para proteger la hierba en la avenida habían sido instaladas por primera vez para la investidura de Trump, creando la impresión de que había menos gente a mano para las festividades. No. Eso era falso. Según descubrimos al revisar los archivos de la CNN, las lonas blancas del suelo ya se habían usado en la segunda investidura de Obama. Spicer también dijo que los magnetómetros y las vallas se utilizaron por primera vez en la avenida ese día, impidiendo que cientos de miles de personas pudieran acudir. Eso también era falso. Como descubriríamos más tarde con otras declaraciones de la Casa Blanca, las necedades de Spicer sobre la investidura podían verificarse con algo tan simple como Google.

La intervención de Spicer fue solo el primer episodio de distorsión de la verdad. Kellyanne Conway, durante una aparición en *Meet the Press* al día siguiente, acuñó el que probablemente sería el término más *trumpiano* de la época al intentar esquivar las preguntas de Chuck Todd sobre la intervención de Spicer.

—No te muestres tan dramático al respecto, Chuck. Tú dices que es una falsedad y ellos... Sean Spicer, nuestro secretario de Prensa, ofreció unos hechos alternativos —aseguró Conway.

Pero en una entrevista en su despacho, con el famoso atuendo rojo, blanco y azul que usó para la investidura colgado en la pared junto a la mesa a la que estábamos sentados, Conway ofreció tal vez sus comentarios más extensos hasta la fecha sobre la polémica, y me explicó que, básicamente, aquel día se expresó mal.

—Lo de los "hechos alternativos" fue un desliz. Quise decir "información alternativa y hechos adicionales", y lo mezclé todo. No pretendía sonar como Orwell ni justificar mentiras. Todos los que aún lo dicen y lo utilizan de ese modo son unos mentirosos —dijo Conway, señalando algunos de los factores que incidieron en el número de asistentes, un tema que, según confesó, no le gustaba—. Se me veía negando con la cabeza. Y quería decir lo que estaba pensando: que Spicer confiaba en la información alternativa y en los hechos adicionales. Y, al decir eso, se refería a que había muchas formas de ver la investidura sin tener que asumir el coste de venir a Washington y formar parte físicamente de la multitud. Ahora utilizamos nuestros teléfonos y otros dispositivos electrónicos personales. Habían pronosticado lluvia. Habían levantado barreras y habían hecho advertencias sobre la seguridad y el acceso —continuó, reconociendo que básicamente fue una torpeza—. Sé que suena ingenuo —agregó.

Esto recordó mucho a los reporteros lo que Scottie Nell Hughes, antigua miembro de la campaña de Trump y excolaboradora de la CNN, dijo a Diane Rhem en la Radio Pública Nacional pocas semanas después de las elecciones de 2016: los hechos ya no son hechos.

—Me ha resultado interesante durante esta campaña ver a esa gente que dice que los hechos son hechos; en realidad no son hechos —dijo Hughes en su momento—. Por desgracia, ya no existen los hechos como tal (sic).

Esa actitud iba en consonancia con lo que yo había oído en numerosas ocasiones de una de mis fuentes dentro de la campaña de Trump, que acabaría convirtiéndose en un suministrador de información muy útil desde dentro de la Casa Blanca. "La verdad es un objetivo en movimiento", solía decir a veces esta fuente.

Empezaba a emerger con rapidez un tema muy inquietante.

Viéndolo con perspectiva, aquella falsedad inicial sobre el número de asistentes a la investidura apenas tuvo importancia. Con el tiempo, el pueblo quedaría más impactado por otras mentiras, con consecuencias mucho mayores. Sin embargo, aquel primer debate sobre el número de asistentes importó en su momento y sigue importando hoy en día, sobre todo porque fue la primera mentira de la administración. Por supuesto, Trump había mentido en innumerables ocasiones a lo largo de la campaña, pero aquí, en su primer día como presidente en funciones, cuando ya tenía el control del podio, entendimos que iba a utilizar el poder de la presidencia para seguir tergiversando la verdad cuando le viniese bien; incluso si eso implicaba pelearse por unos hechos que podían refutarse con facilidad. Después de todo, en las fotografías que se hicieron públicas más adelante, pudo verse que la multitud de la investidura de Trump en 2017 fue menor que las de Obama tanto en 2009 como en 2013. Sin embargo, con aquella ficción, Trump anunciaba que iba a tejer su propia realidad sin importar lo que nos dijeran nuestros ojos. Como supimos días después, llamó incluso al director del Servicio de Parques Nacionales para quejarse por el modo en que la agencia había gestionado la polémica sobre el tamaño de la multitud. Un funcionario de la administración Obama que trabajaba para el Departamento del Interior me había alertado de la llamada, pero no pude confirmarla antes de que el *Washington Post* diera la noticia. Dado el comportamiento de Trump, el funcionario tuvo miedo de hablar públicamente. Yo no podía culparlo. El periódico *The Guardian* reveló más tarde que el fotógrafo del Servicio de Parques Nacionales había recortado trozos de espacio vacío en las fotos del público de la investidura de Trump, en un intento por satisfacer a los funcionarios de la Casa Blanca, incluido Spicer. La negativa de Trump a creer la realidad aquel día marcó el tono de lo que sería su carácter hipócrita y los enfrentamientos que tendrían lugar con la prensa.

Por su parte, Spicer llegaría a arrepentirse de su manera de gestionar aquel asunto tan trivial. En su primera sesión informativa para la prensa, había destrozado su credibilidad. Había mentido descaradamente a la prensa, algo que los reporteros nunca olvidan. Lo más importante, empezó a seguir la estrategia de Trump de atacar la idea de las verdades objetivas. Fue un espectáculo devastador. Viéndolo ahora con perspectiva, la primera intervención de Spicer en la Sala de Prensa demostró que, simplemente, no estaba hecho para ese trabajo.

———

PLANTARSE EN EL ATRIL Y MENTIR DESCARADAMENTE A LA prensa es cosa de déspotas y de dictadores. Sinceramente, parecía algo que podría haber sucedido en el país de origen de mi padre: Cuba. Me imagino un titular similar en el periódico estatal cubano: *Fidel Castro ha contado hoy con una gran multitud. ¡Qué grande!* Aquella certeza resultaba inquietante.

Mi padre nació en La Habana, Cuba, en 1950, y se crio en un pequeño pueblo a las afueras de la capital llamado Santa María del Rosario. En otoño de 1962, cuando tenía solo once años, se marchó de Cuba. Mi tía Anabel vivía en Miami. Había huido de la isla antes que mi padre y mi abuela. Al leer los titulares de los periódicos sobre la creciente hostilidad entre Fidel Castro y Estados Unidos, el resto de los miembros de la familia y ella decidieron que ya era hora de llevar a mi padre y a mi abuela a Estados Unidos. De modo que, el 29 de septiembre de 1962, mi padre y mi abuela huyeron de Cuba. Aterrizaron en Miami solo con la ropa que llevaban encima. Tres semanas más tarde, la Crisis de los Misiles cubanos acercaría al mundo a lo que podría haber sido una guerra nuclear. Las tensas relaciones entre Estados Unidos y Cuba propulsaron la llegada de mi padre: un hecho de lo más oportuno y afortunado.

La historia de la llegada de mi padre a Estados Unidos influyó mucho en mi infancia. De niño, me fascinaba Cuba; no solo la Cuba en la que él creció, sino también la que dejó atrás. Cuando empezaba en el mundo del periodismo, creo que apreciaba de otra forma cosas como la libertad de expresión y de prensa. Esas cosas permanecieron conmigo a lo largo de mi trayectoria profesional e hicieron que fuese tan importante para mí hacer preguntas difíciles y directas. Las preguntas difíciles hay que hacerlas, no solo porque desafían a nuestros líderes, sino porque tenemos la suerte de vivir en un lugar que nos permite hacerlas.

Pude cerrar el círculo y enfrentarme al poder con la verdad cuando viajé a Cuba con el presidente Obama en 2016, cuando Estados Unidos restableció los lazos diplomáticos con la isla. En una histórica rueda de prensa conjunta con Obama y Raúl Castro, tuve la oportunidad de preguntar al líder cubano por la práctica de su país de encarcelar a los disidentes políticos.

Castro se quedó tan desconcertado por la pregunta que se quitó los auriculares por los que le hablaba el intérprete y emprendió en mi contra. La expresión de Obama no tenía precio; como queriendo decir: "Maldita sea, Jim". Uno de mis compañeros de la CNN preguntó en broma cómo pensaba escapar de la isla. Pero, en mi cabeza, no había otra alternativa que presionar a Castro sobre los derechos humanos en Cuba. Ben Rhodes, el consejero adjunto de Seguridad Nacional de Obama, que había negociado el reencuentro diplomático entre Estados Unidos y Cuba, estaba sentado un par de filas por delante de mí. Me pasó su BlackBerry con un mensaje en el que me hacía saber que se alegraba de que hubiera hecho un esfuerzo por animar a los cubanos a vivir mejor.

En parte porque, de pequeño, pasé mucho tiempo pensando en Cuba, entendía la importancia de contar con una democracia real que funciona y valora la libertad de prensa. Al fin y al cabo, no tenía que mirar muy atrás para apreciar lo que Estados Unidos había hecho por mi familia y por mí. En Estados Unidos tenemos derechos y libertades que a los cubanos se les habían negado durante décadas. Eso significa que nosotros podemos preguntar a nuestros líderes sin miedo a una represalia. Cierto, estoy orgulloso de ser cubano-estadounidense, pero no quiero que Estados Unidos se parezca más a Cuba.

Pensé mucho en Cuba durante aquellas primeras semanas de la administración Trump, pensaba en lo que significaba vivir bajo una dictadura. Costaba imaginar que nuestras instituciones pudieran debilitarse hasta tal punto, pero, tras la debacle de la rueda de prensa de Spicer, empezaba a preocuparme. Al fin y al cabo, la democracia estadounidense es tan fuerte como la gente que esté dispuesta a hacerla responsable.

ADEMÁS DE LA FLORECIENTE GUERRA CON LOS MEDIOS DE comunicación, Trump se centró en otro tema muy urgente durante su primera semana en el cargo: la inmigración, el tema que lo había catapultado a lo más alto de los candidatos republicanos durante la campaña de 2016. Como suelo decir, los enemigos de Trump cuando llegó al poder podían reducirse a las "tres M": musulmanes, mexicanos y medios de comunicación.

Trump inició su campaña con lo que muchos críticos denominan el acto racista más evidente por parte de un político a nivel nacional a lo largo de la última generación. En su discurso en la Torre Trump del 16 de junio de 2015, cuando bajó por aquella escalera mecánica y empezó a poner patas arriba a la élite política del Partido Republicano, el magnate inmobiliario de Manhattan estereotipó a los inmigrantes mexicanos como violadores y delincuentes.

Casi todos los reporteros pueden recitar de memoria la frase de "Son violadores", pero Trump decidió ir un poco más lejos con aquel discurso. Hizo una caricatura similar de los árabes y de los musulmanes, diciendo que la inmigración de Oriente Medio "tiene que parar ya", un adelanto de lo que vendría más tarde.

Posteriormente, durante su campaña, en un mitin en Mount Pleasant, Carolina del Sur, Trump leyó un comunicado de prensa emitido por su campaña aquel mismo día:

—"Donald J. Trump exige el bloqueo total y absoluto de los musulmanes que entren en Estados Unidos hasta que los representantes de nuestro país averigüen qué diablos está pasando" —dijo entre los vítores de la multitud.

Trump sabía perfectamente lo que hacía. Estaba yendo donde ningún político estadounidense decente, demócrata o republicano, se atrevería a ir jamás. Allí estaba un candidato republicano a la presidencia diciéndoles a los estadounidenses que hacían bien en dejarse llevar por sus prejuicios y temores sobre los musulmanes. Trump insistía en que la tolerancia no los mantendría a salvo. Él los mantendría a salvo. Como hacía con frecuencia, estaba sembrando las semillas de la división y, sí, del odio. Sin embargo, nadie pensaba que funcionaría a largo plazo. Estaba obteniendo ganancias políticas a corto plazo gracias a su retórica vehemente, cierto, pero esas ganancias no podrían mantenerse. Fue una de esas cosas con las que (viéndolo con perspectiva, claro está) vimos que nos habíamos equivocado todos.

El 27 de enero de 2017, poco más de dos años después de pronunciar aquel discurso en contra de los musulmanes durante su campaña, Trump convirtió sus prejuicios en política, firmando una orden ejecutiva que prohibía la entrada en Estados Unidos a los ciudadanos de siete países predominantemente musulmanes. De un plumazo presidencial, todos los individuos procedentes de Irán, Irak, Libia, Somalia, Sudán, Siria y Yemen —o, lo que es lo mismo, unos 218 millones de personas— se encontraron con la prohibición de poner un pie en terreno estadounidense. Fue otro momento desconcertante para los estadounidenses. En una nación fundada sobre una Constitución que se oponía al establecimiento de una religión oficial y donde la intolerancia religiosa había sido estrictamente prohibida por su sistema de justicia, Trump había puesto en marcha una política que pretendía discriminar a todas las personas que veneraban el Islam.

"Estados Unidos no puede y no debe admitir a quienes no apoyan la Constitución, o a quienes quieran plantar ideologías violentas por encima de la ley estadounidense", declaraba en la orden ejecutiva.

Al igual que los manifestantes se echaron a la calle tras su investidura, inundaron también los aeropuertos nacionales para denunciar la prohibición de viaje de Trump. Al estar tan mal implementada, la prohibición provocó el caos en los aeropuertos, y montones de personas, muchas de ellas ciudadanas estadounidenses, llegaron a las terminales para esperar a parientes que ya estaban de camino a Estados Unidos procedentes de los países que Trump había vetado en su orden ejecutiva. Abuelas y nietos que habían despegado pensando que se les permitiría acceder al país llegaron a Estados Unidos en situación de riesgo legal. La gente lloraba mientras esperaba a sus seres queridos, que habían sido detenidos y enviados de nuevo a sus países de origen.

—Fue caótico y desordenado —me dijo un alto funcionario de la Casa Blanca, recordando la puesta en marcha de la prohibición de viaje.

El funcionario apuntó al nuevo jefe de Estrategia de la Casa Blanca, Steve Bannon, por impulsar la prohibición de viaje y otras políticas nacionalistas hasta lo más alto de la agenda de Trump durante los primeros días de la administración. Antes de sumarse a la campaña de Trump, y antes de su llegada a la Casa Blanca, Bannon fue el instigador conservador que llevaba el sitio Breitbart, un paraíso para nacionalistas que siembran temor.

—Teníamos a demasiada gente que no prestaba atención a lo que se hacía, y algunas personas hacían dos cosas contraproducentes. Por un lado, fomentaban el miedo e imponían sus propios intereses. Por otro lado, fingían que habían sido elegidos para gobernar —dijo el funcionario.

Aquel caos, por supuesto, llegó hasta la Casa Blanca, donde algunos funcionarios, como el secretario de Prensa Sean Spicer, tampoco estaban preparados para aquella puesta en marcha. Pero el presidente recibió la ayuda de otra persona que parecía tener mucho más controlados los acontecimientos de lo que la gente supo en su momento.

Este misterioso individuo no era otro que el consejero superior de política interior Stephen Miller, que enseguida se convirtió en un nombre de referencia en la Casa Blanca de Trump. Miller era muy conocido en Washington. Antes de Trump, había sido el fiel ayudante de Jeff Sessions cuando el republicano de Alabama estuvo en el Senado, antes de convertirse en el fiscal general de Trump. Mientras trabajaba para Sessions, Miller era el tipo que enviaba correos electrónicos a los reporteros todos los días con las últimas noticias antiinmigración que llegaban desde el despacho del senador. Y cuando Sessions se subió al tren de Trump, Miller también lo hizo, como redactor de discursos. A Trump le gustaron tanto las florituras lingüísticas sensacionalistas de Miller durante la campaña que, en ocasiones, lo ponía de orador previo en los mítines, permitiendo que el otrora empleado de bajo nivel se hiciera un nombre durante la campaña. Era algo sorprendente de ver. Allí estaba Miller, en muchos de los mítines de Trump, caldeando los humos de la multitud con su exagerada retórica sobre inmigración. Recuerdo pensar, "¿cómo es posible que este antiguo ayudante del Senado anime los mítines de campaña de Trump?". Otros reporteros que cubrían Washington y observaban aquello tuvieron la misma reacción que yo. ¿Ese es Stephen Miller? ¿El que está en el escenario? ¿Apoyando a un candidato presidencial? Detrás de las cámaras, Stephen era el responsable del cumplimiento de las políticas migratorias. Cuando otro canal de televisión informó que Trump estaba flaqueando en su promesa de construir un muro fronterizo, Miller me juró que se construiría una barrera impenetrable a lo largo de la frontera entre México y Estados Unidos. Se mostró enfático, como si fuera algo totalmente garantizado.

Miller fue uno de los principales arquitectos de la prohibición de viaje, elaboró la política y fue el responsable de su catastrófica puesta en marcha. Una fuente del Congreso del Partido Republicano me dijo que era imposible trabajar con Miller en materia de inmigración. Según lo declarado por un consejero de la Casa Blanca, Miller hacía gran parte del trabajo sucio a escondidas, con llamadas a empleados del Congreso y miembros del equipo de Trump que pensaban que el antiguo empleado del Senado perseguía una "quimera" antiinmigración. Miller sabía exactamente lo que estaba haciendo desde el punto de vista de la política; de hecho, en aquellas primeras semanas, tal vez fuera una de las pocas personas de la administración Trump que sabía lo que hacía. Parecía que había llegado a la Casa Blanca para utilizar sus prejuicios como arma, y la prohibición de viaje era su primer punto en la orden del día. Si hubo confusión en la Casa Blanca con respecto a la severidad de la prohibición y la motivación que había detrás, fue solo porque la gente no preguntaba por ello a Stephen Miller. No era que Miller cumpliese ciegamente con procedimientos en relación al tema de la inmigración. Era él quien *ideaba* esos procedimientos.

Miller se convertiría en un personaje clave dentro del Ala Oeste en casi todos los planes de la administración sobre inmigración, desde la prohibición de viaje hasta la propuesta de reducir de manera drástica el número de inmigrantes legales que acudían a Estados Unidos, pasando por la emergencia nacional declarada por Trump a principios de 2019 para construir su muro en la frontera meridional con México. Si una medida política tenía algo que ver con la inmigración, llevaba el sello de Miller, siempre con el beneplácito de Trump.

Mientras Miller trabajaba en la sombra, Spicer parecía siempre desinformado y se convirtió en la cara de la lucha de la administración por explicar una política inhumana. Sean estaba intentando endulzar lo que, a todas luces, era un cambio draconiano para el sistema nacional de inmigración, un cambio que pretendía enviar al mundo un mensaje: había nacido un país nuevo y este era mucho menos acogedor. El secretario de Prensa, cada vez más atrapado en su red de mentiras, insistía en que la nueva política no era más que un sistema de escrutinio mejorado para viajeros e inmigrantes que acudían a Estados Unidos.

—No es una prohibición para musulmanes. No es una prohibición de viaje —aseguró Spicer en la sesión informativa para la prensa del 31 de enero, menos de dos semanas después del comienzo de la nueva administración. Solo había un problema: Trump no paraba de llamarla prohibición, una y otra vez.

Si anunciáramos la prohibición con una semana de antelación, los "malos" se apresurarían a entrar al país durante esa semana. ¡Hay muchos "tipos" malos por ahí fuera!, había tuiteado Trump el día anterior, empleando la palabra "prohibición".

—Está usando las palabras que usan los medios de comunicación —insistió Spicer ante las miradas atónitas de la Sala de Prensa.

Pero Trump seguía socavando a su secretario de Prensa, una fuente constante de frustración en el Ala Oeste. Por supuesto, a Trump le daba igual. Sean podía tergiversar la verdad o mentir descaradamente al público, pero no podía negarse lo que el presidente estaba intentando hacer. Los temas que habían avivado su campaña harían lo mismo en su administración. Estaba demonizando a los inmigrantes para mantener contentos a sus fieles. No había otra forma de verlo. Los inmigrantes se convertirían en los chivos expiatorios de Trump como no había sucedido en décadas con un presidente de Estados Unidos.

Al igual que con sus ataques a la prensa, la inmigración era un tema que afectaba mi identidad como periodista y como estadounidense. Soy reportero, por supuesto, pero antes soy estadounidense, y me resultaba imposible ver aquellos acontecimientos sin sentir una tremenda pena y preocupación. Al ver el caos en los aeropuertos y en el Ala Oeste en tiempo real, al ver las caras de algunos de los niños afectados por todo aquello, me fue imposible no pensar una vez más en mi padre y en su experiencia al venir desde Cuba. Él solo tenía doce años por entonces. Sin duda estaría asustado al llegar con su madre (mi abuela), sin saber cómo encajarían en este nuevo mundo. Al contemplar las escenas de los aeropuertos, me resultó difícil no pensar en su viaje.

Mi padre no fue recibido por una multitud hostil ni por un presidente con una retórica de odio. Según mi padre cuenta la historia, mi abuela y él encontraron el calor (calor de guardarropa y calor humano) en una iglesia presbiteriana de Vienna, Virginia. En vez de instalarse al sur de Florida, como hicieron muchos otros refugiados cubanos durante esa época, mi padre y mi abuela migraron de nuevo tras su llegada, de Miami a Virginia del Norte, justo a las afueras de Washington. La gente de la iglesia de Virginia les dio abrigos y sudaderas para que no pasaran frío durante su primer invierno en D.C. Mi padre fue a la escuela primaria y empezó a entender la vida como un estadounidense, experimentando la amabilidad y el espíritu acogedor. Uno de sus maestros lo escogió para enseñarle inglés hasta que llegó a hablarlo con fluidez.

Tampoco quiero pintar una imagen de color de rosa de la vida de mi padre y de mi abuela en los años 60. Virginia, incluso Virginia del Norte, era... bueno, Virginia a principios de los 60; probablemente no era el mejor momento ni el mejor lugar para ser un inmigrante cubano. Recuerdo, siendo un niño de los 70, ver que la gente trataba mal a mi abuela —a quien yo llamaba Waya porque, cuando era pequeño, no sabía pronunciar la palabra "abuela" en español— cuando oían su inglés entrecortado. Hasta el día de hoy aún recuerdo a una mujer en un supermercado mirando con odio a mi Waya. La cara de mi abuela me rompió el corazón. Se sintió avergonzada. Y yo también.

Mi padre se graduó de la escuela secundaria y pasó a trabajar en tiendas de conveniencia durante el resto de su vida. ¿Recuerdan a esa persona que trabajaba en la caja del supermercado? Ese era mi padre. Se dedicó a eso (además de a otras tareas como reponer los productos y cosas así) durante cuarenta años. A casi todos los estadounidenses les costaba decir el nombre de mi padre, así que pidió a la gente que lo llamara A.J., las iniciales de "Abilio Jesús". Siempre que iba a visitarlo al supermercado, los clientes me decían lo mucho que querían a A.J., y mi padre disfrutaba sirviéndoles. El Safeway, ubicado en el próspero barrio de Great Falls, Virginia, le dio la oportunidad de conocer a miembros del Congreso, periodistas famosos y jugadores de los Redskins de Washington. Mi padre me contaba todas sus historias. Se sacaba fotos con los jugadores de los Redskins y nos las mostraba en casa a mi hermana y a mí.

Cuando escuchaba la retórica posterior a la prohibición de viaje de Trump, al pensar en las escenas de odio dirigido hacia los inmigrantes que había visto durante la campaña, no podía ignorar la sensación de que no reconocía aquel país. Cuando los activistas antiinmigración mentían al pueblo e insinuaban que los recién llegados a Estados Unidos eran parásitos vagos, me imaginaba que esos millones de inmigrantes eran como mi padre, trabajando en la caja del Safeway hasta que no podía seguir de pie, y se retiró solo cuando sus piernas ya estaban demasiado débiles para aguantar un turno de ocho horas. Mi padre pagaba sus impuestos. Pagaba a la Seguridad Social y Medicare. Se ganó la jubilación. Por suerte, también contaba con un sindicato en Safeway que le garantizó una pensión y el pago de la Seguridad Social que recibe todos los meses. A.J. no vino a Estados Unidos a aprovecharse del sistema. Mi padre, como muchos de los llamados *Dreamers* sin papeles, vino a este país de niño. Siguió las reglas, trabajó mucho y, junto con mi madre, ayudó a sus dos hijos a convertirse en adultos exitosos y ahora disfruta de su jubilación; justo lo que merecen muchos otros.

Al final, mi padre prosperó en parte porque, desde el principio, había sido recibido como los estadounidenses siempre habían recibido a los inmigrantes. Su historia de éxito, como la de millones de personas más, fue posible gracias a los valores que Estados Unidos representaba y ponía en práctica; o al menos así era hasta la orden ejecutiva de Trump. Las historias como la de mi padre y millones de personas más que vinieron a Estados Unidos en busca de una vida mejor fueron menospreciadas con la precipitación de Trump para instaurar la prohibición de viaje. Si venías de un país en particular, según decían sus funcionarios, automáticamente te consideraban un peligro público.

La prohibición de Trump a los musulmanes resultó preocupante no solo por la manera de llevarse a cabo, sino por todas las cosas que presagiaba. En el plano personal, la puesta en marcha de la prohibición y el tono de la administración Trump sobre el tema de la inmigración me afectaban. Antes de que todo esto sucediera, siempre había hecho mi trabajo con pasión cuando cubría la Casa Blanca, deseaba encontrar la noticia, pero, en aquellas primeras semanas, era difícil no sentir el peso de los ataques.

Al igual que la guerra de Trump contra los medios de comunicación, sus peligrosas políticas de inmigración estaban aún en pañales y se necesitaría tiempo para entender hasta dónde estaba dispuesta a llegar la administración para deshumanizar a las personas que buscaban esperanza dentro de las fronteras de Estados Unidos. Aunque no alteré mi cobertura cuando estaba en el aire, en los años posteriores pensaría con frecuencia en el caos inicial de aquella prohibición de viaje. Los ataques de Trump contra aquel aspecto tan esencial de la vida estadounidense me resultaron algo personal mucho antes de que se convirtieran en política.

———————

DURANTE EL IMPULSO INICIAL DE LA PROHIBICIÓN A LOS MU-sulmanes, la administración dejó claro que no le importaba difuminar los límites entre sus ideas con respecto a la inmigración y su lucha contra los medios para beneficiar a sus propios intereses. Aquello auguraba gran parte de lo que estaba por llegar, ya que el equipo de Trump se enfrentaba a la prensa, en parte, para distraer al público de sus políticas para la nación.

Durante la primera semana de febrero, menos de un mes después de mudarse a la Casa Blanca, Trump, junto con su asesora Kellyanne Conway, comenzó a tergiversar la cobertura mediática de los ataques terroristas, insistiendo en que la prensa había restado importancia a esa amenaza por una cuestión de corrección política. En declaraciones al Comando Central de Estados Unidos el 6 de febrero, Trump aseguró de manera absurda que las cadenas de noticias no informaban sobre los ataques terroristas. Cualquiera que haya visto la cobertura informativa de la CNN sobre tales incidentes será plenamente consciente de que aquello era una mentira descarada, pero Trump la soltó de todas formas en un intento por defender su prohibición de viaje ante la opinión pública.

—Hemos llegado a un punto en el que ya ni se informa de ello —dijo al Comando Central—. Y, en muchos casos, la prensa más deshonesta no quiere informar de la noticia.

Aquel ataque a la prensa se produjo después de una mentira que sucedió pocos días antes, cuando Conway se quejó a Chris Matthews, de la MSNBC, de que los medios de comunicación no habían dado cobertura a algo que ella denominó la "masacre de Bowling Green".

—Estoy segura de que para el público será una información totalmente nueva que el presidente Obama mantuvo una prohibición de seis meses sobre el programa de refugiados iraquíes después de que dos iraquíes vinieran a este país, se radicalizaran y estuvieran detrás de la masacre de Bowling Green —declaró Conway.

Era una "información totalmente nueva" porque nunca hubo una masacre en Bowling Green. Conway, quien después dijo que había sido una declaración errónea, tenía los datos equivocados. Se dio un caso en Bowling Green, Kentucky, en el que dos hombres iraquíes fueron arrestados por suministrar armas a Al Qaeda. Pero dichos hombres nunca llevaron a cabo ataques de ninguna clase en Bowling Green.

Pese a aquel vergonzoso episodio para Conway, la Casa Blanca siguió insistiendo en que los miembros de la prensa apenas informaban de los ataques terroristas y que aquello servía de justificación para establecer el veto migratorio. Un día después de los comentarios de Trump en el Comando Central, la Casa Blanca publicó una lista de setenta y ocho ataques terroristas a los que, según el Ala Oeste, los medios de comunicación no habían dado la cobertura suficiente. Era algo ridículo. La lista cubría un periodo de tiempo que iba desde septiembre de 2014 hasta diciembre de 2016, y en ella la Casa Blanca había incluido la masacre de 2015 en París y dos tiroteos masivos que tuvieron lugar en San Bernardino, California, y Orlando, Florida. Esos tres ataques terroristas recibieron una extensa cobertura por parte de casi todas las cadenas de televisión de Estados Unidos durante varios días. Mientras yo comentaba aquello en el aire para la CNN, dije que el documento era obra de un aficionado, por no mencionar que estaba lleno de faltas de ortografía. Como había afirmado Spicer desde el atril el día después de la investidura, la Casa Blanca volvía a acusar a la prensa de desinformar de algo que no era cierto.

"No tiene pies ni cabeza", así fue como se lo describí a Erin Burnett, de la CNN, cuando informábamos aquella noche sobre la lista. ¡Eso era quedarse corto!

Michael Short, uno de los ayudantes de la Casa Blanca en el gabinete de Prensa, me escribió después un correo electrónico quejándose de mi reportaje, diciendo que era "mediocre". Pero lo mediocre era el trabajo de la administración. Incluir ataques terroristas importantes en una lista como esa y asegurar que no habían recibido cobertura mediática no era más que otro ejemplo de cómo la Casa Blanca ofrecía "datos alternativos" al pueblo estadounidense. Y, como en el caso del público que asistió a la investidura, la principal excusa que se escondía detrás de la lista de ataques terroristas ofrecida por la Casa Blanca podía desmentirse fácilmente con una simple búsqueda en Google.

Poco después de que se publicara aquella ridícula lista, el 10 de febrero, el Tribunal de Apelaciones del Noveno Circuito asestó un duro golpe a la prohibición de viaje de Trump, votando 3 a 0 en contra de la orden ejecutiva y declarando que el público "tiene un interés en la libre circulación de personas, en evitar la separación de las familias y en la ausencia de discriminación".

Trump había perdido y no se lo tomó bien. Tuiteó, todo en mayúsculas: **NOS VEMOS EN LOS TRIBUNALES. ¡LA SEGURIDAD DE NUESTRA NACIÓN ESTÁ EN JUEGO!**

La batalla por la prohibición de viaje de Trump continuaría. La Casa Blanca la modificó dos veces más y se topó con más impedimentos por parte del sistema legal estadounidense, antes de encontrar al fin una decisión favorable por parte del Tribunal Supremo, que consideró que la tercera versión del documento podía llevarse a cabo.

Pero todo eso sucedería meses después. A principios de febrero de 2017, Trump estaba enfadado. Se sentía frustrado, no solo por unos medios de comunicación que se negaban a ceder, sino también por un sistema judicial de Estados Unidos que ejercía su poder para defender su papel como una rama del gobierno. En los primeros días de la administración Trump, aquello fue un síntoma de la buena salud de la democracia estadounidense. El sistema, aunque estaba bajo presión, funcionaba.

Aun así, había motivos para la preocupación por dondequiera que mirases. De momento, el tema de la prohibición a los musulmanes se había detenido, pero, después de aquello, empecé a entender, quizá con más claridad que nunca, lo difíciles que iban a ser los meses y años venideros. Lo que, durante las semanas previas a la investidura de Trump, había sido algo más teórico se estaba convirtiendo ahora en dura realidad. Mis compañeros y yo informábamos de las últimas novedades de la administración, tratando de seguir el ritmo de aquel ciclo de noticias constante que no había disminuido desde los días de la campaña, pero teníamos la sensación de estar atravesando un campo minado. Una pequeña metedura de pata y Trump nos llamaría "noticias falsas". Éramos conscientes de ese peligro a todas horas. Pero hay que tener en cuenta que, cuando Trump usaba el término "noticias falsas", no se refería a información falsa. Las que le preocupaban eran las noticias negativas. Solo intentaba intimidar a la prensa para que le ofreciera una cobertura mediática más favorable.

"Los está provocando, chicos", solía decirme una y otra vez una de mis fuentes del equipo de Trump. En otras palabras, lo que salía de la Casa Blanca estaba diseñado para volvernos locos y desacreditar lo que Trump percibía como una cobertura negativa. Quería que midiéramos nuestros golpes, que usáramos guantes de terciopelo y suavizáramos el impacto de nuestras informaciones. La esencia de esta estrategia era, por decirlo toscamente, matar al mensajero. Una y otra vez, Trump trataba de deformar las noticias a su conveniencia denunciando a quienes las cubrían.

Cierto que cada administración se preocupa por la cobertura que recibe de la prensa. Cada administración se queja de cómo se publican las noticias. Los republicanos en particular han estado librando una guerra con los medios "liberales" desde la administración Nixon. Aun así, esto era algo totalmente nuevo. Nunca una administración se había mostrado tan combativa con los medios de comunicación, ni había usado la hostilidad directa como manera de impulsar su agenda política. Nunca una administración había estado tan dispuesta a distorsionar la verdad públicamente, ni a basarse en mentiras para justificar su comportamiento. Lo que había comenzado durante la campaña con el fin de obtener aplausos y vítores entre la multitud asistente a los mítines era ahora un arma para obtener la cobertura positiva que Trump tanto deseaba. Y eso se convertiría en la nueva normalidad para los corresponsales de prensa de la Casa Blanca.

Algo que no me pasó inadvertido en todo esto fue la ejecución del poder de Washington después de las elecciones: los republicanos controlaban las tres ramas del gobierno federal. Y, aunque Trump se pasaría los dos próximos años silenciando a los disidentes del Partido Republicano, se le daba muy bien intimidar a los republicanos con los temas que para él eran importantes. Como pronto quedó claro, los republicanos, pese a sus frustraciones privadas con Trump, no lo detendrían, ni utilizarían sus poderes en el Congreso para controlar los peores instintos del presidente.

En aquel vacío se hallaba la prensa, una de las pocas instituciones públicas que Trump no podía controlar. Esas fueron nuestras condiciones para informar a partir de aquel momento. Y el hecho de que no pudiera controlarnos no significaba que fuese a dejar de intentarlo.

Por su parte, Stephen Miller parecía disfrutar exacerbando la preocupación por las políticas antidemocráticas y autocráticas de la administración Trump cuando declaró en *Face the Nation*, programa de informativos del domingo por la mañana en la CBS, que no se podía desafiar al presidente en asuntos como la prohibición de viaje.

—Nuestros oponentes, los medios de comunicación y el mundo entero pronto se darán cuenta, a medida que vayamos tomando medidas, de que los poderes del presidente para proteger a nuestro país son abundantes y no pueden cuestionarse —dijo Miller.

Era aquella la clase de declaración que uno esperaría de un gobierno autoritario. Una administración que había empezado mintiendo desde el principio sobre algo tan trivial como el número de asistentes a una investidura, había llevado su guerra contra la verdad a un plano superior y ahora aseguraba que no podía ponerse en tela de juicio. Dos años atrás, Miller era un empleado anónimo sin apenas reconocimiento y, de pronto, aparecía en la televisión nacional diciéndole al pueblo estadounidense que no debía cuestionar al equipo de Trump.

Al ver la entrevista me quedé sin palabras, y me pregunté lo mismo que se preguntaba mucha gente en Washington: ¿quién diablos se cree que es este señor?

Trump había atacado al poder judicial, Spicer había mentido sobre los asistentes a la ceremonia de investidura, Kellyanne Conway se había sacado de la manga una masacre de Bowling Green inexistente y Stephen Miller había dicho que no podía cuestionarse al presidente. No era solo yo, amigos. Muchos de los que trabajamos en prensa para la Casa Blanca nos mirábamos boquiabiertos, desconcertados. A veces no era más que una mirada cómplice al salir de la Sala de Prensa, pero, con frecuencia, hablábamos de ello tomando copas después del trabajo. (Desde luego necesitábamos esas copas durante aquellas primeras semanas de la Casa Blanca de Trump). Y todos comentábamos lo mismo entre nosotros, a nuestros seres queridos, a los miembros de nuestra familia, a nuestros jefes, a cualquiera que quisiera escucharnos. Todo se reducía a una simple pregunta: ¿quién diablos se cree que es esta gente?

3

El enemigo

Informar durante aquellas primeras semanas de la administración Trump fue como correr por un laberinto de espejos que no dejaba de crecer. Primero estábamos cubriendo la noticia de la prohibición de viaje. Luego fue la investigación de Rusia. Y, durante todo ese tiempo, Trump no paraba de tuitear cosas que había que verificar en tiempo real. Si a eso se añaden las supuestas mentiras que representaban un reto para los verificadores de datos todos los días, el resultado era una tarea ardua y agotadora. Las fuentes de dentro y de fuera de la Casa Blanca estaban muy dispuestas en aquella época a revelar los trapos sucios de algún funcionario o ayudante del presidente dentro del Ala Oeste. En aquella época, había dos facciones rivales dentro de la Casa Blanca que no paraban de pincharse. Eran las personas que habían trabajado para la campaña de Trump, como Kellyanne Conway y Steve Bannon, contra los empleados que habían llegado a la Casa Blanca procedentes del Comité Nacional Republicano, como Sean Spicer, Raj Shah y Reince Priebus. Y, como era de esperarse, había muchas habladurías dentro de cada una de esas facciones. Hablaban los unos de los otros, claro, pero conseguir que hablaran de las cosas importantes, como la política, ya era otra historia.

Con tantas traiciones, se produjo un grado de paranoia sin precedentes, lo que supuso un cambio drástico respecto a los años que pasé cubriendo la Casa Blanca de Obama. En la época de Obama, los funcionarios se comunicaban contigo a través de correos electrónicos, mensajes de texto o por teléfono. Con Trump, que arremetía contra las filtraciones entre sus empleados, los altos funcionarios tenían miedo de que los sorprendieran hablando con la prensa. De modo que muchos de los que trabajábamos para los medios de noticias tuvimos que trasladar nuestras conversaciones con las fuentes a aplicaciones encriptadas, para extremar la privacidad y el secretismo. Algunas fuentes se mostraban inflexibles: o hablaban por Signal o WhatsApp o no dirían ni una palabra.

Incluso con las aplicaciones encriptadas, había un tema del que casi nadie quería hablar: la investigación de Rusia. Ya fuera de manera oficial, extraoficial o anónima, a la gente le preocupaba verse involucrada en la investigación. Una fuente en particular me dijo que hablaría de cualquier cosa siempre que no fuera Rusia.

La gente del mundo de Trump entendía muy bien que la prensa quisiera hablar de Rusia. Para cuando el presidente ocupó el cargo, la historia de Rusia ya tenía vida propia, pues el FBI había iniciado una investigación sobre la injerencia de Moscú en nuestras elecciones presidenciales de 2016. Los corresponsales de prensa no tardaron en darse cuenta de que la investigación no solo se centraba en los acontecimientos que habían tenido lugar durante la campaña, sino también aquellos que se desarrollaban en tiempo real. Por lo tanto, sería la primera prueba real para ver cómo respondía la nueva administración a un escándalo de verdad. Tal vez no debería sorprender entonces su fracaso estrepitoso, levantando más sospechas que mantendrían viva la noticia.

Poco después del encontronazo de Trump con la prensa a causa de la prohibición de viaje a principios de febrero, al presidente le tocó enfrentarse a otro problema ulcerante. El 13 de febrero, su consejero de Seguridad Nacional, Michael Flynn, fue despedido tras admitir que había engañado al vicepresidente Mike Pence sobre sus contactos con Sergey Kislyak, el embajador ruso en Estados Unidos. Aquello no supuso una gran sorpresa en la Casa Blanca. Eso se debió a que el Departamento de Justicia ya había advertido al equipo del presidente en enero —sí, más o menos cuando ocupó el despacho— de que Flynn había mentido a los agentes federales (un delito en sí mismo) sobre sus contactos con el embajador ruso con relación a unas sanciones impuestas a Rusia por la administración Obama durante el periodo de transición presidencial para castigar a Moscú por su intromisión.

Antes y después de la expulsión de Flynn, la Casa Blanca mostró la falta de respuesta coordinada que se había convertido en la norma del equipo de Trump durante la campaña. (Entonces ya se mostraron dispersos, y ese patrón continuó cuando llegaron al poder). Su declaración original sobre el contacto de Flynn con Kislyak resulta ahora irrisoria y falsa. Así es como Spicer explicó en un inicio aquel contacto a los reporteros el 13 de enero de 2017, una semana antes de que Trump ocupara el cargo:

—El día de Navidad, Flynn acudió al embajador, le envió un mensaje en el que decía, "quiero desearle una feliz Navidad y un próspero Año Nuevo. Estoy deseando ponerme en contacto con usted y trabajar juntos. Le deseo lo mejor". El embajador le respondió, deseándole también una feliz Navidad y, después, el veintiocho de diciembre, le escribió y le dijo: "Me gustaría llamarlo por teléfono, ¿es posible?". La llamada se produjo el veintiocho y se centró en la logística para organizar una llamada entre el presidente de Rusia y el presidente electo de Estados Unidos después de jurar el cargo. Entonces, intercambiaron información logística sobre cómo iniciar y programar esa llamada. Eso fue todo. Así de simple.

Así de simple no fue. No lo ha sido desde entonces, y eso ha suscitado más preguntas legítimas.

El 9 de octubre de 2017, el *Washington Post* fue el primero en informar de las conversaciones inapropiadas de Flynn con Kislyak, lo que provocó un revuelo en el Ala Oeste para decidir de qué había hablado exactamente el nuevo consejero de Seguridad Nacional con el embajador. Un alto funcionario de la Casa Blanca dijo que el vicepresidente Mike Pence había convocado al jefe de Gabinete Reince Priebus para hablar del asunto con inmediatez. Tanto Pence como Priebus obtuvieron las transcripciones del Departamento de Justicia con las conversaciones que Flynn había mantenido con Kislyak y estuvieron revisándolas en el Salón de Estrategia de la Casa Blanca. Pence se preocupó al ver el artículo del *Post*, ya que Flynn había contradicho las declaraciones hechas por el vicepresidente en los programas del domingo.

—No hablaron de nada que tuviera que ver con la decisión de Estados Unidos de expulsar a diplomáticos o imponer una censura contra Rusia —había declarado Pence el mes anterior en *Face the Nation*, de la CBS.

Priebus llamó entonces a Flynn a su despacho, donde el jefe de Gabinete acribilló a preguntas al consejero de Seguridad Nacional frente a otros ayudantes del Ala Oeste, según me contó el alto funcionario de la Casa Blanca. Furioso por las mentiras de Flynn al vicepresidente y a otros miembros del equipo de Trump sobre sus conversaciones con Kislyak, Priebus quiso asegurarse de que hubiera otros empleados presentes en la habitación.

El funcionario me dijo que Flynn se había metido de inmediato en un gran lío con el nuevo presidente.

—El presidente ya estaba harto de Flynn antes incluso de la investidura.

Tampoco es que Trump no estuviese advertido sobre Flynn. Había ocurrido algo extraordinario justo después de las elecciones, cuando Trump se reunió con Obama en el Despacho Oval: Obama le advirtió que no contratara a Flynn.

—Dada la importancia del trabajo, el presidente pensaba que había personas mejores para ese puesto y que Flynn no estaba a la altura —dijo un antiguo funcionario de la administración Obama.

Pero, como informamos para la CNN pocos meses después del despido de Flynn, un antiguo funcionario de la administración Obama en la esfera de la seguridad nacional me contó que, durante la transición, hubo una razón por la que al equipo saliente de la Casa Blanca le preocupaba Flynn: Rusia.

—El nombre de Flynn salía a relucir todo el tiempo —dijo una fuente de la administración Obama sobre la investigación de Rusia.

Spicer confirmó después que Obama había transmitido a Trump sus preocupaciones sobre Flynn durante aquella reunión. "Es cierto que el presidente Obama dejó claro que no era un gran admirador del general Flynn", comentó Spicer.

El mensaje sobre la salida de Flynn fue tan confuso como la decisión de contratarlo inicialmente. Tan solo unas horas antes de ser despedido, un alto funcionario de la administración Trump me dijo que Flynn se hallaba de pronto en una "zona gris". Eso se produjo solo pocas horas después de que la asesora de la Casa Blanca, Kellyanne Conway, dijera que Flynn contaba con la "plena confianza" del presidente. Sean Spicer, en una especie de desbarajuste de comunicación, contó a los reporteros que Conway se equivocaba y que estaban evaluando la situación de Flynn.

Desde fuera, todo este asunto parecía algo turbio, y era aún más turbio desde dentro. Recuerdo pasarme horas frente al despacho de Spicer junto con otros reporteros mientras esperábamos conocer el destino de Flynn. Éramos unas quince personas apretujadas en el pequeño pasillo que conectaba la zona de prensa con el Ala Oeste, donde se encuentran los despachos de los portavoces y la guarida de Spicer. Los funcionarios entraban y salían del despacho del secretario de Prensa y se negaban a hablar con los reporteros. Aquello era una casa de locos. Saqué una foto de todos nosotros allí parados, esperando a Sean, para captar el momento.

Llegada la medianoche, Flynn ya se había ido. Su salida se explicó en un inicio como una dimisión, pero en realidad lo echaron. Al día siguiente, Spicer admitió que Trump había pedido a Flynn que dimitiera debido a un "erosionado grado de confianza" y apuntó específicamente a las mentiras que el consejero de Seguridad Nacional había dicho al vicepresidente con relación a sus contactos con Kislyak. Tres semanas después del comienzo de la presidencia, el consejero de Seguridad Nacional del presidente ya había sido expulsado, y la razón podía resumirse con una palabra que atormentaba a Trump: Rusia.

Naturalmente, el hecho de que Flynn se hubiera ido no significaba que el problema estuviese resuelto. Ni remotamente. En todo caso, las acciones de Flynn durante el periodo de transición habían respaldado los motivos de James Comey, director del FBI, para expandir la investigación sobre la injerencia rusa en 2016. Habría sido una negligencia por parte de los organismos de seguridad cancelar la investigación llegados a ese punto, pese a que Trump no paraba de asegurar que eran todas noticias falsas. En cuanto a las quejas del presidente sobre nuestros reportajes sobre Rusia, ¿cómo demonios íbamos a ignorar la ironía que suponía la caída en desgracia de Flynn? Al fin y al cabo, era él quien lideraba los gritos de "que la encierren", refiriéndose a Clinton, durante los actos de campaña de Trump, incluida la Convención Nacional Republicana. Para mí, las intervenciones de Flynn habían sido algunas de las imágenes más sorprendentes durante la campaña de 2016. Había asistido a un mitin tras otro en los que Flynn, un general jubilado, abogaba por encarcelar a Hillary Clinton. Puede que haya quien considere esto una inofensiva retórica de campaña, pero no estoy de acuerdo. Es inaceptable. No hacemos eso en Estados Unidos. No encarcelamos a nuestros oponentes políticos. Zanjamos nuestras diferencias en las urnas. Ver a Flynn, que había llevado el uniforme del Ejército de Estados Unidos, un teniente general jubilado, nada menos, liderando aquellos gritos fue algo asombroso, digno de una república bananera.

Al final, ni Trump ni nadie de su administración lograron controlar de manera eficaz los efectos colaterales de la debacle de Flynn. El general, que tanto había pedido la cárcel para Hillary Clinton, se enfrentaba a la posibilidad de acabar él mismo entre rejas. En un claro ejemplo de lo mal que se manejarían los escándalos futuros, nadie de la administración logró controlar o transmitir la situación de manera eficaz, y mucho menos el presidente.

Esa misma semana, el 16 de febrero, nos reunimos todos en el Salón de Recepciones Este para asistir a la primera rueda de prensa completa de Trump como presidente. Nos dijeron que había convocado la rueda de prensa para anunciar el nombramiento de Alexander Acosta (sin parentesco) como secretario del Ministerio de Trabajo. Pero el nombramiento de Acosta no era más que una excusa. El verdadero motivo de la rueda de prensa era que Trump se enfrentase a las preguntas sobre la investigación rusa y la marcha de Flynn.

Aquel día me encontraba de buen humor y estaba divirtiéndome con la noticia de Acosta durante mi intervención en directo antes de que el presidente se acercara al micrófono. Supongo que de aquí vienen algunas de las acusaciones contra mí por "presuntuoso". Yo prefiero pensar que, simplemente, no soy tan jodidamente acartonado.

—Espero que esto no sea una noticia falsa —le dije en broma a Wolf Blitzer—. "Secretario Acosta" suena bastante bien —añadí. Los reporteros allí presentes se rieron. También algunos empleados de la Casa Blanca. Otros ayudantes del Ala Oeste, que básicamente me odiaban, fruncieron el ceño, como hacen siempre.

A Trump le preguntaron por Flynn desde el principio. Y el presidente recurrió al que estaba convirtiéndose en su tema de discusión favorito, catalogando la investigación de Rusia de "noticias falsas". Pero allí se estaban haciendo preguntas muy reales. Simplemente no estábamos dispuestos a creernos su palabra.

La siguiente pregunta, realizada por Jon Karl, de ABC News, fue (¡sorpresa!) la pregunta que yo había intentado hacer en la rueda de prensa del 11 de enero.

> KARL: Me gustaría que aclarase usted un punto muy importante. ¿Puede asegurar que nadie de su campaña tuvo contacto con los rusos durante la campaña? Y, con respecto a las filtraciones, ¿son noticias falsas o se trata de filtraciones reales?
>
> TRUMP: Bueno, las filtraciones son reales. Ustedes mismos escribieron e informaron sobre eso. Quiero decir que las filtraciones son reales. Ya saben lo que decían, las vieron. Son absolutamente reales. La noticia es falsa porque tantas de las noticias son falsas.

Las filtraciones son reales, pero la noticia es falsa. ¿Han oído eso? Pensémoslo durante un segundo. Es algo alucinante. Al escuchar a Trump, sentí que se me nublaba la vista. Lo que pensé en aquel momento fue: "¿De qué diablos está hablando?".

Trump no debería haber sido tan duro con la prensa en relación con las filtraciones. Hablo por mí cuando digo que me guardé muchas noticias basadas en filtraciones del bando contrario dentro del Ala Oeste. Como ya he mencionado antes, los ayudantes de la campaña no paraban de filtrar información dañina sobre los empleados que se habían sumado al equipo de Trump a través del Comité Nacional Republicano. Del mismo modo, el clan del Comité republicano estaba dispuesto a indagar la verdad sobre los veteranos de la campaña y de otros socios más visibles de Trump, como Kellyanne Conway, Boris Epshteyn y Omarosa Manigault, una de las antiguas concursantes de *The Apprentice*.

Otro de los empleados que causó problemas fue Cliff Sims; una vez, en una conversación conmigo, alardeó de haber ayudado a hundir a un antiguo gobernador de Alabama que se vio envuelto en un escándalo sexual. Cliff develó e hizo públicas las disputas internas con un libro de intimidades titulado *Team of Vipers* ("Equipo de víboras") que, francamente, los de la Casa Blanca deberían haber visto venir desde hacía tiempo. Varios ayudantes dijeron que Cliff llegó incluso a grabar a Trump sin que este lo supiera, una violación importante en la seguridad de la Casa Blanca. Sims ha negado públicamente esa acusación.

Sin embargo, en lo relativo a las quejas de Trump sobre las filtraciones reales y las noticias falsas, las historias no eran falsas. Trump decía que uno no podía creerse las filtraciones porque no se podía fiar de las noticias. Luego, pocos minutos después, volvió al ataque, contra la prensa, contra la CNN y... contra mí.

TRUMP: Me dan igual las noticias perjudiciales. Puedo gestionar una noticia perjudicial mejor que nadie, siempre y cuando sea cierta. Y, a medida que pase el tiempo, cometeré errores y ustedes escribirán cosas malas al respecto, y eso me parece bien. Pero no me parece bien cuando es falso. Cuando veo la CNN, solo veo rabia y odio, mucho odio.

"Ya estamos otra vez", pensé. Me dije a mí mismo que no íbamos a pasar otra vez por lo mismo, así que levanté la mano para interrumpirlo. Trump se fijó en mí.

TRUMP: Ya no la veo, porque es de risa... Ya está diciendo que no. No pasa nada, Jim. No pasa nada, Jim, ya tendrá su oportunidad.

Pensaba que estaba buscando pelea. Mientras me preparaba para hacer la pregunta, advertí que había un gran interés por lo que estaba a punto de suceder. Por alguna razón, la gente no paraba de entregarme micrófonos. Era como los niños en el patio del colegio que se reúnen en torno a dos que están a punto de pelearse. Para cuando empecé a hablar, tenía en las manos tres micrófonos diferentes. Mi conversación con Trump duraría siete u ocho minutos. Pero primero traté de relajar la situación.

ACOSTA: Muchas gracias y, que conste, nosotros no lo odiamos. Yo no lo odio.

TRUMP: De acuerdo.

ACOSTA: Que quede constancia de esto...

TRUMP: Pregunte... pregunte a Jeff Zucker [presidente de la CNN] cómo consiguió su trabajo, ¿de acuerdo?

ACOSTA: Si se me permite continuar con algunas de las preguntas que han tenido lugar hasta ahora, señor...

TRUMP: Bueno, la verdad es que tenemos a otra gente. Ustedes tienen a otra gente y sus audiencias no son tan buenas como las de otra gente que está esperando.

ACOSTA: La verdad es que ahora mismo nuestras audiencias son bastante buenas.

TRUMP: De acuerdo, adelante, John (sic).

ACOSTA: Si se me permite, señor, usted dijo antes que WikiLeaks estuvo revelando información sobre la campaña

de Hillary Clinton durante el ciclo de elecciones. A usted le
pareció bien. En una ocasión...

TRUMP: No me importaba.

ACOSTA: ... dijo usted, dijo que le encantaba WikiLeaks. En
otra rueda de prensa de la campaña, apeló a los rusos para
encontrar los treinta mil correos electrónicos desaparecidos. Me pregunto, señor, si usted...

TRUMP: Bueno, la verdad es que sí que le faltaban treinta
y tres, y después eso se fue extendiendo y el número fue
aumentando.

ACOSTA: Entonces sus números también estaban mal.

TRUMP: No, no. Yo dije treinta. Pero la verdad es que era
más que eso.

ACOSTA: Si no le importa que se lo diga, señor, parece que
no tiene mucha credibilidad con respecto a las filtraciones
si es algo que usted mismo alentó durante la campaña...

TRUMP: De acuerdo, es una pregunta justa.

Después de que Trump defendiera sus elogios pasados a
WikiLeaks, traté de continuar con la conversación. Eso era básicamente lo que estábamos manteniendo en ese momento, una
conversación. Había dejado de ser una rueda de prensa. Era
algo parecido a una entrevista. Tenía un millón de cosas que
preguntarle en ese momento, pero en esencia solo había una
cosa en mi cabeza: los repetidos ataques de Trump a la prensa y
a nuestro trabajo representaban para mí un ataque constante a
la verdad en sí misma. Me sentía obligado a seguir explorando
eso. No fue fácil. Trump estaba decidido a convertir nuestra
conversación en una comedia.

ACOSTA: Debido al ataque de las noticias falsas y al ataque a nuestra cadena, me gustaría preguntarle, señor...

TRUMP: Pero voy a cambiar lo de las noticias falsas.

ACOSTA: ¿No es cierto que...?

TRUMP: Noticias muy falsas.

ACOSTA: Muy bien, pero ¿no está usted...?

La sala entera se echó a reír. Trump tiene muchos defectos. La vis cómica no es uno de ellos. Las bromas continuaron. El presidente estaba siendo interrogado con preguntas y preguntas sobre la investigación rusa. Aun así, parecía divertirse.

TRUMP: Continúe.

ACOSTA: Noticias reales, señor presidente, noticias reales.

TRUMP: Y no está usted emparentado con nuestro nuevo [Trump se refiere a Alex Acosta]

ACOSTA: No estoy emparentado, señor. No. Aunque debo decir que me gusta lo de secretario Acosta.

TRUMP: Lo miré, ¿sabe? Me quedé mirando el nombre. Dije, un momento, ¿no existe parentesco aquí? Alex Acosta.

ACOSTA: Estoy seguro de que lo comprobó, señor.

TRUMP: De acuerdo. Claro que lo comprobé. Y me dijeron: "No, señor". Y les dije: "Por favor, vuelvan a revisar el árbol genealógico".

Traté de retomar el rumbo de la conversación.

ACOSTA: Pero... pero ¿no le preocupa, señor presidente, que pueda estar socavando la fe del pueblo en la Primera Enmienda, libertad de prensa, la prensa de este país, cuando se refiere a las historias que no le gustan como "noticias falsas"? ¿Por qué no decir sin más que es una historia que no le gusta?

TRUMP: Eso hago.

ACOSTA: Cuando nos llama "noticias falsas", está socavando la confianza en nuestros medios de comunicación.

TRUMP: No, no. Eso hago. Escuche una cosa. Yo entiendo lo que... Usted tiene razón en eso, pero esto... Verá, yo sé cuándo debo ser bueno y cuándo debo ser malo. Y a veces me digo: "Vaya, eso va a ser una historia magnífica". Y me acribillarán. Sé lo que es bueno y lo que es malo. Sería un buen reportero, aunque no tan bueno como usted. Pero sé lo que es bueno. Sé lo que es malo.

Trump acababa de lanzarme un cumplido, por si no se ha notado. Pero lo más importante es que, por un momento, pareció admitir el hecho de que estaba socavando la confianza de la opinión pública en la prensa.

Siguió así unos minutos más y luego cambió de tema. Para Trump, la rueda de prensa parecía solo una oportunidad para desahogarse. Estaba dolido con la cobertura mediática y quería que yo lo supiera. Habíamos pasado de una comedia al diván de un psiquiatra.

Esa misma tarde recibí una llamada telefónica. Era un prefijo 202 seguido de nada más. Ya había visto antes aquel número: era una llamada de la Casa Blanca. Respondí al teléfono. Era Hope Hicks, asistente de confianza de Trump.

—Hola, Hope. ¿Qué sucede? —pregunté, tratando de sonar lo más amable posible.

—Hola, Jim. Solo quería que supieras que he hablado con el presidente y quiere que sepas que le has parecido muy profesional hoy —me dijo Hicks.

De acueeeerdo.

—Me ha dicho: "Jim lo entiende" —añadió Hicks. Parecía muy animada. ¿Estaba diciendo que Trump había hecho un cumplido sobre mi trabajo? ¿Después de lo que había sucedido en esa sala, ahora decía que "yo lo entiendo"?

¿De qué diablos estaba hablando? Había dicho ante el mundo entero que éramos "noticias falsas" y "noticias muy falsas". ¿Qué se suponía que era lo que yo entendía?

Di las gracias a Hope, pero le pedí si sería posible que el presidente dejara de atacar a los medios de comunicación. Argumenté que eso no resultaba de mucha utilidad.

De ninguna manera. Hicks también tenía sus propias quejas. (Tenía algo que decir y pensaba decirlo).

Se quejó de que no entendíamos al presidente. Trump solo quería "volver a hacer de América un gran país", me dijo.

Aquello no iba a ninguna parte. Le di las gracias y colgamos el teléfono.

—Ha sido muy raro —les dije a mis compañeros. Pero, según lo pensaba, me di cuenta de algo. Hicks me había contado lo que pensaba Trump. Estaba haciéndome un gran favor. Cuando Trump le dijo a Hope "Jim lo entiende", estaba diciendo que yo entendía que su arrogancia era una especie de teatro. Cuando nos llamaba "noticias falsas", en su mente no era más que una comedia. Pero he aquí el problema, y además uno bien grande: no todo el mundo participaba de ese teatro. Aquí es donde surge mi problema con la retórica de Trump. Para empezar, yo no quería formar parte de ningún *reality show* presidencial bien orquestado. Aquello no era un episodio de *The Apprentice*. Y, como constataba con los violentos e inquietantes comentarios que empezaban a surgir en mis redes sociales, muchos seguidores de Trump no me veían como un concursante de su programa televisivo. La prensa empezaba a ser considerada como algo más que "la oposición", como la había denominado Steve Bannon, jefe de Estrategia del gobierno, pocas semanas antes en el *New York Times*.

Aquella tendencia a demonizar a la prensa quedaría más que clara el día siguiente a la rueda de prensa, cuando, poco después de que el Air Force One aterrizó en Mar-a-Lago, Florida, para pasar el fin de semana jugando al golf, el presidente publicó un tuit oscuro y peligroso.

@realDonaldTrump
Los medios de las NOTICIAS FALSAS (los endebles @nytimes, @NBCNews, @ABC, @CBS, @CNN) no son mi enemigo, ¡son el enemigo del pueblo estadounidense!

Aquel era, en realidad, su segundo intento por lanzar un ataque masivo contra la prensa libre de Estados Unidos. Minutos antes, había tuiteado un mensaje similar, pero sin hacer referencia a la CBS ni a la ABC. Aquel primer tuit fue borrado y reemplazado por el segundo. Cabe destacar que Fox News no estaba incluida en ninguno de los dos tuits; en el momento de publicar este libro, el tuit revisado sigue existiendo en Twitter, en la cuenta del presidente de Estados Unidos.

Hasta este punto, voces críticas en diversas cadenas de informativos habían desaconsejado que yo "mordiera el anzuelo" del presidente y respondiera a sus ataques de las "noticias falsas".

Decían que Trump estaba tendiendo una trampa a la prensa. Quería provocar a los periodistas indignados e iniciar una pelea, una pelea que él siempre ganaría, según se quejaban los críticos. En mi opinión, se equivocaban.

Trump había cruzado una línea muy clara. Aquello era antiamericano. No podía quedar impune.

He aquí la razón: Cuando etiquetó a los medios de comunicación como el "enemigo", el presidente, a todos los efectos, estaba lanzando una amenaza. En la Unión Soviética, Stalin había llamado "enemigo" a la prensa. Lo mismo hizo Richard Nixon durante el Watergate. Con Trump, que había arengado a las masas para fustigar a la prensa en sus mítines, el peligro residía en que quienes lo veían desde casa no sabían qué estaba haciendo. ¿Se trataba de un teatro? ¿Hablaba en serio? En aquella primera época, no era más que una discusión teórica. Muchos de sus seguidores vieron los ataques de Trump a la prensa como una llamada a tomar las armas. Mi bandeja de correo electrónico y mis cuentas en redes sociales se veían constantemente inundadas con amenazas violentas de personas que decían formar parte del movimiento MAGA. Cuando Trump me denominó "noticias falsas", cambié la configuración de las notificaciones de mi cuenta de Twitter, pues ver todas esas publicaciones habría sido como asomarme a una alcantarilla abierta o, más bien, como contemplar una muchedumbre enfurecida.

Comenzaron a aparecer en Twitter memes protagonizados por mí. En uno de ellos, superpusieron mi cara sobre la de un gánster de los años cuarenta que murió después de un tiroteo. En otro, una imagen animada con una computadora donde aparecían los nazis enviando a la gente a la cámara de gas, habían colocado mi cara encima del personaje que pulsaba el botón de "encendido". Eran cosas psicóticas y enfermizas. Una persona dejó un mensaje en mi cuenta de Facebook informándome de que, si alguna vez me veía por las calles de Washington, me asesinaría. Confiaba en que fueran amenazas vacías. Esas personas solo estaban desahogando su frustración con un blanco fácil. Ojalá hubieran estado al corriente del "teatro" de Trump, como había dicho Hope Hicks. Si al menos pudieran ver al hombre que había tras el telón en aquel Oz atípico.

Incluso antes de convertirse en jefe de Estrategia de la Casa Blanca, Steve Bannon, figura clave durante el periodo de transición presidencial, ya hablaba de la prensa como el "partido de la oposición", una frase pegadiza que el antiguo jefe de Breitbart usaba para describir lo que consideraba un torrente de noticias negativas sobre el presidente entrante. La cobertura mediática era un tema que Bannon y Trump siguieron comentando durante las primeras semanas de la administración. En una entrevista, Bannon me explicó que al presidente y a él se les había ocurrido la etiqueta de "enemigo del pueblo" para la prensa durante sus conversaciones sobre las noticias de los medios que no les gustaban. Bannon dijo que fue una especie de tormenta de ideas que tuvo lugar en torno a aquella rueda de prensa en febrero, como manera de expresar con palabras las frustraciones de Trump. El término "enemigo del pueblo" era una consecuencia natural de los términos "partido de la oposición" y "noticias falsas".

—Creo que podría decirse que a los dos se nos ocurrió mientras hablábamos —comentó Bannon sobre la etiqueta "enemigo del pueblo".

Pero se aseguró de que Trump se llevase más mérito.

—Creo que yo propuse primero "partido de los medios de

la oposición", y entonces él sugirió "las noticias falsas son el enemigo del pueblo" —agregó Bannon.

Sin embargo, el instigador republicano se apresuró a explicar que Trump no consideraba que todos los medios de comunicación fueran el enemigo. Era evidente que consideraba que la CNN y otras cadenas daban "noticias falsas". Por lo tanto, según el presidente, la CNN era el "enemigo".

Un alto funcionario de la Casa Blanca insistía en que Bannon no se responsabilizaba por completo de la expresión. Según me contaron tres ayudantes del presidente, fue a Bannon a quien se le ocurrió lo de "enemigo del pueblo".

—El término "enemigo del pueblo" lo pronunció por primera vez en esta Casa Blanca alguien que se pasaba el tiempo hablando con los medios de comunicación —me dijo el alto funcionario—. Sin duda fue Bannon. Es algo para provocar a los medios, no al pueblo —agregó.

La asesora de la Casa Blanca, Kellyanne Conway, me dijo en una entrevista que a ella no le gustaba especialmente esa expresión.

—Yo no utilizo esa frase. Aun así, es más que evidente que, con frecuencia, los medios de comunicación son el enemigo de la gente relevante —comentó.

Después admitió que emplear esa clase de lenguaje implicaba ciertos riesgos.

—Genera tensión. Es pel... —Conway se detuvo a mitad de la frase antes de decir "peligroso"—. Creo que es peligroso decir que el presidente es un activo para los rusos —añadió.

Con un tono casi profesional al referirse a la actitud de Trump hacia la prensa, Bannon insistió en que el presidente era una criatura nacida de las enseñanzas de Marshall McLuhan, el filósofo canadiense que acuñó la frase "el medio es el mensaje", una teoría que se enseña en las clases universitarias de Comunicación según el. (Atención: Yo tengo un título en Comunicación Masiva y estudiábamos esto). Según Bannon, Trump sabía que el dominio del ciclo informativo podría avivar las campañas presidenciales actuales, saturadas por los medios de comunicación. Si tienes el control del discurso, decían Bannon y McLuhan, controlas el trayecto. Según la teoría de Bannon, fue así como Trump logró vencer a dieciséis candidatos republicanos a la presidencia, como "guadaña que corta el césped", tal y como explicó.

Bannon descartó la idea de que las palabras de Trump pudieran incitar a la violencia contra los periodistas. Pero el antiguo jefe de Estrategia de la Casa Blanca dijo que atacar a los medios de comunicación era un elemento clave de la estrategia de Trump en los primeros días de su mandato. En su opinión y en la de Trump, en aquel momento nadie pensaba en el Partido Demócrata. Los republicanos controlaban la Casa Blanca y ambas cámaras del Congreso. Eso hacía que fuese crucial ir por la prensa. Bannon creía que Trump necesitaba un saco de boxeo para seguir controlando el discurso y la cobertura. Y ese saco de boxeo era la prensa.

En cuanto a los demócratas que criticaban a Trump, como el senador de Connecticut Richard Blumenthal, el ex alto funcionario de la Casa Blanca se carcajeó.

—Nadie sabe quién coño es —respondió, argumentando que la mayoría de la gente estaba más familiarizada con los presentadores y corresponsales de la CNN y otras cadenas que habían cubierto la campaña y la presidencia de Trump.

Una semana más tarde, el 24 de febrero, durante un discurso

en la Conferencia de Acción Política Conservadora (CPAC, por su sigla en inglés), Trump defendió su nueva etiqueta para la prensa.

—Hace unos días, dije que las noticias falsas eran "el enemigo del pueblo", y lo son. Son el enemigo del pueblo. Porque no tienen fuentes, simplemente se las inventan cuando no existen. Hace poco vi una noticia que, según decían, había sido confirmada por nueve personas. No existen esas nueve personas. No creo ni que hubiese una o dos. Nueve personas. Y yo dije, "denme un respiro". Porque conozco a esas personas. Sé con quién hablaron. No eran nueve personas. Pero dicen nueve personas y alguien lo lee y piensa: "oh, nueve personas. Tienen nueve fuentes". Se inventan las fuentes.

El término "enemigo del pueblo" era un asunto importante, no solo porque suponía una amenaza para la prensa libre, sino también por el momento en el que Trump lo empleó por primera vez. Al producirse después del despido de Michael Flynn y la intensificación posterior de la investigación rusa, estas palabras ostentaban un nuevo poder para desacreditar nuestro trabajo y eran una herramienta importante para mantener cerca a sus aliados políticos y más cerca a sus votantes. Al fin y al cabo, ¿por qué deberían creerse los defensores de Trump las noticias sobre la trama rusa si esos artículos estaban escritos por los "enemigos" del presidente? Les diré por qué. Para empezar, hay que recordar que Flynn había sido despedido por el presidente por mentir sobre sus contactos con Kislyak, algo muy real (no falso) que sucedió. ¿Cómo podía ignorar la prensa algo de tal magnitud? La respuesta resumida es que, evidentemente, no podíamos.

Por muy amenazadora que resultara la campaña pública de

Trump para desacreditar a los que trabajábamos en la prensa, las mentiras verdaderamente inquietantes tenían lugar en las interacciones privadas con la administración. Eso fue lo que sucedió a finales de marzo, cuando tuve mi primer desacuerdo con Jared Kushner.

Un funcionario de la Casa Blanca me había convocado al despacho del jefe de Gabinete Reince Priebus, donde me encontré con otros dos reporteros que también habían oído hablar sobre la posible partida de la jefa de Gabinete adjunta Katie Walsh. Walsh, que llegó a la Casa Blanca como empleada de Reince en el Comité Nacional Republicano, se había convertido en una especie de chivo expiatorio después de que la Casa Blanca fracasara en su intento inicial por revocar y reemplazar el Obamacare. Al encontrarse con obstáculos para instaurar su prohibición de viaje, la Casa Blanca había empezado a intentar desmantelar el mayor logro legislativo del presidente Obama, la Ley de Cuidado de Salud Asequible. Trump estaba furioso y culpaba a los demócratas, pero también al Comité de la Libertad, la banda de legisladores de derecha que se dedica a destrozar toda legislación que no considere suficientemente conservadora. La Casa Blanca buscaba a alguien a quien culpar, y los funcionarios dieron con Walsh.

Tras la salida de Michael Flynn, todos pensaban que Walsh sería la próxima en abandonar la Casa Blanca de Trump. A mí me había llegado el rumor de que estaban a punto de despedirla.

Sí, la gente de la campaña de Trump estaba ansiosa por dar a conocer la noticia, puesto que Katie había entrado gracias al Comité Nacional Republicano, pero yo no era el único que había recibido la confidencia. La Casa Blanca había pedido a un pequeño grupo de reporteros, entre los que se me incluía, que se reuniera en el despacho de Reince. El jefe de Estrategia Steve Bannon también estaba presente en la sala. Ambos nos explicaron lo que querían que contáramos, que era que Walsh se marchaba para unirse a un grupo externo que apoyaba los planes de Trump. También nos dijeron que de ninguna manera la habían despedido. Todo era mentira, por supuesto, ya que a Katie sí la echaron.

Entonces llegó la estrella de la reunión. Jared Kushner, el yerno de Trump, se presentó en el despacho. Era la primera vez que veía a Jared. Me pareció simpático, educado y amable, si bien muy delgado y un poco demacrado. La única razón por la que cuento la historia de Katie Walsh es por lo que me dijo Jared después de la reunión: era por Rusia.

—Eh, tú eres el de las noticias falsas —me dijo con una sonrisa. Me dio la impresión de que intentaba ser amable, pero había algo que tenía ganas de dejar claro.

—Son noticias reales —le respondí. Luego le pregunté por qué pensaba que mi cadena daba noticias falsas.

—La historia de Rusia —me dijo—. No hay nada de cierto.

Le pregunté a qué se refería. Acababan de despedir a Flynn por mentir sobre Rusia.

Él repitió que no había nada de cierto y se marchó.

Aquello no era verdad. Ni de lejos.

4

Rusia, si estás escuchando...

Contrariamente a lo que Jared Kushner quería que creyera, sí que había multitud de preguntas apremiantes sobre la trama rusa. De hecho, yo había formulado algunas ya durante la campaña. Un aspecto de particular interés para los investigadores federales durante la campaña de 2016 fue que los rusos hubieran conseguido infiltrarse en el sistema de correo electrónico privado de Hillary Clinton el mismo día en que Trump invitó a Moscú a hackear el servidor personal de la aspirante demócrata.

Los responsables de la campaña dijeron después que Trump solo estaba bromeando. A mí no me lo pareció, sentado como estaba en la primera fila durante aquella rueda de prensa en el Trump Doral Golf Course Clubhouse el 27 de julio de 2016. Preguntaron a Trump sobre una posible injerencia rusa —sí, ya por entonces—, ya que unos días antes habían hackeado la página del Comité Nacional Demócrata.

Trump fue acribillado a preguntas sobre el acceso ilegal al servidor del Comité demócrata. Una pregunta que pareció fastidiarlo especialmente fue si estaba siendo demasiado blando con el presidente ruso Vladimir Putin. El presidente ruso, según creía la mayoría de los expertos en política exterior, también interferiría en otras elecciones de países occidentales. Con esos datos, el consenso cada vez más extendido era que Putin estaba intentando devolver a Rusia su estatus de superpotencia mundial, un objetivo del antiguo agente de la KGB, que lamentaba la caída de la Unión Soviética.

Cuando llevábamos unos doce minutos de rueda de prensa, Trump se volvió hacia mí.

—¿Por qué no ponerse duro con Putin y decirle que se mantenga al margen? —le pregunté, en referencia al incidente de seguridad del Comité Nacional Demócrata.

—¿Para qué voy a relacionarme yo con Putin? No tengo nada que ver con él —respondió Trump—. No sé nada sobre él, salvo que me respetará.

Después, al igual que continuó haciendo durante su presidencia, expresó sus dudas sobre la probabilidad de que Moscú estuviese detrás del ataque. Hay que tener en cuenta que, incluso durante la campaña, los servicios de inteligencia estaban bastante seguros de que Rusia era la responsable de la infiltración en el Comité Nacional Demócrata. Trump no pensaba igual.

—Si se trata de Rusia, y probablemente no sea así... nadie sabe quién es —siguió diciendo. Entonces, segundos después, para seguir respondiendo a mi pregunta, dijo algo que nos dejó pasmados a todos los presentes en la habitación y, sospecho, también a los investigadores federales.

—Rusia, si estás escuchando, espero que puedas encontrar los treinta mil correos electrónicos que faltan —dijo el señor Trump durante una rueda de prensa el 27 de julio de 2016—. Creo que recibirás una importante recompensa por parte de nuestra prensa. Veamos si eso ocurre. Eso será lo próximo. [...] Es probable que ellos los tengan. Me gustaría que los divulgaran —continuó—. Si Rusia, o China, o cualquier otro país tiene esos correos electrónicos, para ser sincero, me encantaría verlos.

Pasó entonces a otra pregunta. Pero ahí quedaba eso. Los reporteros allí presentes solo tuvieron que mirar sus teléfonos y ver las notificaciones que empezaban a inundar sus pantallas aún bloqueadas. Una vez más, Trump había reventado el internet. Casi todos los titulares a lo largo de las próximas veinticuatro horas hablaban sobre la invitación de Trump a los rusos para hackear el servidor de correo electrónico de Clinton. En la campaña de Clinton se enfurecieron y acusaron a Trump de poner en riesgo la seguridad nacional estadounidense.

Como quedaría cada vez más claro durante los dos primeros años de la presidencia de Trump, la historia de Rusia fue creciendo y sufriendo muchos giros argumentales (muchos de ellos muy reales), y de nosotros dependía cubrirlos todos, a pesar de la creciente hostilidad por parte de Trump y de su equipo. Lo que empezó con Michael Flynn pronto se extendió a otras áreas de la administración y acabó remontándose a la campaña, ya que los anteriores ayudantes y socios del presidente se vieron involucrados en la investigación.

No tardamos en ver como el fiscal general Jeff Sessions se convertía en el siguiente damnificado colateral de la investigación. Sessions había llegado a la administración Trump a través del Senado. En los primeros días de la campaña, el entonces senador de Alabama sorprendió a mucha gente en Washington al respaldar la candidatura de Trump en febrero de 2016. Eso fue mucho antes de que el resto del Partido Republicano se subiera al tren de Trump.

Con una gorra roja de MAGA, Sessions lanzó su apoyo a Trump durante un mitin en Alabama en agosto de 2015.

—Le he dicho a Donald Trump que esto no es una campaña, es un movimiento —anunció Sessions.

Trump advirtió que Sessions y él tenían las mismas ideas derechistas en materia de inmigración.

—Él es el experto en lo relacionado con las fronteras, y en muchas otras cosas —dijo Trump.

El matrimonio Trump-Sessions fue una unión divina para los seguidores que se oponían con vehemencia a la inmigración ilegal. Antes de la campaña, yo había visto a Sessions en alguna ocasión en Capitol Hill. Casi siempre se mostraba disponible para una entrevista si el tema era la inmigración; así fue como conocí a Stephen Miller. Durante la campaña, Sessions dirigió el Comité Asesor de Seguridad Nacional de Trump, y Miller se convirtió en el principal redactor de discursos del futuro presidente. Teniendo en cuenta lo que vimos durante la campaña, no fue de extrañar que Trump escogiera a Sessions para ser fiscal general.

Aunque Sessions se confirmó como fiscal general de Trump con cierta facilidad, a finales de febrero el suelo empezó a temblar bajo sus pies, en parte por las declaraciones que había hecho bajo juramento durante su comparecencia de confirmación.

En las vísperas de la comparecencia de confirmación de Sessions el 10 de enero, ya habían empezado a surgir preguntas razonables sobre un posible vínculo entre la campaña de

Trump y Rusia, gracias a las informaciones de la CNN, Buzz-Feed y muchos otros. El senador demócrata de Minnesota, Al Franken, presionó a Sessions sobre este tema:

FRANKEN: ... Si existiera alguna prueba de que alguien afiliado a la campaña Trump se comunicó con el gobierno ruso durante el curso de esta campaña, ¿qué haría usted?

SESSIONS: Senador Franken, no estoy al corriente de ninguna de esas actividades. He colaborado con la campaña en un par de ocasiones y no tuve... no tuve ningún contacto con los rusos. No puedo decir nada al respecto.

———

SALVO QUE LA RESPUESTA DE SESSIONS NO CONTABA TODA LA verdad. La información sobre lo ocurrido a finales de febrero y a principios de marzo (tras la salida de Flynn) demostraría que las palabras de Sessions no eran del todo precisas.

Resultó que Sessions sí había tenido contacto con los rusos, algo que no contó a Franken durante la comparecencia de confirmación. En abril de 2016, Trump ofreció un discurso sobre política exterior en el Hotel Mayflower de Washington; yo estaba presente. Durante el discurso, Trump habló sobre su política de "Estados Unidos primero", criticó las administraciones de Obama y de Bush por permitir que el prestigio del país se fuera por la borda y prometió ponerse estricto con la inmigración ilegal en la frontera con México. A saber, dónde estará ahora ese prestigio. Pero lo más importante es que allí también estaba presente Jeff Sessions, futuro fiscal general de Trump y principal defensor del Partido Republicano en el Senado. Y, aunque prácticamente nadie lo supo en su momento, también se encontraba allí el embajador ruso, Sergey Kislyak. La CNN y otras cadenas de informativos denunciaron más tarde que Sessions se reunió con Kislyak en una recepción privada previa al discurso sobre política exterior. El futuro fiscal general, durante su comparecencia de confirmación ante el Senado, no informó plenamente de sus contactos con Kislyak y evitó mencionar aquel encuentro en el Hotel Mayflower.

Aún me duele recordar que entrevisté a Sessions, en directo para la CNN, tras aquel discurso de Trump en el Mayflower, sin tener idea en su momento de que el senador de Alabama acababa de reunirse con el embajador ruso en aquel acto.

Fue una entrevista breve en el programa de Wolf Blitzer para la CNN. Sessions, por supuesto, alabó el discurso de Trump.

—Ha expresado su visión y, en muchos aspectos, ha sido impresionante —declaró Sessions, radiante.

Además de aquel encuentro en el Hotel Mayflower, Sessions tuvo otros contactos con Kislyak; se reunió con el embajador durante la Convención Nacional Republicana en Cleveland, junto con J. D. Gordon, un viejo empleado del Partido Republicano en Washington. Sessions también se reunió con Kislyak en su despacho del Senado en septiembre de 2016. Pero su portavoz aseguró a los periodistas que no había mentido al Congreso porque el senador se había reunido con Kislyak en calidad de legislador, no como asesor de la campaña de Trump.

Aun así, el daño estaba hecho. En cuanto quedó claro que Sessions no había sido sincero respecto a sus contactos con los rusos, decidió que, legítimamente, no podía supervisar la investigación del Departamento de Justicia sobre la injerencia del Kremlin. El 2 de marzo de 2017, casi dos meses después de aquel falso testimonio sobre los acontecimientos ocurridos un año antes, Sessions rechazó formar parte de la investigación rusa, en contra de los deseos del nuevo presidente.

—Jamás me reuní con agentes rusos o intermediarios rusos para hablar de la campaña de Trump —contó Sessions a los periodistas en una rueda de prensa en la que anunciaba su recusación. Más tarde diría sobre sus reuniones con Kislyak—: Viéndolo con perspectiva, debería haberlo pensado mejor y haber dicho que sí que me reuní con un funcionario ruso en un par de ocasiones, en este caso el embajador.

Pero existían razones de peso para creer que Sesssions se estaba reuniendo con Kislyak no solo en su papel de legislador. Más o menos un mes antes del discurso en el Hotel Mayflower, el Comité Asesor de Seguridad Nacional de Trump celebró una reunión para hablar del alcance de los asuntos de política exterior, incluida Rusia. La reunión del 31 de marzo de 2016 quedó inmortalizada en una foto infame que fue publicada por la campaña de Trump durante las primarias del Partido Republicano.

Sentados a la mesa aparecen varios individuos que ahora tienen un papel importante en la investigación rusa. A un extremo de la mesa se halla Trump. Al otro extremo, Jeff Sessions. A la izquierda de Sessions hay dos personas que después serían interrogadas como parte de la investigación rusa, J. D. Gordon y George Papadopoulos, consejero de política exterior que fue declarado culpable por mentir a los agentes federales durante la investigación, lo que suscitó más preguntas lógicas sobre los supuestos vínculos de la campaña de Trump con Rusia.

Gordon, que también había trabajado para la campaña de Herman Cain en 2012, ganó cierta fama por su breve aparición en la investigación rusa. J. D. y yo nos conocemos desde que trabajó para Cain. Es uno de los pocos funcionarios republicanos en Washington que es bilingüe en inglés y en español, y con frecuencia ha aparecido en la CNN para hablar con el canal hermano de la cadena, CNN en Español. Es una de esas criaturas de Washington de las que no se oye hablar lo suficiente últimamente, un buen tipo que, en lo que a mí respecta, solo quiere servir a su país.

En cuanto a Papadopoulos, puede que, con el tiempo, los defensores de Trump le hayan restado importancia, denominándolo el "chico del café", pero, según J. D., George desempeñó un papel esencial en aquella reunión del Comité Asesor de Seguridad Nacional. Gordon dice que fue Papadopoulos quien sugirió la idea de que Trump se reuniera con el presidente ruso Vladimir Putin durante la campaña. En un reportaje con mi compañero de la CNN Manu Raju, contamos que a Trump le intrigó la idea. Trump "escuchó su idea", según nos dijo Gordon. Sessions, según las palabras de J. D., se opuso a la noción de una cumbre de campaña entre Trump y Putin.

Al margen de que se opusiera a la idea o no, aquel asunto sembró dudas sobre lo que Sessions declaró durante su comparecencia de confirmación: que no estaba al corriente de ningún contacto entre los rusos y la campaña de Trump. Sin embargo, en la reunión se discutió la idea de comunicarse con el gobierno ruso.

Por otro lado, Gordon me dijo que Papadopoulos quería ser mucho más que el "chico del café" durante la campaña. Había insistido para ser uno de los participantes de los programas de debate de los domingos por la mañana, tras darse cuenta de que su apellido rimaba con el del presentador de *This Week*, de la ABC.

—Papadopoulos Stephanopoulos —le dijo Papadopoulos a J. D. con una sonrisa. Gordon pensó que Papadopoulos sería como un pez fuera del agua.

Pero no fue eso todo lo que sucedió en la reunión del 31 de marzo de 2016. Como bien informé en la CNN, Gordon dijo que Trump contó a sus asesores presentes en la reunión que "no quería ir a la Tercera Guerra Mundial por culpa de Ucrania". Pensemos en eso por un momento. Trump ni siquiera era aún candidato por el Partido Republicano. No tenía ninguna experiencia en política exterior. Y aun así estaba impulsando lo que en esencia sería un giro político repentino para Estados Unidos. Estaba contándole a su equipo de política exterior que quería reconsiderar la postura de Estados Unidos con respecto a la agresión rusa. Casi cuatro meses después, en la Convención republicana de Cleveland, la campaña de Trump se declaró contraria a ofrecer armas a los ucranianos en su conflicto con los rusos, lejos de lo que aconsejaban muchos halcones de política exterior en Washington, como el senador John McCain y otros. Gordon me dijo, y este es el punto crítico, que el programa del Partido sobre el tema de Rusia en la Convención de 2016 era un reflejo de las órdenes de Trump durante aquella reunión crucial en marzo de ese año.

Gordon dijo más tarde que estaba molesto con algunas de las noticias escritas sobre los comentarios que me hizo respecto a esa reunión. J. D. insistía en que sus compañeros de campaña y él durante la Convención no pretendían suavizar el programa del Partido sobre el tema de Ucrania. Solamente querían evitar que la situación se volviera más extrema. Pero Trump tenía otras ideas. En una entrevista con George Stephanopoulos para la ABC, dijo que el programa político con respecto a Rusia sí que se había "suavizado". En cualquier caso, desde la Convención republicana habían enviado el mensaje de que Trump buscaba una relación nueva y cercana con Rusia. Y Trump enfatizó aquel mensaje una y otra vez desde el principio de la campaña, proponiendo en repetidas ocasiones una mejora de las relaciones con el Kremlin. Los halcones del Partido Republicano, incluido McCain, tomaron nota de aquello.

Confío en el recuerdo que tiene J. D. de los acontecimientos, pero también sé que no le gustó la manera en que lo trataron en la campaña. Me dijo que nunca llegaron a pagarle por el trabajo realizado para Trump. También le quedó un mal sabor en la boca tras trabajar para Jared Kushner, y en una ocasión me contó que había recopilado mucha información sobre diversos líderes extranjeros a quienes el yerno de Trump deseaba conocer, pero finalmente Kushner ignoró lo que había preparado para él.

Como muchas otras personas que han entregado su vida a Trump a lo largo de los años, J. D. acabó quemándose. Pese a toda su experiencia en Washington con la política y el gobierno, por no mencionar su lealtad hacia Trump, Gordon acabó ofreciendo su pericia gratuitamente y, sin saberlo, a un empresario que tenía reputación de no pagar a sus contratistas. Desde luego, no era el primer socio de Trump que se sentía engañado. La CNN y otras cadenas habían detallado incontables ocasiones en las que Trump se había negado a pagar a los contratistas que ayudaron al magnate de Manhattan a levantar sus hoteles y casinos. J. D. y sus compañeros asesores en política exterior fueron los últimos de una larga lista de víctimas.

Para mi sorpresa, Gordon aparecería después en cadenas conservadoras para criticar la investigación rusa. Pese al modo en que lo había tratado la campaña de Trump, había seguido siendo más o menos fiel al presidente. Eso es algo que me cuesta entender. Pero J. D. me dijo que nunca estuvo convencido de que existiera colusión entre la campaña de Trump y los rusos. Siempre consideró lo ocurrido como una especie de complot infantil, como algo sacado de la comedia de los hermanos Coen *Quemar después de leer*, donde dos zopencos que trabajan en un gimnasio descubren un disco que contiene información sobre la CIA que después tratan de vender a los agentes rusos. Los ayudantes de Trump bromeaban y me decían una y otra vez que eran demasiado tontos para llevar una campaña organizada, ¿cómo diablos iban a ser capaces de conspirar con Rusia?

Pero aquello tuvo consecuencias muy serias para Gordon. Como futuro implicado en la investigación de la campaña de Trump y Rusia, J. D. se pasó horas hablando con los investigadores del fiscal especial. Le leyeron correos electrónicos y mensajes que había enviado a otras personas, comunicaciones que el equipo de investigadores había recopilado para cuestionar a J. D. durante sus interrogatorios. Me contó que los honorarios de sus abogados alcanzaron las cinco cifras.

Sin embargo, aquella reunión infame del Comité Asesor de Seguridad Nacional para la campaña de Trump ya apuntaba desde el principio a posibles contactos entre el candidato republicano y el Kremlin.

––––––

LOS EFECTOS COLATERALES DE LA RECUSACIÓN DE SESSIONS fueron rápidos y complejos. No quiero sonar como Forrest Gump, que aparecía a todas horas en eventos importantes, pero me encontraba con Trump el día en que Sessions se recusó;

era el reportero encargado de cubrir el acto para las demás cadenas. (Como sería demasiado complicado tener presentes a todas en cada aparición presidencial, normalmente se envía a un reportero, a un cámara y a un técnico de sonido para cubrir aquellas breves apariciones ante la cámara en nombre del resto de las cadenas televisivas importantes. Lo mismo sucede con los periódicos y las agencias de noticias. Ellos también envían a unos pocos representantes de la prensa escrita para cubrir una noticia). El 2 de marzo de 2017, yo era el encargado de cubrir al presidente durante su visita a Norfolk, Virginia, donde haría un recorrido por un portaaviones. Mientras avanzábamos por las entrañas del barco, los demás reporteros del grupo y yo acribillábamos a Trump a preguntas sobre Sessions, que, en aquel momento todavía no se había recusado.

—No creo —respondió Trump cuando le pregunté si Sessions debería recusarse. Al presidente también le preguntaron si creía que Sessions había dicho la verdad durante su comparecencia de confirmación—. Creo que lo más probable es que sí —contestó Trump.

Cualquiera que cubriera a Trump de manera extensa sabía muy bien que estaba otra vez a la defensiva. Sus respuestas de cuatro o cinco palabras a las preguntas sobre la investigación rusa eran un indicador bastante fiable de que no estaba de humor para hablar. Claro, le encantaría responder a las preguntas de los reporteros, pero no sobre el tema de Rusia. Trump podía ser muy cortante cuando no quería hablar con los periodistas, pero esta no era una de esas veces. Tuve la impresión de que quería que su viaje a Norfolk fuese un momento de comandante en jefe. Llevaba una chaqueta verde aceituna estilo *bomber* y una gorra de béisbol de color azul, lo típico que lleva un presidente cuando visita un portaaviones. Y estábamos echándolo a perder con nuestras molestas preguntas sobre Sessions. Allí estaba Dan Scavino, director de redes sociales del presidente, para documentarlo todo y tuitearlo a los millones de seguidores de Trump. Más tarde, antes de embarcar en el avión Ospreys que llevaría a la prensa de vuelta hasta el Air Force One, le di a Dan una palmadita en la espalda. En ese momento, todavía mantenía buena relación con algunos de los miembros del equipo de Trump. Scavino era uno de los "originales" de la campaña, uno de los amigos que hice desde el principio, antes de que Trump iniciara su guerra contra los medios.

Cuando aterrizamos en la Base Aérea Andrews, a las afueras de Washington, esperamos en el Air Force One, como era la costumbre, a que Trump desembarcara y se subiera al helicóptero Marine One para regresar a la Casa Blanca. Después de casi una hora, y todavía dentro del avión, nos preguntamos qué demonios estaría pasando. Resulta que Trump había estado sentado en el avión viendo como Sessions ofrecía su declaración a la prensa, recusándose de la investigación de Rusia. Aunque nos hallábamos a escasos metros de él, no teníamos ni idea de que el presidente estaba echando humo por la recusación de Sessions.

Todos vimos la noticia en nuestros teléfonos. Los ayudantes de Trump se habían quedado callados. En los días venideros quedaría claro que Trump estaba muy enfadado con Sessions. Aun así, pese a que después lo convertiría en un saco de boxeo durante casi todo el resto del cargo como fiscal general del antiguo senador de Alabama, al menos aquella noche Trump apoyó a su hombre.

En una declaración hecha pública aquel mismo día, dijo:

—Jeff Sessions es un hombre honesto. No dijo nada malo [en su comparecencia de confirmación]. Podría haber dado una respuesta más precisa, pero no fue algo intencionado —añadió—. Todo este discurso es una manera de guardar las apariencias para los demócratas, que perdieron unas elecciones que todos pensaban que iban a ganar. Los demócratas están tentando a la suerte. Perdieron las elecciones y ahora han perdido el sentido de la realidad. La verdadera noticia son todas esas filtraciones ilegales de información clasificada o no clasificada. ¡Es una auténtica caza de brujas!

Aun así, la declaración contenía el germen de muchos de los tuits exagerados que Trump estaba por publicar; desde las "filtraciones ilegales de información clasificada o no clasificada" hasta "caza de brujas". Incluso aunque estuviese siendo más benevolente con Sessions por el momento, la ofensiva contra la investigación rusa estaba en marcha.

No es que Trump no hubiera intentado evitar que Sessions se recusara. Había hecho propuestas al fiscal general para impedir que eso sucediera. Otros en la Casa Blanca también habían contribuido. El abogado de la Casa Blanca Don McGahn había hablado con Sessions en un esfuerzo por disuadir al fiscal general de que se apartara de la investigación. Lo mismo hizo el jefe de Gabinete de la Casa Blanca, Reince Priebus, y el secretario de Prensa Sean Spicer.

—Creo que es justo llamarlo presión —me contó después un alto funcionario de la administración en relación con las llamadas telefónicas a Sessions.

Yo di esta información en la CNN un viernes por la noche —oh, sí, el glamur de ser reportero de la Casa Blanca— a principios de enero de 2018. Justo antes de entrar en directo para dar la noticia, recibí una llamada telefónica de Spicer. En ese momento, Sean ya no trabajaba para la Casa Blanca; había dimitido el verano anterior. Basta decir que no mantuvimos el contacto, pero me llamaba para negar que hubiese presionado a Sessions para que renunciara a su idea de recusarse de la investigación.

—¿Durante ocho meses el discurso ha sido que yo no estaba informado de nada y ahora resulta que formo parte de esto? —me preguntó Spicer por teléfono—. Me parece que no. —Añadió que había llamado a Sessions y a su equipo solo para hablar de organizar una rueda de prensa.

Pero, tal y como era Spicer, no pudo evitar ponerse polémico. Amenazó diciendo que, si no cancelaba la noticia, iría a por mí en Twitter. Me preguntó si quería que me tildasen de "noticias falsas". Yo le contesté educadamente que no cancelaría la noticia y colgué el teléfono.

En cuanto a Priebus, quien también había intentado impedir la recusación de Sessions, se negó a hacer comentarios.

Pese a la presión de la Casa Blanca, Sessions hizo caso al consejo de los funcionarios del Departamento de Justicia, que pensaban que, dadas las circunstancias, debería recusarse. Las consecuencias de su recusación fueron enormes tanto para la investigación rusa como para el cargo de Sessions como fiscal general. Como repetiría Trump en muchas ocasiones a lo largo del próximo año y medio, la decisión de Sessions le pareció una traición, quizá la peor de su mandato. Trump demostró un total desconocimiento del cargo de director del Departamento de Justicia de Estados Unidos al pretender que el fiscal general se comportase como si fuese su abogado personal. La recusación de Sessions dejó a Trump desprotegido y, cuando se encontró solo, el presidente utilizó el podio de la presidencia para moldear la opinión pública y demonizar a quienes hacían preguntas. Su cuenta de Twitter se convertiría en la principal arma de su arsenal.

———

A FINALES DE ABRIL, ROD ROSENSTEIN HABÍA SIDO NOM-brado fiscal general adjunto, convirtiéndose así en el funcionario del Departamento de Justicia que supervisaría la investigación rusa con Sessions en el banquillo. Su independencia no tardó en ponerse a prueba.

Sin Sessions para protegerlo, Trump seguiría criticando la investigación rusa a cada oportunidad. Durante meses, la investigación había sido para él una obsesión, pero a lo largo de las siguientes semanas se lo vería especialmente centrado en eso. Incapaz de impedir que Sessions se recusara, encontró la que creyó que sería otra manera de controlar la investigación: a través del director del FBI, James Comey.

Menos de cuatro meses después de ocupar el cargo, Trump despidió a Comey. El presidente, en una de sus más evidentes muestras de deshonestidad, basó su decisión en la manera en que Comey había gestionado la investigación de los correos electrónicos de Hillary Clinton —sí, la misma investigación que podría decirse que le concedió las llaves del Despacho Oval—. Trump apuntó a un informe realizado por el nuevo fiscal general adjunto, Rod Rosenstein, que criticaba con dureza la actuación de Comey durante la crisis de los correos electrónicos de Clinton. Después, en una carta dirigida a Comey, Trump insertó lo que creyó que sería una especie de nota exculpatoria, declarando que el director del FBI le había asegurado que no tenía nada de qué preocuparse con respecto a la investigación rusa.

"Si bien agradezco enormemente que me informara, hasta en tres ocasiones, de que no estoy siendo investigado, de cualquier manera, comparto la opinión del Departamento de Justicia de que no está usted capacitado para dirigir la oficina de manera eficaz", escribió Trump en la carta dirigida al director destituido del FBI.

En lo que pareció ser un golpe maestro para la CNN, uno de nuestros productores en la Casa Blanca, Noah Gray, recibió la confidencia de que el ayudante de la seguridad personal de Trump, Keith Schiller, estaba a punto de entregar la carta en mano en el cuartel general del FBI, situado justo enfrente de la Casa Blanca. Fue algo increíble de ver. Allí estaba uno de los principales agentes de seguridad de Trump, alguien a quien todos habíamos llegado a conocer durante la campaña y que había pasado a ocupar el equivalente gubernamental de ese puesto dentro de la Casa Blanca, presentándose en el FBI para despedir a James Comey en nombre de Trump. En circunstancias normales, el despido de un director del FBI no se produciría de ese modo. Lo normal era que el director fuese convocado a la Casa Blanca para escuchar la mala noticia en persona. Pero Trump no deseaba hacer el trabajo sucio directamente, de modo que envió a Schiller. ¿Quién hace eso?

Varios comentaristas legales se preguntaron si el despido de Comey podría considerarse obstrucción a la justicia, una posible ofensa que podría llevar a la destitución. Trump avivó esas especulaciones al revelar sus verdaderos motivos en una entrevista con Lester Holt para la NBC.

Le contó a Holt que la investigación de Rusia había sido, de hecho, una de sus razones para despedir a Comey. Fue una declaración sorprendente. Por muy deshonesto que pueda ser Trump a veces, también puede ser increíblemente sincero. Esta fue sin duda una de esas ocasiones.

—Y, de hecho, cuando decidí hacerlo sin más —le dijo a Holt—, me dije a mí mismo: "Mira, todo este lío de Rusia y Trump es una historia inventada, es una excusa de los demócratas para justificar haber perdido unas elecciones que deberían haber ganado".

Bannon advirtió a Trump y a otros altos funcionarios de la Casa Blanca de que el presidente estaba cometiendo un serio error. Bannon se mostró "bastante firme al respecto", me dijo un antiguo funcionario de la Casa Blanca, explicando que la investigación rusa de Comey, en su momento, no lideraba la cobertura mediática.

El día después de que Trump despidiese a Comey, en otro clásico episodio de "no puedes inventarte esta pendejada" de la Casa Blanca, el presidente invitó a los rusos. No solo Kislyak, sino también Sergey Lavrov, ministro de Relaciones Exteriores ruso, fueron recibidos en el Despacho Oval.

Para burlarse de la situación diplomáticamente, los rusos publicaron fotos del encuentro en una de las cadenas estatales. La nueva Casa Blanca, llena de empleados inexpertos que no sabían lo calculadores que podían llegar a ser sus homólogos del Kremlin, no tenían ni idea de que los rusos publicarían las fotografías.

—Nos engañaron —me dijo un funcionario de la Casa Blanca furioso—. Ese es el problema con los rusos: que mienten —agregó. Mi reportaje aquella mañana causó sensación, pues rezumaba ironía al mostrar que los funcionarios de la administración Trump podían ser muy ingenuos con respecto a las intenciones del Kremlin.

Otro caso de supervisión independiente dentro de la investigación rusa se produjo a través del propio Comey, mediante su testimonio ante el Congreso y los informes y las notas que había redactado tras sus reuniones y llamadas telefónicas con Trump. Comey enumeró sus interacciones en un memorándum infame donde detallaba el comportamiento agresivo de Trump orientado a poner fin a la investigación sobre Rusia.

En su testimonio ante el Congreso en referencia a sus conversaciones con el presidente, el antiguo director del FBI declaró que el 27 de enero, cuando solo llevaba una semana de mandato, Trump le pidió durante una cena que le prometiera lealtad.

—Necesito lealtad y espero lealtad —contó Comey que había dicho el presidente.

Según Comey, Trump trató de intervenir en el caso Flynn durante una reunión celebrada el 14 de febrero en el Despacho Oval. Eso fue un día después de que Flynn fuera despedido por las declaraciones falsas sobre sus conversaciones con Kislyak.

—Confío en que encuentres la manera de olvidarte de esto, de olvidarte de Flynn. Es un buen tipo. Espero que puedas olvidarte de esto —recordó Comey que había dicho el presidente.

El 30 de marzo, Trump pidió a Comey que disipara la "nube" de la investigación rusa, siempre según el testimonio jurado del antiguo director del FBI. Trump lo intentó de nuevo el 11 de abril, pidiendo a Comey que "difundiera" que el presidente no era objeto de la investigación.

La noche en que se publicó el testimonio de Comey, yo

recibí la confidencia de que habían visto al abogado al que Trump había contratado inicialmente para gestionar la investigación de Rusia, Marc Kasowitz, celebrando algo en el Hotel Trump de Washington, un punto de encuentro habitual entre miembros de la administración y amigos del presidente. Kasowitz estaba repartiendo puros y alardeando de que Comey no le había puesto ni un dedo encima a Trump en su testimonio.

—Hemos ganado. Queda claro que Trump no ha hecho nada malo —dijo Kasowitz, según las fuentes que oyeron los comentarios.

Kasowitz, que acababa de ser contratado por Trump a finales de mayo, no duró mucho en el cargo. Abandonó el equipo legal del presidente en julio, después de que ProPublica revelara que había enviado correos electrónicos amenazantes a un hombre que sugirió que dimitiera.

Los juicios y las tribulaciones del equipo legal de Trump sirvieron para tenernos bastante ocupados durante los primeros días de la investigación rusa. En los días posteriores al testimonio de Comey, Trump seleccionó a dos prestigiosos abogados de D.C. para que acudieran al rescate: John Dowd y Ty Cobb. Dowd no fue especialmente difícil de localizar. Me tuvo en ascuas desde que descolgó el teléfono.

—Oh, se supone que no debo hablar contigo. No eres una buena persona —me dijo entre risas.

Tras las revelaciones de Comey en el Congreso, con la presión pública cada vez más elevada, Rod Rosenstein, fiscal general adjunto, hizo algunos cambios y decidió designar a un fiscal especial, un hombre con unas credenciales aparentemente impecables: el antiguo director del FBI Robert Mueller, un republicano consignado.

Para mí y para muchos otros corresponsales de prensa de D.C., el nombramiento de Mueller fue la culminación de un sorprendente periodo de ocho días que había comenzado con el despido de Comey. Si bien los acontecimientos de aquella semana de mayo de 2017 moldearían gran parte de las noticias y de la cobertura mediática durante el resto del mandato de Trump, también cambiaron los cálculos de la estrategia mediática del presidente sobre la investigación de Rusia. Con la investigación en manos de Mueller y con otro abogado más apartado de la supervisión de Trump, sus opciones para interferir eran aún más limitadas. Aparentemente acorralado, empezaría a hacer lo que mejor se le da: continuar la ofensiva contra Mueller, contra la investigación y contra la cobertura informativa que se hacía de ello, pese a que hubiese preguntas legítimas que necesitaban respuesta. Eso se materializaría no solo en forma de tuits con críticas a Robert Mueller, sino también con ataques descarados a las cadenas de informativos, a las filtraciones y a todo tipo de información sobre la investigación rusa.

Spicer estaba cada vez más desesperado; recibía informes que insinuaban que Trump estaba considerando la posibilidad de retirarle la confianza y prescindir de las sesiones informativas para la prensa. Justo cuando Mueller comenzaba a husmear en la investigación, Trump intentaba callar a la prensa. El 30 de mayo de 2017, Spicer dijo a los reporteros en la Sala de Prensa que Trump estaba frustrado con las "noticias falsas".

Fue uno de esos momentos en los que sentí que era importante echar más leña al fuego. ¿Qué noticias falsas?, le pregunté a Spicer.

> SPICER: Creo que está frustrado, igual que yo y muchos otros, por ver noticias que se publican y que evidentemente son falsas, por ver discursos equivocados, por ver "noticias falsas". Cuando ves que se publican historias que son absolutamente falsas, que no se basan en ningún hecho, eso resulta preocupante. Y el presidente tiene razones para preocuparse.
>
> ACOSTA: ¿Puede darme un ejemplo de noticias falsas, Sean? ¿Podría dar solo un ejemplo?

Spicer pasó a quejarse de un error cometido por un reportero de la BBC sobre el comportamiento de Trump en la cumbre del G-7, que había sido retuiteado por un reportero de los corresponsales de prensa de Estados Unidos. Al responder a mi pregunta, Sean tuvo la oportunidad de comentar algún aspecto de la investigación rusa, pero no lo hizo. Lo único que pudo encontrar fue un tuit que no le gustaba.

Cuando se le pidieron más ejemplos de "noticias falsas", no fue capaz de dar ninguno.

—Lo que les digo es que la razón por la que el presidente se siente frustrado es que se están perpetuando las noticias falsas, el uso de fuentes anónimas una y otra vez que hablan de cosas que suceden y que después no suceden. Y creo que eso es preocupante. Gracias, chicos, muchas gracias —dijo antes de salir de manera abrupta de la Sala de Prensa.

Hasta aquel momento en la presidencia de Trump, su guerra con los medios de comunicación había parecido más bien una continuación de su campaña: con mucha retórica diseñada para obtener la cobertura más favorable posible o, al menos, frenar la cobertura negativa de algunos reporteros. Como descubriríamos en los meses venideros, todas esas cosas seguirían siendo ciertas, pero había nuevos intereses, nuevos frentes de batalla que se habían endurecido tras el nombramiento de Robert Mueller. Desde entonces, toda la información relativa a la investigación rusa y a la Casa Blanca cobró nueva importancia para la propia Casa Blanca y para el país en general. Lo mismo puede decirse de los ataques de Trump a los medios. Dejaron de ser simples frases en busca de aplauso, se volvieron más siniestros y parecían diseñados para socavar la credibilidad de nuestras informaciones en esa historia concreta.

Un antiguo funcionario de la Casa Blanca dijo que Trump permanecía pegado a la cobertura informativa de la investigación rusa, una costumbre que quedó en evidencia gracias a sus tuits criticando la investigación.

—Trump los ve sin descanso —dijo el funcionario sobre la preferencia secreta del presidente por la CNN—. Ve Fox para sentirse mejor —añadió.

Públicamente, el presidente jamás lo admitiría, como dejó dolorosamente claro en julio de 2017, cuando tuiteó un vídeo alterado donde se lo veía golpeando a un hombre con el logo de la CNN superpuesto sobre su cara, una imagen violenta que incluía la etiqueta #NoticiasFraudulentasCNN.

Un antiguo funcionario del FBI me recordó que, al contrario de la decisión de Comey de hacer pública la investigación del uso de los correos electrónicos de Clinton once días antes de las elecciones, el director de la oficina mantuvo en secreto la investigación sobre los posibles vínculos de la campaña de Trump con Rusia.

Si se hubiese tenido conocimiento de esa información en las últimas semanas de la campaña, "a Trump se le habría terminado el juego", admitió el exfuncionario.

5

La hora de Spicy

Con la investigación de Rusia como telón de fondo, debíamos encargarnos, además, de nuestro trabajo diario; la rutina de asistir a las sesiones informativas diarias, descifrando innumerables filtraciones de la Casa Blanca, tratando de conseguir que confirmaran o comentaran las noticias. Todas esas actividades típicas de los reporteros que cubren la Casa Blanca hacían que nos resultase imposible ignorar el mal funcionamiento de la administración. A lo largo de los seis primeros meses de presidencia, el gabinete de comunicación de la Casa Blanca había mostrado un sinfín de puntos débiles. Con todos los enfrentamientos que tenían con los periodistas, estaban bastante desorganizados.

Incluso después de su desastrosa intervención aquel sábado después de la investidura, cuando habló en defensa del tamaño de la multitud presente en la investidura de Trump, Sean Spicer seguiría cometiendo errores de forma apabullante. No solo engañaba al pueblo estadounidense desde el atril de la Sala de Prensa de la Casa Blanca, sino que además reprendía

a los periodistas de forma casi incontrolable. Para empeorar
las cosas, solía codificar sus explicaciones sobre la política de
la administración, centrando el foco de la noticia en sí mismo
con galimatías inexplicables y un lenguaje sin sentido. Lo más
infame fue cuando se refirió a los campos de concentración
como "centros del Holocausto". Sumado a eso, trató sin éxito
de recortar la libertad de prensa con su desacertada decisión
de apagar las cámaras durante las sesiones informativas de la
Casa Blanca, un gesto que terminó por llamar más la atención
sobre el caos de sus ruedas de Prensa. Cada nuevo día parecía
traer otro revés para Spicer. Y lenta, pero indefectiblemente, la
confianza de los corresponsales en el secretario de Prensa de la
Casa Blanca fue cayendo hasta unos niveles que yo jamás había
presenciado mientras cubría el segundo mandato de Obama.
En las zonas de prensa de la Casa Blanca, los reporteros susu-
rraban entre ellos, preguntándose hasta dónde podría empeorar la situación.

No éramos los únicos que se hacían esta pregunta. A los
ojos de Trump, las intervenciones en televisión son algo defi-
nitorio. O se sabe intervenir en televisión —como hizo él durante muchos años contratando y despidiendo a concursantes
y famosos en *The Apprentice*— o no se sabe. Trump estaba llegando a la conclusión de que Spicer no estaba preparado para
el horario de máxima audiencia. ¿Hasta dónde llegaban las críticas? Hasta el guardarropa de Spicer: a Trump no le gustaban
los trajes que Sean llevaba en televisión.

Sin embargo, el verdadero problema para Sean era que no
estaba hecho para el puesto de secretario de Prensa. Como yo
mismo había llegado a descubrir, a veces perdía la compostura
y le gustaba vengarse. Yo nunca había experimentado aque-

llo en mis interacciones con él previas a Trump. Por entonces, si tenía alguna pregunta sobre lo que sucedía dentro del Comité Nacional Republicano, él me devolvía la llamada. Tal vez lanzara algún dardo con buena intención, pero aun así era útil. Sin embargo, como empezaban a comentar los tipos de Washington en los primeros días de la Casa Blanca de Trump, Sean Spicer estaba cambiando.

—No conozco a este Sean Spicer —era una frase habitual en Washington a principios de 2017.

Periodistas, trabajadores del Partido Republicano, empleados de la Casa Blanca... todos nos preguntábamos qué demonios le había sucedido. Me había percatado del cambio antes del fiasco con la multitud de la investidura, sobre todo en la rueda de prensa del 11 de enero. Pero "Spicy" como habíamos empezado a llamarlo, en referencia a la imitación que hacía de él Melissa McCarthy en *Saturday Night Live*, estaba empeorando.

El 31 de enero, once días después de la investidura, Spicer y yo tuvimos otro desacuerdo, esta vez en un acto celebrado por la Universidad George Washington. Frank Sesno, antiguo corresponsal de la Casa Blanca para la CNN y actual profesor de la Universidad, nos invitó a Sean y a mí a participar en un debate para hablar de la cobertura informativa del mandato de Trump. Spicer volvió a sacar a colación la rueda de prensa del 11 de enero en la Torre Trump, cuando mantuve mi tensa conversación con Trump. Según la versión de Sean, yo había contado a los telespectadores que había amenazado con expulsarme de la rueda de prensa si volvía a hacer una pregunta "difícil". Yo no había hecho tal cosa.

Spicer sí que me advirtió de que me echarían si volvía a interrumpir al presidente, un comentario que yo transmití a los espectadores. Pero él había seguido repitiendo su versión falsa de la historia, y volvió a hacerlo aquella noche en la Universidad.

—Confundió tremendamente a la audiencia —le dijo a Sesno.

Yo estaba escuchando entre el público y, francamente, tuve que hacer un esfuerzo por no reírme de aquella tontería. De modo que hice lo que esperarían que hiciera. Lo interrumpí para decir:

—Eso no es cierto.

Spicer también defendió el asunto del número de asistentes a la investidura, como ya lo había hecho en aquella primera sesión informativa de la Casa Blanca el 21 de enero. Aunque más tarde se referiría a aquellos comentarios de la sesión informativa como un error, al principio, en aquel acto de la Universidad George Washginton, solo tuvo una autocrítica.

—Creamos una estrategia para enfrentarnos al actual ciclo mediático y yo la implementé —dijo en defensa de los comentarios sobre el tamaño de la multitud. Después admitió—: Probablemente debí de haber aceptado las preguntas.

Entonces llegó mi turno para subir al escenario. Sean se había marchado; o no quería aparecer en el escenario conmigo o tenía que marcharse de verdad.

—Creo que acabamos de escuchar algunos hechos alternativos —le dije a Sesno. Más tarde, aclaré cuál era mi postura (y cual sigue siendo, mientras leen esto)—: Pueden echarnos de la Casa Blanca, pueden echarnos a la calle a patadas. Colocaremos nuestras camionetas en la avenida Pensilvania, daremos las mismas noticias cada día —dije a la multitud—. No importa lo que hagan, porque nosotros hemos venido a hacer nuestro trabajo.

Volviendo a Spicer, sí que recalcó, acertadamente, durante el evento en la Universidad, que a mí todavía se me permitía hacer preguntas en las sesiones informativas diarias de la Casa Blanca. Eso era cierto en su momento. Y Sean y yo teníamos nuestras buenas peleas en la Sala de Prensa. Sí, eran peleas complejas y a veces personales; aunque debería señalar que en un principio fue Spicer quien hizo que se volviera algo personal.

Ningún funcionario de la Casa Blanca, demócrata o republicano, quiere oír a un reportero poner en duda lo que está haciendo. Los secretarios de Prensa de ambos partidos tienen un trabajo que hacer. Quieren transmitir el mensaje del presidente, preferiblemente sin protestas. Pero lo que habían olvidado algunos de los defensores de Trump, tanto dentro como fuera de la Casa Blanca, es que la prensa tiene también una tarea esencial. Cuando interrumpimos o intentamos resaltar ciertas vulnerabilidades en el argumento de un secretario de Prensa, solo pretendemos extraer información que podría ser fundamental para el pueblo estadounidense. Cuando los periodistas indagamos y hablamos con nuestras fuentes, quienes en algunos casos contarán lo que saben solo de forma anónima, no es porque queramos comportarnos como activistas políticos, como han argumentado muchos críticos. Es para descubrir la verdad. Así que pueden llamarme fanfarrón o "noticias falsas". Me iré a la tumba convencido hasta los huesos de que los periodistas están llevando a cabo un servicio público por el bien del país. El país está mejor con reporteros en la Sala de Prensa de la Casa Blanca haciendo preguntas difíciles e incómodas, aunque a veces parezcamos algo desmesurados. Ese ruido que hacemos es el sonido de una democracia sana que funciona.

Parte del problema con el que nos hemos topado como reporteros en la era de Trump es que tenemos que actuar como
verificadores de datos en tiempo real. Como Trump a veces
empieza el día con declaraciones falsas o infundadas en Twitter, los periodistas deben pasar gran parte de su tiempo con-
firmando o desmintiendo todo eso. Ese proceso es necesario,
tan tedioso y frustrante como debe de serlo nuestra insistencia para los ardientes defensores de Trump. Imaginemos un
mundo en el que el presidente de Estados Unidos puede decir
lo que se le antoje sin que nadie verifique si es cierto. Estoy
aquí para decirles que otras sociedades ya han probado esa manera de gobierno, generalmente en forma de dictaduras donde
se aniquilan los derechos de la prensa libre y donde los ciudadanos deben aceptar lo que les dicen, sin más. Puede resultar
pintoresco, pero, cuando se trata del gobierno federal, si los
contribuyentes tienen que pagar la cuenta, se merecen saber
que están sacando provecho a su dinero. Con esa mentalidad,
los que trabajamos en los medios informativos no tenemos
otra alternativa que hacer las preguntas difíciles cuando cubrimos la Casa Blanca, sobre todo cuando el presidente muestra
una desconsideración absoluta hacia el papel esencial de una
prensa libre y fuerte.

Dados sus años de experiencia en Washington, Spicer debería haber sabido todo esto. Pero, si lo entendía, desde luego
no daba muestras de ello. En las sesiones informativas, demostraba un sesgo más que evidente hacia los medios conservadores. En vez de recurrir primero a Associated Press o a cualquier
otra agencia de noticias, como habían hecho a lo largo de los
años muchos de sus predecesores, él recurría a Fox News para
abrir las sesiones, antes de recorrer la estancia con la mirada e

ir seleccionando a miembros de los medios conservadores y a periodistas que representaban a cadenas de informativos más tradicionales. Un alto funcionario de la administración me dijo que el gabinete de Prensa seguía una estrategia para dar la palabra a los reporteros en la Sala de Prensa. "Manténganse en el centro", era el mantra. Si nos fijamos en la distribución de asientos de la Sala de Prensa, observaremos que casi todos los representantes de medios conservadores están sentados en el centro, mientras que otros reporteros más agresivos, de la CNN y de la NBC, están sentados a los lados. Spicer tenía muchas cadenas simpatizantes del Partido Republicano a las que poder dar la palabra. Con todo lo que se habla de "medios liberales", imaginen la cantidad de cadenas informativas conservadoras que enviaban con regularidad a sus reporteros a las sesiones: Fox News, Fox Business, el Daily Caller, Breitbart, One America News Network, Newsmax y Christian Broadcasting Network son solo algunos ejemplos.

Trump también mostraba una preferencia clara por dar la palabra a cadenas de informativos conservadoras, por ejemplo, en sus ruedas de prensa conjuntas con líderes extranjeros en la Casa Blanca. Aquello influía tremendamente en la información que salía de aquellos actos. Por lo general, en esas ruedas de prensa conjuntas se conceden dos preguntas a reporteros de Estados Unidos y otras dos preguntas a miembros de los corresponsales de prensa que acompañen al líder visitante en cuestión (las llamamos "2+2"). Si Trump podía contar con recibir preguntas fáciles, concretamente las que se abstuvieran de mencionar la investigación de Rusia, podría entonces controlar el mensaje.

Yo creo que, hoy en día, Spicer se da cuenta de que había cometido algunos errores y, para ser sincero, también tuvo mala

suerte. Se había visto obligado a defender tantas de las falsedades de Trump —bueno, llamemos a las cosas por su nombre:
mentiras— que, cuando se hallaba en la Sala de Prensa, siempre estaba a la defensiva. En cada sesión informativa, alguna
de las preguntas que surgían siempre tenía que ver con una de
las ridículas declaraciones del presidente.

Pensemos en la declaración de Trump poco después de ganar las elecciones, cuando aseguró que millones de personas
indocumentadas habían votado ilegalmente. Esa fue su excusa
para justificar haber perdido el voto popular frente a Hillary
Clinton, una herida abierta para él, que no soporta el hecho de
haber terminado la campaña electoral con tres millones menos
de votos que la candidata del Partido Demócrata. Trump repitió aquello una vez más durante una reunión con legisladores
en la Casa Blanca, el lunes posterior a jurar el cargo. Seguía
teniéndolo en la cabeza. Al día siguiente, el 24 de enero, en
la sesión informativa de la Casa Blanca, para defender el supuesto fraude electoral del que hablaba Trump, Spicer sacó a
relucir un estudio que no existía.

—El Centro de Investigaciones de Pew publicó en 2008 un
estudio que mostraba que el catorce por ciento de las personas que votaron no eran ciudadanos estadounidenses. Al presidente le han presentado otros estudios semejantes y defiende
esa postura —nos dijo Spicer.

Pero el estudio de Pew de 2008 trataba sobre los registros
de inscripción desactualizados, no sobre un fraude electoral
relacionado con los indocumentados. Aparentemente, Sean
estaba mezclando aquel estudio de Pew con otro estudio que
pretendía hallar pruebas de un fraude electoral; un estudio que
ya había sido ampliamente desacreditado.

Aun así, Trump no permitiría que los hechos se interpusieran en su camino. Pasó a crear una comisión de fraude electoral, la Comisión Presidencial de Integridad Electoral, la cual, como se pueden imaginar, no encontró ninguna prueba de fraude electoral, desde luego no hasta el extremo de otorgar tres millones de votos adicionales a Hillary Clinton. Trump y Spicer estaban fabricando sus propios "datos alternativos", como solían hacer, dentro de la Casa Blanca.

Un alto funcionario de la Casa Blanca trató de justificar la tendencia de Trump a difundir información falsa achacándola a la amplia red de amigos que mantenían contacto con el presidente, ya fuera por teléfono o en visitas ocasionales al Despacho Oval.

—Casi toda la desinformación que recibe el presidente viene de fuera de este edificio —dijo el funcionario—. Tiene un gran círculo de amigos. Tiene gente que siempre trata de impresionarlo, siempre intenta mantener el contacto con él —continuó.

Pero el funcionario dijo que esa no era la única fuente de información que alejaba a Trump de la verdad.

—Creo que lee cosas y dice: "¿Saben esto? ¿Saben esto otro?".

Por supuesto, Spicer tuvo otros momentos importantes. En una sesión informativa para la prensa el 20 de marzo de 2017, intentó minimizar el papel del antiguo director de campaña de Trump, Paul Manafort, en la victoria electoral de Trump, debido a que la investigación rusa planteó preguntas relativas a los vínculos de Manafort con la corrupción en Ucrania y en Rusia.

—Obviamente se ha hablado de Paul Manafort, que desempeñó un papel muy limitado durante un periodo de tiempo muy limitado —dijo Spicer.

Eso era una tontería, y siguió siendo un tema de discusión ridículo para la Casa Blanca. Después, Trump repitió como un loro la mentira del papel "limitado" de Manafort durante la campaña. Pero, a decir verdad, Manafort fue contratado por Trump en marzo de 2016 básicamente para ayudarlo a cerrar el trato durante la inminente convención del Partido Republicano. Manafort, que había trabajado para otros republicanos destacados, debía enviar un mensaje a la clase dirigente de Washington para informar de que la candidatura de Trump no provocaría el descarrilamiento del partido. En mayo, dos meses después, Manafort fue ascendido a director de campaña, un cargo que ostentó hasta el mes de agosto, cuando dimitió. Como alto funcionario del Comité Nacional Republicano y personaje habitual entre la clase dirigente de Washington, Spicer sabía muy bien que Manafort había tenido un papel importante en la campaña. Pero no se mostraba claro al respecto.

Esto nos lleva a la infame acusación de Trump, cuando aseguró que Barack Obama le había interceptado el teléfono en la Torre Trump durante la campaña de 2016. Para mí, esa es una de las mentiras más definitorias de la era Trump. No aportó ninguna prueba de que aquello fuera cierto. Como de costumbre, se limitó a tuitearlo. Y, como suele suceder, a Washington le entró el pánico y las noticias se sucedieron. Hay que recordar que, por aquel entonces, no estábamos acostumbrados aún a ver al presidente lanzar a las masas teorías conspiratorias.

Por desgracia —y esta es la razón por la que esta mentira en particular resulta tan importante—, los miembros del equipo de Trump en la Casa Blanca se apresuraron a redoblar la mentira, de un modo cómico, pero al mismo tiempo temible.

Durante días, las cadenas de informativos se vieron inundadas por debates sobre los comentarios sin probar del presidente al asegurar que su predecesor lo había espiado. La oficina de Obama emitió un breve comunicado en el que negaba las acusaciones, pero la noticia ya había quedado insertada en el ciclo informativo de la era Trump, lo que significa que aparecía por todas partes en las redes sociales, por no decir que dominaba gran parte de la cobertura informativa tanto en los principales informativos como en los conservadores.

Primero, Spicer intentó silenciar la historia, emitiendo un comunicado donde insistía en que la Casa Blanca no haría más comentarios sobre los tuits. "Ni la Casa Blanca ni el presidente harán más comentarios al respecto", dijo Spicer.

Pero incluso al gabinete de Prensa del propio Spicer le faltaba disciplina en sus mensajes. Su entonces ayudante, Sarah Huckabee Sanders, en un intento por legitimar la historia, se inventó la ridiculez de que la noticia sobre las intercepciones telefónicas ya había salido publicada en la prensa. Tal vez aquella fuese la primera de muchas de las mentiras de Sarah.

—Todo el mundo actúa como si el presidente Trump se hubiese inventado eso y lo hubiese compartido con todos —dijo en *This Week with George Stephanopoulos*, de la ABC—. Hay muchas cadenas de informativos que ya han informado sobre ello —añadió, una declaración que PolitiFact calificó de "Falsa".

Entonces, para aumentar lo absurdo del episodio, llegó Kellyanne Conway, quien contó a un periódico de Nueva Jersey que tal vez Trump hubiese sido víctima de otra clase de intercepciones. Quizá no le interceptaran el teléfono, como había asegurado el presidente en un inicio.

—Lo que puedo decir es que hay muchas maneras de vigilarnos —contó Conway al *Record* del condado de Bergen.

Después sugirió que podrían haber grabado en secreto a Trump utilizando electrodomésticos como un horno "micro-ondas". No sé ustedes, yo tengo un botón para descongelar en el microondas, pero ninguno para "Vigilar". Estoy bastante seguro de que no se puede "espiar" a una papa asada. Pero estoy divagando.

Todas esas acusaciones dudosas por parte de Spicer y de la mayoría del equipo de comunicación de la Casa Blanca demostraban por qué seguían sucediendo los enfrentamientos durante las sesiones informativas a la prensa. Nosotros no obteníamos respuestas, y aquel foro era nuestra única oportunidad diaria para intentar conseguir alguna. No podíamos aceptar sin más la aseveración de Trump de que Obama lo había espiado. Lo siento, pero no nacimos ayer.

Por suerte para todos, el equipo de Trump dio marcha atrás, más o menos. El 16 de marzo, doce días después del tuit original e infundado del presidente, Spicer trató de aclarar en cierto modo la declaración errónea del mandatario. Durante una sesión informativa, al hablar de las acusaciones de escuchas telefónicas, Spicer alteró notablemente la explicación que hasta entonces había dado la Casa Blanca. De pronto, nos dijeron que no debíamos interpretar literalmente lo de la intercepción telefónica. El presidente había empleado la expresión entrecomillada, según nos explicó Sean, como si eso hiciera que la mentira pareciese cierta. Normalmente se ponen cosas entre comillas para que parezcan más ciertas, no para hablar de ellas de un modo más general. Sean dijo que, en realidad, Trump se refería a la vigilancia. Aunque hay que aclarar que, hoy en día, no existe ninguna prueba de que Obama ordenara vigilar a Trump en su lugar de residencia y de trabajo, como alegaba el nuevo presidente. Eso mismo han dicho los republicanos y los demócratas de los Comités de Inteligencia de la Cámara de Representantes y del Senado.

Hubo muchas interrupciones mientras dábamos vueltas al tema, casi dos semanas después de que Trump publicara los tuits sobre las intercepciones. Pero esto es lo que sucedió durante la sesión informativa:

ACOSTA: Los líderes de los Comités de Inteligencia de la Cámara de Representantes y del Senado, de ambos partidos, aseguran que no ven ninguna prueba de que se hayan producido intercepciones telefónicas. ¿Cómo puede el presidente asegurar que...?

SPICER: Porque no es... porque ustedes están describiendo erróneamente lo que dijo el director Nunes. Dijo, y cito textualmente: "Creo que es posible. Está haciendo un seguimiento". Eso era una sugerencia y en cambio ustedes declaran inequívocamente que saben...

ACOSTA: Literalmente, usted dijo que si...

SPICER: Cierto, y creo que ya hemos aclarado ese punto. Y fue eso exactamente lo que dijo. Pero el presidente ya ha dicho con claridad que, cuando habló de intercepciones telefónicas se refería a vigilancia.

ACOSTA: Claro, pero, Sean, parece que ahora lo que dicen ustedes es: "Bueno, ya no nos referimos a pinchazos telefónicos porque eso ya no es cierto. Así que ahora vamos a ampliarlo a otras formas de vigilancia". ¿Qué será lo próximo?

SPICER: No, no, Jim. Eso está muy bien, pero, en resumidas cuentas, llevamos tres o cuatro días hablando de esto. El presidente escribió el término entre comillas; se refería a la

vigilancia en general. Y ahora están ustedes volviendo atrás.
Ya hablamos de esto hace varios días.

Ahí lo tienen. Cuando el presidente puso "interferencia telefónica" entre comillas, se refería a vigilancia. Afortunada-
mente, habían izado la bandera blanca. Trump, que conste,
también dio marcha atrás con su acusación original. En una
entrevista para Fox News, trató de poner fin al asunto argumentando que "interferencia telefónica" podía significar muchas cosas. No fue más que una admisión de que el presidente
se estaba inventando cosas.

—No olviden que cuando digo "interferencia telefónica",
esas palabras estaban entrecomilladas —dijo en Fox—. La
interferencia telefónica es algo bastante anticuado. Pero en
realidad eso incluye vigilancia y muchas otras cosas. Y nadie
comenta nunca el hecho de que estuviera entrecomillado, pero
es algo muy importante —añadió, sugiriendo que, si haces comillas con los dedos cuando mientes al hablar, básicamente
puedes decir todo lo que se te antoje. Lo siento, pero no es así
como funciona.

Cuando mis enfrentamientos con Spicer se hicieron virales, quedó claro que nuestras polémicas interacciones dañaban
cualquier oportunidad real de mantener algún tipo de relación
profesional, en cámara o fuera de ella. Cuando Spicer te ponía
en su lista negra, nunca te recuperabas del todo. Supongo que,
en mi caso, eso se remontaba al día en que me atreví a desafiar
a Trump en la rueda de prensa durante el periodo de transición
y Spicer amenazó con echarme. Aun así, he de reconocerle a
Sean que hubo veces en las que sí realizó su trabajo como secretario de Prensa. De vez en cuando me llamaba por teléfono,

me ofrecía información e intentaba aclarar cosas, como debería haber hecho. Pero luego, al día siguiente, cambiaba de parecer y se ponía furioso, lo que hacía que nos preguntáramos si era capaz o no de gestionar un puesto de tanta presión.

Parte del problema de Sean era que estaba intentando realizar dos trabajos al mismo tiempo. Spicer había entrado en la administración como secretario de Prensa y como director de Comunicaciones. Aceptó ambos cargos (error que jamás debería haber cometido) después de que el antiguo portavoz de campaña de Trump, Jason Miller, retirase por sorpresa su nombre como candidato a ocupar el puesto de director de Comunicaciones de la Casa Blanca, durante el periodo de transición presidencial. Miller rechazó ese cargo tan codiciado después de saberse que había concebido a un hijo fuera del matrimonio. Jason y yo tuvimos nuestros choques durante la campaña —criticó mis intervenciones en directo para la CNN—, pero no es mi intención destrozarlo aquí. Cometió un error en su vida personal y abandonó el mundo de Trump para estar con su familia.

Pero la súbita ausencia de Jason colocó a Spicer en una situación en la que no podría ganar. Cualquier veterano de la Casa Blanca habría advertido a Sean de que estaba aceptando dos responsabilidades enormes. Ser el secretario de Prensa de la Casa Blanca requiere una preparación inmensa. Has de tener dominio político sobre un amplio abanico de temas, desde el terrorismo y Corea del Norte hasta la reforma sanitaria o asuntos presupuestarios. Sean, como sabemos ahora, no estaba preparado para esa clase de trabajo. Como director de Comunicaciones del Comité Nacional Republicano, principalmente había gestionado temas de estrategia política y recaudación de fondos, no las complejidades del pacto nuclear con Irán. Parecer poco versado en esa clase de asuntos puede mover mercados, en la dirección equivocada.

Si a eso se suma la descomunal tarea de ejercer como director de Comunicaciones de una Casa Blanca que acababa de empezar su andadura, tenemos los ingredientes para un desastre de relaciones públicas. Un buen director de Comunicaciones siempre está pensando en el mensaje del presidente, en cómo venderlo y en cómo se informa sobre el mismo. El director de Comunicaciones no suele hablar desde el atril. Organiza eventos informativos con otros miembros del gabinete o con el propio presidente. Bajo el mandato de Trump, esa labor es aún más difícil si se tiene en cuenta el hecho de que el cuadragésimo quinto presidente no tiene ninguna disciplina, por decirlo amablemente, y prefiere transmitir sus propios mensajes, sin importar lo poco fiable que pueda ser la información en algunas ocasiones. En resumen, de ninguna manera Sean podría haber llevado a cabo ambos trabajos —no puedes prepararte adecuadamente para la sesión informativa diaria si estás planificando los eventos para transmitir mensajes, y viceversa—, y ese monstruo de dos cabezas acabó llevándolo a su final.

Sobre mediados de febrero, recibí la confidencia de que Michael Dubke, un agente poco conocido del Partido Republicano adscrito en Virginia del Norte estaba a punto de ser nombrado nuevo director de Comunicaciones de la Casa Blanca. Tras confirmar la noticia con un funcionario de la administración, dimos la noticia a última hora de la noche. ¿Un indicio de que estábamos en lo cierto? Sean no intentó silenciarla. Pero no se equivoquen, le enfadó que se hubiera filtrado la información y, viéndolo con perspectiva, entiendo que probablemente se filtró para fastidiar a Sean.

A la mañana siguiente, poco antes de las ocho, empezó a sonarme el teléfono y vi el nombre de Sean Spicer en la pantalla. Respondí. Spicer parecía enloquecido, por decirlo amablemente. Imaginen venas hinchadas en el cuello. Era esa clase de llamada. Estaba gritando a través del teléfono, se mostraba en desacuerdo con parte de la noticia. Sin perder la calma, traté de explicarle la información que había dado, pero no había manera de tranquilizarlo.

Spicer estaba enfadado porque alguien desde dentro del mundo de Trump había filtrado la noticia. Imaginen lo mal que quedó. El hombre de la Casa Blanca encargado de dar a conocer las noticias no había sido capaz de gestionar la noticia sobre su propio puesto.

Ahí estaba yo, junto a mi hijo pequeño, que había entrado en la habitación, escuchando a Sean gritar con todas sus fuerzas:

—¡Eres una jodida rata!

Cuando colgué el teléfono, miré a mi hijo.

—¿Quién era? —me preguntó con cara de asombro.

—Hijo —respondí—, era la Casa Blanca.

NO TODAS LAS INTERACCIONES POLÉMICAS CON SPICER TUvieron lugar en privado. No hay que olvidar cómo trató a algunos de mis compañeros en la Sala de Prensa. Su manera de tratar a April Ryan, quizá la reportera afroamericana más visible de la Casa Blanca, fue horrorosa. Durante una sesión informativa, el 28 de marzo, la reprendió simplemente porque sacudió la cabeza, lo cual solo sirvió para hacerlo quedar como un machista y un miserable. April, reportera conspicua como es, había hecho una pregunta bastante benévola aquel día, al querer saber si a Spicer le preocupaba la imagen de la Casa Blanca. Sean intentó esquivar la pregunta, lo que hizo que April sacudiera la cabeza con incredulidad. Como reporteros, con frecuencia lanzamos miradas de incredulidad al secretario de Prensa, sobre todo cuando dicho secretario de Prensa se llama Sean Spicer. Si no soportas que los reporteros te sacudan la cabeza, no deberías estar en ese atril. Así de simple.

Cuando salíamos de la Sala de Prensa, recuerdo que April, que es amiga mía, me preguntó:

—¿Te lo puedes creer?

—Increíble —respondí, diálogo que April y yo mantuvimos en demasiadas ocasiones cuando regresábamos a nuestro lugar de trabajo, situado en el sótano de la Casa Blanca.

Algo que April y yo teníamos en común era que teníamos a Sean en nuestra contra. Para April, me convertí en su "hermano de una madre distinta"; April era mi "hermana de un padre distinto". Teníamos algo más en común: ambos empezábamos a recibir amenazas de muerte, a unos niveles que no habíamos experimentado antes. April admitiría más tarde que tenía al FBI en el "marcado rápido" del teléfono.

Ryan, como muchos otros veteranos de los corresponsales de prensa, había cubierto la Casa Blanca desde hacía décadas. Se merece más respeto. La actitud que mostraba Spicer hacia ella resumía la actitud de la Casa Blanca hacia los reporteros en general. Desde luego, no era la manera en que solía tratarnos, pero, cuando te ves arrastrado a la órbita de Trump, la prensa se convierte en el "partido de la oposición" y, por desgracia, el "enemigo".

A veces pensaba que Spicer y yo llegaríamos a un entendimiento, pero entonces, casi como algo mecánico, él frustraba esas esperanzas. Un día, me encontraba sentado en una cabina en la zona de prensa del Ala Oeste cuando un ayudante de la Casa Blanca se me acercó para pedirme que acudiera al despacho de Sean. Ningún problema. ¿Spicer me habría convocado a su despacho para gritarme? ¿Para hacer las paces? Tal vez por fin pudiéramos zanjar nuestras diferencias. Dejé lo que estaba haciendo y me dirigí hacia su despacho.

Resultó que Sean me había llamado para quejarse de un *chyron* (un "zócalo", el texto que resume las noticias del día en la parte inferior de la pantalla) que estaba al aire en ese preciso momento durante un segmento de *Out Front*, con Erin Burnett. No recuerdo lo que decía el zócalo. Fuera lo que fuera, no recuerdo que se tratara de algo tan malo. Esas cosas siempre se pueden suavizar, supongo. Pero Spicer estaba enfadado.

Al entrar en su despacho, estaba gritando obscenidades por teléfono. Al otro lado de la línea se encontraba Sam Feist, el director de la agencia de la CNN en Washington.

—Espera —dijo Spicer, dejó de gritar a Feist, se volvió hacia mí y me increpó—. ¿Qué carajos les pasa? —Me exigió que mirase el zócalo que aparecía en la televisión de su despacho.

Aquello era clásico de Spicer. Estaba tan enfadado por el zócalo que estaba emitiendo la CNN que, en un ciclo perverso de la vida, nos gritaba al mismo tiempo a mi jefe a través del teléfono y a mí en persona. Por ridícula que fuera la escena, después de todo el drama que habíamos vivido juntos Sean y yo, traté de ayudar. Escribí un correo electrónico al programa sobre el zócalo para ver si podían modificarlo, pero ya era demasiado tarde. El segmento había terminado. Para entonces, Spicer ya había acabado con su bronca, así que me marché.

Hubo momentos de calma relativa entre Spicer y yo. Me

alegra decir que nos llevamos bien en el día de la Carrera de Rodado del Huevo de Pascua de 2017. Ya conocen el evento. Miles de niños y sus familias se reúnen en el Jardín Sur para formar parte de una de las tradiciones más antiguas de la Casa Blanca. Allí está el Conejo de Pascua. Hay mesas donde los niños pueden pintar huevos de Pascua. La Primera Dama se sienta y les lee cuentos. Y, como quizá hayan visto, niñas y niños con sus mejores galas de domingo se reúnen para hacer rodar un huevo de pascua con una cuchara de madera por la hierba del jardín. Me acerqué a Spicer para ver si quería hacer una entrevista. Debía de estar de buen humor aquel día, porque accedió. En los días previos a la Carrera de Rodado del Huevo de Pascua, Spicer había sido objeto de burla por su pasado como Conejo de Pascua de la Casa Blanca. Habían fotos suyas con un disfraz de conejo circulando por internet, con algunos comentarios bastante groseros y burlones.

Aquel fue uno de esos momentos en los que realmente sentí pena por Sean. Sí, podía ser una persona difícil e incluso desagradable. En ocasiones parecía que se lo tenía merecido. Pero ¿burlarse de un hombre por disfrazarse del Conejo de Pascua? A mí me parecía mal, la clase de acoso que había empezado a inundar nuestro discurso público, sobre todo cuando figuras como Sean están contra las cuerdas. Si está mal acosar a la gente en las redes sociales, ¿no está mal también ridiculizar al secretario de Prensa, incluso aunque se trate de Sean?

Cuando lo entrevisté aquel día, no saqué el tema del Conejo de Pascua. En mi opinión, eso habría sido miserable. No le pregunté por Corea del Norte y traté de cubrir otras áreas de la política. Pero, al final de la entrevista, decidí preguntarle por Melissa McCarthy, la cómica que había ayudado a convertir a

Spicer en un personaje famoso. Sí, su imitación de Sean en *SNL* era brutal, pero Spicer no había sido la primera figura política de la que se burlaban en *Saturday Night Live*. Así que pensé que sus opiniones sobre la versión de "Spicy" de McCarthy podrían resultar iluminadoras. ¿Le quitaría importancia? ¿Arremetería contra McCarthy? ¿Se enfadaría conmigo por hacer esa pregunta? Tal vez su respuesta nos indicara un poco cómo venía llevándolo todo.

En su lugar, me dio una respuesta bastante sosa sobre el tema.

—Por lo general ya estoy profundamente dormido cuando ponen eso —dijo con una sonrisa, pero secamente—. Me meto en la cama, me levanto, voy a la iglesia al día siguiente y miro hacia delante —añadió.

—De mí también se ríen —le dije, tratando de prolongar la conversación.

—Bueno, quizá te lo merezcas más —respondió con una sonrisa.

Sean no podía haber sido más aburrido sobre el tema. Y tal vez fuese eso lo que deseara. Si se hubiese animado con el tema, habría generado noticias. Aquella fue quizá la última conversación verdaderamente civilizada que he mantenido con Sean.

Sin embargo, no fue la última vez que sentí pena por él. En mayo de 2017, tras el despido de James Comey, Trump ya estaba listo para largarse de Washington. Como estaba previsto, todos nos embarcamos en el primer viaje del presidente al extranjero y visitamos Arabia Saudí, Israel, Italia y Bélgica. En Arabia Saudí, Trump visitó unas instalaciones saudíes que supuestamente eran un centro para combatir el terrorismo sin tener idea de que casi todos los secuestradores del 11 de Septiembre procedían de Arabia Saudí.

El presidente terminó la visita colocando las manos en una especie de esfera brillante. Como buen artista, disfrutó del momento. Pero las imágenes enviadas al resto del mundo dejaron a los espectadores con la boca abierta. Era poco menos que un éxito para Riad que el presidente de Estados Unidos recurriera a los saudíes para que le ofrecieran su experiencia en la lucha contra el terrorismo, eso en un país que había sido la fuente de tanto extremismo violento alrededor del mundo. La administración pareció eludir ante las cámaras cualquier responsabilidad. Los altos funcionarios, incluidos Jared Kushner e Ivanka Trump, hablaban con los reporteros, pero de forma anónima, para que sus nombres no se asociaran a las citas que alimentaban a los medios de comunicación. El secretario de Estado Rex Tillerson celebró una rueda de prensa, pero solo para cadenas extranjeras.

Aun así, el momento más absurdo de aquel primer tramo del viaje se produjo sin duda cuando Trump y su secretario de Comercio, Wilbur Ross, se sumaron a los saudíes en un baile de espadas ceremonial. Recuerdo estar en el centro de archivos de prensa viendo los vídeos de Trump, Ross y los saudíes bailando el chachachá con espadas sacadas de *Lawrence de Arabia*. Los demás reporteros y yo nos echamos a reír. Tal vez estuviéramos delirando por el desfase horario, pero todos nos acercamos a los monitores para sacar una foto a las imágenes transmitidas por el equipo de la Casa Blanca. Aunque, viéndolo con perspectiva, me doy cuenta de que la escena no era graciosa en realidad. Era otro ejemplo de cómo, en el escenario mundial, Trump prefería como compañeros de baile a autócratas y dictadores. Como averiguaríamos más adelante durante la presidencia, con el asesinato del periodista saudí Jamal Khashoggi y sus repercusiones, la estrecha relación de Estados Unidos con el reino de Riad tiene consecuencias en el mundo real. Pasado el tiempo, desearía que no nos hubiésemos reído del baile de espadas. Sí, fue mucho antes de la violenta muerte de Khashoggi, pero me entran náuseas de solo pensarlo.

Además de los importantes asuntos de política exterior que estábamos cubriendo en aquel viaje, estábamos pendientes de otro tema: el destino del secretario de Prensa. Estábamos de guardia con Spicy. Hacía mucho que había preguntas que planeaban sobre la cabeza de Sean, muchas de ellas instigadas por sus enemigos dentro del mundo de Trump —tenía muchos— que querían que fuera despedido. ¿Trump iba a despedirlo? Si el presidente despedía a Spicer, ¿Priebus caería también? Siempre se había dado por hecho que Priebus y Spicer eran un paquete. "Los del Comité Nacional Republicano", así es como los describían los veteranos de la campaña de Trump, tanto dentro como fuera de la Casa Blanca. A sus ojos, Spicer nunca sería un "original" de la campaña. Después de hablar mal de Trump en privado a cualquiera que quisiera escucharlo durante las primarias, Sean había aguantado hasta el final del ciclo electoral y había logrado uno de los trabajos mejor considerados dentro de toda la política estadounidense. Aquello generó una montaña de hostilidad dentro del mundo de Trump y le hizo muchos enemigos. Aunque, en general, lo despreciaban porque los había superado y arrebatado el trabajo.

Por su parte, Priebus es demasiado buen tipo para formar parte de cualquier noticia sobre Trump. Él y yo solíamos charlar con frecuencia en las diversas cenas de prensa que se celebraban en Washington. Aun así, tenía sus detractores. En muchos aspectos, su naturaleza cercana y afable lo convertía en un mal candidato para ser el jefe de Gabinete de Trump. Reince mantuvo una política de puertas abiertas durante su ejercicio. Casi cualquier socio o amigo de Trump podía llamar al presidente desde el teléfono personal de Reince o concertar una visita al Despacho Oval. Eso fue, en parte, la perdición de Reince.

Priebus parecía compensar su debilidad dentro de la Casa Blanca recurriendo a ese mismo servilismo que Trump buscaba en sus ayudantes. Un buen ejemplo fue la infame reunión del gabinete en junio de 2017, cuando el vicepresidente Pence, el gabinete de Trump y otros asistentes fueron pasando por la mesa para elogiar al presidente.

—Le damos las gracias por la oportunidad y por la bendición de serle de utilidad en sus propósitos —le dijo Priebus con entusiasmo.

Más tarde me diría:

—No quise decir que él fuese una bendición. Quise decir que la bendición era el trabajo.

Pero nadie pudo superar a Pence:

—El mayor privilegio de mi vida es servir como vicepresidente de un presidente que cumple su palabra con el pueblo estadounidense. —Estábamos todos esperando a que describiese a Trump como su "querido líder", como algo propio de Corea del Norte. Aquello no era The Apprentice. Era La dimensión desconocida.

Quizá el que más desautorizaba a Priebus fuese el antiguo jefe de campaña de Trump, Corey Lewandowski, que había sido despedido por el candidato después de más de un año en el puesto. Se pasaba el tiempo dando vueltas por la Casa Blanca durante el primer año de mandato, insistiendo constantemente a Trump y utilizando su posición para promocionar su trabajo como "consultor". Lewandowski no estaba solo. Jason Miller y Bryan Lanza, antiguos portavoces de la campaña, eran también visitantes frecuentes entre los aliados de Trump a los que se veía deambular por la Casa Blanca. La presencia casi constante de Corey en el Ala Oeste alimentó el rumor de que estaba a punto de sustituir a Priebus. Un consejero externo de Trump me dijo que Corey nunca quiso realmente trabajar en la Casa Blanca, pero que la gente de la "campaña" disfrutó filtrando a la prensa las visitas de Lewandowski principalmente porque dichas visitas molestaban a los del "Comité Nacional Republicano" de dentro de la Casa Blanca, como Reince y Sean. Llegado este punto, Lewandowski se paseaba en ocasiones por delante de las cámaras en el Jardín Norte para llamar el máximo de atención, garantizando así que Politico o Axios publicaran otra "historia de Corey", como las llamaba yo. Era "carnada para los medios... un objeto brillante y reluciente", comentó el consejero sobre las historias de Lewandowski-Priebus. "Algo que nos divierte hacer". Así era como el mundo de Trump jugaba sus partidas, haciendo la vida imposible a quienes no caían bien dentro de la Casa Blanca filtrando historias de intrigas palaciegas a la prensa.

"¡Han salido los cuchillos!", era lo que decían las fuentes del mundo de Trump para referirse al futuro de Spicer. Siempre se decía que Sean estaba caminando por la cuerda floja. "El jefe no está contento [con Sean]", me decía con regularidad ese mismo consejero de Trump. La CNN no informaba con mucha frecuencia sobre esa clase de cosas porque, pasado un tiempo, nos dimos cuenta de que solo pretendían fastidiar a Reince y a Sean.

Aun así, hubo momentos en los que quedó muy claro que la insatisfacción de Trump con Spicer estaba aumentando. Sobraban las pruebas del rápido descenso de Sean durante aquel primer viaje al extranjero. Cuando llegamos a Roma, saltó la noticia de que Trump iba a contratar a un abogado externo para que lo representara en la investigación de Rusia. Aun así, por muy importante que fuera en su momento la investigación rusa, el acontecimiento que llamó la atención de casi todos los reporteros en aquel viaje se produjo al día siguiente.

Trump debía reunirse nada menos que con su santidad el papa Francisco. Había mucho que analizar sobre la visita. El Papa no había ocultado el hecho de que no era un gran admirador de Trump. Sus declaraciones desde el Vaticano, por no hablar de su visita a Obama en 2015, cuando en la Casa Blanca habló de la amenaza que suponía el cambio climático, dejaban bastante claro que, por lo general, era un pontífice progresista. Pero esa no es la trama que surgió a raíz de la visita de Trump al Vaticano.

El presidente llevaba consigo un pequeño séquito para el breve encuentro con el Santo Padre. Para sorpresa de todos los corresponsales de prensa y casi todo Washington, Spicer se quedó fuera del séquito. Dos funcionarios de la Casa Blanca me habían asegurado que aquello no tenía nada que ver con Sean; y otros reporteros hablaban con los mismos funcionarios y oían lo mismo. Pero no nos lo creímos ni por un segundo. Spicer era un irlandés católico devoto. De hecho, sentía tanto orgullo irlandés que llevaba pantalones de tréboles el Día de

San Patricio. ¡Lo digo en serio! La decisión de dejarlo al margen de la reunión con el Papa sirvió para enviar un mensaje muy claro y contundente. Como me contaron otras fuentes que aconsejan a Trump de manera habitual, el presidente estaba listo para que Spicer se marchara, pero no quería despedirlo. Mis fuentes me dijeron que Trump deseaba que Spicer decidiera irse por sí mismo.

—Fue como una bofetada en la cara —me dijo un alto funcionario de la Casa Blanca en referencia a aquel desaire.

Cuando se conoció la ausencia de Spicer en el séquito de Trump, empezaron a llegar mensajes y llamadas de las fuentes, sobre todo de aquellas a quienes no les caía bien Sean. Una enemiga de Spicer en particular llamó bastante disgustada y me confesó que hasta ella había sentido pena por él en ese momento. Allí estaba Spicer, en la cima de su carrera política como secretario de Prensa de la Casa Blanca, humillado en la escena mundial. Probablemente fuese el católico más visible del equipo de Trump y aun así le negaban un encuentro con el Papa. ¿Cuándo volvería a tener la oportunidad de ver al líder de su Iglesia como parte del equipo presidencial? Lo más probable es que nunca.

—El presidente no fue quien lo hizo. Fueron otras personas. —Un alto funcionario de la Casa Blanca aseguraba que Trump no estaba detrás de aquel desaire—. Fue algo mezquino —dijo el funcionario—. Esas personas ya no trabajan en la administración.

Esto resume la bajeza del mundo de Trump. Con frecuencia el presidente no convocaba a su empleado a una sala de juntas, como hacía en su programa de telerrealidad, y le gritaba: "Estás despedido". En su lugar, su gente o él mismo jugaban con la mente de Sean y, en este caso, con su fe. Fue otro recordatorio de que Trump exige lealtad a sus súbditos, pero a cambio no ofrece casi ninguna.

Recuerdo estar hablando por teléfono con Sean más adelante durante aquel viaje. Hablaba como si se hubiese tomado unas copas. Sonaba triste. ¿Por qué no iba a estarlo? Había sido prácticamente excomulgado del mundo de Trump, y en el Vaticano nada menos.

———————

POR MUY MAL QUE ME SINTIERA POR SPICER EN AQUEL MOmento, no podía ablandarme. Seguía siendo secretario de Prensa y estaba empezando a ponerse cada vez más duro con la CNN. Cuando la primavera dio paso al verano, empezaba a hacer de las suyas en las sesiones informativas diarias de la Casa Blanca. Acabando con años de tradición, se dedicaba a excluir a determinadas cadenas o agencias de noticias simplemente negándose a dar la palabra a ciertos reporteros, incluyéndome a mí. La CNN percibía aquello mucho más que cualquier otra cadena. Durante varias semanas seguidas entre abril y junio, Spicer se dedicó a cortarnos el acceso. Por supuesto, aquello era una represalia por nuestro enfoque a la hora de cubrir las noticias de la administración.

Teníamos dos maneras de responder a esa situación. Podíamos asimilar aquella tontería, como habíamos hecho con los demás acosos, o podíamos contraatacar. Yo creía que teníamos que contraatacar. Trump nos había llamado "el enemigo del pueblo" y "noticias falsas". Como solía decirles a sus fieles durante los mítines de campaña, ¿qué diablos teníamos que perder? Así que decidí empezar a interrumpir a Spicer durante sus sesiones informativas. Si no iba a dar la palabra a la CNN, pensé que la CNN iba a quitársela a él.

Un buen ejemplo se dio durante aquel tumultuoso mes de mayo de 2017, después del despido de Comey, cuando Trump sugirió que tenía al antiguo director del FBI en una encrucijada, porque podrían existir grabaciones de sus encuentros, cintas que demostrarían que el presidente tenía razón en todo, o eso imaginaba. Aquella sugerencia, que después resultó ser otra de las mentiras de Trump, aparecía por lo general en forma de tuit y, usualmente, estaba diseñada para alterar el ciclo informativo. Todo aquello obligó de nuevo a Sean a explicar las mentiras de Trump delante de los reporteros.

Tres días después del tuit de Trump, en la sesión informativa del 15 de mayo, Spicer esquivó reiteradamente las preguntas sobre la supuesta existencia de dichas grabaciones.

—El presidente ha dejado clara cuál es su postura —dijo Spicer a los periodistas—. Yo dejé claro la semana pasada que el presidente no diría nada más —añadió.

Spicer se negó a darme la palabra durante aquella sesión. De modo que, cuando abandonaba la estancia, le grité mi pregunta.

—¿Dónde están las grabaciones? —le pregunté. No respondió, pero las cámaras seguían grabando y la sesión seguía apareciendo en directo en la CNN. Los espectadores lo habían oído.

Para asegurarme de que Sean captara el mensaje de que no me gustaba que bloqueara a la CNN en las sesiones informativas, di rienda suelta a mis frustraciones en Twitter. Pensé, si ellos pueden hacerlo, ¿por qué nosotros no? Durante algunas semanas, siempre que publicaba un tuit sobre Comey, lo termi-

naba con la etiqueta #dóndeestánlasgrabaciones. Supongo que
hay quien llamaría a esto #fanfarronear, pero las redes sociales
eran ahora parte del terreno donde los reporteros cubrían la
presidencia. Y yo consideraba que #dóndeestánlasgrabaciones
era una manera pegadiza de mantener viva la noticia de que
Trump había mentido descaradamente al público sobre la existencia de las grabaciones de Comey, y la Casa Blanca no tenía
ninguna posibilidad de hacer desaparecer la noticia.

Cabe destacar que Trump y su equipo aguantaron durante
casi un mes antes de dar marcha atrás y admitir que nunca
había existido ninguna cinta de Comey. Pero, hasta entonces,
nuestros enfrentamientos continuarían. Durante una rueda de
prensa, el 9 de junio de 2017, el gabinete de Prensa de la Casa
Blanca cargó contra nosotros por nuestra cobertura informativa colocando nuestro asiento en la parte trasera del Jardín
de las Rosas, en vez de colocarnos en primera fila junto con el
resto de las cadenas de televisión. Era un gesto diseñado para
castigarnos. Así no podríamos hacer ninguna pregunta. Para
dejar constancia de mi desacuerdo ante tal mezquindad, decidí
publicar un tuit.

@Acosta
La CNN ha sido colocada lejos de las demás cadenas de
TV, a la altura de Siberia (sin doble sentido) en la rueda de
prensa de hoy.
3:26 PM-Jun 9, 2017

Aquello continuó durante varios días más. Spicer se mantuvo firme y siguió ignorándonos durante las sesiones informativas. De modo que intensifiqué mis comentarios. Pensaba

que el secretario de prensa no debería salir impune después de ignorar a una cadena de informativos durante un periodo prolongado de tiempo. Seguí respondiendo a la agresividad de Spicer con alguna de mi propia cosecha.

@Acosta
Como suele hacer, @PressSec ha evitado hoy las preguntas de la CNN. #valor
1:20 PM—Jun 12, 2017

Hay que admitir que este enfoque beligerante creó todavía más tensión en la Sala de Prensa. Algunos periodistas estaban empezando a adoptar la misma táctica de gritar las preguntas y recurrir a Twitter para atacar al secretario de Prensa. Por supuesto, soy muy consciente de que los compañeros de otras cadenas ponían los ojos en blanco, molestos por algunas de estas tácticas.

Había muchos reporteros ahí que pensaban que teníamos que seguir jugando con las reglas antiguas, a pesar de que aquella administración se tomara muchas molestias en destrozar dichas reglas. El mundo de Trump había demostrado una y otra vez que, a la hora de tratar con los corresponsales de prensa, no respetaría las normas ni los límites, implícitos o no. Y, como reporteros, nos enfrentábamos a una hostilidad sin precedentes. Algunos periodistas argumentaban que la mejor manera de avanzar era centrarse en la noticia y quedarnos en nuestro sitio. Para mí, todo se reducía a una pregunta a la que se enfrentaban todos los periodistas que cubrían la Casa Blanca de Trump: ¿Qué harías tú?

Lo que generalmente se olvidaba entre todo aquel caos y

en el escrutinio de mis informaciones era que los periodistas como yo —gente que había seguido la campaña y que ahora cubría la Casa Blanca— habían estado expuestos a los peores elementos del ascenso de Trump al poder. Los reporteros de la campaña habían cubierto mítines en los que miles de personas gritaban: "la CNN es una mierda" y "Al carajo con los medios", además de insultarnos. Otros corresponsales de prensa de la Casa Blanca no se habían visto expuestos a eso. Ellos se habían quedado en D.C. De manera que cada uno llegaba a la nueva administración con una experiencia muy diferente.

Quizá no haya nada que represente mejor estas diferencias que la respuesta de la Asociación de Corresponsales de la Casa Blanca (WHCA por su sigla en inglés). La WHCA apenas había registrado quejas con el equipo de Trump por su comportamiento hasta las elecciones. Supongo que parte de la reticencia a criticar al entonces candidato republicano se debía a que Trump adoptaría su clásica actitud. Demonizaría a la prensa porque eso daba energía a sus seguidores. A decir verdad, sigo sin entender por qué no se produjeron más quejas por parte de la WHCA o de otras organizaciones de prensa sobre la manera en que Trump trataba a los medios de comunicación. Como reportero en los mítines, me daba la impresión de que atacaba a todos.

Esta atmósfera de tensión durante la campaña determinó en gran medida mi estrategia una vez que Trump ocupó el cargo. Como resultado, llegué a la conclusión de que los acosos no cesarían a no ser que nos defendiéramos. Un presidente diferente exigía unas normas diferentes por parte de los reporteros. Una antigua miembro de la junta directiva de la WHCA me dijo una vez que "No podemos morder siempre el anzuelo", y yo les dije a ella y al resto de mis compañeros que tampoco podíamos dejarnos atacar sin hacer nada al respecto. Esto no significa que tuviera muchos desencuentros con mis compañeros en la junta de la WHCA. La verdad es que no los tenía. De hecho, el antiguo presidente de la WHCA y reportero de Reuters Jeff Mason, quien ofreció un apasionado discurso durante la Cena de la Asociación de Corresponsales de la Casa Blanca en 2017, un evento al que Trump no asistió para despreciar a la prensa, reconvirtió el acto sabiamente en una noche para celebrar la Primera Enmienda.

En cuanto a Spicer, se mostraba sin duda cada vez más impaciente con las rebeldías ocasionales que se producían en la Sala de Prensa. Cansado de la pelea, acumulaba momentos bochornosos, todo ello mientras Trump (con frecuencia, según nos decían) lo observaba todo desde lejos.

Entonces Spicer se intensificó. En junio de 2017, en medio de la controversia sobre las cintas de Comey, decidió suspender la cobertura televisiva durante las sesiones informativas. En su lugar, las ruedas de prensa solo tendrían audio y no podrían emitirse en directo. Hay que tener en cuenta que la Sala de Prensa estaba acondicionada para la televisión, con cámaras, micrófonos y equipo de iluminación por todas partes. Pero Spicer exigió al personal encargado del equipo que no pulsara el botón de encendido. Por desgracia —y esto refleja la mentalidad de rebaño de las organizaciones de noticias—, las cadenas y agencias de noticias tomaron la decisión de acatar la restricción informativa de Sean, pues creían que era importante seguir teniendo acceso al secretario de Prensa para que les diera información, pese a que Spicer no pudiera considerarse una fuente fiable de información. En otra concesión a las tácticas del equipo de Trump, todos obedecimos aquellas restricciones.

Personalmente, la decisión me pareció un error. Dada la actitud tóxica de Trump hacia la prensa, cabía la posibilidad de que aquello se volviera algo permanente y que las sesiones informativas diarias de la Casa Blanca, algo en lo que confiaban cada día agencias de noticias de todo el mundo, quedaran enturbiadas para siempre. Informé de ello en directo en su momento. Pueden acusarme de querer lucirme, pero, como ya he dicho antes, me pueden llamar lo que quieran. Aquello era importante. Se trataba de defender nuestra capacidad para cubrir la Casa Blanca. No hay lugar más importante al que tener acceso.

Spicer ya había probado tácticas destinadas a castigar a reporteros en concreto. En febrero de 2017, en vez de celebrar una sesión informativa ante las cámaras, optó por una reunión breve y menos formal con un grupo de reporteros invitados. Para dejar claro su mensaje, excluyó a Politico, al *New York Times*, al *Los Angeles Times* y a la CNN. Entre los invitados se encontraban un buen puñado de medios de comunicación amigos de Trump, como Breitbart, el *Washington Times* y One America News Network. Mi compañera de la CNN Sara Murray, que se suponía debía representar a nuestra cadena durante el encuentro, en su lugar entró en directo para informar de que la Casa Blanca había vuelto a tomar represalias contra la prensa.

—Cuando nos disponíamos a entrar, un empleado de la Casa Blanca me ha cortado el paso y ha dicho que no estábamos en la lista de invitados para la reunión de hoy —informó Murray a la CNN. Spicer no sufrió ningún efecto colateral después de aquel intento descarado de intimidar a nuestra cadena. Se trataba de enviar un mensaje: si nos metíamos con la Casa Blanca, podían dejarnos fuera. Afrontémoslo, era una cuestión de divide y vencerás. Sean y la gente de la Casa Blanca sabían cómo trabajan los periodistas. Por lo general, los reporteros no van a rechazar una sesión informativa solo porque otros reporteros no hayan sido invitados. En Washington no funciona así. Para algunos reporteros, el acceso es más importante que la solidaridad. En la jungla mediática del mundo de Trump, aquellos reporteros que se ponen del lado de la Casa Blanca y no del lado de sus compañeros de la prensa suelen verse recompensados con exclusivas. Es triste, pero cierto.

Volviendo a la draconiana decisión de Spicer de prohibir las cámaras, no se trató de una represalia enfocada en una cadena en particular. Era una restricción general a todos los corresponsales de prensa de la Casa Blanca. Resultó que fue una jugada absurda por parte de Spicer y compañía. Para empezar, la tecnología no está del lado del acceso restringido, ya que todos los reporteros poseen teléfonos móviles que pueden transmitir las sesiones informativas en directo. Pero dejemos eso a un lado: lo fundamental aquí es el principio del asunto.

Sean no era el primer secretario de Prensa que se frustraba con sus interacciones televisadas con los reporteros. Las sesiones informativas, en su mayor parte, llevaban abiertas a las cámaras desde la administración Clinton, y los secretarios de Prensa, de vez en cuando, habían cuestionado si merecía la pena tanta molestia. De hecho, uno de los antiguos secretarios de Prensa de Clinton, Mike McCurry, llegó a argumentar que esos eventos se habían rebajado a un ejercicio de altanería para los corresponsales de las cadenas mucho antes de que a mí me dieran mi pase de prensa para la Casa Blanca. Uno de los sucesores de McCurry, Ari Fleischer, secretario de Prensa de George W. Bush, llegó a la misma conclusión. ¿Tenían razón McCurry y Fleischer? Cierto, teníamos a dos secretarios de Prensa de ambos partidos que decían que las sesiones informativas estaban fuera de control. Creo que parte de su frustración se debía al TEPS, trastorno de estrés postsesión. Si uno se pasara años respondiendo preguntas de un puñado de reporteros, probablemente también acabaría odiando todo esto. Al final, en parte, se reduce a la estrategia de cada secretario de Prensa, y la estrategia de Spicer era seguir intensificando su postura.

De manera que, el 19 de junio, en una de esas sesiones informativas sin cámaras, decidí de nuevo dejar constancia de mi frustración en redes sociales. Ya nos habían dicho que no teníamos permitido encender nuestras cámaras y sacar en televisión la amable cara de Sean. Pero, que yo supiera, no había ninguna norma que dijera que no podíamos sacar fotografías dentro de la sala. Así que, para registrar el absurdo de lo que estaba a punto de acontecer, orienté mi móvil hacia el suelo de la Sala de Prensa y saqué una fotografía. Cuando la sesión sin cámaras estaba a punto de empezar, tuiteé lo siguiente:

@Acosta
La reunión de Spicer sin cámaras ni audio ha comenzado. No puedo mostrar una foto de Sean. Así que miren estos nuevos calcetines que me compré este fin de semana.

Admito que fue un poco irreverente. Y, a decir verdad, el tuit de los calcetines no gustó a todo el mundo dentro de la CNN. Pero una lección que aprendí de Trump es que las publicaciones en redes sociales —en particular, los tuits mordaces— llaman la atención de la gente. El tuit de los calcetines se hizo viral. (En fin, eran unos calcetines adorables). Cuando terminó la sesión informativa, me dirigí hacia el lugar donde realizábamos las tomas en directo, en el Jardín Norte de la Casa Blanca, y di a Sean su merecido.

—El secretario de Prensa de la Casa Blanca ha llegado a un punto en el que resulta un poco inútil —le dije a Brooke Baldwin para la CNN—. Parece que, poco a poco, nos vamos dejando arrastrar hacia la que es la nueva normalidad de este país, donde al presidente de Estados Unidos se le permite evitar responder preguntas difíciles.

Lo admito. Llamar "inútil" a Sean probablemente fue demasiado duro. Pero hay que tener en cuenta que la decisión de eliminar las cámaras de la sesión informativa solo era una parte de la locura a la que nos enfrentamos aquel día. Spicer levantó un muro en otro sentido, negándose a responder a algunas preguntas críticas durante la sesión, evitando responder si Trump creía que la actividad humana contribuía al cambio climático. Sean se limitaba a decir a los reporteros que no lo sabía porque no había hablado con el presidente. Era una respuesta ridícula. ¿Cómo era posible que el secretario de Prensa no supiera responder a esa pregunta? Sean estaba bloqueándonos, por supuesto; no respondió. Trump negaba (y niega) el cambio climático; en repetidas ocasiones había dicho que el cambio climático era un "engaño". El problema para Spicer era que admitir la verdad de la opinión de Trump sobre el tema del cambio climático sería demasiado vergonzoso.

Así que sí, si las sesiones informativas iban a ser fuera de cámaras y sin sustancia, entonces Sean, como secretario de Prensa, era básicamente "inútil". Eso no significaba que no debíamos cubrir las sesiones. De hecho, cubrir las sesiones informativas, sobre todo si iban a desarrollarse de ese modo, ayudaría a exponer las cosas tan absurdas que hacían los funcionarios del gobierno con nuestros impuestos.

No lo olviden. Los del gabinete de Prensa son funcionarios que se pagan con el dinero de los contribuyentes. Su trabajo es ayudar a informar al público, no a desinformar.

Debería mencionar que la CNN apoyó mi postura en la Sala de Prensa. Nuestro jefe de agencia en Washington, Sam Feist, entendió la locura de aquel espectáculo sin cámaras. El 23 de junio, durante otra reunión fuera de cámaras, Sam envió a un dibujante para que hiciera dibujos de Spicer respondiendo a las preguntas desde el atril. Si Sean no nos permitía encender las cámaras, pensamos que teníamos que mostrar algo a los telespectadores. ¿Por qué no un dibujo, como en los juzgados durante un juicio mediático? Sam entregó después una copia del dibujo a Sean, a quien pareció hacerle gracia. Fue una de las muchas ofrendas de paz de la CNN a la Casa Blanca que, como podrán imaginarse, derivó en más acoso por parte de la administración. Oh, sí, nosotros intentamos bajar un poco la temperatura.

El 26 de junio, decidí volver a caldear el ambiente cuando Spicer programó otra sesión informativa sin cámaras. De nuevo, se negaba a dar la palabra a la CNN. De modo que lo interrumpí.

—No hay ninguna cámara encendida, Jim —dijo Spicer.

—Quizá deberíamos encender las cámaras, Sean. ¿Por qué no las encendemos? ¿Por qué no? Están en la sala, las luces están encendidas —respondí.

Cuando terminó la sesión informativa, volví a desahogar mis frustraciones con Brooke Baldwin en la CNN. ¿Quién demonios quiere oír mis frustraciones? Buena pregunta. Pero a mí me parecía algo importante explicar con claridad la situación al público en tiempo real.

—Creo que tenemos que darnos cuenta de lo que está sucediendo aquí —dije en directo—. Aquello a lo que estamos acostumbrados en esta ciudad, en lo relativo a la cobertura de la Casa Blanca, a la cobertura del gobierno de Estados Unidos, todo eso nos lo están arrebatando delante de nuestros propios ojos.

Tres días más tarde, la ayudante de Spicer, Sarah Huckabee Sanders, celebró la primera sesión informativa con cámaras en dos semanas. Lo que se rumoreaba por el mundo de Trump era que el presidente deseaba dar a Sarah la oportunidad de encargarse de las sesiones. Pero su llegada al lugar solo sirvió para avivar el melodrama de Spicy: ¿cuándo dejaría por fin Sean la administración?

De un modo u otro, Spicer parecía tomarse como algo personal la respuesta del público a sus políticas. Un buen ejemplo fue un artículo del *Washington Post* escrito por Paul Farhi en el que se preguntaba si yo había cruzado una línea como reportero con todos mis esfuerzos por responsabilizar a la Casa Blanca de sus actos. En el artículo, Spicer aprovechó la oportunidad para descargar su rabia sobre mí.

—Si Jim Acosta informara sobre Jim Acosta del modo en que informa sobre nosotros, él diría que no ha sido muy sincero —dijo Spicer al *Post*—. Creo que ha ido mucho más allá del papel de reportero y se ha metido en el papel de abogado. Es el ejemplo de [un reportero metido en] una industria competitiva, obsesionada con YouTube y con los clics —añadió—. Se ha dado cuenta de que, si creas un espectáculo en directo, te darán más tiempo al aire y más clics... Si yo fuera un reportero veterano y popular, le aconsejaría que dejara de hacer eso. Está haciendo daño a la profesión.

Farhi me pidió una respuesta a la diatriba de Spicer. Le ofrecí mi reacción:

—Dejaré que mi manera de informar hable por sí sola del mismo modo que la labor de Sean como secretario de Prensa habla por él. —Fahri, tal vez con la esperanza de que yo contraatacara, decidió no incluir esa cita en su artículo.

Otra conclusión del artículo del *Post* fue que Sean mintió sobre mi manera de informar. En un momento dado durante mis conversaciones con Farhi, este me preguntó por qué no había visitado jamás el despacho de Spicer. Sean mintió al decir que nunca había estado allí. De hecho, yo había publicado una foto en Instagram —oh, el valor de las redes sociales— donde aparecía frente al despacho de Sean con otra docena de reporteros. ¿Y la noche que me gritó por el zócalo que aparecía en pantalla en la CNN? Ahí estaba dentro de su despacho.

Sean también le aseguró a Farhi que me había saltado sesiones informativas que incluían al secretario de Asuntos de Veteranos. Eso también era mentira. La CNN proporcionó al *Post* fotos mías sentado en la Sala de Prensa escuchando al secretario de Asuntos de Veteranos mientras respondía a las preguntas de los reporteros. Por suerte, Farhi no incluyó las acusaciones de Sean en su artículo, pero eran una muestra de hasta qué punto sería capaz de llegar la Casa Blanca para desacreditar mi trabajo. Si estaban dispuestos a mentir a un periodista que trabajaba para uno de los periódicos más importantes del mundo, ¿qué otras cosas se atreverían hacer? Pronto lo averiguaríamos.

Pero luego ya dejó de importar. Corría el rumor de que

Spicer estaba a punto de marcharse. Además, empezaban a salir noticias de que Trump estaba buscando un nuevo director de Comunicaciones para sustituir a Mike Dubke, que ya había dimitido. El 21 de julio de 2017, el caos explotó en el Ala Oeste. Trump seleccionó a un nuevo director de Comunicaciones de sus días de campaña, un desbocado gestor de fondos de cobertura llamado Anthony Scaramucci, que había sido uno de los defensores del candidato republicano durante el ciclo electoral de 2016. Spicer se había opuesto a la contratación de Scaramucci, igual que Reince Priebus. Tanto Priebus como Spicer veían a Scaramucci, quien se había alineado con los detractores del Comité Nacional Republicano durante la campaña, como una amenaza para la influencia que ellos tenían en el Ala Oeste. Y lo era. Mis fuentes me dijeron que habían hecho todo lo posible por mantenerlo alejado de la Casa Blanca.

Pero la presa se rompió: Scaramucci fue contratado, Spicer dimitió a modo de protesta y Sarah Sanders se convirtió en secretaria de Prensa. Priebus se marchó a la semana siguiente y fue sustituido por John Kelly, general jubilado y secretario de Seguridad Nacional. Kelly despidió entonces a Scaramucci tras solo diez días —Scamarucci difiere en esto y asegura que fueron once días—, llevado en parte por un dañino artículo de *The New Yorker* escrito por Ryan Lizza, quien informaba sobre una conversación cargada de blasfemias que había mantenido con el hombre conocido como "el Buitre".

En parte me alegro de haber estado de vacaciones cuando Spicer dejó de ser secretario de Prensa. Después de todas nuestras peleas, no quería que pareciese que estaba echando más leña al fuego. La CNN me pidió que diera mi opinión. A mi modo de ver, Spicer había dañado tanto su credibilidad en su primera aparición en la Sala de Prensa, después del día de la investidura, que jamás podría recuperarse. ¿Por qué íbamos a creernos sus comentarios sobre Siria, el cambio climático o el fraude electoral cuando había mentido con tanto descaro el 21 de enero al decir que el presidente había contado con la mayor asistencia de público a su investidura en toda la historia de Estados Unidos? Después de eso, todos sabíamos que hablaba, o en algunos casos confundía, en nombre del presidente y, al final, como muchos otros ayudantes del presidente, fue útil hasta que dejó de serlo. Y debo decir que, hasta el día de hoy, eso lo convirtió en un personaje que me inspira compasión.

Existe otra teoría aún más benévola sobre los actos de Sean. En Washington hay quien cree que Spicer, junto con el antiguo jefe de Gabinete de la Casa Blanca Reince Priebus, se sintió obligado a trabajar con Trump para normalizarlo y, tal vez, incluso para convertirlo en alguien más convencional. Esto forma parte del argumento de que "intentaban salvar a Estados Unidos" que se oye de vez en cuando en Washington, sobre funcionarios de la clase dirigente que van a trabajar para Trump. Durante un breve periodo de tiempo, Spicer y Priebus ofrecieron a Trump parte de ese lustre de la élite.

Aun así, no conviene olvidar que Sean tomó una decisión. Aunque cada vez que salía al atril de la Sala de Prensa pareciese que estuviese grabando un vídeo como rehén —leyendo un guion, consciente de que el jefe lo estaba observando—, cada día tomaba la decisión de estar allí. Aun así, a pesar de que recibía con frecuencia notas misteriosas de los ayudantes de prensa durante las sesiones informativas, instándolo a terminar cuanto antes, no estaba prisionero. No estaba encadenado a su mesa en las oficinas del secretario de Prensa, uno de los rincones más codiciados de la capital de la nación. Sí, Sean pudo elegir, y eligió apoyar a Trump mientras este dividía el país de formas que jamás habíamos visto antes.

Si Spicer pensaba que la tarea de defender a Trump se había vuelto imposible para él, debería haberse hecho un favor a sí mismo y a todos los estadounidenses y haber dimitido mucho antes. Imaginen la cantidad de cosas buenas que podría haber hecho por el país de haber tomado un camino diferente, como dimitir a modo de protesta y advertirnos de lo que estaba sucediendo a puerta cerrada en el Ala Oeste.

Quizá el legado definitivo de Sean Spicer, el que dejaría la huella más duradera e indeleble sobre la administración, sobre los corresponsales de prensa y sobre el público, fue que se convirtió en la primera cara de la administración más allá de Trump. Estableció las pautas desde el principio sobre lo que significaba ser portavoz de la administración Trump. Había contado la primera gran mentira de la administración sobre la investidura. El bloqueo informativo, la tergiversación de los hechos, la demonización de la prensa; todas esas tácticas tan peligrosas habían encontrado oxígeno en el comportamiento de Spicer ante las cámaras y detrás de ellas. Dentro de unos años tal vez sea recordado más como el remate de un chiste que otra cosa. Sin embargo, al negarse a corregir las mentiras y al aliarse con el hombre del Despacho Oval por encima de un bien superior, acabó por encarnar los rasgos de personalidad que veíamos una y otra vez en los miembros de esta Casa Blanca.

Ahora, lo más preocupante de todo fue que la actitud de Spicer en el cargo demostró que los corresponsales de prensa debíamos estar siempre alerta. Ponían a prueba constantemente nuestra voluntad de contraatacar, de desafiar la destrucción de las normas establecidas. Si bien la restricción de las cámaras en las sesiones informativas y el bloqueo de ciertas cadenas podía resultar algo mezquino, no eran más que pequeñas batallas en un conflicto mucho mayor. Se cocían historias que exigirían respuestas a preguntas difíciles, y no estaba nada claro si el pueblo estadounidense obtendría esas respuestas.

Puede que el paso del tiempo suavice mis emociones al respecto, pero no es justo dejar que Sean se vaya como si no hubiese hecho nada, ¿verdad? En lo referente a la hoguera de despropósitos de Trump, Sean siempre estaba allí cerca para encender la cerilla, para echar otro leño al fuego y verter más gasolina por encima. En nuestras peleas en la Sala de Prensa, aprendí una lección muy sencilla que debería enseñarse en las escuelas y facultades a los futuros periodistas y funcionarios públicos: como portavoz del presidente de Estados Unidos, tienes que servir al pueblo de Estados Unidos, no al presidente. Sean perdió de vista esa responsabilidad crucial. Fue negligente en su labor. Junto con el resto de los aliados de Trump, calificó a la prensa de traidora simplemente por denunciar la brutal deshonestidad de la administración. Pero, en la guerra de Trump contra "el enemigo del pueblo", la partida de Sean no marcó el final de la hostilidad hacia los hechos. La sustituta de Spicer se mostró más que dispuesta a entrar en la batalla. Para Sarah Huckabee Sanders, había llegado el momento de la mentira.

6

El Ala derecha

Uno pensaría que, tras el reinado de Sean Spicer —que presentó al pueblo estadounidense declaraciones vergonzosas (público que asistió a la investidura) y una gestión poco profesional de temas serios ("Centros del Holocausto")—, Trump estaría preparado para contratar a alguien profesional para el puesto de secretario de Prensa. Pero al final no conseguimos algo propio del éxito de *El Ala Oeste de la Casa Blanca*, de la NBC. Trump había decidido ascender a la ayudante de Spicer, Sarah Huckabee Sanders, que había impresionado a los altos empleados de la Casa Blanca, concretamente al propio presidente. En líneas generales, Sanders continuó haciendo lo mismo que Spicer. No hubo luna de miel con la prensa.

Sanders, quien nos dijeron que prefería que la llamaran "Sarah Sanders", continuó con la tradición de la administración Trump de entrar en la Sala de Prensa y, con frecuencia, engañar a la prensa. Ha sido descubierta en múltiples ocasiones diciendo mentiras, explicando después que solo estaba intentando "dar la mejor información que tengo". Ella también tomó represalias contra la CNN al negarse a darnos la palabra durante las sesiones informativas. En vez de intentar reparar las relaciones dañadas con la prensa, parecía disfrutar con ellas. También siguió con la costumbre del Ala Oeste de mostrar preferencia por las cadenas de noticias conservadoras. En vez de celebrar sesiones informativas con los reporteros, Sarah recurría con regularidad a Fox News para hacer entrevistas menos polémicas. Cuando regresaba del puesto de emisión en directo de Fox News en el Jardín Norte, se mostraba lo suficientemente amable para responder a algunas de las preguntas del resto de los corresponsales de prensa de la Casa Blanca, que se reunían para alimentarse de las migajas que ella les lanzaba de camino a su despacho.

Curiosamente, en otro tiempo Sarah también había sido una de esas veteranas de la campaña que solía llevarse bien con la prensa. Todos habíamos salido a tomar algo con ella. Se tomaba su *bourbon* con Coca-Cola como cualquiera de nosotros. Sarah era muy conocida entre los reporteros desde la época en la que trabajaba para su padre, el antiguo gobernador de Arkansas Mike Huckabee quien, sin ser favorito, armó su propia candidatura presidencial, pero perdió en 2008 ante John McCain. Huckabee llegó a coquetear con una candidatura presidencial en 2012, pero se contuvo para seguir ganando dinero en Fox News. Tal vez llevara en la sangre la preferencia por Fox News, que, a todos los efectos, se había convertido en la cadena estatal de referencia para la Casa Blanca.

Otro veterano de la campaña presidencial de Huckabee, el agente republicano de Carolina del Sur Hogan Gidley, pasó a trabajar después en el Ala Oeste como ayudante de Sarah. Hogan también era alguien con quien uno se podía tomar una copa.

Nos llevábamos bastante bien cuando trabajó para la campaña de Rick Santorum en 2012. La gente de Santorum, incluido al propio candidato, dio las gracias a la CNN por dedicar una cobertura mucho más extensa que la que recibían en el resto de las cadenas, que habían enviado a sus mejores corresponsales a cubrir a Mitt Romney. Yo había aconsejado este enfoque a puerta cerrada y mis jefes estuvieron de acuerdo. Podría pensarse que aquello habría hecho florecer la buena voluntad en Sarah y en Hogan de cara al futuro. Por desgracia, eso no ocurrió.

Aun así, cuando Sarah se sumó al equipo como ayudante de Spicer, era la funcionaria de prensa que, con frecuencia, mostraba la voz de la razón más sensata fuera de cámaras. Spicer nos gritaba y Sarah nos contaba después para suavizar la situación que Sean estaba sometido a mucha presión. También sabía ser franca en entornos menos formales. De camino a Arabia Saudí durante aquel primer viaje al extranjero, contó a un puñado de reporteros que estaba dolida por la imitación que había hecho de ella una cómica con sobrepeso de *Saturday Night Live*. El primer *sketch* que hicieron en *SNL* sobre ella la describía como la hija de una "hamburguesa sureña".

—Ni siquiera sé lo que significa eso —se quejó Sarah antes de tomarse un par de copas más y dormir durante el resto del viaje. Recuerdo que en su momento me sentí mal por ella.

Sin embargo, públicamente enviaba a Trump las señales correctas de que era capaz de confundir a la prensa. He aquí un buen ejemplo: el 11 de julio de 2017, poco antes de que Spicer dimitiera, la publicación de algunos de los correos de Donald Trump, hijo, reveló que, en junio de 2016, junto con su cuñado Jared Kushner y el director de campaña de Trump, Paul Manafort, se habían reunido en la Torre Trump con Natalia Veselnitskaya, abogada rusa con vínculos con el Kremlin que ofrecía información negativa sobre Hillary Clinton. Pero Trump y su equipo habían contado una mentira sobre aquella reunión y habían dicho al *New York Times* que la reunión trató sobre las adopciones rusas, no sobre la campaña de Clinton. Como después descubriríamos, Trump había dictado aquella declaración engañosa. Aquel fue otro episodio de la investigación rusa que planteó preguntas muy serias. ¿Se trataba de una cortina de humo orquestada para ocultar los contactos de la campaña con un adversario extranjero? La pregunta parecía natural. Si no hubiéramos luchado por obtener respuestas, le habríamos fallado al pueblo estadounidense.

Pero, en un inicio, no fue eso lo que contaron al público. Después de que los correos electrónicos se hicieran públicos, todos presionamos a la Casa Blanca para que nos diera respuestas. En agosto de 2017, Sarah insistió ante la prensa en que Trump no había dictado la declaración cuando, en realidad, sí lo había hecho. "Desde luego que no dictó [la declaración], pero... como he dicho, participó, ofreció sugerencia (sic) como haría cualquier padre", declaró falsamente.

Poco importa lo que concluyó más tarde el fiscal especial Robert Mueller en su informe, porque aquel fue un claro ejemplo de cómo la Casa Blanca engañaba al público, un patrón de comportamiento que solo sirvió para generar más interés por la trama rusa. Al equipo de Trump se le complicaron las cosas al ser descubierto con aquellas falsas declaraciones, ya fueran intencionadas o no.

Un ejemplo memorable para mí se produjo en diciembre de 2017, cuando Sarah me dijo que, si intentaba hacerle una pregunta al presidente durante una charla con la prensa, tal vez no se me permitiera acceder a otros actos similares. Hay que tener en cuenta que una charla con la prensa no es lo mismo que una sesión informativa o una rueda de prensa. Suelen ser asuntos bastante corrientes: cuando el presidente firma una orden ejecutiva, o cuando se reúne con un líder extranjero, al concluir sus comentarios, los miembros de la prensa tienen la oportunidad de hacer una pregunta. La idea detrás de estos actos, que llevan décadas sucediéndose durante las administraciones republicanas y demócratas, es que el presidente pueda transmitir su mensaje en ese momento en particular y la prensa tenga la oportunidad de hacer preguntas improvisadas sobre las noticias del día.

Sin embargo, como muchas otras cosas en la era de Trump, incluso aquellos actos en apariencia inocuos habían adquirido otro significado mayor. Gran parte de esto se debía al propio Trump, que con frecuencia generaba noticias negativas sobre sí mismo, de modo que pasábamos gran parte de la charla hablando de los mensajes que transmitía con sus tuits de primera hora de la mañana. Dichos tuits, que generalmente escribía y publicaba mientras veía *Fox and Friends*, solían ser incendiarios, ofensivos y, en muchas ocasiones, falsos. Aquel día en particular, Trump había insultado a la senadora demócrata de Nueva York Kirsten Gillibrand, una potencial rival para 2020.

Aquí está el tuit que escribió Trump el día en que Sarah me amenazó, el 12 de diciembre de 2017:

@realDonaldTrump
La insubstancial senadora Kirsten Gillibrand, es la sirvienta de Chuck Schumer, y alguien que solía venir a mi despacho "rogando" contribuciones para la campaña

hasta hace no mucho (y que haría cualquier cosa para conseguirlas), ahora está en el cuadrilátero para hacerle la guerra a Trump. Muy desleal hacia Bill y la Corrupta-¡USADOS!.

8:03 AM-12 dic 2017

Nada más publicar el tuit, el ciclo informativo, como suele suceder, se volvió loco. Era evidente que, al decir que Gillibrand haría "cualquier cosa" por una contribución para la campaña, Trump estaba insinuando que la senadora de Nueva York se prostituía en cierto modo como política. Salvo los defensores más apasionados de Trump, cualquiera se dio cuenta de que el presidente estaba haciendo una acusación sexual repugnante.

Más tarde, aquel mismo día, Trump debía firmar un proyecto de ley de gastos de defensa. Y he aquí que a la CNN le tocó ser la representante de los medios televisivos para la Casa Blanca aquel día.

Yo no habría hecho un buen trabajo como miembro de los corresponsales de prensa de la Casa Blanca, ni habría sido un buen representante de la prensa, si no hubiera hecho una pregunta sobre aquel tuit ofensivo. Sanders supo exactamente lo que estaba a punto de hacer.

Se me acercó y me dijo:

—Hola, ¿podemos hablar?

—Claro —respondí.

Me explicó que Trump no estaba de humor para preguntas. Ya estaba enfadado porque yo había intentado hacer preguntas en una charla anterior.

Le respondí que era una pena, pero que ese era nuestro trabajo.

Sarah me advirtió entonces que, si intentaba hacer una pregunta, tal vez no se me permitiera acceder a otra comparecencia del presidente ante las cámaras. Obviamente se trataba de una amenaza.

Pocos segundos después, Trump entró en la sala. Yo mandé un correo electrónico al presidente de la CNN Jeff Zucker para contarle lo ocurrido. Su respuesta: no te dejes intimidar. (Por si alguien se lo pregunta, he de decir que Jeff nunca ha intentado controlar lo que hago como reportero. No puedo decir lo mismo de muchos ejecutivos de televisión. Aquel día, Jeff solo intentaba decirme que podía contar con su apoyo. Él sabe bien que enfrentarse a estos tipos no es fácil).

Así que hice la pregunta:

—Señor presidente, ¿a qué se refería cuando ha dicho que Kirsten Gillibrand haría cualquier cosa por una contribución para la campaña?

Trump no respondió, y no pasa nada; estaba en su derecho. Me di cuenta de que estaba furioso. Pero había que hacer la pregunta. Los defensores del presidente pueden atacar a la prensa por gritar preguntas o ser "groseros", como suele decir Trump. Pero él no puede pretender publicar un tuit incendiario o hacer una declaración indignante sin recibir una amplia cobertura de prensa al respecto. El tuit de Trump había seguido dominando el ciclo informativo y, en mi opinión, mi pregunta dejaba claro que aún quedaba algo de responsabilidad en Washington.

Si tuvieran que sacarle una tarjeta amarilla a alguien en aquella charla con el presidente, debería ser a Sarah, no a mí. Para empezar, no debería haberme amenazado. Pero, sobre todo, no es Sanders la que decide qué periodistas representan a la prensa en esas charlas. Eso corresponde a las cadenas de noticias que cubren los eventos. Me pareció que era evidente que estaba poniendo a prueba esos límites.

Al igual que Spicer, ella quería dejar claro que creía que su trabajo era proteger al presidente. Sin embargo, lo que nunca ha entendido es que el trabajo de un secretario de Prensa es más que eso. El puesto también incluye trabajar con los medios de comunicación. Sí, debe asegurarse de que el mensaje del presidente llegue al pueblo estadounidense, pero, en esencia, el puesto exige un respeto absoluto por la labor de la prensa libre. Los reporteros son un grupo de personas ruidosas y disfuncionales. Exigen mucho y desconfían del gobierno. Sí, nosotros respetamos la presidencia. ¡Por supuesto! Por eso creemos que merece tanto escrutinio. A fin de cuentas, los reporteros solo quieren escribir o transmitir una noticia que cuente al pueblo estadounidense lo que está sucediendo en la Casa Blanca, en Estados Unidos y en el resto del mundo. Básicamente eso es todo. Siempre y cuando un secretario de Prensa entienda eso, el trabajo debería ser mucho más fácil. Según mi experiencia, es un puesto bastante sincero. Los periodistas tienen preguntas. Respóndelas. Los reporteros tienen plazos de entrega. Ayúdalos a cumplirlos. No nos amenaces. Y, sobre todo, y dentro de lo humanamente posible, dinos la verdad.

Al igual que Spicer, Sanders nunca entendió realmente nada de esto, de modo que tal vez no sea de extrañar que mi relación con ella siguiera deteriorándose. Una vez me preguntó por correo electrónico si había estado "bebiendo otra vez durante el día". Le respondí: "No, ¿y tú?".

SANDERS SÍ QUE INTENTÓ RESTABLECER EL ORDEN HABITUAL de las cosas durante las sesiones informativas con cámaras, algo que había recuperado Scaramucci, el mayor logro durante su breve estancia en el puesto.

Otro de los cambios introducidos cuando Sarah sucedió a Sean fue que, de vez en cuando, invitaba a gente, a altos funcionarios de la administración, para charlar con los reporteros sobre determinadas iniciativas que se llevaban a cabo en la Casa Blanca. Aquello enseguida pasó a ser otra de las maneras en que la Casa Blanca intentaba controlar el mensaje durante las sesiones informativas. Aquellos "invitados sorpresa", como solíamos llamarlos, no se anunciaban y otorgaban a la Casa Blanca la capacidad de pasar más tiempo hablando de un tema específico y menos tiempo respondiendo a nuestras preguntas. Sí que es cierto que, durante la presidencia de Obama, también teníamos esa clase de sesiones informativas; y Sean también invitaba a gente. Pero Sarah, como ya se empezaba a ver, lo hacía con más frecuencia.

Los reporteros se reunían en la Sala de Prensa, anticipando que la secretaria de Prensa acudiera sola a responder a nuestras preguntas. Entonces, en su lugar, ¡sorpresa! De pronto salía un miembro del gabinete, o cualquier otro alto funcionario de la administración para tratar un tema en particular. A lo mejor era el secretario del Tesoro para hablar de las nuevas sanciones a Corea del Norte. En una ocasión, fue el director de la Agencia para la Protección Medioambiental, Scott Pruitt, quien acudió para hablar de la intención del presidente de liberalizar las mismas industrias que contaminaban el medio ambiente.

Pruitt, que más tarde dimitiría por una cuestión ética —vivía en el apartamento de un cabildero y una vez declaró su deseo de comprar un colchón del Hotel Trump en D.C.— y no por su postura medioambiental conservadora, se enfrentó a los reporteros (incluido quien escribe) por el cambio climático durante una sesión informativa en junio de 2017. Le pregunté si tenía la cabeza "metida en la arena" con ese tema.

—Miren, la gente ha dicho que soy un escéptico del clima, o que niego el clima. Ni siquiera sé lo que significa negar el clima. Yo diría que hay gente que exagera con el tema del clima —dijo a los reporteros el director de la Agencia para la Protección Medioambiental durante la sesión; y cuesta creerlo, viniendo de alguien que niega sin tapujos el cambio climático. Esa era la clase de lenguaje utilizado por los cabilderos de la industria energética, no por los secretarios de gabinete que trabajaban para un tipo que había prometido "vaciar el pantano". ¿La luz de gas contribuye al calentamiento global? Estoy divagando.

Pocas semanas después, el 28 de junio de 2017, tuvimos noticias del director de la guardia fronteriza, Thomas Homan, que tuvo que esforzarse por encontrar una respuesta cuando le pregunté si los inmigrantes indocumentados cometían más delitos que los estadounidenses nativos. Los estudios han demostrado que no. Homan trató de defender su argumento diciendo que los indocumentados cometen delitos al cruzar la frontera ilegalmente. Es un enfoque bastante engañoso.

—Pero ¿no le preocupa el miedo exacerbado hacia los inmigrantes indocumentados? —le pregunté—. Hace que parezca como si los inmigrantes indocumentados cometieran más delitos que las personas que son nativas estadounidenses... ¿Cómo interpreta los números en este caso? ¿Los indocumentados son más susceptibles o menos susceptibles de cometer delitos? —continué.

—¿Acaso he dicho que los extranjeros cometen más delitos que los ciudadanos estadounidenses? Eso no fue lo que dije —respondió. Homan, un remanente de la administración Obama, claramente había encontrado su lugar trabajando para Trump. Un alto funcionario de la administración me lo describió una vez como un "auténtico creyente" en lo relativo a las posturas conservadoras de los comités de expertos sobre antiinmigración de D.C.

Pero fue Sanders la que nos proporcionó al que quizá sea el más alarmante de todos los invitados de la administración que entraron en la Sala de Prensa. Sí, estoy hablando de Stephen Miller, el gurú en política interior del presidente y redactor de sus discursos, que había venido a hablarnos de su tema estrella: la inmigración. Sobra decir que, cada vez que hablaba del tema, me estremecía con sus palabras.

Miller entró en la Sala de Prensa el 2 de agosto para anunciar la nueva política de la administración de reducir la inmigración legal a la mitad. Eso es. No se trataba de una proposición para frenar la inmigración ilegal. Miller expuso que Trump deseaba reducir drásticamente el número de inmigrantes *legales* que entraban al país. Miller nos dijo que la administración iba a proponer un sistema de méritos o de puntos para dichos inmigrantes.

¿Hablas inglés con fluidez? Recibes más puntos que esos solicitantes que no lo hablan con fluidez. Se conceden más puntos si tienes un título superior o incluso si has ganado una medalla olímpica.

Mientras Stephen iba dando la palabra a los periodistas reunidos en la sala, se me ocurrió que Trump, como había hecho con muchos otros temas, estaba intentando algo más que modificar la política de inmigración estadounidense. Estaba intentando cambiar la naturaleza misma de Estados Unidos. Durante generaciones, Estados Unidos ha recibido a personas de toda clase social, de todo nivel educativo, de todas las razas, colores, credos y pasados religiosos. Eso es lo que convierte a Estados Unidos en... Estados Unidos.

Otros países han hecho eso que Stephen proponía. Está bien. Pero esos países no son Estados Unidos.

Cuando tuvo lugar esta sesión informativa, las políticas de inmigración de Trump no aparecían en las noticias todos los días, pero a mí nunca habían dejado de molestarme. Al igual que la propuesta de Trump de construir un muro en la frontera con México (que México había declarado que jamás pagaría), su plan de reforma de la inmigración legal parecía motivado solo por los prejuicios, particularmente contra los recién llegados a Estados Unidos que no eran blancos. Mientras escuchaba a Stephen responder a las preguntas, quise desafiarlo no por los puntos de su plan, sino por las motivaciones que se escondían detrás. Lo que pensé fue que la Ley RAISE (Reforma de la Inmigración Americana para un Empleo Sólido, por su sigla en inglés) de Trump era increíblemente antiamericana.

No pensaba enfrentarme a Miller de manera dramática, solo deseaba hacerle mi pregunta. A medida que la sesión avanzaba, me pregunté si se dignaría a darme la palabra, pero al final lo hizo, para la última pregunta. Stephen, que se considera una especie de erudito en política de inmigración de extrema derecha, se entregó a la discusión con el entusiasmo del capitán del equipo de debate de la escuela secundaria. De pronto, la Sala de Prensa se convirtió en una sala de debate. Yo saqué a colación lo que consideraba que era la prueba más importante en defensa de Estados Unidos como una nación que acoge a los inmigrantes: la Estatua de la Libertad.

ACOSTA: Lo que está usted proponiendo, lo que está proponiendo el presidente, no parece honrar la tradición estadounidense en lo referente a la inmigración. La Estatua de la Libertad dice: "Dame a tus agotados, a tus pobres, a tus masas hacinadas que anhelan respirar en libertad". No dice nada sobre hablar inglés o saber programar un ordenador. ¿No están intentando cambiar lo que significa ser un inmigrante que viene a este país si les dicen que tienen que saber hablar inglés? ¿No pueden aprender a hablar inglés cuando lleguen aquí?

MILLER: Bueno, antes que nada, ahora mismo hablar inglés es requisito para obtener la nacionalidad. De modo que la idea de que hablar inglés no forme parte de los requisitos del sistema de inmigración sería, en realidad, antihistórica. Para continuar, no quiero entrar aquí a discutir sobre la historia, pero la Estatua de la Libertad es un símbolo de libertad y de luz en el mundo. Es un símbolo de libertad americana que ilumina al mundo. El poema al que se está refiriendo, que se añadió después, no forma parte de la Estatua de la Libertad original. Pero, lo más importante, la historia...

Le dije a Stephen que creía que estaba entrando en una especie de "revisionismo histórico nacional".

Sí, cierto que hay momentos en los que, para un reportero,
lo mejor es no responder a las provocaciones. Quizá este fuese
uno de esos momentos, pero sentía que tenía que intentar desmontar la retórica de Miller, pues parecía empeñado en dar
una imagen negativa de los inmigrantes indocumentados y a
veces incluso de la inmigración en sí. Yo no pretendía debatir
la política delante de todos los corresponsales de prensa; solo
quería una respuesta a mi pregunta. En su lugar, Miller había
optado por el debate.

Durante los siguientes minutos, Stephen y yo estuvimos
hablando sobre lo que representaba la Estatua de la Libertad
en términos de números de inmigrantes legales, requisitos de
lenguaje y, más en líneas generales, lo que se escondía detrás
de la política de la administración Trump. Lo que quise trans-
mitirle a Stephen aquel día fue que, desde los días de campaña
hasta la llegada al Despacho Oval, la administración se había
mostrado repetidamente hostil hacia los inmigrantes. Después
de años de retórica racial sobre inmigrantes, las motivaciones
en torno a la política de inmigración siempre se considerarían
sospechosas.

Si nos fijamos en los criterios que exponía Stephen —y se
pueden consultar libremente—, parecía que hubiese intención
de premiar a los inmigrantes que entraban en Estados Unidos
procedentes de países más anglocéntricos. Como explicó Miller
en la Sala de Prensa aquel día, los inmigrantes procedentes de
partes del mundo en vías de desarrollo estarían en desventaja
en el nuevo sistema de inmigración legal de Trump/Miller. Los
irlandeses, italianos, alemanes y rusos que navegaron junto a

la Estatua de la Libertad hasta llegar a Ellis Island apenas hablaban inglés cuando arribaron a las costas estadounidenses. Entonces, ¿qué estamos diciendo cuando establecemos esos criterios después de que aquellos inmigrantes se integraran en Estados Unidos? Les diré lo que estamos diciendo, o al menos, les diré lo que dicen los Stephen Miller del mundo: están retirando la alfombra de bienvenida y diciéndole al resto del planeta que no es necesario que la gente de color se moleste en solicitar la entrada. En cierto modo, Stephen lo estaba diciendo en un inglés perfecto y sencillo.

Uno de los momentos más interesantes de nuestra conversación se produjo cuando Miller, tras ver cuestionados sus argumentos, lanzó lo que parecía ser una nueva línea de ataque. Según él, yo estaba revelando mi "sesgo cosmopolita". ¿Qué demonios es un "sesgo cosmopolita"?, se preguntarán. Sigue resultándome tan extraño ahora como entonces, pero no es un término desconocido. Resulta que el término "cosmopolita" fue utilizado por Joseph Stalin para purgar a los críticos antisoviéticos de la URSS. El antiguo presentador de la CNN Jeff Greenfield escribió un artículo a raíz de este agravio en *Politico*, donde desempolvaba la cita de Stalin: "El héroe soviético positivo queda ridiculizado y en situación de inferioridad frente a todo lo extranjero, y el cosmopolitismo contra el que luchamos desde los tiempos de Lenin, característico de las sobras políticas, se aplaude en muchas ocasiones".

¿"Enemigo del pueblo"? ¿"Sesgo cosmopolita"? ¿Alguien más reconoce un patrón aquí?

Los "cosmopolitas", según escribe Greenfield, eran académicos, escritores, científicos y, con frecuencia, judíos. Miller es de familia judía, así que no creo que apoye ideas antisemitas. Aun así, los supremacistas blancos, los nacionalistas y los neonazis que conforman la "derecha alternativa" han adoptado el término "cosmopolita" al referirse a la oposición. Think-Progress destapó pasajes del antiguo Gran Mago del Ku Klux Klan David Duke en los que arremetía contra las ideas "cosmopolitas" de que Israel fuese un "estado de solo judíos". El término fue utilizado también por las fuerzas antiinmigración en VDARE, un grupo nacionalista blanco que describe la lucha contra la inmigración como "una división ideológica entre las élites cosmopolitas que ven la inmigración como un bien común basado en los derechos universales y los votantes que la ven como un regalo concedido a ciertos extranjeros considerados dignos de unirse a la comunidad". Como se apreciaba en el libro de Volker Ullrich *Hitler: Ascent, 1889-1939*, "cosmopolita" era un término antisemita "utilizado contra los judíos por los nazis y los bolcheviques por igual" que eran "considerados no solo cosmopolitas, sino también personas sin raíces, y a finales de los años 40, el término se convirtió en una contraseña para los judíos que insistían en defender su identidad judía".

Ya antes de que Miller utilizara el insulto, aparecían múltiples referencias al término "sesgo cosmopolita" en la literatura de extrema derecha como ataque a quienes defienden el multiculturalismo, la tolerancia de las minorías y la diversidad. Quizá sea solo una coincidencia que Miller me lanzara ese epíteto durante la sesión informativa de la Casa Blanca, pero creo que no. Miller habla con fluidez el lenguaje de los fanáticos antiinmigración. Lleva años defendiendo sus ideas, sus propuestas y su visión del mundo.

Incluso sin que me acusara de tener un sesgo cosmopolita, la conversación sobre la Estatua de la Libertad me pareció especialmente inquietante. La dama Libertad es una imagen muy poderosa para todos los estadounidenses, una imagen de cómo nos vemos a nosotros mismos y de cómo, durante generaciones, nos ha visto el mundo. Mi padre no viajó a Estados Unidos en barco, navegando junto a la Estatua de la Libertad, como tantos otros inmigrantes hicieron décadas atrás, y no tuvo que pasar el control en Ellis Island, pero fue bien recibido en este nuevo país. ¿Hubo personas maleducadas con él y con mi abuela (que apenas hablaba inglés) cuando llegaron y, en ocasiones, durante los años posteriores? Sí, por supuesto. Todos los inmigrantes tienen que soportar eso. Aun así, el entonces presidente de Estados Unidos no dijo que mi padre formaba parte de una comunidad de "violadores" y delincuentes que inundaban el país.

Es más, los hechos alternativos de Miller sobre la dama Libertad fueron insultantes hasta un punto extremo. No hay más que acudir a la página web del Servicio de Parques Nacionales y buscar la Estatua de la Libertad. Hay una página dedicada a la dama Libertad titulada "La estatua del inmigrante". Ahí vemos fotos de barcos rebosantes de inmigrantes que llegaban al puerto de Nueva York, llenos de esperanza en un futuro mejor en un nuevo país. Italianos, irlandeses y otros inmigrantes europeos que daban la mano a sus hijos al llegar a orillas estadounidenses. Imponente frente a ellos, por supuesto, se ve la dama Libertad.

El poema *El nuevo Coloso*, de Emma Lazarus, aún resuena en nuestros días:

*No como el descarado gigante de fama griega
Cuyo talón conquistador atravesó los mares;*

Aquí, a las puertas del sol poniente bañadas por las olas
  se erguirá
Una mujer poderosa con una antorcha, cuya llama
Es el relámpago encarcelado, y su nombre es
Madre de los Exiliados. Del faro de su mano
Brilla la bienvenida al mundo entero; su dulce mirada cubre
El puerto conectado por puentes colgantes que enmarcan las
  ciudades gemelas.
"¡Guarda, Viejo Mundo, tus esplendores de otra época!"
  proclama
Con labios silenciosos. "Dame a tus agotados, a tus pobres, a
  tus masas hacinadas que anhelan respirar en libertad.
El desecho de tus orillas superpobladas.
Envía a estos, a los desamparados, que la tormenta los traiga
  hacia mí,
¡Elevo mi luz sobre la puerta dorada!

Miller tiene razón al decir que el poema no se situó en la propia estatua, sino dentro del nivel inferior del pedestal, pero hablemos un poco de su historia. Lazarus, que era hija de inmigrantes portugueses judíos, escribió el soneto en 1883 con el propósito de recaudar dinero para la construcción de un pedestal para la estatua. Según la página del Servicio de Parques Nacionales, el director del proyecto de la estatua encargó el trabajo a Lazarus. En 1903 se agregó el poema a la dama Libertad, transformando de inmediato la estatua en un símbolo para los inmigrantes que llegaban a Estados Unidos. Sin importar cuándo se añadió el poema, el significado de su inclusión en la estatua sigue siendo el mismo.

   Fue sorprendente hallarme en la Sala de Prensa mientras

Stephen Miller fingía que su administración no estaba motivada por prejuicios raciales hacia los inmigrantes. Desde luego que sí. Un alto funcionario de la administración que trabajaba en seguridad nacional y con el tema de la inmigración me dijo en una ocasión que el empeño de Miller por reducir el flujo de migrantes a Estados Unidos estaba motivado por sus propias creencias personales. Stephen "no ocultaba su odio", me dijo en privado el funcionario de Seguridad Nacional. "Estaba presente en todas las políticas de la Casa Blanca". Stephen no respondió a mi petición de hablar de aquello.

Al igual que en mis conversaciones con Spicer, enfrentarme con Stephen exigía un cambio de estrategia. Las tácticas poco ortodoxas, como leer el poema de la Estatua de la Libertad, a veces funcionan mejor que las preguntas estándar basadas en política para llegar al fondo de la cuestión. Si uno va y pregunta directamente: Stephen, ¿no se trata de una política racista? Entonces él no morderá el anzuelo. Pero, si uno hurga en lugares donde no se espera, podría desconcertarlo y tal vez obtener un comentario sincero que lo descubra todo.

Un par de semanas más tarde, Sarah Sanders estaba informando a los reporteros en el Air Force One cuando comentó que era el cumpleaños de Stephen Miller. Bromeó diciendo que Miller esperaba recibir un mensaje de Jim Acosta. Para demostrar, nuevamente, que no había rencor por mi parte, le envié un mensaje para desearle un feliz cumpleaños. Respondió de inmediato con un "¡Gracias!".

Que conste que debatiría con Miller en cualquier momento y en cualquier lugar sobre el tema de la inmigración —no porque sienta pasión por inundar Estados Unidos de inmigrantes de más allá de la frontera, como querrían hacernos creer los xenófobos—. (Miller me acusó en la sesión informativa de estar a favor de las "fronteras abiertas", una táctica utilizada por los fanáticos antiinmigración. Nada más lejos de la verdad). Lo haría porque el presidente de los Estados Unidos de América y la gente que trabaja en la Casa Blanca deberían defender siempre a los inmigrantes de nuestra nación. Ese es el estilo americano, aunque no sea el de Trump ni el de Stephen.

Al igual que mis enfrentamientos con Trump, mi conversación con Stephen Miller tocó la fibra sensible del público. Sí, empezaron a sucederse de nuevo las amenazas de muerte, pero también los gestos de gratitud. Un telespectador de la CNN me envió una camiseta con la Estatua de la Libertad y el poema de Emma Lazarus. Otro espectador me envió un libro infantil sobre el verdadero significado de la dama Libertad. Pese a un intento oficial de la Casa Blanca por cambiar el significado de este símbolo de la libertad americana, el pueblo no se dejó engañar. Recordé entonces que muchos estadounidenses estaban del lado de la verdad y la tolerancia. En los días sucesivos, conocí a nativos estadounidenses, árabes estadounidenses, latinos y asiáticos estadounidenses, y todos me dieron las gracias por defender la historia de la inmigración que había llegado a definir Estados Unidos. Mis encuentros con todas esas personas me han acompañado hasta hoy. Suena cursi, lo sé, pero ellos creen en ese Estados Unidos sobre el que yo aprendí cuando era pequeño. Creen en el mismo Estados Unidos en el que yo creo, un Estados Unidos para todos nosotros. Somos y deberíamos seguir siendo un rayo de esperanza, la luz más brillante del universo.

7

Charlottesville

Durante los seis primeros meses de la presidencia de Trump, la vida para los corresponsales de prensa de la Casa Blanca se pareció un poco a la película *Atrapado en el tiempo*; daba igual lo que ocurriera el día anterior, porque te despertabas y te dabas cuenta de que Trump seguía siendo presidente, de que el mundo seguía siendo un desastre y de que nosotros informábamos de ello, una y otra vez. Empezaron a formarse patrones. Los tuits de Trump, hiperbólicos, mal escritos y sin contrastar, se publicaban por la mañana, desbaratando el ciclo informativo. Después solía haber una especie de sesión mediática con Trump durante la cual atacaba a un adversario, real o imaginario, y la noticia del día volvía a cambiar, dejando a Spicer, a Sanders y al invitado sorpresa en el atril de la Sala de Prensa repitiendo falsedades o cosas peores al pueblo estadounidense. Viéndolo ahora con perspectiva, me doy cuenta de que era todo bastante predecible, algo curioso si tenemos en cuenta la capacidad de Trump para sorprender al mundo libre.

Debido a ese ritmo extraño, que normalizaba el comportamiento extremo e impredecible de Trump, todo el mundo advirtió de inmediato las consecuencias profundas e inquietantes de lo que sucedió durante el mes de agosto de 2017. Las palabras, claro está, importan, y mucho —una lección que este país aprendería una y otra vez durante aquel agosto.

Todo comenzó el 11 de agosto. Trump había pasado la primera parte del día fomentando otro enfrentamiento con Corea del Norte. Más tarde, aquella noche, unas doce horas después de que Trump hubiera enviado un tuit informando a Corea del Norte de que Estados Unidos estaba "blindado y armado" (tras advertir primero a Kim Jong-un de que sería sometido al "fuego y a la furia"), se cernió la oscuridad sobre la pequeña ciudad de Charlottesville, Virginia, salvo por las antorchas que empuñaban las docenas de supremacistas blancos, neonazis, miembros del KKK y otros extremistas del movimiento emergente de la "derecha alternativa" que atravesaban el campus de la Universidad de Virginia. Estos fascistas estadounidenses, que parecían haber salido de la nada, se habían reunido con el propósito de organizar un mitin para la "Unión de la derecha", en protesta a que se hubiera quitado una estatua dedicada al héroe de guerra confederado, Robert E. Lee. Los manifestantes llevaban antorchas Tiki y coreaban eslóganes neonazis como "los judíos no nos sustituirán", "sangre y tierra" y "las vidas de los blancos importan", antes de rodear la estatua de Thomas Jefferson situada en el campus de la universidad.

Al pie de la estatua, se pelearon con los que se oponían a la manifestación, algunos de ellos integrantes del movimiento antifascista conocido como Antifa. Llegó la policía e interrumpió la violencia, al menos durante la noche. Era imposible malinterpretar las imágenes que llegaban desde Charlottesville, que se hicieron virales en todo el mundo en cuestión de segundos. Una nueva cara del odio y del mal había surgido en Estados Unidos.

Al día siguiente, 12 de agosto, los manifestantes de la Unión de la Derecha, muchos de ellos armados gracias a las deficiencias en las leyes de Virginia sobre la portación de armas de fuego, regresaron a la estatua de Lee dispuestos a pelear de nuevo, esta vez las consecuencias fueron mortales. Portando banderas de la Confederación, y en algunos casos con gorras rojas de MAGA, los neonazis y los nacionalistas blancos volvieron a enfrentarse a quienes se oponían a ellos en las calles de Charlottesville.

Entonces, en un momento espeluznante capturado en vídeo, un vehículo conducido por un supremacista blanco arremetió contra un grupo de personas que se manifestaban contra los extremistas, matando a una mujer de treinta y dos años llamada Heather Heyer. Había ido al mitin para manifestar su oposición a los fascistas. Casi veinte opositores más resultaron heridos. El conductor, un simpatizante nazi de veinte años llamado James Alex Fields Jr., fue acusado del asesinato de Heyer. Ese día cobraría dos vidas más en la zona cuando dos agentes de la policía de Virginia murieron al estrellarse su helicóptero tras ser enviados a restaurar el orden en Charlottesville.

Habiéndome criado en Virginia, no podía creer lo que había ocurrido en mi estado. Sí, el estado fue en otro tiempo el corazón de la Confederación, pero la Virginia de mi infancia y de mis días universitarios había evolucionado hasta convertirse en un lugar multirracial y mucho más moderado. De hecho, era motivo de orgullo para mí que fuera hogar del primer gobernador afroamericano del país, Douglas Wilder. Mi escuela secundaria en Annandale, Virginia, un suburbio de D.C., había sido en realidad muy diversa. Situada a las afueras de la capital del país, pero en el interior de la circunvalación, la escuela secundaria de Annandale presumía de tener un cuerpo estudiantil de casi todas las razas, credos y colores. Mis compañeros de clase se llevaban todos bastante bien.

Aun así, todavía recuerdo debatir los orígenes de la Guerra Civil estadounidense como estudiante en la Universidad James Madison, que recibía su nombre de uno de los padres fundadores de la nación, que a su vez poseía esclavos. Recuerdo que algunos de mis compañeros de clase argumentaban que la Guerra entre Estados fue resultado de la "agresión del Norte", mientras que yo opinaba que el conflicto se debió en gran medida a la negativa del Sur a renunciar al trabajo esclavo.

Más tarde, en mis primeros años como reportero, presencié acontecimientos que demostraban con mucha claridad que Estados Unidos no había gestionado lo suficiente el tema de la raza. Solo cubrí una marcha neonazi mientras trabajaba en la WBBM-TV, canal de la CBS en Chicago. Los neonazis no eran más que un puñado de malhechores racistas que buscaban pelea con la policía. En su momento pensé que aquellos tipos apenas merecían cobertura mediática. En mi opinión, era una ideología en vías de extinción, destinada a difuminarse con el tiempo.

Pero, durante la administración Obama, quedó claro que los fantasmas del siglo XX no habían sido ahuyentados por completo. La elección del primer presidente afroamericano dio lugar al Tea Party, el movimiento político fiscalmente conservador dentro del Partido Republicano. Sus miembros aseguraban defender únicamente la eliminación de la deuda nacional y se oponían a los rescates financieros otorgados durante la crisis económica de 2008. ¿Cómo salió aquello? Bueno, en cuanto logró controlar la Casa Blanca y el Congreso, el Partido Republicano regresó al gasto por déficit, concediendo generosas reducciones de impuestos a los ricos, como habían hecho durante la administración de George W. Bush. Lo que presencié en numerosas ocasiones cuando cubría los mítines y las marchas del Tea Party fue una explosión de imaginería racista en carteles y camisetas; en un cartel durante una marcha del Tea Party aparecían Obama y Pelosi juntos en la cama.

Uno de los líderes de la oposición a la presidencia de Obama, por supuesto, era un empresario neoyorquino y estrella televisiva llamado Donald J. Trump, que había liderado la batalla por arrojar dudas sobre la nacionalidad estadounidense de Obama, conocida como el movimiento *birther*. Sus alegaciones se radicalizaron aún más con el tema de la raza a finales de los años ochenta al pedir la pena de muerte para cinco adolescentes pertenecientes a minorías en el caso de los Cinco del Central Park (fueron condenados y después exonerados). Trump ascendió finalmente al estrellato político al exigir ver el certificado de nacimiento de Obama, y llegó a decir en una ocasión que había enviado a detectives privados a Hawái para averiguar si el cuadragésimo cuarto presidente había nacido en Honolulu. La investigación de Trump nunca arrojó ninguna prueba que demostrara que Obama fuera de Kenia, de Indonesia o de cualquier otro lugar. Fue todo una farsa. Una de las noticias poco comentadas durante la campaña de 2016 fue la negativa de Trump a hablar sobre su pasado como defensor del movimiento *birther*. Uno de los antiguos funcionarios de la campaña de Trump me dijo que el empresario sabía que la historia *birther* era falsa, pero no quería admitirlo, algo que finalmente hizo en septiembre de 2016.

Pero Trump siguió siendo una figura muy querida entre el segmento racista de la extrema derecha. De modo que no fue de extrañar cuando los neonazis, los supremacistas blancos y otros miembros de la derecha alternativa se reunieron en Washington menos de dos semanas después de la elección de Trump para declarar que su movimiento de odio había renacido.

—Viva Trump, viva nuestro pueblo, viva la victoria —exclamaba el líder del movimiento, Richard Spencer, uno de los organizadores de la marcha de "Unión de la derecha" en Charlottesville. ¿Era Trump el responsable de este espectáculo tan repugnante? No directamente, pero, le gustara o no, su ascenso al poder había envalentonado a aquellas fuerzas oscuras, según los expertos que estudian a los grupos extremistas. Los secuaces *birther* de Trump habían vuelto a casa para esparcir su odio.

Trump, que estaba de vacaciones en Nueva Jersey durante la revuelta de Charlottesville, emitió una breve declaración sobre los actos violentos. El mismo presidente que había ganado la Casa Blanca empleando retórica racial, desde extender la mentira sobre el origen de Barack Obama hasta difamar a los inmigrantes mexicanos diciendo que eran "violadores", se vio de pronto en la situación de tener que calmar a un país aterrorizado por los asesinos racistas de la marcha de Virginia.

No hay otra manera de expresarlo salvo decir que, en los momentos posteriores, Trump no logró calmar las preocupaciones del público. En sus primeros comentarios sobre la violencia de Charlottesville, pareció culpar por igual a los supremacistas blancos y a quienes se les enfrentaban.

—Condenamos de manera firme y rigurosa esta indignante muestra de odio, fanatismo y violencia por muchas partes, por muchas partes —dijo Trump—. Esto lleva mucho tiempo sucediendo en nuestro país; no con Donald Trump, no con Barack Obama. Lleva sucediendo mucho, mucho tiempo. No tiene cabida en Estados Unidos.

Su comentario de las "muchas partes" no fue un desliz accidental. Si se observa el vídeo con atención, Trump hace una pausa dramática y repite las palabras "muchas partes". Quería dejar claro que, en lo que a él respectaba, la culpa era de todos, sin importar el hecho de que hubiera neonazis y miembros del KKK en una de esas partes.

Fue estremecedor oír aquella ambigüedad. Si Trump hubiese hecho aquella declaración como ciudadano privado, no creo que le hubiera importado a mucha gente. Pero fue surrealista e inquietante viniendo de boca del líder del mundo libre. Ningún presidente moderno posterior a la Segunda Guerra Mundial había hecho jamás una declaración semejante. Me pareció que Trump no aportaba calma a la situación. Más que durante la campaña, estaba revelando su verdadera naturaleza. No había razón para provocar en las horas posteriores a Charlottesville. Era un momento para el liderazgo, sin más indulgencias.

Allí teníamos al presidente de Estados Unidos, incapaz de condenar como es debido a los neonazis y a los miembros del KKK que se habían sentido lo suficientemente cómodos para recorrer una ciudad estadounidense, el hogar de Thomas Jefferson, nada menos, y generar un espectáculo violento y atroz que acabó con la vida de una joven asesinada en la calle. Fue el momento más inquietante de la presidencia de Trump hasta la fecha, y, aun así, para cualquiera que hubiera seguido su campaña o asistido a sus mítines, aquello no debería ser sorprendente. Aunque nadie podría haber predicho los horrores de Charlottesville, la semilla de aquel espectáculo estaba presente durante la campaña y, en los meses posteriores a su elección, quedó cada vez más claro que aquellos resquicios estadounidenses de intolerancia y fanatismo estaban cobrando fuerza.

La respuesta inicial de Trump a la tragedia de Charlottesville trajo a la mente otros recuerdos de su pobre historial durante la campaña de 2016. Estuvo el momento en que mostró su ambigüedad al no saber si debería rechazar el respaldo de quien fuera Gran Mago del KKK, David Duke, antes de decir por fin a los reporteros: "lo rechazo". Luego llegó la controversia por sus comentarios sobre el juez mexicano-estadounidense que investigaba a la Universidad Trump, el programa empresarial inmobiliario con fines de lucro del por entonces candidato que arruinaba a los estudiantes. ¿Y quién podría olvidar cuando Trump tuiteó una imagen de Hillary Clinton rodeada de montones de dinero junto a lo que parecía ser la Estrella de David? El director de redes sociales de Trump, Dan Scavino, dijo en su momento que era una "estrella de sheriff", no un intento por utilizar simbolismo antisemita.

Por supuesto también hubo momentos espeluznantes por parte de los defensores de Trump. Durante un mitin en Kissimmee, Florida, mis compañeros y yo vimos a dos hombres colgar una bandera Confederada con "Trump 2016" impreso en ella. Los guardias de seguridad de Trump tardaron treinta minutos en convencerlos de que la quitaran. Cuando terminó el mitin, un iracundo defensor del republicano se acercó a mis compañeros y les sacó el dedo gritando: "¡Soy un patriota! Y

ustedes son unos traidores". Las banderas Confederadas siguieron apareciendo una y otra vez en los mítines de Trump.
Se respiraba el odio descarnado en aquellos actos, día tras día
durante la campaña de Trump.

Al advertir la gravedad del momento, los líderes de ambos
partidos echaron abajo la respuesta de Trump. Para contrarres-
tar la condena bipartita, la Casa Blanca emitió una declaración,
a través de un funcionario anónimo demasiado cobarde para
dar su nombre, que repetía sin vergüenza alguna la repugnante
reacción de Trump a los acontecimientos de Charlottesville.

—El presidente estaba condenando el odio, la intolerancia
y la violencia de todas las fuentes y todos los bandos. Hoy ha
habido violencia entre los manifestantes y quienes se oponían
a ellos —dijo el funcionario.

Cuando la Casa Blanca tuvo la oportunidad de enmendar
sus palabras, en su lugar redobló los comentarios de Trump.
No había vuelta atrás. El presidente había sobrepasado un límite y, en mi opinión, había dañado de forma permanente su
presidencia. Y no había terminado.

———

DOS DÍAS MÁS TARDE, EL 14 DE AGOSTO, TRUMP VOLVIÓ A IN-
tentarlo. Molesto por las intensas críticas recibidas en respuesta
a sus comentarios tras los actos violentos de Charlottesville,
el presidente se dirigió a la nación. Yo estaba en el grupo de
prensa aquel día, pues le tocaba a la CNN representar a las
cadenas de televisión. La prensa estaba reunida en la Sala de
Diplomacia de la Casa Blanca, a la espera de las últimas declaraciones del presidente. La noticia, por supuesto, era si Trump
iba a condenar inequívocamente a los supremacistas blancos

responsables de los altercados de Charlottesville, como debería haber hecho desde el principio. Leyendo unos comentarios preparados de antemano, eso fue justo lo que hizo:

—El racismo es el mal. Y aquellos que generan violencia en su nombre son delincuentes y animales, incluido el KKK, los neonazis, los supremacistas blancos y otros grupos de odio que rechazan todo lo que nosotros apreciamos como estadounidenses —dijo a la nación.

Más tarde, aquel mismo día, organizó otro evento para pedir que se investigaran las prácticas comerciales chinas. Me encontraba entre el equipo de prensa aquella tarde y le pregunté por el contraste entre sus declaraciones de aquella mañana y su respuesta inicial a lo ocurrido en Charlottesville durante el fin de semana.

—¿Puede explicarnos por qué no condenó por su nombre a aquellos grupos de odio durante el fin de semana? —le pregunté.

—Los condenamos. Han sido condenados —respondió.

Después pasé a preguntarle por qué no celebraba una rueda de prensa el lunes, como había prometido hacer el viernes anterior, antes de los disturbios en Charlottesville.

—Acabamos de celebrar una rueda de prensa —respondió.

—¿Podríamos hacerle algunas preguntas más? —quise saber.

—No me molesta en absoluto, pero me gustan las noticias reales, no las noticias falsas —dijo, y entonces me señaló directamente—. Ustedes son noticias falsas.

—Señor presidente, ¿no ha difundido usted mismo bastantes noticias falsas, señor? —le espeté.

La vieja frase de las "noticias falsas". Había vuelto. Con el tiempo he aprendido que ese es uno de sus "tics". Igual que un jugador de póquer, Trump tiene un tic que revela qué cartas lleva. Si se queja de las "noticias falsas", casi siempre es porque va perdiendo. Y con lo de Charlottesville iba perdiendo. Obviamente no le gustaba haberse visto obligado por sus consejeros a corregir su inepta respuesta a los disturbios de Charlottesville. Para él, aquello era tan malo como admitir que había cometido un error. Y en el mundo de Trump, como me han dicho una y otra vez sus consejeros, no se admiten los errores. Se redoblan las apuestas, incluso con las cosas que se hicieron mal.

Lo que nos lleva a su tercer intento por comentar los acontecimientos de Charlottesville, esta vez en la Torre Trump de Manhattan. Había viajado a su torre de oficinas y residencia en la ciudad para reunirse con algunos altos funcionarios de su administración y hablar de la necesidad de actualizar la infraestructura de la nación. Steve Mnuchin, secretario del Tesoro, Elaine Chao, secretaria de Transporte, Mick Mulvaney, director de Administración y Presupuestos, Gary Cohn, consejero jefe de Economía, y un nuevo miembro del equipo, el jefe de Gabinete John Kelly (que acababa de sustituir a Reince Priebus) se encontraban reunidos allí.

Después de lo ocurrido el día anterior, viajé hasta Nueva York con la intuición de que Trump no sería capaz de evitarlo y volvería a zambullirse en el tema de Charlottesville. Como ocurriera muchas veces durante la campaña, nos reunimos en el vestíbulo dorado de la Torre Trump para esperar al presidente. Fue como en los viejos tiempos. (Hay que matizar que sus ayudantes nos dijeron desde el principio que no respondería a ninguna pregunta). Trump bajó del ascensor, hizo algunos comentarios sobre la posibilidad de un proyecto de ley para infraestructura y, antes de poder salir del vestíbulo, mi compañera Hallie Jackson, de la NBC, le lanzó una pregunta sobre Charlottesville, y entonces empezó la tensión.

Aún resulta sorprendente leer las declaraciones del presidente aquel día. Mientras escribo esto, todavía están escritas en el sitio web oficial de la Casa Blanca. En ellas, Trump volvía a culpar a ambos bandos de la violencia en Charlottesville. Y fue entonces cuando intervine, principalmente porque no podía creer lo que estaba oyendo.

TRUMP: Sí, creo que hay culpa por ambas partes. Si se fijan en ambas partes... creo que la culpa es de ambas. Y no me cabe duda, y a ustedes tampoco les cabe ninguna duda. Y, si informaran con precisión, lo dirían.

ACOSTA: Empezaron los neonazis. Se presentaron en Charlottesville para protestar por...

TRUMP: Disculpe, disculpe. No se pusieron... No. Había gente muy mala en ese grupo, pero también había gente muy buena en ambos bandos. Había gente en ese grupo.

ACOSTA: No, señor, entre los nazis no hay gente buena.

Habrán notado que no formulé las preguntas de modo interrogativo. En este caso no era necesario, y he aquí la razón. Supongo que podría haberle preguntado: "Señor, ¿no es cierto que no hay gente buena entre los nazis?". Pero eso habría sugerido que la idea estaba abierta al debate. Lo siento, pero no hay dos caras de una moneda cuando se trata de los nazis. Creo que hemos llegado a un punto en el que podemos asegurar que los nazis son mala gente. No hace falta ni decirlo. Pero lo haré: Si eres nazi, no eres una buena persona. Eres mala persona.

Así que sí, me sentí en pleno derecho de responderle al presidente: "Entre los nazis no hay gente buena". Cuando se trata de lo correcto contra lo incorrecto, no hay dos caras de una misma historia.

Cabe destacar aquí otro asunto, volviendo a la idea de que un presidente diferente exige una prensa diferente. Si un presidente está intentando eludir preguntas difíciles empleando la intimidación, interrumpiendo y gritando "disculpe, disculpe", ¿qué haces tú como reportero? Probablemente ese sea el momento de olvidarse de las viejas normas. Lo más probable es que Trump no hubiera comentado ingenuamente que hay "gente muy buena" en ambos bandos si yo no lo hubiera desafiado. A veces, las peleas que tanto le gustan pueden ser su perdición; es entonces cuando suele mostrar su verdadera naturaleza. Y, en aquella extraña rueda de prensa en la Torre Trump, eso fue justo lo que hizo.

Para responder a los ataques de Trump, creo que hay que ser mesurado y escoger el momento adecuado. Hay diversas opiniones sobre si me he comportado correctamente, pero hay momentos muy claros en los que desafiar la manera de pensar del presidente es la opción correcta. ¿Quién soy yo para juzgar cuándo su razonamiento se descarrila estrepitosamente? Me parece que es bastante evidente. Ya se trate de un ataque a la prensa o de una mentira descarada sobre política o una traición a los principios estadounidenses (p. ej. que los nazis son la escoria del planeta), una reacción más mesurada por parte de un reportero puede sentar el precedente de que lo que se ha dicho es aceptable ahora en nuestra democracia. Lo mismo sucede con los incansables ataques del presidente a los periodistas en Estados Unidos. Sí, los ataques de Trump a la prensa están diseñados, de momento, para generar una respuesta. Y sí, esa respuesta provoca a parte de sus fieles. Y sí, la gente de Trump se sienta y dice: "¿Ves lo que está sucediendo? Funciona". Y sí, algunos editores de informativos dicen: "¿Se dan cuenta? Por eso no deberíamos responder". Pero los defensores y propagandistas de Trump van a seguir atacando y haciéndonos la vida imposible sin importar lo que comentemos. A eso se dedican. Si modificamos nuestra cobertura informativa para apaciguarlos, entonces ya hemos perdido. Su reacción no debería cambiar la idea fundamental de que los ataques a la prensa, si no obtienen respuesta, van a empeorar. Así que la pregunta es: ¿te defiendes o aceptas la puñalada?

Con bastante frecuencia yo opto por defenderme lo cual molesta a algunas personas; tanto en los medios de comunicación como en la Casa Blanca. Pero a esos críticos yo les pregunto: ¿Todos los presidentes mienten y atacan a la prensa como lo hace Trump? No. Cuando cambie la administración, lleguen nuevos presidentes y se normalice el trato en sus relaciones con los medios de comunicación, ¿seguirá siendo tan necesario defendernos? Claro que no. Los manuales de estrategia de los periodistas y de las organizaciones de noticias se modificarán según sea conveniente, porque ya no nos sentiremos atacados.

Tras nuestra conversación sobre la "gente muy buena" aquel día en la Torre Trump, el presidente intentó desviar el tema hacia el agravio que había llevado a los manifestantes de la "Unión de la derecha" hasta Charlottesville en un primer lugar: que se hubiera quitado la estatua de Robert E. Lee. A la hora de tomar partido, ¿qué bando creen que escogió Trump? El presidente dijo con toda seriedad que el próximo sería George Washington, como si los trabajadores federales fueran a desmontar el Monumento a Washington.

TRUMP: Disculpe, disculpe. Yo vi las mismas fotos que usted. Había personas en ese grupo que habían ido a protestar porque quitaron lo que, para ellos, era una estatua muy, muy importante y por el cambio de nombre del parque de Robert E. Lee.

ACOSTA: George Washington y Robert E. Lee no son lo mismo.

TRUMP: George Washington tenía esclavos. ¿Poseía esclavos o no? ¿Y por eso ahora George Washington va a perder su estatus? ¿Vamos a quitar... disculpe, pero vamos a quitar las estatuas de George Washington? ¿Y qué me dice de Thomas Jefferson? ¿Qué opina de Thomas Jefferson? ¿Le cae bien?

Pocos minutos después del comentario sobre la "gente muy buena", Trump intentó arreglar el desastre añadiendo una especie de descargo de responsabilidad. "No estoy hablando de los neonazis y de los nacionalistas blancos, porque ellos deberían ser condenados sin duda alguna", dijo. "Pero en ese grupo había más gente además de los neonazis y los nacionalistas blancos, ¿no es así? Y la prensa los ha tratado de manera absolutamente injusta".

Los defensores del presidente suelen apelar a este último comentario para exculpar su actuación en los disturbios de Charlottesville. A mí me parece una mentira. En mi opinión, un presidente de Estados Unidos debería hacerlo bien desde el principio. No debería necesitar cuatro o cinco intentos (o el número que sea) para hacer las cosas bien. En cuestión de cuatro días, Trump se había mostrado ambiguo sobre la violencia en Charlottesville, después había condenado a los fascistas, para dar luego otro giro de ciento ochenta grados sobre el tema y acabar básicamente donde había empezado; es decir, del lado de los nacionalistas blancos que habían desencadenado la violencia. La gran metedura de pata en la Torre Trump apareció escrita en la cara de John Kelly cuando el jefe de Gabinete dejó caer la cabeza delante de las cámaras.

Como le dije al presentador Don Lemon aquella noche en *CNN Tonight*, "creo que el presidente ha enseñado hoy su verdadera naturaleza. Y no sé si era una naturaleza muy estadounidense". Esta vez, el comportamiento rebelde de Trump había sacudido por fin a su propio partido, desestabilizando su presidencia. Un ayudante republicano del Congreso me dijo esa noche que la capacidad de Trump para gobernar estaba "disminuyendo". Aun así, el presidente fue capaz de acomodarse a la situación como hace con frecuencia, debilitado y dañado, pero aún en pie.

Los altos funcionarios del Ala Oeste contaban a los reporteros que estaban horrorizados por el comportamiento de Trump. Un ayudante se preguntaba por qué le permitieron volver a ponerse frente a los reporteros en la Torre Trump, un escenario en el que sería incapaz de resistir la tentación de discutir con ellos. El ayudante me dijo que yo debía de haber sabido que tendría un enfrentamiento con Trump en cuanto este llegó al vestíbulo. Sinceramente, no lo sabía. Pero aquel funcionario había dado por hecho, nada más verme, que se produciría un combate.

Dos días después de la debacle en la Torre Trump, el presidente encontró la manera de cambiar el ciclo informativo y acallar algunas de las críticas más mordaces a su gestión de la crisis en Charlottesville. Despidió a su jefe de Estrategia, un héroe del movimiento nacionalista blanco de Estados Unidos, Steve Bannon. No fue un gesto sin importancia por parte de Trump. Despedir a Bannon fue algo significativo. Aunque se unió al equipo de Trump hacia finales de la campaña de 2016, en su momento vieron a Bannon como una de las voces clave del creciente movimiento nacionalista en Estados Unidos. Era el líder del sitio ultraconservador Breitbart. Bannon animó a Trump a seguir arremetiendo contra la inmigración, el libre comercio y los periodistas; de hecho, Bannon llegó a llamar a la prensa "el partido de la oposición" y ayudó a Trump a acuñar el término "enemigo del pueblo". (Nota al lector: en privado, a Bannon le encantaba la prensa y charlaba con los reporteros a todas horas, conversaciones que utilizaba para acribillar a sus adversarios en el Ala Oeste).

El despido de Bannon se produjo en un momento curioso y casi demasiado oportuno para Trump. Después de que Bannon se fuera, un funcionario de la Casa Blanca me dijo que el plan en el Ala Oeste había sido destituir al instigador conservador dos semanas antes de su marcha forzada. Eso habría coincidido con la contratación de John Kelly, que ya estaba imponiendo disciplina en la caótica gestión de Trump y haciendo limpieza, empezando por el despido de Anthony Scaramucci. Mientras que Priebus tenía una política de puertas abiertas y permitía que los amigos de Trump lo visitaran cuando quisieran, Kelly empezó a restringir el acceso a los sospechosos habituales. Eso no fue algo bueno para Bannon, que tenía muchos enemigos dentro de la Casa Blanca. Trump no soportaba que la gente pensara que Bannon era el verdadero cerebro tras bastidores de la Casa Blanca. Los estrategas republicanos sospechaban que el despido de Bannon había sido una especie de vacuna de emergencia para aliviar la atmósfera venenosa creada por Trump.

—El jefe de Gabinete de la Casa Blanca, John Kelly, y Steve Bannon han acordado que hoy sería el último día de Steve. Agradecemos su servicio y le deseamos lo mejor —dijo Sarah Sanders en una declaración.

Bannon hizo saber que se sentía traicionado, y llegó a decir a *The Weekly Standard* que la presidencia de Trump se había "terminado".

Estuvo a punto de producirse otra importante renuncia en los días posteriores a las declaraciones de Trump sobre Charlottesville. El consejero de Economía del presidente, Gary Cohn, que es judío y que se encontraba presente en la Torre Trump durante aquella desastrosa rueda de prensa, contó al *Financial Times* el 25 de agosto, unas dos semanas después de la violencia neonazi que acabó con el asesinato de Heather Heyer, que estaba sometido a una "enorme presión" para abandonar la administración.

—He estado sometido a una enorme presión tanto para dimitir como para permanecer en mi puesto actual. Como patriota estadounidense, me resisto a abandonar mi puesto como director del Consejo Económico Nacional porque siento que mi deber es comprometerme con mi trabajo en nombre del pueblo estadounidense. Pero también me siento obligado a expresar mi angustia ante los acontecimientos de las dos últimas semanas. Los ciudadanos que luchan por la igualdad y la libertad nunca podrán equipararse a los supremacistas blancos, los neonazis y el KKK. Creo que esta administración puede y debe mejorar a la hora de condenar inequívocamente a estos grupos, y hacer todo lo que esté en nuestra mano para sanar las profundas divisiones que existen en nuestras comunidades. Como judío estadounidense, no permitiré que los gritos neonazis de "los judíos no nos sustituirán" consigan hacer que este judío abandone su trabajo. Siento una profunda empatía con todos aquellos que se han visto amenazados por estos grupos del odio. Debemos unirnos todos para luchar contra ellos —dijo Cohn al *Financial Times*.

Fue una reflexión extraordinariamente sincera sobre la respuesta de Trump a Charlottesville. No era habitual oír a un funcionario actual de la Casa Blanca criticar al presidente de esa forma. Cierto, los funcionarios se marchan y dicen todo tipo de cosas. Pero, por lo general, los empleados de la Casa Blanca se muerden la lengua a la hora de criticar al jefe. La sinceridad de Cohn fue sorprendente. Contó al *Financial Times* que su decisión de quedarse no se había visto influida por el despido de Bannon, y sugirió también que había otras personas dentro de la administración, a saber, Dina Powell, consejera adjunta de Seguridad Nacional, que no sabían bien cómo reaccionar a la inadecuada respuesta de Trump ante el peligroso ascenso de la supremacía blanca en Estados Unidos.

—Es un asunto personal para cada uno de nosotros, todos luchamos contra ello, pero lleva su tiempo —comentó.

Mis compañeras Sara Murray, de la CNN, y Maggie Haberman, del *New York Times*, informaron de que Cohn estaba planteándose dimitir tras los altercados de Charlottesville. Pero una fuente le dijo a Murray que Cohn en realidad no estaba a punto de dejar el cargo. Una vez más, en el laberinto de espejos de la Casa Blanca de Trump, la verdad parecía esquiva. Posteriormente, un alto funcionario de la Casa Blanca se burló de la idea de que Cohn hablase en serio sobre su intención de dimitir. "Hay quienes intentaban quedar bien en el club de campo", comentó el funcionario con socarronería. ¿Estaría Cohn intentando salvar su reputación al criticar a Trump? En el mes de marzo del año siguiente, abandonaría la administración tras perder una batalla con el presidente sobre sus planes para imponer aranceles a importantes socios comerciales de Estados Unidos. ¿De modo que consideró necesario dimitir por una disputa comercial, pero no por el asunto de Charlottesville? Resulta desconcertante.

El despido de Bannon resultó ser la única baja importante como consecuencia de los disturbios de Charlottesville. Pensemos en eso durante un momento. Es sorprendente. Casi dos años después de los acontecimientos de Charlottesville, sigue existiendo una pregunta clave: ¿Qué habría ocurrido con la presidencia de Trump si otros funcionarios hubieran hecho examen de conciencia y hubieran dimitido en protesta por las declaraciones del presidente? ¿No habría sido un mensaje poderoso para el país y para el mundo? Nunca lo sabremos, porque no sucedió.

Del mismo modo, casi todos los republicanos ajenos a la administración, casi unidos en su cobardía, se mantuvieron firmes en su negativa a enfrentarse al presidente. Este triste capítulo solo sirvió para reforzar la idea de que el Partido Republicano, el partido de Lincoln, se había convertido en la última adquisición inmobiliaria de Trump. Como me han confesado en privado muchos estrategas republicanos, al aferrarse a Trump, sus compañeros republicanos comprometieron sus propios principios.

Aunque aquello llevaba meses siendo cierto, con Charlottesville acabó grabado en piedra. La retórica y el comportamiento exhibidos por el presidente y por muchos de sus defensores, aceptados además por muchos republicanos durante la campaña, durante el periodo de transición y durante la administración, por fin se habían convertido a todas luces en una horrible realidad.

Una lección aprendida tras el ascenso de Trump es que el odio, cuando no se cuestiona ni se desafía, incluso en pleno siglo XXI, puede tener consecuencias terribles. A lo largo de los ocho primeros meses de la administración Trump, los republicanos habían demostrado una y otra vez que estaban dispuestos a renunciar a su papel como vigilantes del presidente y, una vez más, en mitad de aquel vacío quedaban los medios de comunicación. Pese a todos nuestros errores, momentos como el de Charlottesville me recordaban el importante papel que debíamos desempeñar los miembros de la prensa.

Había mucho en juego, cada día más, sobre todo porque Trump se pasó las semanas y los meses posteriores tratando de reescribir la historia que todos acabábamos de vivir, pues empezó a hacer creer al público que estaba loco con el tema de Charlottesville. En un feroz discurso pronunciado durante un mitin en Phoenix el 23 de agosto, más o menos cuando Cohn contó al *Financial Times* que había estado sometido a presión para dimitir, Trump mintió sobre sus declaraciones iniciales con respecto a Charlottesville. Y no es de extrañar que culpase a los medios de comunicación de desinformar sobre lo que había dicho. La escalera de Trump para escapar del infierno que él mismo había creado era, una vez más, su guerra continuada contra la prensa.

—Todas esas personas mentirosas de los medios de comunicación y de los falsos medios se inventan las noticias. En muchos de los casos, no tienen fuentes. Aseguran que "una fuente ha dicho", pero eso no es cierto —dijo Trump a la multitud que lo escuchaba en Phoenix—. Pero no informan de los hechos. Igual que no quieren informar de que me pronuncié firmemente en contra del odio, de la intolerancia y de la violencia, y condené a los neonazis, a los supremacistas blancos y al KKK.

Trump, como suele hacer, estaba proyectando, acusando a los medios de comunicación de desinformar sobre lo ocurrido cuando, en realidad, era él quien estaba engañando al público. Intentó entonces reescribir la historia al rememorar su versión de los acontecimientos del 12 de agosto.

—Esto es lo que dije, muy deprisa, pero esto es lo que dije el sábado: "Estamos siguiendo muy de cerca los terribles acontecimientos que se desarrollan en Charlottesville, Virginia". Eso lo dije yo. "Condenamos de manera tajante esta indignante muestra de odio, intolerancia y violencia". Eso lo dije yo mismo el sábado.

¿No parece que falta algo? Trump evitó recordar que había dicho que las "muchas partes" eran culpables de lo sucedido en Charlottesville. También dijo eso aquel sábado. Si su respuesta había sido impecable, ¿por qué omitir esa parte?

Más adelante, en septiembre, en un vuelo a bordo del Air Force One tras inspeccionar los daños causados por un huracán en Florida, Trump volvió a defender su manera de gestionar la violencia en Charlottesville. Ni siquiera después de unas pocas semanas de reflexión había cambiado de opinión sobre lo sucedido. Solo era fiel al credo del mundo de Trump: no admitir los errores. Cuando le preguntaron por sus errores, como era de esperar, él redobló la apuesta. Insistió en que los manifestantes antifascistas de Charlottesville también eran culpables de la violencia.

—Miren lo que ha ocurrido realmente desde lo de Charlottesville. Mucha gente está diciéndolo y hay gente que de hecho ha escrito, "Vaya, es posible que Trump tenga razón". Yo dije, "Hay gente muy mala también en el otro bando", lo cual es cierto —dijo a los reporteros.

En octubre, el senador Sherrod Brown, demócrata de Ohio, fue noticia en la CNN al acusar a miembros de la Casa Blanca de simpatizar con la derecha alternativa. Brown se hizo eco de un comentario de la congresista demócrata Frederica Wilson, quien, tras una disputa con John Kelly sobre la manera en que Trump había tratado a la viuda de un soldado caído, había criticado a la Casa Blanca asegurando que estaba llena de supremacistas blancos.

—Coincido en que Steve Bannon es un supremacista blanco y Stephen Miller parece serlo también. Y sé que hay estudios que han demostrado que tienen aliados dispersos por la Casa Blanca —contó Brown a Dana Bash para la CNN.

La entrevista a Brown levantó ampollas entre los altos funcionarios de la Casa Blanca. Uno de ellos, el secretario de Prensa adjunto Raj Shah, se lamentó conmigo de la entrevista. Me había llamado a su despacho, como hiciera antes Spicer, para quejarse de la entrevista a Brown en la CNN. Shah mostró un temperamento más amable que Spicer y trató de restarle importancia a la acusación de Brown de que había supremacistas blancos trabajando en el Ala Oeste.

Shah, que es nativo estadounidense, le gritó a uno de sus ayudantes:

—¿Eres un supremacista blanco? ¿Hay algún supremacista blanco por aquí?

Era una broma, pero fue una respuesta extraña, como mínimo. Recuerdo que salí de allí pensando, "pero ¿qué demonios?". No creo que Shah estuviese tratando de ignorar los horrores de la supremacía blanca. Tampoco creo que estuviese tratando de excusar el comportamiento de Trump. Más bien fue un intento de acusar al otro partido de haberse excedido en sus críticas al presidente. Aun así, no podía creer lo que acababa de oír. No paraba de pensar, "¿cómo puedes bromear sobre los supremacistas blancos mientras trabajas en la Casa Blanca?".

Nada de aquello era normal.

Un alto funcionario de la administración defendió la respuesta de Trump a los acontecimientos de Charlottesville, insistiendo con mucho entusiasmo en que el presidente había sido injustamente difamado por su respuesta.

El funcionario aseguró que el comentario de Trump sobre la "gente muy buena" eclipsó muchos otros momentos en los que había condenado abiertamente a los nazis.

—Yo mismo no estaría aquí si pensara que Donald Trump es racista —me dijo—. No habría razón para estar aquí.

Le pregunté entonces si aquello que me dijo podía quedar registrado oficialmente.

—No quiero que quede registrado —respondió.

La mancha que dejó en la presidencia de Trump su respuesta a las protestas de Charlottesville nunca llegó a limpiarse del todo; y así debe ser. Los momentos que revelan la personalidad a semejante escala suelen dejar una marca indeleble en todos nosotros; para bien o, como en este caso, para mal. Por muy asquerosos, sórdidos y horribles que hubieran sido los comentarios captados en la cinta de *Access Hollywood*, la gestión que hizo Trump de Charlottesville fue aún peor. Resultó antipatriótico y antiamericano. Hasta ese momento, parte del lenguaje utilizado por el presidente había pasado por el cedazo de la derecha alternativa sobre el tema de la inmigración: el movimiento *birther*, el muro, la prohibición musulmana y un largo etcétera. Pero ahora, dado que el asunto se enmarcaba en la ambigüedad expresada hacia grupos de odio como el KKK y los neonazis, se abría ante nosotros una nueva realidad; una que, según los críticos, revelaba el racismo del presidente.

Después de aquel momento, advertí un cambio importante en la manera en que debía cubrirse la información de la Casa Blanca. Debido al modo en que los periodistas han aprendido su oficio durante décadas, siempre nos ha obsesionado la idea del equilibrio; que ambas partes merecen el mismo escepticismo. Aunque se puede decir eso sobre la reforma sanitaria o la política fiscal, la crisis de Charlottesville demostró que se trata de algo totalmente diferente cuando hablamos de neonazis y supremacía blanca. Cuando se trata del KKK, no existe el equilibrio, la otra parte no recibe un tratamiento imparcial. El riesgo es demasiado elevado como para fingir que esos grupos no son lo que realmente son: racistas.

Los puristas en el campo del periodismo y los académicos que opinan desde la seguridad de las aulas pueden lamentar la pérdida de la imparcialidad. Pero la imparcialidad por la imparcialidad no nos sirve de nada en la era de Trump. Y, de hecho, siempre podemos mirar al pasado y fijarnos en administraciones anteriores, cuando los periodistas tuvieron claro que debían dejar a un lado su papel de árbitros objetivos de la verdad. Walter Cronkite, de la CBS, contó al pueblo estadounidense la verdad sobre Vietnam (que no podíamos ganar), lo que enfureció a Lyndon Johnson. El *Washington Post* y el *New York Times* revelaron los bombardeos secretos de Nixon sobre Laos y Camboya con la publicación de los Papeles del Pentágono, desafiando a Richard Nixon, que también se enfadó con Dan Rather por el Watergate. Sam Donaldson declaró a los cuatro vientos en el jardín de la Casa Blanca que el "Gipper", apodo por el que era conocido Ronald Reagan, se negaba a responder preguntas. La prensa destapó las mentiras de Clinton sobre Mónica Lewinsky, y así sucesivamente. Por el contrario, creo que es justo decir que la prensa decepcionó al pueblo estadounidense en la víspera de la guerra de Irak, cuando permitimos que la administración de George W. Bush engañase al público para entrar en un conflicto basado en unas armas de destrucción masiva que no existían.

Sí, la prensa ha corrido grave peligro en innumerables ocasiones, y aun así no puede negarse que, incluso con la perspectiva histórica, teníamos la sensación de que, con los últimos comentarios de Trump, vivíamos un momento de peligro extremo... para todos. Después de lo de Charlottesville, creo que muchos miembros de la prensa empezaron a defender con uñas y dientes aquello que era correcto, y eso significaba contar la verdad, por dolorosa que fuera. Eso no significa que todos acertaran en todo momento, pero los reporteros se sentían cada vez más cómodos adoptando un punto de vista sincero frente a las palabras y el comportamiento de Trump, menos atentos a los árbitros mediáticos y su obsesión con la imparcialidad constante. No existimos solo para contar la verdad. Tenemos que contar la verdad, incluso cuando duele.

8

"Cosechamos lo que sembramos..."

Una lección aprendida tras dos años de administración Trump es que los republicanos han demostrado una y otra vez que están dispuestos a renunciar a su papel como vigilantes del presidente para poder así cumplir su agenda política. Esto quedó muy claro después de Charlottesville, cuando, en vez de desafiar a un presidente que acababa de mostrarse ambiguo ante el ascenso de los neonazis en una ciudad estadounidense, gran parte del Partido Republicano se mantuvo fiel a Trump. Después de Charlottesville, los republicanos tenían en sus manos la oportunidad de hacer algo. Pero, en la mayoría de los casos, el partido de Lincoln, Eisenhower, Reagan y la familia Bush estuvo más que dispuesto a mirar hacia otro lado.

Claro, algunos republicanos importantes criticaron a Trump públicamente. En otoño de 2017, Bob Corker se refirió a la Casa Blanca como una "guardería infantil para adultos" después de que Trump criticara al senador de Tennessee por su gestión del pacto nuclear con Irán en la era de Obama. Corker llegó incluso a decir a un grupo de reporteros que había solo tres funcionarios claves de la administración que evitaban que el país se descarrilara.

—Creo que el secretario [de Estado] Tillerson, el secretario [de Defensa] Mattis y [el jefe de Gabinete de la Casa Blanca] Kelly son las únicas personas que ayudan a mantener a nuestro país alejado del caos —comentó.

Aun así, Corker y otros destacados republicanos críticos de Trump, como el senador de Arizona Jeff Flake, prefirieron librar una batalla dialéctica con el presidente a hacer cualquier cosa que pudiera descarrilar su mandato. En su defensa, el líder de la mayoría en el Senado, Mitch McConnell, tampoco iba a permitirles trastocar la agenda de Trump de forma significativa.

El portavoz de la Cámara, Paul Ryan, también mostraba su preocupación por la retórica y el comportamiento de Trump. Pero Ryan, que, según me contaron, hablaba con Trump con más frecuencia de la que el público imaginaba, registraba sus quejas en privado. Ryan, como me dijo una fuente cercana a él, no quería crear más distracciones para el Partido Republicano manteniendo discusiones públicas con el presidente. ¿Qué sentido tendría aquello?, pensaba.

Pero el partido se enfrentó a una de sus pruebas más críticas en otoño de 2017, con el desastroso respaldo de Trump al candidato republicano de Alabama, Roy Moore, para el Senado de Estados Unidos. Si las acusaciones contra Moore por conducta sexual inapropiada nunca hubieran salido a la luz, es casi seguro que hasta el día de hoy estaría sentado en el Senado. Como todos sabemos ahora, Moore estuvo a punto de ganar el escaño, gracias al conservadurismo intenso de Alabama, pero también a Trump, que pasará a la historia con la dudosa distinción de haber apoyado con su presidencia a un candidato que se enfrentaba a acusaciones por abuso infantil. Mientras que lo de Charlottesville fue una experiencia estremecedora para muchos estadounidenses, que no entendían que un presidente divagase al hablar de los supremacistas blancos que habían causado disturbios en una ciudad del país, la campaña de Moore demostró que Trump era capaz de dar un golpe tras otro a la conciencia de la nación. Como solía suceder durante los dos primeros años de Trump en el cargo, algunos miembros del Partido Republicano no estuvieron de acuerdo con que respaldara a Moore, y, sin embargo, no se lo responsabilizó de nada. En la guardería de la Casa Blanca, como decía Corker, parecía no haber adultos presentes dispuestos a enfrentarse al presidente.

El 9 de noviembre de 2017, el *Washington Post* destapó una noticia en la que acusaba a Moore de haber abusado de una niña de catorce años cuando él era un fiscal adjunto de treinta y dos en Alabama; acusación que el candidato republicano al Senado calificó de —sí, lo han imaginado— "noticias falsas". Además de esa acusación, el *Post* había encontrado a otras mujeres que decían que, cuando eran adolescentes, Moore les pidió salir, además de otras insinuaciones más inapropiadas y repugnantes. Tras la noticia bomba del *Post*, gran parte de la clase dirigente del Partido Republicano abandonó de inmediato a Moore, que había vencido apoyado por Trump al senador republicano de turno Luther Strange en las primarias.

La historia de Moore se destapó hacia el final del viaje de once días de Trump por Asia, en otoño de 2017. Después de haber participado en muchos de estos viajes, puedo asegurar que casi siempre se ven interrumpidos por las noticias procedentes desde casa, y no en el buen sentido. Le sucedió a Obama y, con el escándalo de Roy Moore, estaba sucediéndole a Trump. El 11 de noviembre, el presidente trató de esquivar las preguntas de los reporteros sobre la noticia de Moore a bordo del Air Force One.

—Sinceramente, tendría que echarle un vistazo para decidir. Porque, repito, tengo que tratar con el presidente de China, el presidente de Rusia. Tengo que tratar con la gente de aquí —contó a los reporteros—. No he podido dedicar mucho tiempo al asunto.

Lo sorprendente es que algunos miembros del Partido Republicano dieron a Trump la oportunidad que necesitaba para abandonar a Moore. El 13 de noviembre, el senador de Colorado, Cory Gardner, director del Comité Senatorial Republicano Nacional, recomendó que Moore fuera expulsado del Senado si el republicano de Alabama ganaba la carrera electoral.

—Creo que las personas que han hablado en contra de Roy Moore lo han hecho con valor y sinceridad, demostrando que no es apto para servir en el Senado de Estados Unidos y no debería presentarse a las elecciones. Si se niega a retirarse y gana, el Senado debería votar para expulsarlo, porque no cumple con los requisitos éticos y morales del Senado de Estados Unidos —sentenció Gardner en su declaración.

Aun así, cuando Trump y su equipo regresaron a la Casa Blanca tras su viaje por el extranjero, resultó evidente que tenían otros planes. Habían preparado el camino para que el presidente, en su lugar, hiciera lo impensable: no solo respaldar a Moore, sino además hacer campaña por él en las elecciones de Alabama. En una sesión informativa para la prensa el 16 de noviembre, Sarah Sanders no descartó la posibilidad de que Trump pudiera hacer campaña por un hombre acusado de abuso infantil.

—¿Cree que es un pervertido? —le pregunté a Sarah en la sesión informativa.

—¿Que si lo creo? —respondió ella—. Mire, no conozco a Roy Moore. No lo he visto en persona, así que no sería capaz de responder a eso.

Cinco días más tarde, Trump ignoró las condenas al comportamiento de Moore procedentes de su propio partido y anunció que respaldaría al candidato republicano.

—Él lo niega. Miren, lo niega —dijo el presidente sobre Moore—. Si se fijan en todo lo que ha ocurrido en las últimas cuarenta y ocho horas. Lo niega por completo. Dice que nunca ocurrió. Y, miren, también hay que darle la oportunidad de escucharlo a él.

A medida que la carrera entre Roy Moore y su contrincante demócrata Doug Jones iba ajustándose, Trump tomó finalmente la decisión de respaldar al candidato republicano. En un intento por atraer a más republicanos para que adoptaran su manera de pensar, dijo que Moore apoyaría el paquete republicano de recortes fiscales que había estado abriéndose paso en el Congreso. En diciembre, Trump lo apoyó enfáticamente participando de un mitin en Pensacola, Florida, una ciudad situada en el mango del estado, donde la cobertura televisiva local se veía en Mobile, Alabama. El presidente, tal vez demasiado avergonzado por hacer campaña por Moore en Alabama, tomó la mejor alternativa.

—No podemos permitirnos tener a un demócrata liberal controlado por Nancy Pelosi y Chuck Schumer. No podemos hacerlo —declaró Trump ante la multitud en Pensacola. Sin intención de retractarse, siguió burlándose de una de las mujeres que habían acusado a Moore de abuso sexual.

Al final, el respaldo cobarde de Trump no fue suficiente para lograr que Moore ganara las elecciones. Fue una derrota humillante para el presidente, que oyó los "te lo dije" procedentes del Congreso, donde los miembros más experimentados tenían razón sobre las posibilidades de Moore. Una fuente cercana a Trump ofreció una estimación sincera del daño causado al prestigio del presidente.

—Es desastroso para el presidente... Esto es un terremoto —me dijo la fuente.

La campaña de Alabama demostró que a Trump se lo podía vencer, incluso en uno de los estados más conservadores del país. Había ignorado los deseos de su propio partido, pensando que era como el rey Midas siempre que entraba en una contienda. Pero los votantes, incluso en la Alabama más profunda, tenían sus límites.

Los miembros republicanos de Washington, sobre todo en el Senado, se enfurecieron por la decisión de Trump de apoyar a un supuesto acosador infantil. Sí, antes de la campaña de Alabama, habían temido a Trump; a los legisladores republicanos de turno y a sus equipos políticos les preocupaba la idea de que Trump irrumpiese en sus estados o distritos para respaldar a un rival más conservador durante el proceso de las primarias. Eso había mantenido bajo control a dichos miembros y al resto del partido, hasta cierto punto. La debacle de Moore fue crucial, revelando que existía el riesgo de estar demasiado ligado a Trump, sobre todo en distritos oscilantes de la Cámara, un campo de batalla decisivo para las elecciones de mitad de mandato en 2018. Con Moore, Trump se había comportado de un modo temerario y poco profesional, y muchos miembros del Partido Republicano empezaban a pensar que podrían pagar un precio demasiado caro por ello cuando llegaran las elecciones de mitad de mandato.

De hecho, fue otro momento complicado para las personas que rodeaban al presidente. Sin embargo, como sucedió con Charlottesville, no se produjeron dimisiones en masa. Los ayudantes del presidente siguieron haciéndose los tontos. Todo aquello me resultaba desconcertante. Si las acusaciones a Moore no les repugnan, nada lo hará. Pero, para Trump, un escaño en el Senado era más importante que hacer lo correcto. Aparentemente, la mayoría del equipo de la Casa Blanca que lo rodeaba estaba de acuerdo con él.

Por muy dañino que resultara el escándalo de Roy Moore para Trump y para el partido, los republicanos lograron enderezarse pocos días después con la aprobación de un enorme paquete de reducciones fiscales que supuso una bendición para Wall Street y para los estadounidenses más adinerados. Resultó que el voto de Moore no era necesario; la ley se aprobó de todas formas. Las reducciones fiscales suponían una de las principales transferencias de riqueza de una generación a otra. A medida que los déficits comenzaron a dispararse en 2018, con vistas a prolongarse durante la siguiente década, los *millennials* y las generaciones más jóvenes se endeudarían cada vez más.

El 20 de diciembre de 2017, más o menos una semana después de la derrota de Moore, casi todo el Partido Republicano en el Congreso se reunió en el Jardín Sur de la Casa Blanca para elogiar a Trump y celebrar la aprobación del plan de reducción fiscal. No se mencionó en absoluto el respaldo del presidente al supuesto acosador infantil. Recuerdo que me impactó una declaración bastante emotiva del senador republicano de Utah, Orrin Hatch, antiguo presidente del Comité de Finanzas del Senado, que prácticamente describió a Trump como la reencarnación de Lincoln:

—Solo puedo decir que Dios ama a este país —dijo Hatch—. Todos lo sabemos. Sin Él, no estaríamos donde estamos. Y los queremos a todos. Y vamos a seguir luchando, y haremos de esta la mejor presidencia que jamás ha habido, no solo en muchas generaciones, sino tal vez de la historia.

¿La mejor presidencia de la historia? recuerdo que pensé. Trump acababa de respaldar a Roy Moore, tan solo unos pocos meses después de mostrarse ambiguo con la violencia supremacista blanca en Charlottesville, y todo ello en mitad de una campaña constante de difamación de los inmigrantes; aquella declaración me pareció excesiva.

Que se celebrara aquel acto en el Jardín Sur inmediatamente después del escándalo de Moore resultaba sorprendente. En una presidencia plagada de acontecimientos sensacionalistas, aquel acto de ostentación política apenas si llegó a oídos de muchos, pero, mientras lo observaba, sentía que se trataba de un momento clave en la presidencia de Trump, algo que, para mí, consolidaba uno de los aspectos importantes de la curiosa relación entre Trump y el resto del Partido Republicano. Parecía que había un sector republicano dispuesto a consentir con tal de lograr los objetivos del partido a largo plazo. Si querías tus reducciones fiscales, tenías que tragarte el comportamiento altamente cuestionable de Trump. Lo mismo si querías jueces conservadores. Puede que Trump y los republicanos no estén dispuestos a llegar a acuerdos con los demócratas, pero sin duda estaban llegando a acuerdos dentro del propio partido. Estaban negociando, no cabía duda. El partido lograría algunos de sus objetivos políticos a cambio de hacerse de la vista gorda.

En casi todos los episodios de pasividad republicana se repetía un patrón familiar: Trump iba demasiado lejos y la mayoría del partido apenas hacía nada por desafiar su comportamiento. Esa dinámica era la razón principal por la que la prensa se encontraba, una y otra vez, en el punto de mira de Trump. Los miembros del partido en el Congreso habían renunciado a llamar la atención al presidente por su comportamiento, lo que significaba que la tarea recaía en nosotros, los reporteros.

Por esta razón era cada vez más difícil soportar el falso compañerismo en acontecimientos formales como la tradicional fiesta de Navidad de la Casa Blanca para los corresponsales de prensa. Durante el escándalo de Roy Moore, la CNN había anunciado que no asistiría a la recepción y, tras ser calificados de "noticias falsas" y "enemigo del pueblo", teníamos buenas razones para rechazar la invitación.

—A la vista de los continuos ataques del presidente a la libertad de prensa y a la CNN, no consideramos apropiado ser sus invitados en esta celebración —declaró un portavoz de la cadena.

Sarah Sanders, capaz de echar veneno contra la prensa mientras se cepilla los dientes, no pudo resistirse a incordiar a la CNN. **¡La Navidad se ha adelantado! Por fin una buena noticia de @CNN,** tuiteó en su momento.

Rechazar la invitación fue una buena decisión por parte de la CNN, pese a que algunos de nuestros compañeros de la prensa creyeran que estábamos entrando en el juego de Trump. Pero a mí me parecía que no podíamos criticar los ataques de Trump a la prensa mientras bebíamos ponche de huevo y posábamos con él en las fotos. Otros miembros de la prensa se sentían cómodos haciendo eso, pero yo no. Esas fotos podían publicarse en redes sociales y enviar un mensaje equivocado: enemigos del pueblo durante el día, compañeros de copas durante la noche.

Como para confirmar que habíamos tomado la decisión correcta, la Casa Blanca se aseguró de no invitar a ciertos reporteros a la recepción (no puede decirse que derrocharan espíritu navideño). April Ryan, de American Urban Radio Network, estaba en la lista de indeseados para Trump. ¿Cómo iba yo a asistir a una recepción navideña en la Casa Blanca a la que April, en represalia a su cobertura informativa, ni siquiera había sido invitada? Pero así era como se comportaba la Casa Blanca. Al invitar a unas cadenas sí y a otras no, Trump animaba a las organizaciones mediáticas a tomar una decisión: mostrar su solidaridad con la Casa Blanca o con sus compañeros periodistas. Era una cuestión de divide y vencerás, incluso en Navidad.

—Me desprecian —contó April al *Washington Post* en relación con aquel desaire.

Aquello supuso un empeoramiento terrible en las relaciones entre la prensa y la Casa Blanca. La recepción navideña para la prensa se canceló directamente en 2018, poniendo fin a una tradición que se prolongaba desde hacía décadas en administraciones republicanas y demócratas por igual. Yo mismo había llevado a mis hijos a esos acontecimientos cuando Obama ocupaba la Casa Blanca; igual que muchos otros periodistas. Era una pequeña manera de compensar a nuestros hijos por soportar la molestia de tener un padre que trabajaba como corresponsal de prensa de la Casa Blanca.

PASAR POR ALTO EL RESPALDO A ROY MOORE A CAMBIO DE
una reducción fiscal demostró sin duda que a los republicanos
les gustaba cosechar los beneficios de tener a Trump en la Casa
Blanca. Pero había muchos en el partido que inicialmente re-
chazaron la idea de una política parcializada dentro de la administración. Parte del problema era que muchos republicanos se
habían mostrado muy críticos con Trump durante la campaña.
En su mayoría, estos "Anti-Trump" fueron descartados por
considerarlos desleales y los descalificaron para trabajar en la
Casa Blanca. Esto significaba que muchas de las personas dispuestas a trabajar para Trump no tenían ninguna experiencia
a la hora de manejar un gobierno. Hubo miembros del Partido
Republicano que criticaron a Trump desde la campaña, uno
de ellos lo fue el estratega político R. C. Hammon. Algunos, sí
que acabaron sumándose a la administración, pero la mayoría
decidió irse al sector privado. Muy pocos de los Anti-Trump
acabaron trabajando en la Casa Blanca, porque el entorno favo-
recía a los fieles a Trump y aquellos que siempre apoyarían al
presidente.

Los infortunios del personal de la Casa Blanca de Trump
alcanzaron su punto álgido durante el escándalo de Rob Porter.
Porter era el secretario personal del presidente, un cargo muy
codiciado en cualquier administración. Allí donde iba Trump,
Porter siempre estaba detrás, preparando documentos para
que los firmara y asegurándose de que cumpliera con los hora-
rios. Es un trabajo importante en cualquier Casa Blanca, desde
luego no es un puesto que se conceda a cualquiera. Eso quedó
muy claro cuando el tabloide británico *Daily Mail* destapó la

noticia sobre una supuesta acusación contra Porter por violencia doméstica. Trump, a quien le gustaba alardear de contratar solo a los mejores, tenía un importante problema entre manos: pese a las acusaciones de dos exmujeres que aseguraban que las había maltratado, el empleado de la Casa Blanca había sido autorizado a trabajar cercanamente con el presidente de Estados Unidos.

Curiosamente, Porter anunció su dimisión en una declaración que parecía reconocer las acusaciones y, al mismo tiempo, negarlas. Pese a esa inmensa señal de alerta, el gabinete de Prensa de la Casa Blanca consideró que era buena idea recabar testimonios que elogiaran al secretario, incluido uno del jefe de Gabinete, el general John Kelly, quien describió a Porter como "un hombre de honor e integridad". Fue un error que cualquier gabinete de Prensa de la ciudad o del estado habría evitado.

Parte del motivo por el que el escándalo de Porter fue tan devastador para la Casa Blanca fue que el personal no supo cómo gestionar aquellas revelaciones tan bochornosas. Como muchos en la prensa ya sabíamos, en aquella época Porter salía con una importante empleada del Ala Oeste, Hope Hicks, la glamurosa directora de Comunicaciones de Trump y una de las "originales" de la campaña. Hicks podía mostrarse tímida con algunos reporteros, pero no le costaba llamar la atención. Había trabajado como modelo y, con frecuencia, se vestía más como una primera dama que como una ayudante de prensa. Muchas veces le sacaron fotografías vistiendo ropa de diseño y carísimas gafas de sol al bajar del Air Force One en viajes oficiales junto al presidente. No era ningún secreto que salía con Rob Porter. Durante el viaje de Trump a Asia en otoño de 2017, me encontré con ambos cuando estaba de excursión por Vietnam entre un evento y otro del presidente. Hope lucía un conjunto de Lululemon y Rob llevaba puesta una camiseta de Harvard. No llevaban encima dinero vietnamita y estaban intentando averiguar cómo pagar la entrada para realizar una excursión por una zona turística a las afueras de Da Nang. Los empleados de la Casa Blanca estaban al corriente de su relación de pareja, lo cual hacía que no fuera tan fácil terminar su relación con Porter. Al fin y al cabo, era el novio de Hope.

Pero Porter tenía otros aliados en la Casa Blanca.

—Había cierta hermandad en torno a Porter —me dijo un alto funcionario de la Casa Blanca—. Una hermandad protectora.

Parte de la razón de aquella "hermandad protectora" era que muchos de los que trabajaban en el Ala Oeste veían a Porter como una estrella emergente dentro del mundo de Trump. Porter tenía grandes planes, según me contó el funcionario.

—Es un tipo que pensaba que algún día acabaría en el Tribunal Supremo —dijo el funcionario.

Pero insistió en que Porter lo echó todo a perder, en parte, al no sincerarse ante los funcionarios de la Casa Blanca con respecto a las acusaciones. Mintió a todo el mundo sobre su pasado, según me contó este funcionario.

—El presidente estaba literalmente conmocionado cuando descubrió la verdad —añadió el funcionario.

El escándalo de Porter sirvió para demostrar hasta dónde estaban dispuestos a llegar en la Casa Blanca de Trump con tal de llenar sus filas de fieles. Resultó que a Porter le faltaba el permiso formal de seguridad necesaria para un trabajo que incluía la gestión de documentos clasificados para el presidente.

En su lugar, estaba trabajando con un permiso temporal. No era el único. Una semana después de su renuncia, yo mismo informé de que más de cien empleados de la Casa Blanca, incluidos algunos altos funcionarios, estaban trabajando solo con un permiso de seguridad temporal. Aquello resultó inquietante un año después de que Trump fuese elegido presidente. Ivanka Trump, Jared Kushner y Rob Porter figuraban en la lista de empleados del Ala Oeste que carecían de un permiso completo. Si algo tuvo de positivo el escándalo de Porter fue que la Casa Blanca tuvo que empezar a admitir un fallo de seguridad bastante vergonzoso. Pero todavía estaban por venir otros cambios dramáticos.

Tres semanas después de que Porter dimitiera, Hicks dejó su cargo también. Su dimisión no fue poca cosa. Más allá de la familia Trump, ella había llegado a comprender al presidente mejor que nadie dentro del Ala Oeste. Era una fiel defensora de Trump detrás de las cámaras y con frecuencia se encaraba con los reporteros que dudaban de la sinceridad del presidente al prometer que "volvería a hacer de América un gran país". Hope no paraba de decirnos que no conocíamos al verdadero Trump. El presidente confiaba ciegamente en Hicks y solía ponerla al teléfono con los reporteros para elogiar o criticar noticias que a él no le gustaban. Era como una extensión del presidente, casi como una más en la familia Trump. Una clara señal de su posición dentro de la Casa Blanca era que, frecuentemente, se la podía encontrar en la residencia, privilegio que no se concedía a la mayoría de los empleados.

Otros implicados en el escándalo de Porter, como el jefe de Gabinete John Kelly, permanecerían, aunque con serios daños. Kelly confesó a otros funcionarios de la Casa Blanca que consideraba que lo habían culpado injustamente por el asunto de Porter. Pero, dentro del Ala Oeste, dudaban de hasta qué punto el jefe de Gabinete sería consciente de los problemas con los antecedentes de Porter. (De hecho, Kelly había hablado con el presidente sobre si debía dimitir). Según parece, al reputado general le faltaban las habilidades políticas necesarias para dirigir la Casa Blanca, sobre todo una tan caótica como esa. No se daba cuenta del error que suponía elogiar a Porter, incluso cuando el secretario se enfrentaba a acusaciones de violencia doméstica. El general acabó por enmendar la declaración en la que alababa la personalidad de Porter, pero hicieron falta pruebas contundentes para hacerle cambiar de opinión. En cuanto vio una de las fotografías publicadas por el *Daily Mail* en la que aparecía una de las exmujeres de Porter con un ojo morado, Kelly decidió que no podía seguir defendiendo a un joven empleado de quien claramente tenía un buen concepto.

El jefe de Gabinete trató de aportar disciplina de estilo militar al Ala Oeste, haciendo listas de cosas en una pancarta de cartón que a veces lo veíamos llevar de un acto a otro. Lo exasperaban las tácticas de Trump y, con frecuencia, chocaba con el presidente detrás de las cámaras al intentar modificar su comportamiento errático. Sus esfuerzos por reprimir al mundo de Trump no siempre sentaban bien al presidente, pero él, que disfrutaba rodeándose de generales en los primeros meses de su administración, descubrió en Kelly una especie de alma gemela. Había otro hecho que, sin duda, resultaba atractivo para Trump: el "jefe", como llamaban a Kelly en privado, se mostraba intransigente con el tema de la inmigración ya desde su época como secretario de Seguridad Nacional. Aun así, con el escándalo de Porter, Kelly se había vuelto vulnerable a los pesos más pesados del mundo de Trump. La misma gente que había sido bloqueada por él cuando restringió el acceso al Ala Oeste ahora contaba entre susurros a los reporteros que el general tenía los días contados. Como si aquello no fuera suficiente, las "historias de Corey" regresaron: los chismes de pasillo contaban que Lewandowski había vuelto para ocupar el cargo de jefe de Gabinete y eso atormentaba a Kelly. De la misma manera que había sucedido con Reince Priebus cuando este estaba en la cuerda floja.

Un antiguo funcionario de la Casa Blanca me dijo en repetidas ocasiones que Kelly se sentía muy culpable por el escándalo de Porter. Como me explicó el funcionario, el abogado de la Casa Blanca, Don McGahn, sabía mucho más sobre el pasado de Porter de lo que le había revelado a Kelly cuando se destapó el escándalo. En un inicio, Kelly no estaba al corriente de que McGahn hubiera tratado con personas que conocían directamente el pasado abusivo de Porter. Para proteger a McGahn, Kelly "se clavó su propia espada", dijo el funcionario. Trump "sabía que la embarrada era cosa de McGahn", añadió el funcionario.

Aquella no era la primera vez que McGahn tenía conocimiento de información perjudicial y se la ocultaba a los demás. También estaba enterado de los contactos de Michael Flynn, consejero de Seguridad Nacional, con el embajador ruso Sergey Kislyak, como me contó un alto funcionario de la Casa Blanca, quien a su vez insistió en que no tenía nada de malo que McGahn se guardase secretos. Lo malo era su manera de actuar.

¿Por qué querría Kelly sacrificarse por el abogado de la Casa Blanca? McGahn, que desde entonces se ha echado a un lado, tenía más influencia dentro del Ala Oeste de lo que el público creía, según me explicó este antiguo funcionario. En cuanto el general fue nombrado jefe de Gabinete, McGahn y el jefe de Estrategia Steve Bannon acudieron a él para intentar deshacerse de Ivanka Trump y Jared Kushner, quienes se habían convertido en su propio núcleo de poder y estaban apartados del resto del personal. Al reclutar a Reince Priebus, jefe de Gabinete saliente, McGahn y Bannon pidieron a Kelly que "enviara a los niños a casa", me contó el funcionario. El "grupo", como este funcionario se refería a McGahn, Bannon y Priebus, trató de reclutar a otros importantes ayudantes para que se unieran a la rebelión. Las luchas internas de aquella facción del gobierno eran parte del motivo por el que Kelly había abandonado su puesto en el Departamento de Seguridad Nacional para ocupar el cargo de jefe de Gabinete. En vez de derrocar a los miembros de la familia de Trump, trató de mantener la paz, como parte de su misión de devolver el orden a un Ala Oeste desordenada. Aun así, Kelly y McGahn estrecharon lazos y se hicieron "inseparables", dijo el antiguo funcionario, manteniendo el puesto del abogado como pieza clave tras bastidores.

Jared e Ivanka eran una fuente de inestabilidad en la gestión dentro del Ala Oeste, según me informaron múltiples ex altos funcionarios de la Casa Blanca. Librarse de los "niños" era un "tema" recurrente desde los primeros días de la administración, comentó uno de los funcionarios. Otro fue aún más lejos y culpó a Jared y a Ivanka de la mayoría de las malas decisiones del presidente.

—No son parte del problema. Son el problema —aseguró el exfuncionario—. El origen de todas las malas decisiones está en Jared e Ivanka —añadió el funcionario, y señaló el despido de James Comey como prueba—. Además, son unos estafadores —continuó, comentando que la hija y el yerno del presidente fingían saber lo que estaban haciendo. Aun así, ostentaban un enorme poder—. Ellos son los jefes de Gabinete —añadió el funcionario.

Pero Kellyanne Conway defendió a Jared y a Ivanka ante mí, culpando de la revuelta contra "los niños" a los empleados que querían quitarse de en medio a la pareja para cumplir sus propios objetivos.

—Algunas personas probablemente quisieran eso. Pero esas personas ya no están —me dijo Conway—. No es de extrañar que quisieran que se fueran; veían a Jared e Ivanka como obstáculos más que como compañeros —añadió.

De hecho, Priebus, predecesor de Kelly, se sentía tan frustrado por su falta de influencia en el Ala Oeste que llegó a decir a la gente que él solo era el "jefe de adorno". Un ex alto funcionario de la Casa Blanca me explicó por qué Priebus se sentía así. Cada vez que se enzarzaba en un acalorado debate con Jared sobre alguna política en particular, con frecuencia sentía que llevaba las de perder. Reince sabía que era prescindible. Los niños no lo eran. De modo que, en esas peleas detrás de las cámaras, siempre percibía que, de manera automática, los niños llevaban las de ganar.

Kelly tampoco se sentía a gusto en su cargo, algo que en ocasiones revelaba en sus apariciones públicas. "Hice algo malo y Dios me ha castigado", bromeó en un acto dedicado al Departamento de Seguridad Nacional.

Kelly no ocultaba su malestar ante los ayudantes de la Casa Blanca y, con frecuencia, se desahogaba con la primera persona que veía tras reunirse con Trump en el Despacho Oval. "No llevaba su frustración de manera discreta", me aseguró el ex alto funcionario.

Aun así, la historia de Porter supuso un duro golpe para el prestigio de Kelly dentro de la Casa Blanca. "Todo fue cuesta abajo" después de aquello, añadió el funcionario. Como informaron varias cadenas, incluida la CNN, Kelly había hablado con Trump sobre la posibilidad de dimitir, pero el presidente, sabiendo que Kelly no era enteramente responsable de lo ocurrido, decidió mantener al general en su equipo.

Con el escándalo de Porter, el gabinete de Prensa también había dado una respuesta mediocre. Dadas las circunstancias del asunto, un gabinete de Prensa competente nunca habría contemplado la posibilidad de emitir una declaración favorable sobre un empleado acusado de violencia, doméstica o de cualquier otro tipo. La declaración de un gabinete de Prensa competente habría sido: "Rob Porter abandona la Casa Blanca. Hoy ha sido su último día". Del mismo modo en que se expresaron cuando se deshicieron de Steve Bannon.

Presioné con ese tema a Raj Shah, el secretario de Prensa adjunto, que sustituía a Sanders aquel día en la Sala de Prensa.

ACOSTA: ¿Cómo es posible que el jefe de Gabinete, el secretario de Prensa y la Casa Blanca sigan defendiéndolo cuando el señor Porter parece reconocer que tenía ese pasado?
SHAH: Creo que es justo decir que todos podríamos haber hecho mejor las cosas a lo largo de las últimas horas, o los últimos días, al gestionar esta situación.

En su momento, mis fuentes me dijeron que a Trump no le gustó nada aquella declaración de Raj. En el mundo de Trump, aquello suponía una transgresión de las normas: nunca se admiten los errores.

Lo que sucedió con Porter fue más que un simple fracaso por parte del personal de Trump. El código ético de la Casa Blanca había vuelto a quedar al descubierto, pues el presidente volvió a recuperar viejas costumbres. Cuando se trata de acusaciones por acoso sexual, Trump casi siempre se sitúa del lado del acusado, y no del acusador. Ya lo había hecho antes y volvería a hacerlo. Al hablar con los reporteros, expresó su apoyo a su antiguo secretario y recordó que Porter se había declarado inocente.

—Además, como probablemente sepan, dice que es inocente y creo que han de recordar eso —mencionó el presidente—. Ayer dijo con mucha firmeza que es inocente, así que tendrán que hablar con él al respecto, pero nosotros le deseamos lo mejor. Hizo un gran trabajo cuando estuvo en la Casa Blanca.

Con esa declaración, al ponerse del lado de Porter, Trump demostró de nuevo que no parecía entender que el papel del presidente era ofrecer liderazgo moral en una situación así. Aquello no se habría tolerado en ninguna empresa importante del país, y sin embargo estaba sucediendo en la Casa Blanca.

Y era más grave si se consideraba el hecho de que Trump no tuviera un gabinete de Prensa a la altura. Pero, como ya he dicho antes, no había mucho de dónde escoger. Existían muchos republicanos en Washington que no podían (y no querían) trabajar para Trump. Podría dar nombres aquí, pero no lo haré. No me parece que sea lo correcto. Pero, en privado, muchos miembros conocidos del Partido Republicano me han dicho que nunca podrían servir a la administración Trump. Otros lo intentaron y se marcharon al ver que la situación era inviable. Eso dejaba a Trump con muchas personas que, en circunstancias normales, no habrían estado trabajando en un lugar tan importante como la Casa Blanca.

Pero aquí la noticia no es el personal, y esa es la clave. Por eso me remito de nuevo a lo que me dijo un importante ayudante del Congreso republicano durante la campaña de 2016. El empleado, que permanecerá en el anonimato, contempló impotente desde el banquillo como Trump derrotaba a dieciséis adversarios para ganar la candidatura del partido.

—Nuestros mejores candidatos están alimentando los peores prejuicios de la gente en vez de intentar superarlos. Y esto es lo que tenemos. La burbuja explotará en algún momento —dijo el ayudante, al que le preocupaba que Trump pudiera dejar al partido "hecho pedazos"—. Cosechamos lo que sembramos —añadió.

En los primeros días de la administración, fue igualmente revelador escuchar a los funcionarios republicanos que habían trabajado adentro. Los antiguos funcionarios de la administración me describieron escenas de una incompetencia difícil de creer; organizaciones llenas de jóvenes inexpertos que llegaron a la administración procedentes de la campaña de Trump sin apenas experiencia gubernamental.

Muchos dentro del partido me dijeron que les preocupaba que Trump no tuviese verdaderos principios morales. En menos de seis meses, se había alineado con los supremacistas blancos, había apoyado a un supuesto acosador infantil y había defendido a un hombre acusado de maltrato. Puede que algunos en el partido hubieran batallado con esos demonios, pero Donald Trump no lo hizo.

———————

UNA DE LAS POLÍTICAS DE TRUMP QUE LA MAYORÍA DE LOS republicanos adoptaron como propia fue su postura respecto a la inmigración. Lejos quedaba la época de ideas moderadas de George W. Bush, como por ejemplo un camino hacia la ciudadanía para los inmigrantes indocumentados de la nación que vivían en la sombra. Trump había prometido reducir la inmigración como piedra angular de su campaña, mediante unas formas que sorprendieron al propio Partido Republicano. Una vez jurado el cargo, no pensaba aflojar en su visión del tema, incluyendo un lenguaje extremista y cargado de odio. El Partido Republicano siguió a Trump.

En enero de 2018, Trump comenzó a revelar lo que sería la esencia de su programa sobre inmigración. Durante una reunión a puerta cerrada con legisladores demócratas y republicanos, comentó desacertadamente que no quería inmigrantes procedentes de Haití y ciertos países de África, naciones a las que calificó de "pozos de mierda". Según el senador demócrata de Illionis Dick Durbin, presente en la reunión, Trump dijo que preferiría tener inmigrantes de lugares como Noruega. Así que, como es natural, durante un acto en el Despacho Oval le pregunté por aquellos comentarios. Fue entonces cuando me dijo que me largara.

—¿Dijo usted que quería más gente procedente de Noruega? —le pregunté el 16 de enero de 2018.

Trump contó entonces una mentira a los reporteros reunidos en la sala.

—Quiero que vengan de todas partes. De todas partes —respondió.

"Pero ¿qué dices?", pensé. "Eso no es cierto". De modo que pasé a hacer la pregunta que todos estaban pensando.

—¿Solo países caucásicos o blancos, señor? ¿O quiere que venga gente de otras partes del mundo? Partes del mundo con gente de color —le dije.

—Fuera —respondió Trump, ordenándome abandonar el Despacho Oval. Para aumentar el caos, los ayudantes de la Casa Blanca empezaron a gritarme en la cara para ahogar mis preguntas.

Momentos más tarde, Trump se dirigió a otro acto, celebrado en la Sala Roosevelt del Ala Oeste, donde de nuevo intenté preguntarle por sus comentarios sobre inmigración. Sin embargo, esta vez algunos de los ayudantes de Trump se me pusieron delante y empezaron a gritar para ahogar mi voz. Fue una escena absurda sacada de un país totalitario como China, no de Estados Unidos. Imaginen lo que es hacer una pregunta en esa clase de entorno. He cubierto a políticos electos desde el Ayuntamiento hasta la Casa Blanca. Eso nunca me había ocurrido.

Es evidente que mis preguntas enfurecieron a Trump y a sus aliados. Un consejero muy cercano al presidente me escribió a modo de protesta: "Haití es un pozo de mierda".

A decir verdad, durante un rato no supe cómo transmitir a los espectadores la historia de los "pozos de mierda". Entonces Jay Shaylor, productor ejecutivo de *Situation Room* para la CNN, me habló por el auricular un minuto antes de entrar en directo para decirme que sí, que podía decir "pozo de mierda" en la CNN. Y eso hice. Minutos más tarde, el presentador del programa, Wolf Blitzer, rehusó decir "pozo de mierda", lo que me recordó una vez más que es una de las personas más decentes de nuestra profesión, un auténtico caballero.

En cuanto a los empleados de Trump que me gritaban en la cara, es una parte del trabajo que claramente fascina a todo el mundo. La gente no para de preguntarme: "¿Quiénes son esas personas que te gritan en la cara cuando intentas hacer una pregunta?". Algunos son simpáticos y amables; otros no. Pongamos por caso a Katie Price, antigua maquilladora que alguna vez trabajó en la CNN. Se hizo un nombre dentro de la Casa Blanca como una de las que gritaba a todo pulmón. Cuando se ven vídeos de reporteros reunidos en torno al presidente en el Despacho Oval o en la Sala del Gabinete tratando de hacer preguntas, Katie es la mujer a la que se oye gritar por encima de las voces de los reporteros. Es bastante impresionante, en un sentido enfermizo y retorcido.

—¡Hora de irse, chicos! —gritaba—. ¡Nada de preguntas! —chillaba, a escasos centímetros de nuestros oídos—. Vamos, Jim. ¡Hora de irse!

Hacer una pregunta al presidente con gente gritándote al oído es toda una experiencia para un reportero de la Casa Blanca. Es casi como ser el árbitro en un partido de béisbol y tener a los incordios más borrachos y ruidosos en las gradas gritándote a la cara. ¿Cómo gritar *strikes* en esa clase de entorno? No culpo a Katie. ¿Qué iba a saber ella? Además, sus gritos la convirtieron en una de las favoritas de Trump. Un funcionario de la administración me confesó que al presidente le encantaba cómo nos gritaba Katie, y llegó a decir a sus ayudantes que deberían nombrarla sustituta en su batalla contra la inmigración ilegal.

—Debería enviarla a la frontera —solía decir de ella, según el funcionario. Trump pensaba que Katie espantaría a los migrantes.

Una vez le pregunté a Katie cómo se convirtió en favorita de Trump.

—Le gusta mi trabajo porque puedo ser asertiva y profesional al mismo tiempo —me dijo en uno de sus mítines.

Pero estoy divagando. Al igual que con Charlottesville y Roy Moore, la controversia de los "pozos de mierda" no supuso el final de la sucesión de momentos espeluznantes en la Casa Blanca de Trump. Casi de manera mecánica fueron sucediéndose más episodios, que iban desde lo inquietante hasta lo deprimente.

La inmigración era el tema con el que Trump siempre lograba encontrar nuevas formas de revolverle el estómago a este reportero.

Pensemos en cómo gestionó Trump el tema de los millones de jóvenes estadounidenses que llegaron ilegalmente al país de la mano de sus padres, pero protegidos por la Acción Diferida para los Llegados en la Infancia, conocida como DACA por su sigla en inglés. DACA fue una iniciativa de emergencia lanzada por la administración Obama y diseñada para evitar que los niños fueran deportados a países donde, en esencia, serían extranjeros. Los beneficiarios de la DACA, también conocidos como *Dreamers*, soñadores, son niños, adolescentes y adultos jóvenes que acuden a nuestras escuelas y universidades y, en algunos casos, sirven en nuestro Ejército. Durante la administración Obama, podían vivir en Estados Unidos, en general sin miedo a la deportación; lo cual es bueno, porque muchos de esos niños de la DACA ni siquiera hablan el idioma de su país de origen. A efectos prácticos, son estadounidenses.

Allá por septiembre de 2017, Trump había decidido poner fin a la DACA como parte de su plan para reducir la inmigración. Cabe destacar que, un año más tarde, en noviembre de 2018, un tribunal de apelación decidió mantener con vida el sistema —en el momento en que escribo estas líneas, el Tribunal Supremo aún no ha escuchado el caso—, pero, hasta que se conoció el resultado de esa apelación, durante más de un año, esos *Dreamers* estuvieron viviendo con miedo a la deportación. El 1 de abril de 2018, Trump intensificó ese temor. Cuando se dirigía a la misa del Domingo de Pascua en Florida, culpó a los demócratas de no haber podido aprobar en el Congreso una legislación que protegiera a los *Dreamers*. La verdad, por supuesto, es que, durante años, ninguno de los dos partidos del Congreso había abordado el problema. Y, en cualquier caso, fue él quien puso fin al programa DACA.

@realDonaldTrump
Los agentes fronterizos no pueden hacer correctamente su trabajo en la frontera por culpa de leyes (demócratas) ridículas como la de Capturar y Liberar. Cada vez es más peligroso. Se acercan las "caravanas". Los republicanos deben recurrir a la opción nuclear para aprobar leyes duras YA. ¡NO MÁS DACA!
8:56 AM–Apr 1, 2018

Pensando sobre esto, uno se da cuenta de que gran parte de eso eran sus fanfarronadas habituales. Pero, en su momento, aquel tuit produjo escalofríos entre la comunidad inmigrante. Si Trump había cerrado la puerta a intentar resolver la DACA, un programa que había eliminado seis meses atrás, esos jóvenes inmigrantes estarían en riesgo. Los niños de la DACA podrían ser devueltos a sus países de origen. Muchas familias se verían obligadas a separarse.

Un día después de que Trump hiciera esos comentarios, celebró la Carrera de Rodado del Huevo de Pascua en la Casa Blanca. Como de costumbre, la prensa estaba invitada para cubrir el evento. Pues bien, lo que esperaban los empleados de la Casa Blanca era que los reporteros nos quedáramos al margen haciendo nuestras fotos con la boca cerrada. Pero con el tuit sobre la DACA, Trump había dado su propia sorpresa de Pascua. No sabíamos si hablaba en serio al decir que iba a expulsar a los *Dreamers*, pero teníamos intención de averiguarlo. Al fin y al cabo, había sido decisión suya pasar al ataque sobre ese tema el Domingo de Pascua, y nosotros pensábamos: "Si no va a suavizar el tono en una ocasión así, ¿por qué debería hacerlo la prensa?". Sobra decir que ver a los niños haciendo rodar sus huevos de Pascua no era lo que yo tenía en mente aquel día.

Con o sin Conejo de Pascua, el presidente había infundido el miedo en la vida de millones de familias inmigrantes y en las personas que se relacionaban con ellas. Los niños de la DACA no son solo un montón de números en un gráfico que aparece en las noticias. Tienen padres, abuelos, hermanos, profesores, directores, amigos, compañeros, entrenadores. Lo mínimo que podía hacer Trump era dar una explicación más detallada de lo que planeaba hacer con los *Dreamers*.

Al entrar en el Jardín Sur, los adversarios de la prensa en la Casa Blanca estaban esperándonos. Una de ellas, Caroline Sunshine, se interesó especialmente por el lugar que ocuparía yo en el acto. Caroline acababa de incorporarse a la Casa

Blanca. Antes de unirse a la administración a jornada completa, había trabajado como becaria en la Casa Blanca. Antes de eso, había ganado cierta fama como estrella adolescente en el Disney Channel.

—¡Acosta! —gritó—. Por aquí. —Y nos condujo a mi cámara y a mí a la zona donde se ubicaba el grupo de prensa.

"Fantástico", pensé. Era perfecto. Me había colocado en la zona del grupo de prensa acreditada, mucho más cerca de donde el presidente interactuaría con los niños y, posiblemente, oiría mi pregunta.

Pero la CNN no estaba en el grupo acreditado aquel día, lo que significaba que Caroline me había colocado por accidente en un lugar mejor del que se suponía que debía ocupar. ¡Un error que aprovecharía a mi favor!

Entonces oí que volvía a gritar mi nombre. "¡Acosta!". Al parecer, alguien le había dicho que yo no estaba en el grupo acreditado aquel día, de modo que me trasladaron a una zona diferente, donde se les permitía estar a los reporteros de la prensa escrita; no tan cerca del lugar donde pensaba que estaría el presidente, así que me quedé un poco decepcionado.

Pero entonces volvieron a moverme. En este caso era una mujer distinta, Annie, la que estaba a cargo. "Jim, se supone que no debes estar aquí", me dijo, y me envió a una zona de prensa todavía menos deseable, donde, a decir verdad, deberían haberme colocado desde el principio.

Todo aquello empezaba a ponerme nervioso. ¿Qué diablos le pasaba a aquella gente? Aunque sabía cuál era el motivo. Me había convertido en una molestia en el culo, tan molesto que necesitaba atención individual.

Entonces llegó el momento. Trump había hecho sus declaraciones durante la Carrera de Rodado del Huevo de Pascua y empezaba a mezclarse con la multitud. Era mi momento. Resulta que, pese a los esfuerzos de las adversarias de la Prensa, había acabado en el lugar perfecto. Era un claro ejemplo de un gabinete de Prensa sin experiencia que trabajaba a mi favor, colocando a Trump en una situación para nada cómoda.

Cerca de donde me encontraba, había varios niños sentados a una mesa pintando, con el mantel cubierto de adorables dibujos del Conejito de Pascua. Y Trump se dirigió hacia ellos y se sentó a la mesa... a unos tres metros de mí.

Concentradas en bloquearme para que no pudiera gritarle ninguna pregunta a Trump, las adversarias de la prensa me habían reubicado en tres ocasiones, pero a la tercera fue la vencida, o al menos para mí.

Se produjo entonces otro golpe de suerte. Mientras los niños pintaban con sus ceras de colores en torno al presidente, la música de las celebraciones se detuvo de pronto. Todo quedó en silencio.

—Señor presidente —grité—, ¿qué pasa con los niños de la DACA? ¿Deberían preocuparse por lo que va a ser de ellos?

—Los demócratas les han fallado —respondió—. Les han fallado mucho. Tuvieron una gran oportunidad. Pero los demócratas les fallaron. Es una pena. Y ahora la gente está aprovechándose de la DACA y eso es una pena también.

Trump, como de costumbre, estaba reescribiendo la historia. Era él quien había puesto fin al programa DACA. Era él quien había acabado con la esperanza de cientos de miles de *Dreamers*. Fue como en la reunión del Despacho Oval sobre los países "pozos de mierda": una vez más, estaba mintiendo. Era necesaria otra pregunta más al respecto.

—¿No ha cancelado usted la DACA, señor? ¿No la ha cancelado?

Trump no respondió. Apretó los labios con desdén y siguió charlando con los niños, que probablemente se preguntarían de qué estaban hablando aquellos adultos. Pero su silencio estaba claro. No tenía respuesta.

¿Por qué le hice esa segunda pregunta sobre la cancelación de la DACA? Bueno, para ser franco, habría sido una negligencia periodística por mi parte permitir que el presidente saliera impune tras mentir al asegurar que los demócratas eran los culpables del fin de la DACA. Trump había cancelado el programa en septiembre de 2017 con una declaración que hablaba por sí sola:

—También hemos de tener corazón y compasión por los estadounidenses olvidados que no tienen empleo —había dicho Trump, en referencia a los no inmigrantes del país. Era otro ejemplo de cómo enfrentar a un grupo de gente con otro. Según la visión del mundo que tiene Trump, la comunidad inmigrante está enfrentada a los ciudadanos nativos estadounidenses.

El hecho de que Trump respondiera a mi pregunta aquel día no debería sorprender a nadie. Con frecuencia es incapaz de resistirse; lo cual es genial si eres reportero de la Casa Blanca. Y, por alguna razón, parece que le cuesta especialmente resistirse cuando estoy cerca. No es por presumir, pero, con todas las veces que me han aconsejado que no muerda el anzuelo de Trump, cabe destacar que a él mis preguntas, mi cebo, también le resultan difíciles de resistir. Supongo que por esa razón algunos reporteros no se cansan de cubrir a este tipo. Cierto, Trump había puesto en peligro a los reporteros con su retórica

Los marcos vacíos en el pasillo que conecta la zona de prensa superior e inferior en el Ala Oeste, la noche del 19 de enero de 2017. Retiraron las fotografías de la familia Obama para dejar sitio a Trump y su familia.

Los corresponsales de prensa de Trump en la madrugada del día de las elecciones de 2016. Trump no estaba disponible para hacerse una foto con sus corresponsales, de modo que los reporteros que cubrían su campaña sacaron una silueta de cartón para hacerse la foto.

El presidente electo Trump, Mitt Romney y el jefe de Gabinete de la Casa Blanca Reince Priebus (*de espaldas a la cámara*) cenando en el Jean-Georges, en el Trump International Hotel de Nueva York, el 29 de noviembre de 2016. Romney cenó con Trump para hablar de la posibilidad de ser secretario de Estado.

Esta fotografía se sacó durante un directo frente a la Torre Trump la noche del 9 de noviembre de 2016. Mi equipo y yo nos vimos rodeados por una enorme multitud de manifestantes que protestaban contra la elección de Donald Trump como presidente.

Una fotografía desde el Jardín Norte de la Casa Blanca la noche de la investidura, el 20 de enero de 2017. Trump respondió a una pregunta de la CNN cuando regresaba a la tribuna para ver el desfile de la investidura.

El secretario de Prensa de la Casa Blanca Sean Spicer en la Sala de Prensa el 21 de enero de 2017, cuando contó a los reporteros que el presidente Trump había tenido "la mayor asistencia de público a una investidura, tanto en persona como a nivel mundial", declaración que después resultó ser falsa.

Como hijo de un inmigrante cubano, y consciente de la experiencia de mi padre, siempre he creído que la inmigración es uno de los temas más importantes. Aquí estamos mi padre y yo cuando visitamos Cuba en diciembre de 2016.

El presidente Trump en su visita al portaaviones *Gerald R. Ford* en Newport News, Virginia, el 2 de marzo de 2017. Aquel mismo día, el fiscal general Jeff Sessions anunció su recusación de la investigación rusa.

El tuit de @realDonaldTrump en el que se refería a los medios de comunicación como "el enemigo del pueblo estadounidense", el 17 de febrero de 2017.

Donald J. Trump ✔
@realDonaldTrump

The FAKE NEWS media (failing @nytimes, @NBCNews, @ABC, @CBS, @CNN) is not my enemy, it is the enemy of the American People!

2/17/17, 4:48 PM

Posando con telespectadores israelíes de la CNN en Jerusalén, Israel, el 22 de mayo de 2017.

Me hallo entre el grupo de reporteros que hacían preguntas en la Sala de Prensa de la Casa Blanca, el 28 de junio de 2017, después de que el secretario de Prensa Sean Spicer suspendiera la cobertura televisada de estas ruedas de prensa.

Sean Spicer, inmortalizado por el retratista Bill Hennessy, después de que se prohibiera la retransmisión de las sesiones informativas. (*Cortesía de William J. Hennessy hijo / CourtroomArt.com*).

En la Torre Trump, el 15 de agosto de 2017, el presidente responde a las preguntas sobre su reacción a los actos de violencia supremacista blanca de Charlottesville, Virginia.

El presidente Trump y el dictador norcoreano Kim Jong Un responden a la prensa durante la cumbre de Singapur el 12 de junio de 2018. Acompañan al presidente la secretaria de Prensa de la Casa Blanca Sarah Sanders, el consejero de Seguridad Nacional John Bolton, el jefe de Gabinete John Kelly y el secretario de Estado Mike Pompeo.

El presidente Trump recibe un balón de la FIFA de manos del presidente ruso Vladimir Putin en la cumbre de Helsinki, Finlandia, el 16 de julio de 2018.

Entre los corresponsales de prensa durante uno de los mítines de Trump.

De pie con los seguidores de Trump a mi espalda durante un mitin en Columbia, Carolina del Sur, el 25 de junio de 2018.

Posando con seguidores de Trump en la campaña por el gobernador de Carolina del Sur Henry McMaster.

Insultos y abucheos durante un mitin de Trump en Tampa, Florida, el 31 de julio de 2018.

El presentador de la CNN Wolf Blitzer y yo en Buenos Aires, Argentina, durante la cumbre del G20 el 1 de diciembre de 2018.

Aquí el presidente Trump dijo que soy "una persona terrible y maleducada" y "el enemigo del pueblo", durante una rueda de prensa en la Casa Blanca el 7 de noviembre de 2017. (AP Photo / Evan Vucci).

Durante mi declaración después de que un juez federal me devolviera el pase de prensa de la Casa Blanca el 19 de noviembre de 2018.

del "enemigo del pueblo", pero su impulsividad ante las cámaras también lo convierte en alguien muy accesible. A algunos periodistas les gusta la idea de tener acceso e ignorar las burlas y amenazas de Trump. Al fin y al cabo, en este mundo hay todo tipo de profesionales.

En cuanto al incidente en la Carrera de Rodado del Huevo de Pascua, el entorno de Trump no quedó satisfecho. Su director de campaña para 2020, Brad Parscale, exigió que me retiraran la acreditación de prensa, un presagio de lo que estaba por llegar.

Puede que sea hora de que suspendan a Jim Acosta por saltarse el protocolo. No para de ponerse en ridículo a sí mismo y a la @CNN. Que le retiren las acreditaciones por cada incidente, escribió Parscale en un tuit, con un enlace a un artículo de Daily Caller.

Solo estoy haciendo mi trabajo, que está protegido por la Primera Enmienda de la Constitución. Quizá le interese leerla, respondí en Twitter.

Entiendo por qué Parscale publicó su tuit. Estaba transmitiendo las frustraciones de la Casa Blanca, y de Trump en concreto, por el hecho de que los periodistas hicieran preguntas que interferían con el mensaje que el presidente quería dar aquel día. Lo entiendo. Pero hacer preguntas al presidente ante las cámaras es una práctica habitual dentro de la Casa Blanca.

Sobra decir que los medios propagandistas y conservadores defensores de Trump no lo veían de ese modo. Sebastian Gorka, antiguo funcionario de la Casa Blanca reconvertido en analista republicano para Fox News, tuiteó: **Despreciable. @Acosta es un reporteruchо activista que se autovanagloria.** Eso sí que es de risa. Gorka es de lo más caricaturesco que hay en Washington.

El blog conservador *Power Line* se refirió a mí como el "hombre de la resistencia Jim Acosta" y como el "payaso egocéntrico que cubre la Casa Blanca para la CNN".

Otro blog derechista, *RedState*, escribió: "Acosta no respeta el momento ni el lugar porque, para él, cualquier momento y lugar sirven para hacerse promoción... En cualquier caso, la CNN sigue enviándolo a la Casa Blanca pese a sus evidentes fallos y a sus intenciones oscuras, lo que significa que la CNN respalda su comportamiento".

The Getaway Pundit, otro sitio web conservador dedicado a criticar a los principales medios de comunicación, publicó el titular "Jim Acosta, de la CNN, ATACADO por gritar a Trump mientras este coloreaba con los niños en el día de la Carrera de Rodado del Huevo de Pascua de la Casa Blanca". Sin embargo, el contenido del artículo no estaba a la altura de las expectativas, pues remitía a Parscale, Gorka y al artículo de Daily Caller. To-das estas páginas forman parte de la cámara ultraconservadora que, a todos los efectos, sirve como máquina de propaganda de Trump. Fueron los mismos tipos que se emocionaron como colegiales cuando presioné a Obama con el tema del ISIS al preguntarle: "¿Por qué no podemos acabar con esos cabrones?". Puede que ellos no lo recuerden, pero yo sí.

Como un augurio de lo que vendría, toda aquella hostilidad por parte del movimiento conservador hacia mi trabajo el día de la Carrera de Rodado del Huevo de Pascua pareció inspirar un estallido de lenguaje violento y amenazador en mis redes sociales y cuentas de correo electrónico. Desde la campaña presidencial de 2016, había estado sometido a amenazas y a comentarios de desprecio en las redes sociales, algo cotidiano para casi cualquier reportero que se dedique a informar so-bre Trump en la actualidad. Sin embargo, después del día de la Carrera de Rodado del Huevo de Pascua, las amenazas de muerte y otras sugerencias violentas empezaron a inundar mis cuentas de Facebook, Instagram y Twitter en cantidades que no había visto hasta entonces.

Una persona trastornada me envió un correo electrónico tan horrible que no se puede publicar aquí en su totalidad. El mensaje fue reenviado a la seguridad de la CNN. Para explicar el riesgo que corrían los reporteros que cubrían la Casa Blanca de Trump, hablé de este correo electrónico en una reunión privada durante un retiro empresarial de la CNN en abril de 2018. Sam Donaldson, antiguo corresponsal de la Casa Blanca para ABC News, se acercó a hablar con la multitud y explicó que mis preguntas gritadas formaban parte de una larga tradición en la cobertura de los presidentes de Estados Unidos. Jeff Zucker, presidente de la CNN, proyectó el correo electrónico en una pantalla gigante para que otros directivos pudieran ver los peligros que entrañaba la Casa Blanca.

Fecha: 3 abr. 2018 9:26:17 AM
Para: Jim Acosta
Asunto: Tú

Cabrón de mierda... quizá algunos de nosotros descubramos dónde... tienes los modales de una cucaracha. No eres periodista, eres un charlatán de feria.

La parte violenta del correo electrónico ha sido eliminada del mensaje, pero ya pueden imaginarse como estaba el resto. Piensen en la peor amenaza de muerte que se les ocurra. Así de horrible era.

Llevaba años recibiendo amenazas a través de las redes sociales. En aquella época, había visto muchas cosas inquietantes, la mayoría de las cuales lograba dejar atrás. Pero, cuanto más tiempo permanecía Trump en el cargo, más difícil me resultaba ignorar el hecho de que las amenazas eran cada vez más perturbadas. Llegados a ese punto, Trump llevaba más de un año atacando y amenazando a los medios de comunicación desde la Casa Blanca, y los efectos de dichos ataques quedaban claros, no en los cambios introducidos en nuestra forma de trabajar, sino en la creciente cantidad de comentarios despectivos que recibíamos. Los mensajes violentos que llegaban a mis redes sociales eran cada vez más intensos. Aunque albergaba la esperanza de que las amenazas se limitasen al mundo relativamente inofensivo de Twitter e Instagram, una parte de mí empezó a temer que pronto pudieran volverse un problema del mundo real.

Sin duda mucho peor que el miedo sembrado por Trump con respecto a la DACA o su apoyo a personas como Roy Moore y Rob Porter fue la crueldad que transmitía su política de "tolerancia cero" en la frontera, lanzada oficialmente en la primavera de 2018. Con esta administración, todo parecía volver una y otra vez al tema de la inmigración y la demonización y el castigo por parte de la Casa Blanca a las personas que entraban en el país llevadas por la desesperación. Con gente como Stephen Miller moviendo los hilos tras bastidores, cada mes parecía aumentar el deseo de la administración de formular una política basada en ideas ultranacionalistas que utilizaban el miedo para justificar sus acciones. La prohibición de viaje iba dirigida a los musulmanes, claro, pero la política de "tolerancia cero" se centraba en la gente de América Latina. Como mencioné al principio, hay que recordar las tres M: los mexicanos, los musulmanes y los medios. Como ocurría siempre con Trump, cada mes que pasaba la situación se volvía más preocupante. Aun así, en muchos aspectos, la "tolerancia cero" parecía la culminación de muchas de las ideas racistas que habían conformado tanto la campaña de Trump como su primer año de gobierno.

La secretaria de Seguridad Nacional, Kirstjen Nielsen, era una de las altas funcionarias de la administración que intentaban esquivar esta realidad. Mintió al pueblo estadounidense cuando dijo que la administración Trump no tenía una política de separación de familias. Pero, como había quedado claro en innumerables ocasiones, el fiscal general Jeff Sessions confirmó la existencia de dicha política cuando lanzó una advertencia verbal a los inmigrantes en mayo de 2018, diciendo que los niños inmigrantes podrían ser apartados de sus padres en la frontera.

—Si estás metiendo a un niño ilegalmente, te procesaremos, y se te arrebatará tu hijo conforme a como exige la ley —dijo Sessions a los agentes policiales durante un acto en Arizona.

Increíblemente, Nielsen siguió negando en múltiples ocasiones que la administración tuviese esa política. **No tenemos una política de separación de familias en la frontera. Punto**, tuiteó en junio de 2018, después de que Sessions hiciera aquellos comentarios. Las palabras de Nielsen iban en contradicción con las notas enviadas a los funcionarios de su propio departamento, incluida ella misma, detallando cómo había que llevar a cabo las separaciones. Las notas, obtenidas por dos grupos de vigilancia gubernamental, revelaron que en el departamento sí existe una política de separación de familias.

El propio Trump dio marcha atrás con su política en junio de 2018, cuando emitió una orden ejecutiva que supuestamente pretendía poner fin a las separaciones. Pero eso fue solo después de que el pueblo estadounidense fue consciente de los horrores que tenía como resultado aquella política. Más adelante, en agosto de 2018, Ivanka Trump dijo, al describir el horrible momento en que las familias tenían que separarse, que era un "mal momento" para la administración, pero era peor que eso.

Había otros altos funcionarios dentro del Ala Oeste que también estaban horrorizados con la política de "tolerancia cero".

Kellyanne Conway es una de las pocas funcionarias que me reconoció de manera oficial que las separaciones familiares eran contrarias a sus creencias religiosas.

—Como madre y como católica, como persona con conciencia, no quiero que separen a los niños de sus padres —me dijo con cierto arrepentimiento—. Tampoco quiero que los contrabandistas mientan a esos padres, que se embarcan en un viaje peligroso hacia la frontera, donde los contrabandistas y los coyotes se quedan con tu dinero y te prometen mentiras —añadió antes de volver a los temas de discusión del Ala Oeste.

Pero la política de tolerancia cero no debería haber supuesto una sorpresa para Ivanka o para el resto del país. Solo hay que pensar en las múltiples formas en que el presidente ha descrito a los inmigrantes con su retórica xenófoba. Se ha referido a las ciudades santuario que protegen a los inmigrantes indocumentados de la deportación como un "concepto de cría". En repetidas ocasiones ha dicho que entre los indocumentados abundan los miembros de la banda violenta MS-13, y en 2018 tuiteó que a los demócratas "no les importa la delincuencia y quieren que los inmigrantes ilegales, sin importar lo malos que puedan ser, entren e invadan nuestro país, como los MS-13".

La política de separación familiar de Trump, que ahora ha quedado como una mancha vergonzosa en la historia de Estados Unidos, tuvo como resultado la separación de más de dos mil niños y sus padres migrantes. Probablemente algunos de esos niños quedaran huérfanos por el empeño de la administración Trump en frenar la inmigración a través de la frontera. El informe de un inspector reveló después que la administración nunca tuvo claro el número real de niños separados. Lo más probable es que el total sea mucho mayor de lo que el gobierno ha admitido.

En abril de 2019, un archivo judicial de la administración Trump estimaba que podrían tardarse de uno a dos años en localizar a los miles de inmigrantes que fueron separados por las autoridades estadounidenses en la frontera.

Pensando en la historia de mi propio padre al llegar a Estados Unidos como refugiado cubano, me resultaba difícil controlar mis emociones al contemplar los costes humanos de una política tan grotesca. ¿Se imaginan ser un niño en una familia que ha entregado los ahorros de su vida a un contrabandista solo para llegar a la frontera y que el gobierno de Estados Unidos los separe? Pero vayamos un paso más lejos. Imagínense como un niño encerrado en un entorno parecido a una cárcel, como han estado muchos de estos jóvenes migrantes, enjaulados con otros niños. Aun así, a los ojos del gobierno de Estados Unidos, eres un delincuente igual que tu madre, quien, sí, quebrantó la ley al atravesar contigo la frontera. Sigamos imaginándonos que somos ese niño. Esperamos en esas instalaciones durante días, semanas, quizá meses, preguntándonos si volveremos a ver a nuestra madre. Somos solo niños y nos preguntamos cuándo acabarán estos abusos infantiles impuestos por el gobierno. ¿Qué haríamos con esos niños si fueran blancos?

Diversas fuentes, tanto dentro como fuera de la administración, me habían dicho que la Casa Blanca veía esas tácticas tan severas como un "disuasorio" para la inmigración ilegal. La idea era que, cuando el horror de lo que estaba sucediendo en la frontera llegase hasta México y Centroamérica, los migrantes se lo pensarían dos veces antes de huir a Estados Unidos. Por supuesto, lo que esos funcionarios no entendían era que estaban criminalizando la desesperación. Esas familias con frecuencia huían de condiciones mucho peores en comunidades llenas de bandas criminales. Si había que elegir entre una posible separación en la frontera o la muerte en casa, ¿cuál es la obvia decisión?

En el curso de mi carrera, he ido a la frontera en varias ocasiones para cubrir el asunto de la inmigración. Jamás en mi vida he presenciado la "invasión" de migrantes de la que tanto habla Trump. En su lugar, lo que nos encontramos en la frontera es un enorme desafío humanitario, empeorado por una política estadounidense en América Latina que lleva décadas a la deriva. Nuestra guerra contra la droga al sur de la frontera ha hecho que el tráfico violento e ilegal de narcóticos sea muy rentable en México y Centroamérica. Lo que deberíamos hacer todos respecto a esa política ineficaz supondría un debate para otro libro. Pero transmitiré aquí lo que me han contado los agentes fronterizos sobre sus experiencias en la frontera. En muchos casos, ven a mujeres y niños que, nada más poner un pie en suelo estadounidense, acuden directo a ellos en busca de ayuda. Muchos de ellos no pretenden esquivar a los agentes. Quieren que los arresten. Quieren solicitar asilo porque han depositado sus esperanzas en la promesa de Estados Unidos. Ese es el contexto con el que acudí a la Sala de Prensa de la Casa Blanca en junio de 2018, cuando pregunté a Sarah Sanders por la moralidad de la política de tolerancia cero.

Aquel mismo día, el antiguo fiscal general Jeff Sessions había citado la Biblia para defender la política de la administración, parafraseando la escritura que dice así: "Obedece las leyes del gobierno porque Dios las ha establecido para que haya orden". Por supuesto, no es así como funciona la ley en Estados Unidos. Eso significaría que el gobierno podría plantear cualquier tipo de política y recurrir a la Biblia para ordenar "obedecer" a los ciudadanos. Esa no es una justificación legal, dada la separación entre Iglesia y Estado integrada en la Constitución.

De modo que le pedí a Sarah Sanders, la hija de un predicador baptista que se convirtió en gobernador, que reflexionara sobre lo que había dicho Sessions.

—¿En qué parte de la Biblia dice que es moral separar a los niños de sus madres? —pregunté.

Sanders respondió que es "muy bíblico hacer cumplir la ley. Que se repite muchas veces a lo largo de la Biblia". Yo insistí en esa misma línea de pensamiento y le pregunté en qué parte de la Biblia justificaban la separación de los niños y sus padres. Claramente frustrada, Sanders respondió: "Sé que a usted le cuesta entender incluso las frases cortas".

En vez de responder a la pregunta, pasó al ataque, señal evidente de que había perdido el debate. Fue como admitir que no podía defender la política en su propio terreno. Si la hija de un predicador no puede explicar por qué es moralmente defendible separar a los niños de sus padres, entonces es probable que nadie pueda.

Al día siguiente recibí una llamada de Sanders. La señal era mala y yo me encontraba en una zona con poca cobertura, pero logré entender que estaba disculpándose por su comentario durante la sesión informativa.

—Fue la tensión del momento —le respondí.

No me arrepiento de haber hecho esa pregunta. Volvería a hacerla una y otra vez. A decir verdad, también acribillé a preguntas sobre el tema a otros funcionarios de la administración. (Ellos nunca quisieron que sus declaraciones fueran oficiales). Uno de ellos me dijo que la administración preferiría retener a las familias unidas, pero que las instalaciones para adultos no eran aptas para niños. Ahí estaba el problema: si detenían a los padres, tenían que separar a los niños, según contó el funcionario. El problema para el gobierno, en algunos casos, era que, cuando las familias se separaban, a la administración a veces le costaba trabajo tenerlos a todos localizados. Los niños se iban hacia un lado; los padres, hacia otro. En la mayoría de los casos volvían a reunirse. Pero hubo incidentes en los que eso no sucedió.

Hay que tener en cuenta que la política de separación familiar estaba motivada por Trump, después que expresara que quería acabar con la ley de "capturar y liberar", la práctica que permitía liberar a los que cruzaban la frontera antes de realizarse la vista judicial. Trump insistía en que solo un pequeño porcentaje de todas esas personas liberadas se presentaría después en los juzgados cuando se celebrara la audiencia. Aun así, los datos del propio Departamento de Justicia decían lo contrario, destacando que la gran mayoría de los migrantes sí se presentaba llegada la fecha del juicio. En resumen, Trump estaba explotando el estereotipo negativo y falso de que los inmigrantes acudían a Estados Unidos solo para mezclarse con la sociedad estadounidense antes de empezar a sangrar las ayudas del estado o cometer delitos contra los ciudadanos que sí acataban las leyes. También ignoraba de manera premeditada diversos estudios que demostraban que los inmigrantes, legales o indocumentados, cometían menos delitos que los estadounidenses nativos.

En cuanto a mi pregunta a Sarah Sanders durante la sesión informativa, se encontraba dentro de los límites del periodismo justo en la era Trump. Es probable que, ante preguntas menos minuciosas, respondieran con más ofuscación y mentiras. Sin embargo, cuando se trata de la separación de las familias, lo siento, pero hay que acorralarlos. Ya lo he dicho antes y volveré a decirlo: no existen dos versiones de una historia cuando es una cuestión de lo bueno contra lo malo. Separar a los niños de sus padres es algo malo. La Casa Blanca acabó por dar marcha atrás solo después de que la prensa revelara aquella política como el horror que realmente era.

Cuando se escriba la historia de la administración Trump, estoy seguro de que su política de tolerancia cero será recordada por su falta de humanidad quizá más que cualquier otra política de Trump. Lo más preocupante de todo, más allá de lo repulsiva de la política en sí, es pensar que, si los periodistas y activistas no hubieran desafiado a la administración al respecto, es muy probable que el pueblo estadounidense nunca hubiera estado al corriente de aquella práctica. Dan igual las preguntas que yo pudiera hacer en la Sala de Prensa de la Casa Blanca. No hay más que pensar en los reportajes de mis compañeros de la frontera, que hablaban con los migrantes sobre niños o padres desaparecidos. Si alguna vez existió un ejemplo firme y justificado de escrutinio mediático a una política gubernamental, sin duda fue este. Al destapar la política de separación de familias, la prensa libre de Estados Unidos cumplió su promesa de responsabilizar a nuestros líderes de sus actos. Los periodistas habían llenado el vacío de la rama legislativa del gobierno, liderada por el Partido Republicano, que se negaba a cumplir con su deber cuando se trataba de la locura fronteriza de Trump.

Si bien el episodio de Charlottesville había demostrado hasta dónde estaban dispuestos a llegar los republicanos al aceptar el peor instinto del presidente, cada vez quedaba más claro que lo ocurrido en Virginia había sido solo el punto de partida. En la frontera, Trump empezaba a dejar un legado de crueldad que sería difícil de superar para el Partido Republicano e imposible de olvidar para el país. La historia no olvidará lo que les pasó a los niños inmigrantes. Esos niños tendrán razones suficientes para dudar de la grandeza de Estados Unidos.

9

Dictadores entre las democracias

Por muy radical que hubiese sido en ocasiones la política interior de Trump durante sus primeros dieciocho meses de mandato, su política exterior es quizá la que ha tenido un impacto más duradero, con el deterioro potencial de las alianzas estadounidenses en el futuro próximo. Aunque la enemistad con nuestros aliados más cercanos hubiese sido una realidad desde que Trump ocupó el cargo, fue en el verano de 2018 cuando presenciamos la culminación de su política exterior en su máximo esplendor con Kim Jong-un, el dictador norcoreano: Estados Unidos era ahora un país que no solo se sentía cómodo con los dictadores, sino que, en algunos casos, se mostraba más amable con ellos que con sus aliados más cercanos.

Básicamente esto alteró el enfoque en política exterior que habían mantenido tanto demócratas como republicanos desde después de la Segunda Guerra Mundial. No hacía falta ser muy listo para entender que las decisiones de Trump resultaran muy preocupantes para el cuerpo diplomático y para los expertos en seguridad nacional dentro y fuera del gobierno.

Incluso dentro de la administración Trump, a los funcionarios de Seguridad Nacional les parecía alarmante que el presidente simpatizara de esa manera con los regímenes autoritarios, lo que explica la avalancha de filtraciones de llamadas telefónicas de Trump y sus interacciones con los líderes mundiales.

—Da igual que seas republicano o demócrata —me dijo en privado un antiguo funcionario de Seguridad Nacional de Trump. Acercarse a personas como el presidente ruso Vladimir Putin mientras se aleja de aliados como la Alemania de Angela Merkel es algo que el presidente de Estados Unidos no debería hacer. Este funcionario me contó que no entendía si Trump estaba realmente comprometido a proteger los intereses estadounidenses. Mucho antes de que el fiscal especial Robert Mueller completara su investigación, este funcionario confesó que no estaba seguro de por qué Trump estaba tan unido a la Rusia de Vladimir Putin—. No puedo responder a esa pregunta —me dijo, y me pareció una confesión increíble viniendo de alguien del ámbito de la seguridad nacional—. La verdad es que no lo sé.

Con el mundo constantemente bombardeado de noticias relacionadas con Trump, es normal olvidar las excentricidades del presidente durante sus primeras semanas en el cargo, cuando se ponía al teléfono con líderes extranjeros y dejaba a esos jefes de Estado en estado de *shock* por su manera poco convencional de hacer negocios. Ese funcionario al que acabo de mencionar dijo que él y otros compañeros se sentían constantemente incómodos con el comportamiento de Trump a la hora de tratar con sus homólogos extranjeros. Por ejemplo, están las conversaciones que Trump mantuvo con el primer ministro australiano y con el presidente mexicano, que fueron reveladas a menos de dos semanas después de que ocupara el Despacho Oval. Trump le reprochó al primer ministro Malcolm Turnbull un acuerdo de la administración Obama para acoger a refugiados de Australia, y se quejó de la inmigración, por supuesto, al presidente de México, Enrique Peña Nieto.

Trump no soportaba las filtraciones. Alimentaban sus teorías de la conspiración, según las cuales él era la víctima de un "estado profundo", en referencia a un grupo de funcionarios no electos que supuestamente tenían el control del gobierno; un miedo que sus consejeros de confianza, incluido Steve Bannon, alimentaban a puerta cerrada. Tras haber cubierto la información de la Casa Blanca durante seis años, incluidos dos años de mandato de Trump, nunca he hallado pruebas de que exista un "estado profundo". Lo que sí he hallado —y esto debería alentar a todos los estadounidenses— son funcionarios que, en ocasiones, han ayudado a los reporteros a entender lo que sucede dentro del gobierno. Son empleados públicos comprometidos, personas que ofrecen una información fundamental para cumplir las expectativas del pueblo de tener un buen gobierno.

Por mucho que haya apreciado defectos más que evidentes en algunos miembros del equipo de Trump, sería negligente por mi parte no mencionar a la cantidad de funcionarios del gobierno que han intentado ayudarnos a otros reporteros y a mí mientras nos enfrentábamos a la difícil tarea de cubrir a Trump. (No podemos dar sus nombres, por supuesto. Trump los expulsaría sin dudar). Sí, hubo casos en los que los funcionarios de Trump confiaron información a los reporteros para vengarse de sus rivales dentro de la Casa Blanca. Pero generalmente esos eran los políticos del Ala Oeste, que se apuñalaban los unos a los otros. Nosotros hacíamos lo posible por revisar toda aquella inmundicia y no soltarla en directo sin una edición previa. Pero había otros funcionarios que entendían nuestra necesidad de conocer al detalle los planes del presidente y arrojaban luz sobre algunas de las conversaciones provocadoras que Trump mantenía con otros líderes mundiales y que alarmaban a los veteranos del ámbito de la seguridad nacional y de la política interior.

Cuando encontraba a algún soplón, la gente de Trump le retiraba su cargo de funcionario en la medida de lo posible, pero no podía encontrarlos a todos. Ya sigan en su puesto o hayan cambiado de trabajo, cabe destacar que hay innumerables funcionarios, cuyos nombres no revelaré aquí, por supuesto, que merecen nuestro agradecimiento. En ninguna administración resulta fácil acudir a un reportero con información sensible sobre lo que sucede en la Casa Blanca. A Trump le gusta decir que esas fuentes anónimas son farsantes y "noticias falsas", pero yo puedo asegurar una cosa, y el presidente Trump lo sabe bien: esas fuentes son tan reales como ustedes y yo.

Para aumentar la preocupación, sobre todo entre el personal de Seguridad Nacional, a veces Trump lanzaba ideas bastante descabelladas sobre cualquiera y en cualquier situación. Ese mismo exfuncionario de Seguridad Nacional me contó que Trump habló con algunos participantes de la Asamblea General de las Naciones Unidas, en septiembre de 2017, sobre la posibilidad de realizar un ataque militar en Venezuela.

—El jefe de Gabinete le dijo que no era buena idea. El consejero de Seguridad Nacional le dijo que no era una buena idea. Estaba hablando con los líderes extranjeros y no paraba de sacar el tema —dijo el funcionario sobre la fijación de Trump con Venezuela durante la Asamblea General de las Naciones Unidas.

Fue en aquella misma reunión de la Asamblea donde Trump ya había empezado a ridiculizar al dictador norcoreano Kim Jong-un llamándolo "el hombrecillo de los cohetes". Más o menos por esa época, según el funcionario, también estaba tanteando la idea de lanzar algún tipo de acción militar contra Corea del Norte. Lo que inquietó a algunos de los ayudantes que lo rodeaban, cuenta el funcionario, fue que el presidente parecía incapaz de ser discreto con temas sensibles.

—No tiene filtro de ninguna clase —dijo el funcionario.

A Trump parecía intrigarle la idea de dar "un golpe" a Corea del Norte, un ataque a pequeña escala que enviaría a Kim un mensaje potente. Casi todos sus consejeros en aquel momento, contaba el funcionario, le sugirieron que no lo hiciera, pues el dictador norcoreano bien podía lanzar un contraataque sobre Corea del Sur y desencadenar una guerra mayor, con consecuencias graves e inesperadas.

—Le dijeron que sería muy perjudicial —dijo el funcionario.

En octubre de 2017, mientras inspeccionaba los daños causados en Puerto Rico por el Huracán María, Trump siguió criticando a Kim. Fuentes del gobierno puertorriqueño me aseguraron que el presidente parecía menos interesado en las consecuencias de la tormenta que en la tempestad que se estaba fraguando entre Estados Unidos y Corea del Norte a causa del programa de armamento nuclear del dictador Kim. Trump llevaba semanas alardeando su advertencia a Kim sobre "el fuego y la furia".

Cuando se reunió con el gobernador puertorriqueño Ricardo Rosselló, según me contaron mis fuentes, Trump alardeó de su "balón nuclear", el maletín utilizado por los presidentes estadounidenses para iniciar un ataque nuclear. Pidió al ayudante que llevaba el maletín que se acercara, para que el gobernador pudiera echarle un vistazo, y le dijo a Rosselló que lo usaría contra Kim si este hacía un movimiento en falso. Rosselló, según las fuentes, pensó que Trump estaba "jodidamente loco". Después de que el presidente ignorase el grado de devastación causado por el Huracán María en Puerto Rico —en un momento dado llegó incluso a lanzar rollos de papel a los supervivientes de la tormenta—, a Rosselló de pronto ya no le preocupaba solo el futuro de su isla. Ahora le preocupaba la manera en que Trump estaba gestionando la que posiblemente fuera la crisis de seguridad nacional más delicada del mundo.

Cuando entrevisté a Rosselló en marzo de 2019 y le pregunté por el tema, no quiso explicar lo que dijo Trump. En el momento de la entrevista, su equipo estaba siendo acosado por funcionarios de la Casa Blanca, que amenazaban a los ayudantes del gobernador después de que Rosselló criticara a Trump por acusar a los puertorriqueños de desperdiciar el dinero de las ayudas tras el desastre.

—Su gobernador lo está jodiendo todo —dijo el consejero de la Casa Blanca Peter Navarro durante la reunión, según los ayudantes.

—Si ese abusador se acerca, lo golpearé en la boca —me confesó Rosselló.

En cuanto a los comentarios de Trump sobre utilizar el maletín nuclear contra Kim, Rosselló solo dijo que "estuvimos hablando de otros temas y, en mi opinión, el único protagonista de aquel viaje debería haber sido Puerto Rico".

—Él hablaba de un sinfín de temas, pero preferiría dejar al margen esas conversaciones —añadió el gobernador.

Más tarde, en enero de 2018, Trump repitió gran parte de su altanería cuando presumió en Twitter de que su arsenal nuclear era mayor que el de Kim: **Que alguien de su régimen mermado y famélico le informe de que yo también tengo un Botón Nuclear, pero es mucho mayor y más poderoso que el suyo. ¡Además, mi botón funciona!**, tuiteó.

Sobra decir que toda esa retórica resultó altamente inquietante para los aliados más cercanos de Estados Unidos. Uno de los efectos colaterales de mis encontronazos con Trump era que me había convertido en persona de interés para algunas de las embajadas de Washington. Los embajadores y su personal deseaban invitarme, en su mayoría para charlar fuera de cámaras, para hacerse una idea de lo que sabía yo sobre Trump. Casi siempre las conversaciones se reducían a preguntas sobre el estado mental del presidente: "¿Cómo es realmente?", "¿Es inestable?". Como he contado a innumerables personas, ciudadanos estadounidenses y no ciudadanos por igual, no tengo respuesta a esa pregunta. No soy psiquiatra. El comportamiento de Trump se halla, por decirlo amablemente, fuera del espectro de lo que podríamos esperar de un presidente de Estados Unidos. También pensaba que Trump se hacía el loco, pero era más astuto que un zorro.

En una ocasión en particular, mientras tomaba una copa en la embajada de uno de los principales aliados de Estados Unidos, me informaron de que existía cierta preocupación ante la posibilidad de que Trump utilizase sin previo aviso el arsenal nuclear del país. Para mí eso se convirtió en un artículo, que escribí, junto con mi compañera Barbara Starr, corresponsal en el Pentágono. Múltiples fuentes nos dijeron que la preocupación se había extendido entre los miembros del Congreso. Bob Corker, presidente del Comité de Relaciones Internacionales del Senado, que habitualmente se mostraba crítico con Trump, acabó por celebrar una audiencia para evaluar la autoridad del presidente para lanzar un ataque nuclear. No entraré en detalles sobre cómo se autorizan dichos ataques, pero el presidente no puede apretar sin más un botón de su escritorio y lanzar misiles al otro lado del mundo. Aun así, como informamos en su momento, al menos un país de la OTAN transmitió su preocupación a los miembros del Congreso sobre la capacidad del presidente para manejar el armamento nuclear estadounidense. Una fuente del cuerpo diplomático del país cuya embajada visité aquel día me dijo que se quedaron más tranquilos después de la sesión informativa que celebró el gobierno de Estados Unidos sobre el tema. Miembros de la administración trataron de apaciguar sus temores explicando que el proceso de lanzamiento de una ofensiva nuclear tenía suficientes controles de seguridad para disuadir a Trump de tomar decisiones impulsivas. Pero aquello tampoco resultaba muy tranquilizador, ¿no es cierto?

Aun así, Trump siguió haciendo saltar las alarmas de la escena internacional con su comportamiento anormal en 2018, cuando me informaron de que, en el mes de mayo, Trump había mantenido un enfrentamiento telefónico con Justin Trudeau, primer ministro canadiense. Durante la llamada, Trump y Trudeau discutieron sobre los elevados aranceles punitivos que la administración había impuesto a las importaciones de acero y aluminio canadienses. Trump había impuesto los nuevos aranceles de manera unilateral —es decir, sin el visto bueno de la rama legislativa— alegando razones de seguridad nacional, algo que tenía que hacer para evitar el Congreso. Altos funcionarios de la administración me habían justificado los aranceles al acero y al aluminio asegurando que eran necesarios para proteger la industria del acero de Estados Unidos, para que —atención a esto— hubiese suficientes fábricas en Estados Unidos capaces de producir el volumen de equipo militar necesario *en caso de una Tercera Guerra Mundial*.

Sí, eso fue lo que dijeron. Este es un buen ejemplo de por qué algunas fuentes acuden a nosotros en privado, para contarnos cosas de forma anónima que se avergonzarían de decir públicamente.

Cuando Trudeau preguntó a Trump cómo podía justificar los aranceles con razones de seguridad nacional, el presidente no mencionó una Tercera Guerra Mundial; probó con un argumento diferente e hizo una referencia histórica equivocada (por decirlo amablemente).

—¿No fueron ustedes quienes quemaron la Casa Blanca? —le preguntó Trump a un desconcertado Trudeau.

Era una referencia a la Guerra de 1812, salvo que Trump equivocó los datos. Los canadienses no quemaron la Casa Blanca. Fueron los británicos. Fuentes canadienses le confirmaron esa parte de la conversación a mi compañera Paula Newton, corresponsal en Canadá para la CNN.

Me dijeron que, después de que se filtrara esa llamada, Trump y su equipo decidieron que ya era suficiente. Comenzaron a reducir el círculo de funcionarios que estaban al tanto de esas llamadas telefónicas.

Desde que informáramos sobre esa llamada y la referencia

a la Guerra de 1812, he sabido de algunas de las dificultades con las que se toparon estos funcionarios que se esforzaban por estar al corriente de las conversaciones de Trump con otros líderes mundiales. Una complicación importante, según un funcionario bien situado de la administración, era que Trump prefería realizar esas llamadas desde dentro de la Residencia Ejecutiva de la Casa Blanca, que estaba vetada para muchos de los empleados. De modo que algunos de los funcionarios, en vez de estar en la habitación con el presidente, tendrían que monitorizar las llamadas desde el Salón de Estrategia, lejos de Trump. Eso supone un problema, pues dichos funcionarios a veces son necesarios en la misma habitación para guiar al presidente en temas complicados durante una llamada telefónica con un líder extranjero, algo que no puede hacerse si están en otra parte de la Casa Blanca.

Y, cuando se trata de nuestros vecinos y aliados, Trump no solo se muestra escéptico con ellos, sino directamente hostil; un comportamiento curioso para cualquier funcionario del gobierno, pero absolutamente desconcertante para el presidente de Estados Unidos.

QUIZÁ LO MÁS LLAMATIVO DE LA POLÍTICA EXTERIOR DE Trump no sea solo a quién atacaba, sino también con quién intimaba. Pensando sobre ello, dada su manera de tratar a la prensa y su voluntad de interferir en la independencia del poder judicial, no debería extrañar que Trump se hiciera amigo de algunos de los autócratas y violadores de derechos humanos más infames del mundo.

Me dijeron que, en la época de la reelección de Putin, en

marzo de 2018, Trump quiso enviar al presidente ruso un recorte de prensa firmado por él para desearle buena suerte.

—Vladimir, lo vas a hacer genial —iba a decirle a Putin, según un funcionario de la administración que vio lo que ocurrió y transmitió su preocupación a otros empleados—. Otras personas también estaban al corriente —añadió el funcionario.

Era algo que Trump solía hacer durante su campaña para la presidencia: enviar un artículo de prensa a un reportero para decirle que le había gustado. La firma de Trump, enorme y garrapatosa, aparecía estampada en mitad del recorte. El hecho de que Trump quisiera tener el mismo gesto con Putin preocupó a algunos en el Ala Oeste. El funcionario que me habló de esto dijo que no está claro si Trump llegó a enviarle el recorte de prensa al presidente ruso.

Aun así, como ya se informó, Trump ignoró las advertencias de los funcionarios de Seguridad Nacional cuando lo instaron a no felicitar a Putin durante una llamada telefónica entre ambos líderes después de que el presidente ruso fuera reelegido para un cuarto mandato, ya que las elecciones habían sido básicamente una farsa. La frase "No felicitar" aparecía escrita en los documentos informativos que Trump, al parecer, no leyó o directamente ignoró. Un alto funcionario de la administración me confirmó la historia del "No felicitar", que apareció por primera vez en el *Washington Post*.

Trump confundía habitualmente a su equipo de Seguridad Nacional con esa clase de comportamiento. Ese mismo antiguo miembro del equipo me dijo que no estaba claro si algo de aquello demostraba que Trump se había visto "comprometido" por los rusos, pero el funcionario no fue capaz de descartar esa posibilidad, un análisis inquietante viniendo de alguien que había trabajado tan de cerca con el presidente. Aun así, dijo el funcionario, también podía ser que Trump no pudiera controlar sus impulsos. En cualquier caso, es una confesión sorprendente de un alto funcionario que trabajaba en la administración Trump.

El mismo funcionario dijo que la imprevisibilidad de Trump solía complicarles la vida a los altos funcionarios del Ala Oeste, sobre todo al jefe de Gabinete John Kelly, a quien se oía frente al Despacho Oval preguntando a otros empleados: "No lo dejaron solo, ¿verdad?".

Kelly bromeaba, explicó otro alto funcionario de la Casa Blanca, y reconoció que el jefe de Gabinete solía bromear sobre su infelicidad con Trump.

—No ocultaba el hecho de que no siempre le gustaba su trabajo. Tenía un sentido del humor muy irónico —explicó el funcionario.

Sobra decir que lo que más desconcertaba y preocupaba a los funcionarios de Seguridad Nacional dentro de la administración era la cercanía de Trump con el presidente ruso Vladimir Putin. Había algo raro en que, pese al escrutinio de su relación con Rusia y las investigaciones en torno a él, Trump nunca criticara a Putin, y de hecho buscara políticas que beneficiaban al Kremlin, con frecuencia por encima de los intereses del pueblo estadounidense. Sí, la administración Trump acabó por imponer sanciones a Moscú, pero, a todos los efectos, lo hizo porque se vio obligada por el Congreso. Una pregunta que surgía una y otra vez en las ruedas de prensa de Trump y en las sesiones informativas de la Casa Blanca era por qué el presidente no era capaz de aceptar la conclusión de los servicios de inteligencia de Estados Unidos, que aseguraban que Rusia había intervenido en las elecciones de 2016.

En nuestros tumultuosos viajes con Trump por el extranjero, el presidente obedecía las reglas del Kremlin en diversos temas. Con la OTAN, por ejemplo. De nuevo, gran parte de esto se remonta a la época de la campaña, cuando Trump se refería a aquella alianza con décadas de antigüedad como algo "obsoleto", pero continuó con aquel comportamiento desconcertante cuando llegó a ser presidente. Cuando viajó a Bélgica en mayo de 2017 para asistir a una reunión de la OTAN en Bruselas, volvió a arremeter contra la alianza. Una de las cuestiones clave en aquel viaje era ver si honraba el Artículo 5 de los estatutos de la OTAN, que declara que un ataque a un país miembro de la Organización es un ataque a todos los miembros de la alianza. La única vez en que ese artículo se aplicó fue después del 11 de Septiembre, cuando los países de la OTAN unieron fuerzas y fueron a la guerra contra los talibanes y Al Qaeda en Afganistán. Para empezar, no debería existir la duda de si un presidente de Estados Unidos va a honrar el Artículo 5. La mera mención de esa posibilidad supone una invitación a Putin para hurgar en los asuntos de los miembros más pequeños de la OTAN, como los de la región báltica. Trump había sugerido durante la campaña que su compromiso con el Artículo 5 podría depender de que los miembros de la alianza cumplieran sus compromisos financieros con la organización y destinaran el dos por ciento de su PIB al gasto en defensa. Algunos países se quedaban muy cortos en ese aspecto.

Trump trató de vender esa visión en términos populistas durante un discurso en la sede de la OTAN en Bruselas, mientras criticaba a los aliados de Estados Unidos.

—Veintitrés de los veintiocho países miembros siguen sin pagar lo que deberían pagar y lo que se supone que deben pagar por su defensa. Eso no es justo para el pueblo y los contribuyentes de Estados Unidos —dijo en su discurso.

No replanteó de manera explícita el compromiso de Estados Unidos con el Artículo 5 durante sus declaraciones. El secretario de Estado Rex Tillerson contó después a los reporteros que Trump seguía apoyando ese pilar fundamental de la alianza de la OTAN. Pero ¿era cierto? Como bien podría decir Trump, "¿quién diablos lo sabe?". En privado, los funcionarios de Seguridad Nacional estaban cada vez más preocupados por las verdaderas intenciones del presidente. Y los diplomáticos de la OTAN y en las embajadas en D.C. con los que yo hablaba empezaban a preguntarse si Trump podía considerarse un amigo en lo referente a la estabilidad europea. Nadie entendía lo que significaba todo aquello, pero fuentes diplomáticas y de la administración me han dicho que era preocupante. Cabe destacar que, públicamente, el secretario general de la OTAN Jens Stoltenberg ha dicho que las tácticas de Trump han llevado a algunos países a incrementar su gasto en defensa.

Ese patrón continuó, como todos recordamos, durante la reunión de Trump con Putin en Hamburgo, en la cumbre del G-20 en julio de 2017. Trump y Putin estuvieron reunidos a puerta cerrada durante más de dos horas al margen de la cumbre. Después de la reunión, el secretario Tillerson contó a los reporteros que Trump había presionado a Putin sobre el tema de la injerencia en las elecciones. Todos pensábamos que aquello parecía significativo. Putin, según dijo el secretario de Estado, había negado las acusaciones. Pero los rusos interpretaron de manera diferente aquella conversación a puerta cerrada. El ministro de Exteriores Sergey Lavrov contó a los periodistas que Trump pareció aceptar la negativa de Putin e incluso aceptó que la historia de la manipulación en las elecciones había sido exagerada por los medios de comunicación estadounidenses. Aquello parecía creíble, dadas las diatribas de Trump en Twitter sobre la investigación de Mueller. Más preocupante aún fue lo que publicó el *Washington Post* un año y medio después, en enero de 2019: que Trump habría intentado evitar que se filtrara información sobre su reunión a puerta cerrada con Putin y habría ordenado a su intérprete que no hablase de aquel encuentro. A eso hay que sumar que Trump y Putin mantuvieron otra reunión después de la cena en la misma cumbre del G-20 en Hamburgo, pero ese encuentro ni siquiera se conoció hasta días más tarde. Además, Trump no llevó a su propio intérprete a esa reunión. Apareció un vídeo de los dos líderes sentados a la mesa aquella noche. En el vídeo, se ve a Trump haciendo gestos a Putin como si quisiera indicar que deseaba hablar con el presidente ruso en privado. Aquello aumentó las sospechas de la seguridad nacional estadounidense de que Trump exhibía un comportamiento extraño. Resultaba todo muy desconcertante.

Trump y Putin tuvieron otro encuentro muy peculiar más adelante, ese mismo año, en la cumbre del Foro de Cooperación Económica Asia-Pacífico en Vietnam. Durante esa conversación de noviembre de 2017, Trump dijo que Putin y él volvieron a hablar de cuestiones relacionadas con la injerencia en las elecciones estadounidenses de 2016. Trump pareció casi compasivo al declarar que Putin lo había negado todo.

—Siempre que me ve, me dice: "yo no hice eso", y yo me lo creo cuando me lo dice. Habla en serio —dijo a los reporteros

en el Air Force One—. Creo que se siente muy insultado por
ese asunto, lo cual no es nada bueno para nuestro país.

El comentario levantó la polémica en Washington. ¿A quién
le importa que Putin esté disgustado por la investigación?
¿Qué es más importante que llegar al fondo de una conspiración iniciada por un adversario extranjero para injerir en unas
elecciones presidenciales? Tanto republicanos como demócratas reconocen que Putin podrá tener mejores relaciones con
Estados Unidos cuando deje a un lado sus acciones desestabi-
lizadoras. El punto de vista de Trump parece encajar más con
la retórica procedente de Moscú que con las preocupaciones
bipartitas en Washington sobre la integridad de las elecciones.
Y eso es precisamente lo que preocupaba a los miembros de su
equipo de seguridad nacional. Aquellos episodios resultaban
extraños. Si hubiera sucedido solo una vez, podría entenderse.
Pero la aceptación de la versión de los hechos del Kremlin fue
algo que siguió sucediendo y que, de hecho, se enfatizaría más
con el paso del tiempo.

El comportamiento inusual de Trump hacia los autócratas
y dictadores iba más allá de su relación con Putin. Como pudimos ver todos durante su viaje a Asia en 2017, intimó con el
presidente de China Xi Jinping antes de marcharse a Filipinas,
donde le parecieron graciosas las expresiones del atroz líder del
país, Rodrigo Duterte.

En Pekín, Trump y Xi se llevaron de maravilla. Xi desplegó
la alfombra roja para su visita a la capital china, con los place-
res y lujos que otros líderes mundiales saben que fascinan a
este presidente. En la Ciudad Prohibida de Pekín se celebraron
bailes con elegantes coreografías. Xi le dijo a Ivanka que su
hija se había convertido en una obsesión nacional después de

cantar en mandarín para el pueblo chino. Trump se lo devoró todo gustoso.

Un alto funcionario de la Casa Blanca reconoció que ambos líderes habían establecido un vínculo cercano. Con todas las críticas a la relación del presidente con Putin, este funcionario me contó que Trump y Xi tienen realmente una amistad muy estrecha.

—Lo que me resulta fascinante es que está mucho más unido al presidente Xi, y no puedo creerme que a eso no se le dé más cobertura mediática —dijo el funcionario.

Mientras tanto, miembros de los corresponsales de prensa de la Casa Blanca aprendieron lo que significaba realmente viajar a China. Teníamos que estar en guardia a todas horas para evitar cualquier tipo de ciberataque a nuestros teléfonos móviles. Al aterrizar en Pekín, entregamos nuestros teléfonos y ordenadores portátiles, que fueron introducidos en una caja metálica a bordo de nuestro avión charter. En su lugar, utilizamos móviles y portátiles desechables para evitar que los piratas informáticos se infiltraran en nuestros dispositivos y provocaran un caos. Eso ayuda a recordar todas esas libertades que en Estados Unidos damos por descontadas. En China, no puedes esperar tener privacidad y, desde luego, no se respeta la libertad de pensamiento.

En mi opinión, la importancia de la libertad de pensamiento y de expresión es un valor estadounidense esencial que debería compartir cualquier presidente del país. Durante un viaje a China en noviembre de 2014, el presidente Obama celebró una curiosa rueda de prensa conjunta con Xi. Lo interesante de aquella rueda de prensa fue que Xi aceptó una pregunta de un periodista estadounidense, Mark Landler, del *New York Times*.

Landler preguntó a Xi sobre el tema del acceso de la prensa en China. Y, curiosamente, después de que pareciese que Xi iba a ignorar la pregunta, el líder chino respondió; para satisfacción de nadie, salvo los chinos, pero respondió. Después supimos que hicieron falta muchas presiones por parte de los altos funcionarios de la Casa Blanca, incluido Obama, para persuadir a Xi de que aceptara la pregunta. Fue un momento fundamental durante el viaje de Obama, que demostró el compromiso de Estados Unidos con los derechos de la prensa en todo el mundo.

Avancemos tres años, hasta la supuesta rueda de prensa de Trump con Xi. El equipo de Trump no ejerció las mismas presiones. De modo que no hubo preguntas, lo que significa que no fue realmente una rueda de prensa.

—Hoy no ha habido preguntas por insistencia de los chinos —dijo Sanders a los reporteros.

Periodistas y funcionarios de administraciones pasadas, tanto demócratas como republicanas, se quejaron en los informativos de que el equipo de Trump había dado un importante traspié. Esos veteranos de administraciones pasadas explicaron que a los chinos siempre les molestan las preguntas. Nunca quieren aceptar preguntas porque no pueden controlar lo que van a preguntar los periodistas estadounidenses. Pero el trabajo de la Casa Blanca, incluido el presidente, es insistir para que a la prensa siempre se le permita hacer su trabajo. Eso es defender los valores estadounidenses en la escena internacional. Si los chinos quieren que el presidente de Estados Unidos pose junto a su líder, una imagen de legitimidad y estabilidad para enviar a sus ciudadanos, entonces tienen que respetar los valores estadounidenses. El problema con Trump, por supuesto, es que a él le daba igual la libertad de prensa.

Esa falta absoluta de consideración hacia la prensa estadounidense quedó patente una vez más durante la visita de Trump a Filipinas. En Manila, volvió a demostrar su debilidad por los autócratas brutales al elogiar al líder de ese país, Rodrigo Duterte.

—Hemos tenido una gran relación —dijo en una reunión bilateral con Duterte.

Después de que ambos líderes hicieran sus declaraciones, los periodistas intentaron hacer sus preguntas y fueron ridiculizados.

—Son ustedes los espías —dijo Duterte, lo que hizo que Trump soltara una carcajada—. Son ustedes —continuó. Trump se rio un poco más.

Duterte tenía razones para esquivar las preguntas de los periodistas estadounidenses. Desde que llegó al poder, ha aplicado medidas severas y violentas contra los supuestos traficantes de drogas en su país, una campaña que ha tenido como resultado miles de asesinatos extrajudiciales y ha desatado una protesta global. También asesinan a los periodistas en Filipinas. En 2017, el año de la visita de Trump, Filipinas fue declarado el quinto país más peligroso del mundo para los periodistas. Después de destapar la brutalidad del régimen de Duterte, una compañera periodista y antigua reportera de la CNN en Filipinas, Maria Ressa, fue acusada de evasión de impuestos, cargos que fueron interpretados por el resto del mundo como una represalia por parte del gobierno en Manila.

Si el equipo de Trump hubiera hecho los deberes antes de llegar a Manila, habría sabido que, en 2016, Duterte llegó a respaldar la idea de asesinar a los periodistas.

—El hecho de que seas periodista no te exime de ser asesinado, si eres un hijo de puta —dijo Duterte en una confesión terrorífica.

Pese a ese historial de abusos, Trump rehusó presionar a su homólogo sobre asuntos de derechos humanos.

—La cuestión de los derechos humanos surgió brevemente en la conversación sobre la lucha filipina contra las drogas ilegales —contó Sarah Sanders a los reporteros después de la visita de Trump a Duterte. Un portavoz de Duterte la contradijo, increíblemente o no, diciendo que el tema de los derechos humanos nunca surgió en las conversaciones entre ambos líderes. ¿Sanders estaba mintiendo? ¿O era la gente de Duterte la que mentía? ¿Cómo íbamos a saberlo?

Más tarde aquella noche, mientras tomaba una copa con funcionarios de la Casa Blanca, le comenté al general retirado H. R. McMaster, consejero de Seguridad Nacional de Trump, que el presidente y Duterte parecían llevarse como si fueran viejos amigos. McMaster se quedó mirándome fríamente y no respondió. Me pareció extraño que no pudiera decirme una cosa o la otra antes de marcharse.

Ahora es cuando los críticos podrían decir que "no nos importa un grupo de reporteros quejones" y sus preguntas. O tal vez se pregunten: "¿Quiénes somos nosotros para decirle al pueblo de Filipinas o de China lo que hay que hacer?".

Pero esa es justo la labor de un presidente estadounidense en la escena mundial. No, el presidente no debe acosar a los líderes extranjeros, insistiendo en que han de vivir su vida y dirigir sus países justo como lo hacemos nosotros. Pero hay ciertos valores democráticos que podemos defender en la escena mundial, como las elecciones libres y justas y la prensa libre. Sabemos que merece la pena defender esas instituciones debido a la calidad de vida que disfrutamos en Estados Unidos. Un presidente estadounidense podría decirle a un líder mundial que merece la pena respetar esos principios porque ayudaron a crear el tipo de condiciones de vida envidiables que hicieron de Estados Unidos la sociedad más próspera que ha conocido la humanidad.

Mientras Trump viajaba por el mundo, me daba cuenta, y estoy seguro de que muchos de mis compañeros también, de que otros líderes occidentales y sus funcionarios empezaban a preocuparse por lo que estaba sucediéndole a Estados Unidos. Los líderes europeos lo decían públicamente tras sus encuentros con Trump. La inesperada historia de amor del presidente de Estados Unidos con líderes autocráticos, cosa que él demostraba una y otra vez, y su comportamiento errático. Demostraba en sus declaraciones y tuits, que sus formas se habían convertido en una preocupación de seguridad nacional durante los dos primeros años de su mandato.

Incluso sin sus amenazas de lanzar un ataque nuclear unilateral, Trump había dado a nuestros aliados razones más que suficientes para preocuparse. Más que cualquier cosa específica, iba aumentando la sensación de que Estados Unidos ya no podía desempeñar el papel geopolítico que había ocupado durante décadas, ya fuera a la hora de honrar sus compromisos con los aliados de la OTAN o de denunciar a los líderes de China por las violaciones de los derechos humanos.

Todo eso fue preparando el camino para la proposición más inesperada de Trump: una invitación para reunirse con el dictador más opresivo del mundo, Kim Jong-un de Corea del Norte.

———————

A LO LARGO DE 2017, TRUMP HABÍA PARTICIPADO EN UNA CA-
rrera armamentística retórica con Kim, con amenazas, insultos y todo tipo de comportamiento de patio de colegio, todo ello
cuando, detrás de las cámaras, tenía otros objetivos en mente.
Era evidente que Trump deseaba tener el encuentro de todos
los encuentros con el dictador norcoreano. Hay que reconocer que los funcionarios de Trump en la Casa Blanca y en el
Departamento de Estado, ayudados por los intensos esfuerzos
diplomáticos por parte de los surcoreanos, consiguieron lo impensable al concluir la cumbre entre Trump y Kim.

No es de extrañar que hubiera obstáculos por el camino y,
durante un tiempo, la cumbre fue cancelada después de que
los norcoreanos se saltaran una sesión de planificación e in-
sultaran a Mike Pence. Pero Trump dejó la puerta abierta a
un futuro encuentro en la carta que escribió a Kim para can-
celarlo. Ese encuentro huidizo pronto se convirtió en motivo
de vergüenza para la Casa Blanca. Un empleado de la Agencia
de Comunicación de la Casa Blanca, oficina militar no política
que proporciona cobertura de imagen y sonido de los movimientos del presidente, acuñó una moneda para conmemorar
la cumbre de Trump y Kim. Uno de nuestros productores,
Noah Gray, conocido coleccionista de monedas —estas monedas suelen intercambiárselas los militares y los funcionarios
de los cuerpos de seguridad en señal de amistad—, se había
hecho con una de esas nuevas monedas. Después de que Noah
se enterase de su existencia, en las zonas de prensa de la Casa
Blanca nos volvimos locos. ¿Qué diablos era aquello?, pensábamos. Iba a hacerse viral. Y así fue.

Las fotos de la moneda desataron una avalancha de comentarios en las redes sociales. En la moneda aparecían Trump y Kim, cara a cara, con las palabras "Líder Supremo" junto a la imagen del dictador de Corea del Norte. ¿Líder Supremo? El secretario de Estado Mike Pompeo, en una clara muestra de que la administración pretendía elevar el estatus de Kim, ya se refería a él como "presidente Kim", una manera de suavizar el verdadero papel del dictador en Corea del Norte, es decir un opresor de su propio pueblo. Los empleados no políticos de la Agencia de Comunicación de la Casa Blanca recibieron una injusta cantidad de quejas por la moneda, que obviamente había sido acuñada con la mejor de las intenciones. Pero la moneda ilustraba algunas de las preocupaciones que compartían los líderes mundiales ante la idea de un encuentro entre Trump y Kim. Lo que se necesitaba para enfrentarse al peligroso régimen de Pionyang era progreso de verdad, no teatralidad más propia de un programa de telerrealidad.

En menos de una semana, para alivio de la comunidad global de coleccionistas de monedas, el encuentro volvió a plantearse. El 1 de junio, Trump y Pompeo se acercaron a los micrófonos del Jardín Sur de la Casa Blanca y anunciaron que iban a toda máquina. Hubo un alivio generalizado dentro del Ala Oeste. Habíamos oído que numerosos funcionarios del Ala Oeste habían invertido muchas horas en organizar el encuentro con Kim. Esos empleados eran muy conscientes de que Trump se enorgullecía al mostrar la carta que había recibido del dictador norcoreano, como parte de su correspondencia para organizar el encuentro cara a cara. En resumen, Trump parecía más involucrado en ese encuentro con Kim que en otros asuntos de su agenda de política exterior. Desde Seúl hasta Washington, se preguntaron incluso si podrían nominarlo a un Premio Nobel de la Paz. ¿Un Premio Nobel de la Paz para Trump? Cada vez que le preguntaban sobre ello, se le abrían mucho los ojos. Era algo que deseaba enormemente.

Unos diez días más tarde, íbamos todos a bordo de un avión con destino a Singapur para cubrir una de las cumbres más extraordinarias celebradas por un presidente de Estados Unidos. Yo estaba en el grupo de reporteros de televisión acreditados el día del encuentro entre los dos líderes, que tuvo lugar en un hermoso complejo turístico en Sentosa, una isla privada ubicada al sur de Singapur. En resumen, mi equipo de la CNN y otros miembros de la prensa aquel día teníamos un asiento en primera fila para presenciar un momento histórico.

Kim Jong-un, como dijo su intérprete, tenía una manera mejor de describir aquel día:

—Mucha gente en todo el mundo pensará que esto es una fantasía, sacada de una película de ciencia ficción —dijo tras su reunión inicial con Trump. Más bien como *Encuentros con el tercer Kim*, ya que el dictador era el tercer hombre de su familia que gobernaba en el régimen norcoreano.

Trump y Kim tuvieron una serie interacciones alucinantes que culminaron cuando el dictador se acercó a conocer la limusina presidencial, conocida como "la Bestia", que habían llevado en avión hasta Singapur para que Trump se paseara por la isla. Trump ya no amenazaba con vaporizar a Corea del Norte, hablando de "fuego y furia" y del "hombrecillo de los cohetes". Aquello era un cortejo. Después de los saudíes, Putin, Xi y Duterte, había nacido un nuevo idilio con otro dictador.

Sorprendentemente, pudimos hacer preguntas a ambos líderes después de su primera reunión privada. Trump declaró con orgullo que Kim y él ya mantenían una "relación excelente", pese a acabar de conocerse en persona. Dijo que el fortachón norcoreano era un hombre con "mucho talento".

Como podrán recordar de la cobertura informativa de aquella época, intentamos preguntar también a Kim, pues se trataba de una oportunidad única e irresistible de preguntarle por sus planes.

—Presidente Kim, ¿procederá a la desnuclearización? —preguntó Noah Bierman, periodista de *Los Angeles Times*.

—¿Renunciará a sus armas nucleares? —pregunté yo, en vano.

Aquel fue uno de los pocos momentos en los que recibí ciertos elogios por parte de algunos compañeros de medios conservadores, donde reconocieron que tal vez sí fuera algo bueno que un periodista pudiera hacerle preguntas a un dictador.

Kim no respondió, pero el espectáculo no había terminado aún. Tras un almuerzo de trabajo fuera de cámaras, los dos líderes dieron un paseo bien coreografiado por los frondosos jardines del complejo donde se celebraba el encuentro. Habían ensayado el paseo durante días, con empleados de la Casa Blanca interpretando el papel de los dos líderes antes de que Trump y Kim lo hiciesen de verdad ante las cámaras, según me contó más tarde un funcionario de la Casa Blanca. La prensa acreditada, incluido este reportero, estaba situada en el lugar donde Trump y Kim terminarían su paseo, se detendrían unos minutos y después saldrían de escena por la izquierda. Cuando ambos líderes se acercaban a nosotros por el camino, Trump señaló al suelo y Kim asintió con la cabeza, en el momento justo. Se detuvieron entonces a pocos metros de nosotros y el presidente declaró que el día había sido todo un éxito.

—¿Qué tal va, señor? —preguntó Steve Holland, corresponsal de Reuters.

—Hemos hecho muchos progresos —dijo Trump—. Mucho mejor de lo que cualquiera podría haber imaginado —añadió.

—¿Qué van a firmar? —preguntaron otros periodistas.

Yo llevaba el iPhone levantado en todo momento y estaba grabando aquella escena surrealista. De hecho, el vídeo sigue almacenado en mi teléfono. Es demasiado descabellado como para borrarlo. Kim, el dictador más infame del mundo, estaba de pie justo delante de mí. Era un poco más bajo de lo que esperaba y bastante aniñado, con sus mejillas redondas, y parecía bastante alegre. Apenas resultaba amenazador, en contraste con su despiadada reputación. Parecía más un político.

Pocos minutos después, nos metieron en una sala donde Trump y Kim firmarían su acuerdo. Mientras esperábamos a que los dos líderes salieran y firmaran, se produjo una escena increíblemente caótica. Los periodistas estadounidenses y los representantes de la televisión estatal norcoreana estuvieron gritándose y dándose codazos entre sí durante casi veinte minutos para conseguir la mejor posición y capturar el momento cuando Trump y Kim entraran en la habitación. Varios funcionarios y cámaras norcoreanos trataron de empujar al fotoperiodista de Associated Press Evan Vucci para quitarlo de en medio, pero Evan se negó a ceder. Después intentaron llegar hasta donde yo estaba, junto a Steve Holland. Los norcoreanos intentaron empujar también a Steve. Holland, que es una figura paternal maravillosa y un tipo muy amistoso, empezó a agitar las manos y a decirles: "¡Ni hablar!". Hace años que conozco a Steve y jamás lo había visto tan enfadado.

Trump y Kim entraron entonces en la sala y se sentaron a

la mesa que teníamos delante. Oímos por fin la voz de Kim. Hablando a través de un intérprete, dijo a los diversos funcionarios y reporteros reunidos en la habitación que estaba dispuesto a hacer concesiones importantes a Estados Unidos y al resto del mundo.

—El mundo experimentará un cambio importante —aseguró Kim.

Después de firmar su acuerdo, intenté por tercera vez hacer mi pregunta.

—Señor presidente, ¿accedió él a la desnuclearización? —le pregunté a Trump.

—Comenzaremos ese proceso muy rápido. Muy, muy rápido —me respondió.

También intenté preguntar si Trump y Kim habían hablado del universitario estadounidense Otto Warmbier, que había muerto tras estar prisionero en un campo de trabajo norcoreano. Pero Trump no respondió. Obviamente mi pregunta molestó al equipo estadounidense. El consejero de Seguridad Nacional John Bolton se volvió y me miró con desdén. En el pasado, Trump había mencionado en repetidas ocasiones el caso de Warmbier. Yo pensaba que, al menos, sacaría el tema y tal vez advertiría a Kim que dejase de tomar a ciudadanos estadounidenses como rehenes.

Hubo otra prueba de que mis preguntas habían fastidiado al equipo de Trump. Brad Parscale, el director de campaña de Trump para 2020, recurrió a Twitter para pedir de nuevo a la Casa Blanca que me retirase la acreditación de prensa.

Deberían quitar a Jim @Acosta su acreditación de inmediato, tuiteó Parscale. **¡Es una auténtica vergüenza!**

Poco después de la ceremonia de la firma del acuerdo, nos

llevaron a un salón de baile para que el presidente respondiera a algunas preguntas; aunque no teníamos ni idea de que Trump planease celebrar una rueda de prensa al terminar la cumbre.

—Sea amable —me dijo al darme la palabra—. Sea muy respetuoso —añadió.

—Seré muy respetuoso, señor —respondí. Y le hice una pregunta bastante benévola, mientras todos intentábamos entender qué diablos acababa de suceder.

Quise saber qué le había dicho Kim Jong-un a nuestro presidente para asegurarle que los norcoreanos habían terminado con sus juegos.

—Una buena pregunta —respondió Trump—. Se ha mostrado muy firme al decir que quiere hacerlo —continuó sin dar ningún dato específico. Pero hasta él parecía poco convencido—. Nunca se sabe —añadió encogiéndose de hombros. Fue uno de esos escasos momentos de franqueza en Trump. Sabía que era posible que estuvieran tomándole el pelo—. Pero creo que va a respetar ese documento —continuó, en referencia al acuerdo que acababan de firmar.

Yo le había devuelto el micrófono al funcionario de la Casa Blanca que se había acercado a retirármelo. Pero, ya sin el micro, pregunté a Trump si confiaba en Kim.

—Sí, confío —respondió.

En general, fue un diálogo bastante equilibrado. Otros reporteros presentes en la rueda de prensa fueron mucho más agresivos, presionando a Trump sobre lo que Kim y él acababan de firmar, lo que parecía ser un documento ineficaz. ¿Qué garantías había de que Kim renunciase a sus armas nucleares de forma absoluta, irreversible y verificable?, preguntaron los demás. Era un salto de fe. No había garantías. Aun así, Trump había ofrecido a Kim, un tirano que había asesinado a innumerables norcoreanos, la plataforma que buscaba: compartir escenario con el presidente de Estados Unidos. El equipo de Trump descubriría más tarde lo unido que estaba Kim a su arsenal nuclear. Ambos líderes volvieron a reunirse en un segundo encuentro en Vietnam. Sus reuniones finalizaron de manera abrupta sin llegar a ningún acuerdo.

Después de la rueda de prensa en Singapur, nos fuimos al aeropuerto y al vuelo maratoniano para volver a Washington, con una parada para repostar en Honolulu. Pese a haber conseguido de Kim poco más que un acuerdo escrito, Trump y su equipo abandonaron Singapur sintiéndose victoriosos. El presidente estaba de buen humor. Regresó a la cabina de prensa del Air Force One para charlar con los periodistas. Nos dimos la mano y nos contó sus impresiones tras estar cara a cara con el dictador norcoreano. En su momento, estaba optimista y creía haber logrado algo... presidencial. Había estado respondiendo a las preguntas de los reporteros durante una hora y era muy consciente de que se había arriesgado con Kim.

Trump había acudido a la cabina de prensa de su avión para charlar con los periodistas en innumerables ocasiones, pero casi todas esas charlas habían sido extraoficiales. Aquel día, en cambio, al despegar para volver a Washginton, no parecía importarle que lo citáramos. No había hostilidad. Nadie habló de "noticias falsas". Todo era extrañamente agradable. Por una vez, parecía que Trump había logrado algo histórico. Claro, era probable que los norcoreanos estuvieran tomándole el pelo, pero cabía la posibilidad de que aquel encuentro inicial diera pie algún día a logros mucho mayores. Trump tenía esa impresión. Pasados unos minutos, regresó a su sección del Air Force One.

Viéndolo con perspectiva, me cuesta entender con exactitud qué se le pasó a Trump por la cabeza aquel día. Como nos dimos cuenta después, había vuelto a dejarse encandilar por un dictador. Como contó a los votantes algunos meses más tarde, en las semanas previas a las elecciones de mitad de mandato, en un mitín en Virginia Occidental, Kim y él "se habían enamorado". Habló de las cartas que ambos se habían enviado mientras preparaban el encuentro en Singapur.

—Yo me mostraba duro y él también. Tuvimos nuestros desacuerdos y luego nos enamoramos, ¿de acuerdo? No, en serio. Me escribió unas cartas preciosas. Y son cartas magníficas. Y entonces nos enamoramos —contó a la multitud.

Dejaré que eso hable por sí mismo.

Pero, hablando de cosas extrañas y surrealistas, cuando volvíamos de Singapur, otro miembro del equipo de Trump visitó la cabina de la prensa. Era Stephen Miller. Stephen y yo charlamos durante un rato sobre el encuentro y después pasamos a hablar sobre nuestros lugares favoritos para comer en D.C. Incluso me preguntó cuál era mi trabajo soñado. (Estaban todos extasiados después de Singapur, eso es seguro). Fue una conversación agradable, en contraste con nuestro enfrentamiento en la Sala de Prensa con respecto a la Estatua de la Libertad. Otra reportera de la cabina de prensa, Catherine Lucey, de Associated Press, comentó que parecía que Stephen había entrado en la cabina de prensa sólo para verme. También a mí me pareció extraño, pero, a fin de cuentas, yo pensaba que tenía un trabajo que hacer, y eso significaba ser capaz de dejar a un lado sus insultos y sus ataques personales. Hay que ir por el buen camino y no dejar que te vean sudar. Si Stephen quería dejar a un lado nuestras diferencias sobre inmigración y hablar durante un rato de los restaurantes de Washington, así sería.

No todos los miembros del equipo de Trump eran capaces de mostrarse civilizados. Cuando nos hallábamos en la pista de aterrizaje de Honolulu durante la parada técnica, disfrutando del sol de Hawái durante unos tres cuartos de hora, Steve Holland me preguntó si quería sacarme una foto con Sarah Sanders y con él. Sarah lo hizo a regañadientes, tras quejarse de que no quería posar en una foto conmigo. Aquello no venía a cuento; yo solo intentaba ser amable. Pero ella no estaba de humor para eso.

—¿De qué va a servir? Vas a volver [a Washington] y a decir cosas malas sobre nosotros —me dijo. Yo me limité a sonreír y regresé a mi asiento en el Air Force One.

Pero en Washington me esperaba una reacción más mordaz a mi trabajo. Después de pasar horas durmiendo sin conexión wi-fi (una molesta consecuencia de volar en la cabina de prensa del Air Force One), revisé las notificaciones que había recibido en mi cuenta de Instagram. Tenía docenas de mensajes de defensores de Trump que habían visto el tuit de Parscale sobre las preguntas que había hecho durante la ceremonia de la firma en Singapur. Los comentarios que aparecían bajo las fotografías que había publicado durante la cumbre eran mucho más siniestros que la amenaza de Brad de quitarme la acreditación de prensa. Empezaba a tener más pruebas de que la caja de resonancia de Trump se estaba expandiendo y volviéndose más oscura.

"Estoy deseando que llegue el día en que millones de personas como yo llamemos a tu puerta y te llevemos a golpes hasta la guillotina, pedazo de mieda", decía un usuario de Instagram en un comentario confuso y mal escrito que dejó en mi cuenta. "Si yo fuera el presidente Trump creo que ordenaría a la infantería de la marina que te pegaran un tiro en la cabeza por lo que has hecho", había añadido el individuo.

Eso solo sucede en dictaduras como Corea del Norte, no en las democracias.

Podría decirse que esta reunión con el dictador fue la iniciativa mejor ejecutada de Trump desde que ocupara el cargo. La cumbre había sido cosa suya, la había orquestado él, pero, más que eso, las mezquinas burocracias del mundo de Trump habían bajado las armas el tiempo suficiente para hacer algo casi bien. Al menos eso pareció en su momento. El acuerdo firmado por los dos líderes no sirvió de mucho. Era ineficaz, no exigía que Kim abandonara su programa de armamento nuclear; pero fue un primer paso. Aun así, el espectáculo de Singapur casi logró mostrar la clase de producción que habría sido posible si la Casa Blanca no hubiera sido una pesadilla disfuncional y desorganizada desde el primer día. Demostró que Trump era capaz de ser algo más que un presidente con un solo truco.

Aun así, no me engañaba pensando que aquello era señal de cambio dentro de la administración. Si algo hemos tenido que aprender una y otra vez desde que Trump ocupara el cargo es que no hay vuelta atrás. Lo mismo sucedería después de Singapur, cuando Trump se embarcó en uno de los momentos más inquietantes y peor concebidos de toda su presidencia: una reunión con Vladimir Putin en Helsinki.

10

Humillado en Helsinki

Como demuestran ahora los hechos, queda claro que Hillary Clinton había estado muy acertada en su último debate con Donald Trump en Las Vegas en octubre de 2016. Durante ese debate, Clinton citó lo que se había convertido en una importante preocupación de seguridad nacional para los servicios de inteligencia de Estados Unidos: los piratas informáticos que trabajaban en nombre de los agentes rusos habían unido sus fuerzas a WikiLeaks para publicar información dañina obtenida mediante ciberataques a funcionarios demócratas, en un esfuerzo por debilitar a la candidata del partido. Eso fue mucho antes de que el informe del fiscal especial Robert Mueller destapara una posible relación entre la campaña de Trump y Rusia, una investigación que no demostró la existencia de una conspiración. Clinton ya había conectado que, como se habían infiltrado en las cuentas demócratas, Trump había adoptado como propia la agenda de política exterior del Kremlin: debilitar a la OTAN, abandonar a Ucrania, etcétera.

La conversación entre Clinton y Trump sobre la aparente interferencia de Rusia en el proceso democrático estadounidense debió de ser algo que le pasó por alto a mucha gente en su momento. No fue tan sensacionalista como las revelaciones del vídeo de *Access Hollywood*. "Agárrenlas por el coño" eso era algo que la gente podía entender; piratas informáticos y WikiLeaks, al menos en su momento, parecía algo más complicado y no estaba confirmado. Las palabras de Clinton en el debate hicieron poco más que desencadenar un diálogo desagradable con el contrincante republicano. Al final, la advertencia que hizo en Las Vegas, que Trump bien podía ser la "marioneta" de Putin, se quedó en Las Vegas. Aun así, resulta una lectura fascinante:

> CLINTON: De modo que creo que la pregunta más importante de esta noche, Chris, es si Donald Trump admitirá y condenará que los rusos hagan esto y que deje claro que no contará con la ayuda de Putin en estas elecciones.

En realidad, Trump no respondió a las acusaciones sobre WikiLeaks y, en su lugar, inició una guerra trivial con Clinton. La táctica le funcionó a Trump, que siguió abogando por unas mejores relaciones con Rusia, algo que el Kremlin claramente también deseaba. Esquivó el tema por completo.

> TRUMP: Ahora podemos hablar de Putin. Yo no conozco a Putin. Dijo cosas bonitas sobre mí. Si nos lleváramos bien, eso sería estupendo. Si Rusia y Estados Unidos se llevaran bien y lucharan contra el ISIS, eso sería fantástico. No siente respeto por ella [Hillary Clinton]. No siente respeto por nuestro presidente.

Luego, pocos minutos después, se produjo lo que, en retrospectiva, fue un momento clave de la campaña.

CLINTON: Bueno, eso es porque prefiere tener a una marioneta como presidente de Estados Unidos.
TRUMP: Nada de marioneta. Marioneta no.
CLINTON: Y está bastante claro que...
TRUMP: ¡Usted es la marioneta!
CLINTON: Está bastante claro que no quiere admitir que...
TRUMP: No, usted es la marioneta.
CLINTON: ... que los rusos han realizado ciberataques contra los Estados Unidos de América, que usted incentivó el espionaje contra nuestro pueblo, que está dispuesto a soltar las frases de Putin, firmar su lista de deseos, desbaratar la OTAN, hacer lo que él desee, y que continúa recibiendo ayuda de él, porque tiene un claro favorito en esta campaña.

Fue un diálogo siniestramente profético.

Un antiguo asesor de campaña de Clinton me envió un mensaje rememorando el debate de Las Vegas: "Parecía demasiado fantástico para ser cierto. PERO SÍ QUE LO ES". Fue el asesor quien escribió la última parte en mayúsculas, no yo.

Llegado el verano de 2018, casi dos años después de que Clinton llamase a Trump la marioneta de Putin, Trump parecía haberse empeñado en demostrar que ella tenía razón mediante sus incesantes ataques a la investigación rusa, su campaña contra los medios de comunicación por informar sobre ella y la erosión de antiguas políticas estadounidenses que a Putin no le gustaban. Cuando no eran sus conversaciones privadas con Putin en el marco internacional, era su retórica en torno a la OTAN y su negativa a aceptar la conclusión de los servicios de inteligencia de que Rusia había intervenido en nuestras elecciones. Si se tiene en cuenta el incesante goteo de acusaciones reales de la investigación rusa, cada vez existían más y más pruebas de que la relación entre Trump y Putin era, como mínimo, cuestionable.

Sin embargo, antes del verano de 2018, la inquietante sensación de que Trump parecía sentirse muy a gusto con el presidente autocrático de Rusia podía medirse a través de una serie de interacciones ocasionales, archivos judiciales y reportajes de prensa. Los encuentros aislados y las declaraciones habían demostrado que Trump se mostraba reticente a desafiar a Putin, pero había dejado a la imaginación del público el retrato general de las interacciones entre ambos. ¿Qué ocurría exactamente entre esos dos tipos? Ni siquiera el equipo de seguridad nacional de Trump lo sabía con certeza, según me contó un antiguo funcionario del Consejo de Seguridad Nacional que trabajó para Trump.

El velo que ocultaba gran parte de su extraña relación pareció caer en julio de 2018, cuando Trump se reunió con Putin para celebrar una cumbre en Helsinki. Dado el enorme foco mediático puesto sobre la investigación de Rusia, fue un momento crucial para una reunión que situaría la relación de Trump y Puntin en el centro de todas las miradas internacionales. De hecho, llegado el verano de 2018, la investigación de Mueller llevaba en marcha más de un año y, en ese periodo de tiempo relativamente corto, había resultado ser una de las operaciones más exitosas y eficaces de la historia del Departamento de Justicia. Ya se habían presentado pruebas que demostraban diversos intentos por parte de Rusia de penetrar en la órbita de Trump, con varias acusaciones sobre la mesa y más que surgían continuamente.

Aunque había muchas cosas sobre la investigación rusa que seguían sin estar claras, el público sí sabía muchas de las cosas que habían sucedido entre Rusia y la campaña de Trump. Para empezar, la investigación de Michael Flynn había tenido como resultado la cooperación de Flynn con la oficina del fiscal especial, pero se habían producido además acusaciones contra otros personajes habituales en la órbita de la campaña de Trump. George Papadopoulos, asesor en política exterior durante la campaña de Trump, fue acusado de mentir al FBI. Paul Manafort, antiguo director de campaña de Trump, fue acusado de diversos cargos relacionados con delitos financieros y trabajos que había realizado para Ucrania. Después fue condenado y sentenciado a más de siete años de cárcel en dos casos federales distintos. Rick Gates, adjunto a Manafort, fue acusado de cargos similares y decidió cooperar. Algunos individuos más habían sido acusados de mentir al FBI. Y, por supuesto, también estaba Roger Stone, el embaucador de toda la vida del Partido Republicano que había trabajado para Nixon y había logrado reaparecer en la investigación rusa, acusado por el fiscal especial Robert Mueller de haber sido un vínculo clave entre los esfuerzos de WikiLeaks por publicar correos electrónicos dañinos sobre Clinton y los funcionarios de la campaña de Trump. Los fiscales federales habían presentado también cargos contra trece ciudadanos rusos y tres empresas rusas por conspiración relacionada con la propaganda rusa para influir en las elecciones de 2016.

También estuvo, por supuesto, la reunión que mantuvieron en la Torre Trump en 2016 Don Jr., Jared Kushner y Paul Manafort con la abogada rusa Natalia Veselnitskaya, quien te-

nía vínculos con el Kremlin. En un inicio, la Casa Blanca había
mentido al público sobre el verdadero propósito de la reunión,
diciendo en una de sus primeras declaraciones sobre el tema
que se trataba de las adopciones rusas, pero los correos electrónicos de Don Jr. revelaron que el objetivo de la reunión era
obtener trapos sucios sobre Hillary Clinton. Una campaña más
ética y experimentada habría acudido directamente al FBI para
denunciar las maniobras rusas. La declaración sobre el propósito de la reunión no fue la única mentira, también fueron
falsas las palabras de Sarah Sanders al asegurar que Trump no
había dictado esa declaración.

Todo aquello quedó más que claro en junio de 2018, cuando
Sanders tuvo que hacer frente a sus propias mentiras. El *New
York Times* informó que el equipo legal externo del presidente
había enviado una carta a la oficina del fiscal especial a principios de año en la que ofrecía explicaciones a diversas preguntas
del equipo de Mueller. Una de las respuestas de los abogados de
Trump fue que sí, en efecto el presidente había dictado la carta
en referencia a la reunión de Don Jr. De pronto se demostró
que la declaración anterior de Sanders era falsa. El 5 de junio
de 2018, Jordan Fabian, del sitio web The Hill, y Josh Dawsey,
del *Washington Post*, pidieron a Sarah que diera explicaciones.
Llegado ese punto, Sanders había empezado a usar una nueva
estrategia en las sesiones informativas, remitiendo las preguntas a los abogados del presidente.

FABIAN: ¿A qué se debe la discrepancia?
SANDERS: Como ustedes han dicho, eso aparecía en la carta
de un abogado externo, de modo que los remito a ellos para
que respondan a esa pregunta.

DAWSEY: Sarah, las palabras son textuales: usted dijo que él no dictó la declaración. El abogado dijo que sí. ¿Cuál es la verdad? Es una cosa o la otra.

SANDERS: No voy a responder por una carta de un abogado externo del presidente. Nosotros nos mantenemos deliberadamente al margen y los remito a ellos para que hagan algún comentario.

Como gran parte de lo que ocurre en la Casa Blanca de Trump, este episodio —tanto la reunión en la Torre Trump durante la campaña como la respuesta imprecisa de la Casa Blanca cuando se destapó la noticia de dicha reunión— planteaba la pregunta del por qué. Dicho claramente, ¿por qué había tantas mentiras sueltas? Mentir al decir que Trump no había autorizado la declaración. Mentir sobre el verdadero propósito de la reunión. A muchos reporteros que cubrían la presidencia de Trump les parecía que las declaraciones erróneas y el bloqueo informativo formaban parte de una estrategia mayor. Si no tenían nada que ocultar, ¿por qué tantas mentiras? Una vez más, se planteaban preguntas serias. Dentro del equipo de Trump, como me dijeron muchos ayudantes, no les importaba confundir a la prensa. Pensaban que no era lo mismo que mentir a los investigadores federales. Digamos que no todo el mundo recibió esa circular. Las personas implicadas en la investigación rusa habían sido acusadas de mentir al FBI. Cuanto más se había prolongado la investigación, más casos se habían dado de personas en la órbita de Trump que habían mentido sobre Rusia. Y, a medida que aumentaban las mentiras, parecía cada vez más difícil justificarlas como una simple coincidencia. Una pregunta clave era, por supuesto, ¿hasta dónde alcanzaban las mentiras?

Esas mentiras empezaron a resultar mucho más preocupantes cuando los abogados de Trump, guiados por el antiguo
alcalde de Nueva York Rudy Giuliani, comenzaron a asegurar que a un presidente de Estados Unidos en el cargo no se
lo podía imputar. La llegada de Giuliani se produjo tras una
sorprendente reestructuración del equipo legal de Trump. El
abogado principal externo del presidente, John Dowd, había
abandonado el barco, al igual que el abogado de la Casa Blanca
Ty Cobb, quien, como informé en su momento, se había cansado de los tuits de Trump sobre la investigación de Rusia.
Cobb, antiguo fiscal federal, no quiso seguir la estrategia de
Trump de demonizar al fiscal especial Robert Mueller, según
me contó una fuente cercana a Ty.

Una fuente del equipo legal de Trump confirmó que los ataques del presidente a la investigación de Mueller y las entrevistas salvajes de Giuliani con la prensa formaban parte de una
estrategia para debilitar la confianza de la opinión pública en
la investigación. Dicha estrategia se apoyaba en diversas en-
cuestas que mostraban de manera periódica un aumento del
rechazo a la investigación de Rusia.

—Piensa que no se hacía nada sin una estrategia —dijo la
fuente.

Dowd y Cobb creían en una estrategia de cooperación con
la oficina de Mueller para poder poner fin a la investigación lo
antes posible. Cobb se enfrentó a Trump por sus tuits sobre
Mueller y la investigación, pensando que resultaban dañinos
para la imagen del presidente. Ty era uno de los buenos en
la Casa Blanca, alguien que disfrutaba realmente trabajando
con la prensa. Con frecuencia se lo veía por Washington en
antros de la Casa Blanca, tomando copas con los reporteros,

a veces hasta bien entrada la noche. (Una noche, algunos de nosotros nos encontramos con Ty en el Exchange, un bar cercano a la Casa Blanca frecuentado por estudiantes de la Universidad George Washington. Como suelen hacer los jueves tras un partido de *kickball*, los estudiantes estaban jugando a Flip Cup. Un grupo de estos *millennials* nos invitó a jugar a Ty y a mí. "No, no", dijimos. "Gracias por la invitación". Pero no aceptaban un "no" por respuesta. Flip Cup es un juego que consiste en competir con otros para ver quién se bebe un vaso de cerveza más deprisa antes de darle la vuelta y que caiga al revés. Hay vídeos en YouTube si necesitan más explicaciones. A Ty le salió en el primer intento. Yo lamento decir que necesité beber varios más).

Por su parte, Rudy Giuliani se mostraba menos cercano. Giuliani se presentó con una nueva estrategia. Nada de cooperación; era hora del combate, tanto en los medios como contra Mueller, pues de pronto el exalcalde de Nueva York se ofrecía para un sinfín de entrevistas en televisión que parecían levantar una cortina de humo frente al tema de Rusia. Giuliani, antiguo fiscal que había enviado a los mafiosos a la cárcel en sus buenos tiempos, empezó a dar ciertos argumentos legales, como que un presidente de Estados Unidos en el cargo no puede ser imputado y enviado a prisión, sin importar el delito. Fue increíble que dijera eso. ¿Estaría insinuando que Trump corría un riesgo legal? Lo más probable era que estuviese diciendo tonterías para alterar al ciclo informativo y cambiar las noticias, un clásico de la manipulación que Trump hacía a los medios de comunicación.

—En ningún caso puede ser citado o imputado. No sé cómo se lo puede imputar estando en el cargo. Da igual lo que sea.

Si disparase a James Comey, sería destituido al día siguiente
—había dicho Giuliani al *Huffington Post*.

En la misma sesión informativa en la que Fabian y Dawsey
la desafiaron, se le volvió a preguntar a Sarah por la carta supuestamente dictada por Trump. Le pregunté si podía defender un comentario de Giuliani según el cual Trump no podría
ser imputado ni aunque disparase a James Comey.

> ACOSTA: ¿Resulta apropiado en boca del abogado externo
> del presidente hablar de la posibilidad de que el presidente
> dispare a James Comey?
> SANDERS: Tendría que preguntar a Rudy Giuliani sobre sus
> comentarios. Pero, por suerte, el presidente no ha hecho nada
> malo, de modo que nos sentimos muy cómodos con eso.

Como si aquello no fuese hipótesis suficiente, un día antes, el propio Trump había tuiteado que podría absolverse a sí
mismo.

@realDonaldTrump
Como han declarado numerosos expertos legales, tengo
el derecho absoluto de ABSOLVERME a mí mismo, pero
¿por qué iba a hacerlo si no he hecho nada malo? Entre
tanto, la interminable Caza de Brujas liderada por 13
demócratas furiosos (y otros) continúa en las elecciones
de mitad de mandato.
7:35 AM—Jun 4, 2018

Todo eso estaba en la balanza mientras los corresponsales
de prensa nos preparábamos para el viaje de Trump a Helsinki.

Aquella extraordinaria reunión entre los dos líderes estaba rodeada de dudas y preguntas: ¿qué había realmente entre ellos? No podía olvidar que ni siquiera algunos miembros del equipo de seguridad nacional de Trump se sentían del todo cómodos con el extraño comportamiento del presidente hacia Putin. Ellos también tenían preguntas.

———

POR MUY CONVINCENTES QUE FUERAN LOS DIFERENTES HIlos de la investigación rusa, todavía no se habían entrelazado para formar un caso sólido de conspiración con Moscú. Si uno daba un paso atrás y contemplaba la increíble red de mentiras tejidas durante los años por el hombre más poderoso del mundo, veía que aquello empezaba a tener sentido, pero había aún demasiadas interrogantes. Como comentaba con frecuencia a la gente durante los actos a los que me invitaban para hablar, demostrar que Trump había conspirado realmente con los rusos resultaría muy difícil. Teniendo en cuenta la reputación de Mueller de persona franca y directa en Washginton, cuesta imaginar que el fiscal especial pudiera aportar algo que no fuera un caso firme contra el presidente. Cualquier otra cosa habría sido devastadora para el legado de Bob Mueller.

Pese a algunas de las imputaciones que tuvo como resultado el informe de Mueller y los titulares que generó, sin duda el elemento más esclarecedor de la historia de Trump con Rusia no vino de un archivo judicial ni de la declaración de un testigo, sino de la manera en que el presidente capituló ante Putin durante su encuentro en Helsinki. Viajando con Trump en los días previos al encuentro, empecé a tener la impresión de que

Estados Unidos estaba a punto de sufrir un momento tremendamente humillante en la escena internacional.

Antes del fiasco de Finlandia, Trump hizo una parada en Bruselas, donde volvió a criticar a los miembros de la OTAN por no cumplir con sus obligaciones en el gasto de defensa. Para empeorar las cosas, mezcló temas de comercio con asuntos de defensa, quejándose de los aranceles impuestos a ciertos productos estadounidenses por parte de países de la Unión Europea. En una entrevista concedida a la CBS, dijo que la "UE" era un "enemigo" debido a sus prácticas comerciales. Un funcionario alemán respondió diciendo: "Ya no podemos confiar por entero en la Casa Blanca".

Como era de esperar, durante la cumbre hubo un choque detrás de las cámaras entre Trump y sus homólogos extranjeros por todos esos asuntos. Como informé en su momento, una fuente diplomática occidental de la cumbre de la OTAN dijo que se había producido una conversación "acalorada" al abordar algunos de los agravios de Trump. El presidente abandonó las reuniones en Bruselas dejando al principal aliado militar de Estados Unidos nuevamente magullado, otro regalo para Putin.

Durante una rueda de prensa improvisada que se anunció cuando los corresponsales de la Casa Blanca, incluido yo, se dirigían a Londres para la siguiente parada de Trump, el presidente volvió a arremeter contra la OTAN, diciendo que creía que poseía la autoridad suficiente para sacar a Estados Unidos de la alianza sin esperar la aprobación del Congreso. Fue una declaración bastante irresponsable por parte del presidente. Claro, el Congreso habría impedido que Trump sacase al país de la OTAN, pero la mención de dicha posibilidad sirvió para enviar un mensaje muy claro a Moscú: que la alianza estaba en la cuerda floja; curioso mensaje si tenemos en cuenta que Trump estaba a punto de reunirse cara a cara con Putin. Más adelante, un diplomático occidental me contó que gran parte de la discusión durante el tiempo que Trump pasó en Europa antes de ir a Helsinki se había centrado en intentar convencer al presidente de la importancia de la OTAN. No es de extrañar que los aliados de Estados Unidos empezaran a dudar de su compromiso con la alianza, que había mantenido a Rusia a raya durante generaciones. Esa clase de conversación con un presidente estadounidense no debería ser necesaria jamás, según dijo el diplomático.

El comportamiento desestabilizador de Trump no se detuvo ahí. Cuando el presidente y la prensa llegaron a Gran Bretaña, Trump y yo tuvimos otro enfrentamiento, esta vez durante una rueda de prensa conjunta con Theresa May, en Chequers, la residencia de retiro oficial de la primera ministra británica a las afueras de Londres. No pensé que Trump fuese a darme la palabra durante la rueda de prensa; en ese tipo de situaciones prefería dar la palabra a Fox News. Además, había dejado muy claro en numerosas ocasiones lo que pensaba de la CNN y de este humilde servidor. Pero, como reportero, tienes que estar preparado para cualquier ocasión. Con Helsinki a la vuelta de la esquina, mi objetivo era preguntar a Trump si pensaba decirle a Putin durante su encuentro que se mantuviera al margen de las elecciones estadounidenses. Me parecía que ya había dado suficientes rodeos al tema de la injerencia rusa. En mi opinión, supondría un avance en la historia de Trump y Putin averiguar si pensaba comunicarle al líder ruso que dejara de interferir en nuestra democracia.

El trayecto hasta Chequers fue una locura. Los autobuses de la prensa apenas cabían por las estrechas carreteras que conducían hasta el lugar donde se celebraba la rueda de prensa. Con bosques a ambos lados, sentíamos que las ramas de los árboles arañaban el techo del autobús y se rompían mientras el vehículo se abría camino hasta un precioso huerto de manzanas en el que habían colocado las carpas para la prensa. Algunos de mis compañeros se burlaron de mí, pues iba leyendo un libro sobre Winston Churchill y Franklin Roosevelt escrito por el historiador estadounidense Jon Meacham. (Había desarrollado una breve obsesión con Churchill a principios de año, cuando se estrenó en cines la película *El instante más oscuro*).

La primera ministra May abrió la rueda de prensa con los habituales cumplidos. Dio las gracias a Trump por expulsar a docenas de rusos de Estados Unidos tras el supuesto envenenamiento por parte del Kremlin de un exagente de la KGB en suelo británico. (La administración Trump utiliza esos gestos como prueba de que no existe nada inapropiado entre Trump y Putin, ignorando convenientemente años de comentarios desconcertantes por parte del presidente sobre el líder ruso). Después anunció que Trump y ella responderían a cuatro preguntas de la prensa estadounidense y británica. May dio la palabra a un reportero de la BBC y, después, Trump dio la palabra a Kristen Welker, de NBC News. Welker hizo la pregunta adecuada: si las críticas de Trump a la OTAN y a May se debían a que estaba siguiéndole el juego a Putin. A Trump no le gustó la pregunta y pasó al ataque.

—Verá, esa es una pregunta muy deshonesta porque, claro, se trata de la NBC, que quizá sea peor incluso que la CNN —respondió.

Ya estaba otra vez. Sin haberlo provocado, Trump estaba atacando de nuevo a la CNN en una rueda de prensa emitida en todo el mundo. Si iba a atacarnos llamándonos por nuestro nombre, pensé que al menos deberíamos poder hacer una pregunta, igual que había ocurrido en la Torre Trump en enero de 2017. En mi opinión era algo muy simple: tú nos atacas, nosotros hacemos una pregunta. Minutos más tarde, Trump dio la palabra a John Roberts, de Fox News.

Fue entonces cuando intervine. Trump estaba preparado para el ataque.

ACOSTA: Señor presidente, dado que acaba de atacar a la CNN, ¿puedo hacerle una pregunta?
TRUMP: John Roberts, adelante. Adelante, John.
ACOSTA: ¿Puedo hacerle una pregunta? (Inaudible).
TRUMP: No. No. John Roberts, adelante. La CNN son noticias falsas. No acepto preguntas de la CNN. La CNN son noticias falsas. Nada de la CNN. John Roberts, de Fox. Pasemos a una cadena de verdad. John, adelante.
ACOSTA: Nosotros somos una cadena de verdad, señor.

Trump tuvo el descaro de decir que Fox News era una "cadena de verdad". Hay gente buena en Fox —Shepard Smith, en particular, se ha mostrado dispuesto a poner a Trump contra la pared—, pero otros presentadores de la cadena, como Sean Hannity y Tucker Carlson, han actuado como propagandistas para Trump. A principios de 2019, *The New Yorker* publicó un extenso reportaje sobre la estrecha relación entre la Casa Blanca de Trump y Fox News. Yo lo había visto todo de primera mano. La Casa Blanca había desarrollado una campaña de intimidación contra la CNN mientras daba a Fox acceso exclusivo a Trump de manera habitual. Con excepción de algunas estrellas de Fox, la cadena se había convertido en la televisión estatal de Trump. Yo solía referirme a ella como la televisión "mantenida por el estado", ya que Trump ofrecía mucho apoyo a Fox. Como fiel espectador de *Fox and Friends*, el programa matutino de la cadena conservadora, Trump solía tuitear sobre los segmentos del programa que favorecían al Partido Republicano, el tipo de publicidad que el dinero no puede comprar. Se mantenía alejado de los miembros más directos y francos de Fox, Shepard Smith y Bret Baier. Pero le encantaba sentarse a charlar con los aduladores de la cadena, como Hannity, que estaba muy unido al director de Comunicaciones de la Casa Blanca Bill Shine, antiguo directivo de Fox News que abandonó la cadena para irse a trabajar con Trump. Como parte de su acuerdo de indemnización, Fox seguía pagando a Shine mientras este trabajaba en la Casa Blanca, lo que suponía un sorprendente conflicto de intereses. Durante la campaña, Shine organizó entrevistas en directo con Trump para personalidades de Fox. La Casa Blanca y Fox trabajaban en conjunto.

En cuanto a mi interrupción durante la rueda de prensa en Chequers, había dejado clara mi intención; había transmitido mi queja. Y Roberts procedió entonces con su pregunta.

Mientras Trump respondía a la pregunta de John tras haberme llamado "noticias falsas", miré a Theresa May, que me miró como diciendo: "No puedo creer lo que acaba de pasar". Un diplomático británico me contó después que a ellos también les indignaban los ataques de Trump a la prensa. Pero ¿qué se supone que pueden hacer ellos al respecto?, pensé. Aquella era nuestra batalla, no la suya. Cuando Trump y May abandonaban la rueda de prensa, traté por última vez de hacer una pregunta.

—¿Le pedirá a Putin que se mantenga al margen de las elecciones de Estados Unidos? —pregunté.

—Sí —respondió Trump.

Incluso después de nuestro enfrentamiento, había respondido a mi pregunta.

Brevemente debo decir que no creo que la pregunta sobre Rusia fuera el momento de mayor interés informativo durante la rueda de prensa. Ese momento se produjo cuando Trump ofreció quizá su comentario más sincero hasta la fecha sobre el tema de la inmigración. (Como ya he dicho antes, por muy mentiroso que pueda ser a veces, el presidente también puede ser increíblemente franco).

—Creo que está cambiando la cultura. Creo que es algo muy negativo para Europa. Creo que es muy negativo —dijo en referencia al impacto de la inmigración en la cultura europea—. Y sé que no es políticamente correcto decir eso. Pero lo diré y lo diré en voz alta. Creo que será mejor que estén atentos porque están cambiando la cultura. Están cambiando muchas cosas. Están cambiando la seguridad.

Ahí estaba; Trump estaba hablando en clave sobre lo que percibe en Estados Unidos, repitiendo los argumentos de los extremistas de la ultraderecha en Europa que han estado lamentando la llegada de migrantes procedentes de países destrozados por la guerra como Siria. Hay que decir que May respondió a los comentarios de Trump con una actitud mucho más comprometida con la tradición estadounidense de recibir a los inmigrantes que la del propio presidente. Rechazó la idea de que la inmigración hubiera sido "algo negativo" para Europa. Fue un comentario bastante extraordinario de boca de la primera ministra del Reino Unido, cuyos líderes históricamente han invertido gran parte de su energía diplomática en mantener una "relación especial" con Estados Unidos. También cabe destacar que May era la líder del Partido Conservador de Gran Bretaña y había estado intentando sacar adelante el Brexit, la farragosa salida del Reino Unido de la Unión Europea. No era precisamente una liberal convencida.

—El Reino Unido siempre ha estado orgulloso de recibir a personas que huyen de la persecución hasta nuestro país —dijo May, en lo que pareció una reprimenda a los comentarios de Trump sobre inmigración—. Estamos orgullosos de recibir a personas que quieren venir a nuestro país para contribuir a nuestra economía y a nuestra sociedad. Y, a lo largo de los años, la inmigración ha sido algo bueno para el Reino Unido —añadió. Una fuente diplomática británica dijo que los comentarios de May fueron motivo de orgullo para los funcionarios reunidos en la rueda de prensa en Chequers. El equipo de May la aplaudía tras bastidores, según me dijeron. Había repudiado la xenofobia de Trump. Era otra señal clara por parte de un importante aliado de Estados Unidos de que había que desafiar la retórica inquietante del presidente.

Trump no había terminado conmigo. Al día siguiente publicó un tuit en el que declaraba que había sacado ventaja en Chequers.

@realDonaldTrump
¡Qué gracia! Acabo de ver las noticias falsas de la CNN,
por primera vez en mucho tiempo (van fatal de audiencia),

para ver si habían sacado cómo humillé ayer a Jim Acosta
(que en realidad es un buen tipo). ¡No han dicho nada!
Aunque sí han dicho que ya he perdido en mi encuentro
con Putin. Noticias falsas...

Se olvidó de mencionar el hecho de que le había lanzado
una pregunta cuando abandonaba la rueda de prensa. Pero no
importa. Aun así, había acertado en una cosa, que mencioné en
mi tuit de respuesta al suyo.

@Acosta
¿Humillarme? Creo que no. Tal vez la próxima vez
podamos jugar en igualdad de condiciones y usted acepte
mi pregunta. (Tiene razón en una cosa. Sí que soy un
buen tipo).

Recuerdo el momento en que vi el tuit de Trump. Mi productora en aquel viaje, Allie Malloy, y yo estábamos atravesando
St. James's Park, en Londres, haciendo un poco de turismo
por la ciudad antes de volar a Finlandia. Allie y yo miramos al
mismo tiempo las pantallas de nuestros iPhones al recibir la
notificación del tuit de Trump sobre mí. Ambos empezamos
a reírnos. ¡Qué gran momento! Es una experiencia surrealista
convertirte en el protagonista de uno de los ataques de Trump
por Twitter. Para empezar, tu teléfono empieza a calentarse.
Pero no es motivo de celebración. También hay un lado más oscuro, pues es entonces cuando el ejército de bufones de Trump
se suma a la batalla, publicando un bombardeo de tuits en
apoyo al presidente y atacándome a mí. Es aquí cuando suelen
aparecer las amenazas de muerte.

No pretendo gastar demasiada tinta diseccionando este episodio, pero también debería mencionar el hecho de que Trump, a su manera, estaba elogiándome en su tuit, y así fue como describieron nuestro enfrentamiento en numerosos reportajes informativos. "En realidad es un buen tipo", había tuiteado sobre mí. Algo que es cierto. Esto me lleva a pensar en algo que he oído decir a muchos ayudantes, asesores y amigos de Trump: que el presidente, en realidad, disfruta peleándose conmigo. Parte de esto se remonta a lo que me dijo una vez Hope Hicks, que Trump cree que "Jim lo entiende". En un mundo en el que está rodeado de aduladores, imagino que le gusta el desafío.

Puede que Trump pensara que era un buen tipo, pero a los de la Casa Blanca no les hizo gracia. Decidieron contraatacar y cancelaron la aparición del asesor de Seguridad Nacional John Bolton en el programa de la CNN del domingo *State of the Union with Jake Tapper*. Fue un intento por parte de la Casa Blanca de castigar a la CNN por mi enfrentamiento con Trump en la rueda de prensa. Pero tal vez la Casa Blanca tuviera otro motivo para cancelar la visita de Bolton. El asesor de Seguridad Nacional se habría visto obligado a explicar en directo toda la retórica desestabilizadora de Trump en sus dos anteriores visitas a la sede de la OTAN y a Gran Bretaña. Retirar a Bolton de uno de los programas del domingo fue una manera de controlar un poco el daño.

Hubo más consecuencias para mí después de la rueda de prensa de Chequers: perdí a un amigo. Después de que John Roberts hiciera su pregunta, fue atacado por no defender a la NBC y a la CNN. Tapper y algunas personas más señalaron en Twitter que otras cadenas habían defendido a Fox en el pasado, cuando había sido maltratada durante la administración

Obama. Era un buen argumento. Roberts publicó una declaración para intentar gestionar las críticas.

—Conozco a Kristen Welker, de la NBC. Es una mujer honesta. Es injusto que el presidente dijera que era deshonesta —dijo Roberts en una declaración obtenida por Erik Wemple para el *Washington Post*—. Yo también trabajaba antes en la CNN. Tienen buenos periodistas que trabajan y arriesgan sus vidas para informar noticias de todo el mundo. Generalizar diciendo que todos en esa cadena dan "noticias falsas" también me parece injusto.

John repitió después la misma declaración en directo en Fox News. Era difícil no captar el mensaje subyacente a sus comentarios: estaba dispuesto a defender a Kristen diciendo su nombre, pero no hizo lo mismo por mí. Dijo que la CNN no daba "noticias falsas" —eso lo sabemos todos—, pero permitió que el comentario de la "deshonestidad" se quedase ahí.

Roberts había sido compañero mío y amigo, o eso pensaba, desde hacía años. Ambos habíamos trabajado en el mismo programa de la CNN, *American Morning*, durante un par de años. Él era el presentador del programa y yo uno de los corresponsales que informaba desde Washginton. De vez en cuando sustituí a John en la mesa del presentador. Y, antes de trabajar juntos en la CNN, ambos habíamos trabajado en CBS News. John era el presentador de los fines de semana y yo trabajaba para la oficina de Nueva York. Siempre había admirado a John, que aspiraba a reemplazar a Dan Rather como presentador de la CBS. Era uno de los mejores presentadores que jamás he visto. Recuerdo estar cubriendo el Huracán Katrina desde Biloxi, Misisipi, para la CBS mientras él se enfrentaba a la tormenta en Nueva Orleans. Ambos presentamos *CBS Evening*

News la noche en que llegó el Katrina. Por desgracia, John no consiguió el trabajo de presentador para la CBS y se marchó a la CNN. Pronto seguí sus pasos.

Cuando dejé CBS News por la CNN, John había hablado bien de mí a los directivos de la cadena. Fue útil tenerlo de mi parte. Otros, como Scott Pelley, de la CBS, habían hablado también en mi nombre. Además de eso, John conocía a mi padre porque solía comprar en el supermercado Safeway de Virginia donde él trabajaba. Mi padre me preguntaba de vez en cuando, "¿Cómo está John? ¿Qué tal su familia?".

Para cuando llegamos todos a Helsinki, el daño a nuestra amistad ya estaba hecho. Poco después de nuestra llegada, mi productora Allie y yo estábamos caminando por delante de nuestro hotel cuando vimos a Robert y a su productor, Fin Gomez, caminando por la acera hacia nosotros. Entonces, sin previo aviso, ambos se cambiaron al otro lado de la calle para evitar cruzarse con nosotros. Desde entonces nunca más hablé con John.

Cuando la gente se pregunta si me arrepiento de algo, les digo que me gustaría no haber perdido a ningún amigo durante estos tres años surrealistas cubriendo a Trump. Pero ha sucedido. Por desgracia, creo que nos ha sucedido a muchos de nosotros.

POCO DESPUÉS, NOS MONTAMOS EN LOS AUTOBUSES DE prensa para acudir al acto principal, la rueda de prensa conjunta de Trump y Putin. Nada más poner el pie en el autobús, localicé a dos de mis mayores críticos: Tucker Carlson y Sean Hannity, los propagandistas de Trump en Fox. Estaban sentados en el autobús también. ¿Y saben qué? Después de lo mucho que me habían atacado en sus programas de la "televisión estatal" en horario de máxima audiencia, no me dijeron ni una palabra. Uno pensaría que tendrían algo que decirme a la cara, pero parece ser que sus idioteces de macho alfa se terminan nada más salir de la sede de Fox News.

Cuando llegué al palacio presidencial en la capital de Finlandia, un escenario grandioso para la rueda de prensa, me topé con una escena caótica. Una inmensa multitud de periodistas se había reunido en la abarrotada zona de espera, ansiosos todos por ocupar sus asientos. Había empujones por todos lados. Los reporteros de la prensa gritaban a los cámaras de televisión mientras chocaban unos contra otros con su pesado equipo.

La escena se volvería más surrealista una vez dentro. A los pocos minutos, mientras esperábamos a que Trump y Putin concluyeran su reunión a puerta cerrada, todo se descontroló. Los agentes de seguridad finlandeses y estadounidenses se habían acercado a un hombre que estaba sentado a escasas filas por detrás de mí y le habían pedido que se fuera. Este se negó y tuvo que ser expulsado por la fuerza. El hombre, que decía ser escritor para *The Nation*, fue sacado entre forcejeos de la zona de prensa del salón, pero no antes de levantar un cartel en el que se leía: "Tratado para prohibir las armas nucleares". Insistía en que no había hecho nada malo. Solo puedo contar lo que vi desde mi asiento. Quizá tuviera buenas intenciones, pero, si eres periodista, no puedes llevar un cartel de protesta a una rueda de prensa.

Aquella breve escaramuza no hizo sino aumentar la tensión de la sala. Los corresponsales de prensa habíamos sido divididos por la mitad. Los rusos estaban en un lado de la habitación; los estadounidenses y demás prensa extranjera estaban reunidos al otro lado. Recuerdo que pensé, "¿vengo de parte de la novia o del novio?". (Pero mejor no llevar más lejos esa analogía). Entonces al fin llegó el momento, cuando Trump y Putin entraron en la sala. Ambos hicieron unas breves declaraciones sobre su reunión y empezó la rueda de prensa.

La verdadera noticia del día se produjo durante la sesión de preguntas y respuestas. Los reporteros rusos, no es de extrañar, parecían tener un guion de preguntas escritas por el Kremlin, lo que nos recordó lo precaria que era la situación de la prensa en ese país. Después Jeff Mason, compañero mío en la agencia de noticias Reuters y antiguo presidente de la Asociación de Corresponsales de la Casa Blanca, comenzó con sus preguntas. Y lo hizo como lo haría cualquier buen reportero: preguntando por la noticia del día. Hasta el día de hoy las respuestas de Trump en Helsinki singuen resultando asombrosas.

MASON: Señor presidente, esta mañana tuiteó que la responsabilidad del empeoramiento de las relaciones entre Estados Unidos y Rusia recae en la estupidez de Estados Unidos y en la investigación de Mueller. ¿Responsabiliza usted a Rusia de algo en particular? Y, si es así, ¿de qué creería que son responsables?

TRUMP: Sí, así es. Creo que ambos países son responsables. Creo que los Estados Unidos han sido idiotas. Creo que todos hemos sido idiotas. Deberíamos haber tenido este diálogo hace mucho tiempo; muchísimo tiempo, de hecho, antes de que yo llegara a la presidencia. Y creo que la culpa es de todos... Pero sí que creo que ambos hemos cometido errores. Creo que la investigación es un desastre para nuestro país. Creo que nos ha separado. Nos ha mantenido separados. No hubo ninguna colusión. Todo el mundo lo sabe. Están sacando a gente a la palestra.

Habíamos empezado con mal pie. El presidente estadounidense estaba llamando "idiota" a Estados Unidos delante de Putin. Sus palabras ya estaban bañadas de sumisión. Dijo que la investigación de Mueller era un "desastre" para Estados Unidos. Repito, si no tenía nada de lo que preocuparse, ¿por qué era tal desastre?

Putin también fue objeto de noticia al ofrecerse a cooperar con la investigación de Mueller, pero en realidad nunca negó haber interferido en las elecciones. Avanzada la rueda de prensa, después de que los reporteros rusos hicieran otra ronda de preguntas, Jonathan Lemire, de Associated Press, llegó hasta el fondo del asunto con Trump.

LEMIRE: Mi primera pregunta para usted, señor, es ¿a quién cree usted? Mi segunda pregunta es si ahora mismo, con todo el mundo mirando, le diría al presidente Putin... si denunciaría lo ocurrido en 2016. ¿Y le advertiría que no volviera a hacerlo nunca?

Trump pasaría a continuación a realizar la mayor torpeza de su carrera política, pero, para la gente de Washington, demócratas y republicanos por igual, aquel momento fue algo más que una metedura de pata.

TRUMP: Mi gente acudió a mí; Dan Coats acudió a mí, y también otros, y me dijeron que creen que es Rusia. Yo tengo aquí al presidente Putin; acaba de decir que no ha sido Rusia. Yo diré una cosa: no veo ninguna razón para que no sea así... Confío mucho en mis servicios de inteligencia, pero les diré que el presidente Putin se ha mostrado muy firme y poderoso hoy al negarlo todo.

Kellyanne Conway me contó que Trump no se dio cuenta de la controversia que habían generado sus comentarios hasta que regresó a Washington. El presidente le dijo a Kellyanne que se había expresado mal.

—Me dijo, "¿Por qué no iba a creerle? Y quería decir, ¿por qué iba a creerle?" —recuerda Conway que le dijo Trump.

Así que Conway y el resto del equipo del presidente trabajaron con él para elaborar una nueva declaración para la prensa, explicando lo que aseguraban que había sido un error.

—La frase debería haber sido... "No veo ninguna razón por la que no pueda ser Rusia" —contó Trump entonces a los reporteros.

Conway me dijo en una entrevista que consideraba que era parte de su trabajo decirle a Trump que se había equivocado en Helsinki.

—No me da miedo decirle la verdad. Lo acepta y es lo que espera. ¿Qué sentido tendría trabajar aquí si mi voz no se escuchara y mi opinión no se tuviera en cuenta? —me dijo.

El presidente prácticamente se había postrado ante Putin, el titiritero sobre el que Clinton ya había advertido durante su debate con Trump en Las Vegas. No era necesaria la acusación de Mueller. Trump era culpable de mostrar debilidad. El presidente dijo al mundo que creería la palabra de Putin por encima de la de sus propios funcionarios de inteligencia, incluido Dan Coats, el director de la inteligencia nacional.

¿Putin se había mostrado "muy firme y poderoso" al negarlo todo? Los reporteros presentes en la sala se quedaron boquiabiertos. Se había izado la bandera blanca. Putin, al menos aquel día, había logrado un objetivo que llevaba mucho tiempo persiguiendo. Tras la caída de la Unión Soviética y el colapso económico posterior, había vuelto a situar a los rusos al mismo nivel que los Estados Unidos. Y no tuvo que mover un dedo. Trump había hecho todo el trabajo por él.

Jonathan preguntó entonces a Putin lo que podría denominarse la "pregunta del millón":

LEMIRE: ¿El gobierno ruso posee algún material comprometedor sobre el presidente Trump o su familia?

Putin se rio, y se escucharon risas también en el resto de la sala. Pero el líder ruso no tenía intención de aliviar la tensión de la habitación. Al reírse, había sonado más como un villano de James Bond que como un aliado de Estados Unidos.

PUTIN: Verá, distinguido compañero, deje que le diga una cosa: Cuando el presidente Trump estuvo por entonces en Moscú, yo ni siquiera sabía que estaba allí. Trato al presidente Trump con el máximo respeto. Pero, por entonces, cuando se trataba de un individuo privado, un empresario, nadie me informó de que estuviera en Moscú.

Entonces se produjo la negativa no negativa de Putin.

PUTIN: Pensemos, por ejemplo, en el Foro Económico de San Petersburgo. Había allí más de 500 empresarios estadounidenses; empresarios de alto nivel. No recuerdo los apellidos de todos ellos. Bueno, ¿recuerda usted...? ¿Cree que intentamos recopilar material comprometedor de todos y cada uno de ellos? Cuesta imaginar una tontería de mayor calibre que esa. Por favor, no tengan en cuenta estos asuntos y no vuelvan a pensar nunca en esto.

Sí, eso es. Putin no negó que tuviera información comprometedora sobre Trump. Y hablemos del tema difícil: todos sabíamos de lo que estaba hablando Putin. No estaba negando que su gobierno estuviera en posesión de la infame cinta con el "vídeo de la orina" de las prostitutas en el hotel Ritz-Carlton de Moscú. De hecho, a juzgar por su respuesta, parecía como si sus espías se dedicaran a obtener información comprometedora sobre los empresarios estadounidenses en Rusia, pero simplemente no tuvieran la capacidad necesaria para recopilar "material comprometedor" sobre todos ellos.

Entonces, en un último momento de sorpresa dentro de aquella rueda de prensa surrealista, Trump sacó también el tema del "vídeo de la orina".

Si esto de verdad era real, parecía querer decir, "habría salido hace mucho tiempo".

Y con eso se terminó. Putin y Trump salieron de la habitación mientras los reporteros hacían más preguntas. La CNN dio paso al presentador Anderson Cooper, quien de inmediato pasó a pedir la opinión de los comentaristas durante el resto del día.

—Acaban de presenciar la actuación más vergonzosa que jamás he visto por parte de un presidente estadounidense durante una cumbre delante de un líder ruso.

Nunca olvidaré lo que sucedió después. Durante su rueda de prensa, Putin le regaló a Trump un balón de fútbol, una manera del presidente ruso de promocionar el Mundial de Fútbol que se celebraría en su país ese verano. Fue otro intento de Putin por aliviar la tensión. Como debía de saber el Servicio Secreto, nunca se debe confiar en un exagente de la KGB que trae regalos.

Cuando salía de la rueda de prensa, me encontré con uno de esos agentes del Servicio Secreto, que llevaba el balón de fútbol a la calle. Me dio la impresión de que había estado comprobando si el regalo de Putin tenía micrófonos. Probablemente fuese buena idea.

Al marcharnos de Helsinki, resultaba difícil olvidar la sensación de que acababa de presenciar un espectáculo vergonzoso. Por muy desagradable que fuese nuestra política interior, por inquietante que hubiera sido lo de Charlottesville, al menos eran nuestra política y nuestra historia. Que Trump actuara como lo había hecho en Helsinki, delante de todo el mundo, suponía una humillación absoluta para nuestro país, algo que demostraba hasta qué punto habíamos caído. Desde siempre, el trabajo de los presidentes estadounidenses, tanto republicanos como demócratas, había sido enfrentarse a la agresión rusa; en su lugar, frente al ataque ruso más descarado a los intereses de Estados Unidos desde hacía décadas, Trump se había puesto del lado de Rusia. Podría haber recurrido a Reagan para inspirarse. Reagan le dijo en una ocasión a Gorvachov que "echase abajo ese muro". Trump había vivido un momento si-

milar. Podría haberle dicho a Putin que se "fuera al infierno", y
los estadounidenses en casa lo habrían aplaudido. En su lugar,
había elegido postrarse ante el líder ruso. Fue algo horrible de
ver y muy antiamericano.

Incluso para aquellos que tienden a conceder a Trump el beneficio de la duda, era casi imposible justificar lo que acababan
de presenciar. Sus seguidores más fieles en el Congreso lucha-
ron por defenderlo. Para cualquiera que dudara de la conexión
entre Trump y Rusia antes de Helsinki, la rueda de prensa fue
desconcertante como mínimo, demostrando hasta dónde estaba dispuesto a llegar Trump para creer la palabra de Putin
antes que la de los hombres y las mujeres que trabajaban en los
servicios de inteligencia de Estados Unidos.

Como todos descubrimos más tarde, en marzo de 2019, el
fiscal especial Robert Mueller concluyó por fin su investigación
e informó al fiscal general William Barr de sus conclusiones: la
campaña de Trump no había conspirado con el gobierno ruso
durante las elecciones de 2016. Más aún, Mueller dijo que no
podía demostrar que hubiese habido obstrucción a la justicia por parte del presidente. Pese al comentario de Trump en
la NBC, asegurando que había despedido al director del FBI
James Comey por la investigación rusa, por no mencionar sus
súplicas a Comey para que dejase el caso de Flynn, además de
las falsas declaraciones al público sobre la reunión de Don Jr.
en la Torre Trump, Mueller dejó el tema de la obstrucción a
Barr y al fiscal general adjunto Rod Rosenstein, quienes decidieron no seguir con el asunto. Entonces, como si quisiera decirle al público que había descubierto algún delito por parte del
equipo de Trump, Mueller dejó claro en su informe al fiscal general que sus hallazgos no "exoneraban" al presidente. Aquello

fue alucinante. El presidente no había sido acusado de ningún delito. Y, sin embargo, tampoco se lo "exoneraba". Una fuente del equipo de abogados de Trump me dijo que el informe de Mueller era "mejor de lo que podíamos imaginar". Según me contó la fuente, su estrategia legal, que consistía en cooperar proporcionando montones de documentos al fiscal especial, pero impidiendo que Mueller entrevistara al presidente (este solo ofreció respuestas por escrito a las preguntas), había sido todo un éxito. ¿De pronto Rudy era un genio?

La Casa Blanca lo celebró volviendo al ataque, acusando a los demócratas y a algunos miembros de los medios de comunicación de intentar derrocar al gobierno. Para dejar clara su opinión, Trump volvió a referirse a la prensa como "el enemigo del pueblo".

—Ahora están acabados, chicos —me dijo un representante de Trump, refiriéndose a los principales medios de comunicación.

Aun así, el fin de la investigación de Mueller no supuso el fin de la trama rusa. Como había ocurrido desde el principio, todavía había sobre la mesa preguntas legítimas. La más desconcertante de todas era esta: Si no hubo colusión ni conspiración, ¿por qué diablos Trump estaba haciendo todo aquello? ¿Por qué capituló ante Putin si los rusos nunca habían tenido información contra él? ¿Nunca lo sabremos?

Pero seamos realistas. No necesitamos el informe de Mueller para saber lo que presenciamos en Helsinki. Siempre recordaré ese día como un momento humillante para Estados Unidos.

¿Ustedes no?

11

Los mítines

La desastrosa actuación en Helsinki estableció un tono amenazante cuando el país se preparaba para las elecciones de mitad de mandato.

Desde la elección de Trump, todos sabíamos que esas elecciones de mitad de mandato serían un asunto complicado y desagradable. Había demasiado en juego tanto para el presidente como para los demócratas. Aun así, me desconcertó ver hasta qué punto la cosa se puso fea. Como veterano de las elecciones de 2016, pensaba que lo había visto todo; en realidad, lo de 2016 fue bastante civilizado en comparación con lo que me encontraría en la campaña de 2018. Del mismo modo que los ataques de Trump a los medios se habían vuelto más corrosivos y acalorados desde la campaña de 2016, esa rabia y esa retórica se filtraron también a sus seguidores. Como estábamos a punto de descubrir, las irresponsables amenazas y los insultos de Trump dirigidos a los medios de comunicación tendrían consecuencias muy inquietantes en el mundo real.

Mi valoración del presidente durante el verano de 2018, es

que parecía un ludópata compulsivo en uno de sus propios casinos, un hombre incapaz de apartarse de la mesa de póquer, pese a perder una mano tras otra. Pero los acontecimientos que se desencadenaron durante la segunda mitad de 2018 demostrarían otra cosa. Dichos acontecimientos magnificaron el daño que Trump estaba causando al país y, al mismo tiempo, le hicieron la vida más difícil mientras su partido intentaba mantener el control en el Congreso.

Nada resume mejor el estado del mundo de Trump a mediados de 2018 que los mítines de campaña para las elecciones de mitad de mandato. Comenzaron en verano y cobraron fuerza en otoño. En el año y medio que llevaba de mandato, la única constante en la presidencia de Trump habían sido sus mítines. La mayoría de los presidentes dejan atrás los mítines de campaña después de ganar las elecciones. Hubo ocasiones durante su presidencia en las que parecía que Trump no había abandonado el escenario. Aunque se mostrara gruñón y enfadado en la Casa Blanca, en sus mítines revivía, lo cual parecía proporcionarle el amor que no podía encontrar en Washington. Obtenía su energía gracias a la multitud de seguidores que asistían a la feria de sus campañas. Cualquier ayudante sabe que los mítines son el lugar donde Trump se siente feliz, con miles de seguidores gritando "Construye el muro" y canciones de los Rolling Stones sonando a todo volumen; pese a la orden de cese y desista emitida por el legendario grupo.

De los miles de personas que asisten a los mítines de Trump, siempre me ha parecido que la mayoría son estadounidenses buenos, responsables y muy conservadores. Son los mismos estadounidenses de clase trabajadora y de clase media con los que me he encontrado en innumerables ocasiones como periodista a lo largo de dos décadas cubriendo todo tipo de noticias, desde desastres naturales hasta elecciones. Habiéndome criado en una familia de clase obrera yo también, siempre he pensado que sé manejar bastante bien a la gente que acude a un mitin de Trump. Mis padres se divorciaron cuando tenía cinco años y mi madre, que trabajaba en el negocio de los restaurantes desde los veintidós años, nos educó a mi hermana y a mí casi sin ayuda. (Mi padre cooperaba con nuestra crianza los fines de semana, cuando no estaba trabajando en el supermercado). Ver a mi madre me enseñó a ser independiente, y es una lección que me ha acompañado siempre. Hablo mucho de mi padre, pero, a decir verdad, gran parte de mi fortaleza me viene de mi madre.

Todo esto para decir que entiendo a los tipos de clase obrera mejor de lo que se creen. De hecho, me parezco más a ellos que el hombre al que acuden a ver: un hombre que se describe como empresario, aunque no se haya hecho por entero a sí mismo.

Viendo lo que ocurrió durante la campaña de 2016, me resulta increíble que nadie resultara herido. Parte del atractivo para algunos de los que acudían a los discursos de Trump en 2016 era la idea de que hubiese violencia física. Presencié peleas en esos acontecimientos. Los seguidores de Trump dieron un golpe a un manifestante. Y el candidato no vio inconveniente en echar más leña al fuego. Se divertía mucho convirtiendo a los manifestantes en parte del espectáculo, y llamaba a sus agentes de seguridad para que los expulsaran de sus eventos.

—¡Échenlos! —gritaba Trump al micrófono. Y la multitud se volvía loca.

Durante un mitin en Las Vegas en 2016, contemplé horrorizado como Trump instigaba una pelea entre el público. Cuando apareció un manifestante, Trump gritó a los de seguridad que "lo echaran", y después puntualizó que le gustaría poder encargarse de la situación con sus propias manos.

—Me gustaría propiciarle un golpe en la cara —aseguró—. En el pasado, a los manifestantes se los llevaban en camilla —continuó mientras el público lo vitoreaba—. Ya no se nos permite hacerlos retroceder —añadió, con un guiño ante las quejas de sus seguidores.

¿Darle un puño en la cara? ¿Manifestantes en camilla?

Al día siguiente, lo verifiqué con la oficina de seguridad del hotel. Nadie había visto que el manifestante en cuestión actuara de forma violenta. Se lo había inventado Trump para animar a la multitud, según me contó un agente de seguridad por teléfono. Los reporteros que cubrían la campaña se preguntaban los unos a los otros: "¿Quién habla así?". No sabíamos qué estaba ocurriendo. Nos decíamos a nosotros mismos que esa clase de comportamiento arruinaría su campaña. Pero Trump y su equipo habían descubierto que esos eran los momentos que acaparaban los titulares y la cobertura informativa. Poco después del incidente de Las Vegas, Trump ganó la designación del candidato en Nevada e incendió Twitter diciendo a los asistentes a su fiesta de la victoria en Las Vegas algo que jamás olvidaré.

—Me encanta la gente poco culta —dijo. Sí, eso dijo.

Una semana más tarde, hubo más violencia en un mitin celebrado en el campus de la Universidad Radford, en Virginia. Todo empezó cuando los manifestantes entre la multitud comenzaron a interrumpir a Trump.

—¿Eres de México? —le preguntó Trump a uno de ellos.

A su derecha, dos docenas de activistas de Las Vidas Negras Importan hacían oír sus voces. Trump pidió a seguridad que los acompañaran hasta la salida.

—Todas las vidas importan —respondió Trump para provocar a los activistas.

A medida que sacaban de allí a los manifestantes, algunos de los seguidores de Trump comenzaron a molestarlos, lo que resultó en otro altercado cerca de nuestro recinto de prensa o, como lo llamábamos nosotros, "la jaula de la prensa". Como los periodistas somos así, todos queríamos verlo de cerca. En ese momento, el fotógrafo de la revista *Time*, Chris Morris, trató de salir del recinto de prensa para sacar unas fotografías y se vio interrumpido de inmediato por un agente del Servicio Secreto estadounidense, que le dijo que desistiera. Morris, veterano fotógrafo informativo, no iba a aceptar un "no" por respuesta e intentó rodear al agente, que de pronto se puso como loco. Después del mitin, corrí a buscar a Morris para preguntarle qué había sucedido.

—Me alejé como medio metro de nuestro recinto y me agarró del cuello y empezó a ahorcarme. Después me tiró al suelo —me dijo Morris.

El Servicio Secreto investigó el incidente, pero Morris, siempre profesional, dijo que no estaba interesado en presentar cargos. Aun así, a los pocos minutos, el vídeo de la violenta escena ya recorría las redes sociales de todo el mundo. Presencié múltiples episodios de violencia en los mítines de Trump. Las emociones estaban tan a flor de piel que incluso un agente bien entrenado del Servicio Secreto podía sucumbir a la energía violenta que impregnaba aquellos actos. Empezaba a preocuparme que, sin tardar mucho, pudiera suceder lo impensable en un acto político de la era contemporánea. Temía que pudiera haber una revuelta en uno de los mítines de Trump.

Eso fue precisamente lo que ocurrió el 11 de marzo de 2016. El equipo de Trump planeaba organizar un mitin en el campus de la Universidad de Illionis en Chicago, hogar de uno de los cuerpos estudiantiles más diversos del país. Los grupos estudiantiles y las organizaciones por los derechos civiles también hicieron sus planes: protestar pacíficamente ante lo que se había convertido en una campaña divisoria. Aquel mitin no iba a acabar bien.

Dentro del recinto donde se celebraba el evento, recuerdo que observé a la multitud y no vi muchas gorras rojas de MAGA a mi alrededor. En su lugar, había cientos de personas que claramente iban a manifestarse contra Trump. Esta vez no vi a tres o cuatro posibles manifestantes; vi zonas enteras del recinto llenas de personas que habían venido a hacer ruido. Enseguida empezaron los empujones. Entonces uno de los ayudantes de Trump se subió al escenario y se acercó al micrófono.

—Se va a posponer el mitin de esta noche —dijo a la multitud.

El público aplaudió porque habían conseguido cancelar el evento.

No sabría decir quién dio el primer golpe, pero, a los pocos segundos se desató una pelea detrás de la jaula de la prensa protagonizada por unas veinte personas, entre seguidores de Trump y manifestantes. Estadounidenses pegándose entre ellos. En las gradas, había más revueltas. Delante de nuestra jaula comenzó otra pelea. "Esta es la América de Trump", pensé. Estaban tirándose al cuello los unos de los otros.

Lo peor de todo es que no había suficientes policías dentro

del recinto para separar a los contendientes. Una media hora más tarde, unos cien agentes de Chicago bajaron los escalones por cada lado y rodearon a los violentos para sacarlos fuera. Aquello puso fin a la violencia dentro del recinto. Fuera, siguieron los problemas. Los manifestantes y los defensores de Trump, separados por agentes de policía con el uniforme antidisturbios, se gritaban los unos a los otros. Y los policías, algunos a caballo, empezaban a ponerse severos.

Uno de los reporteros de la campaña, Sopan Deb, de CBS News, fue detenido. La policía acusó a Sopan, que acabó lleno de sangre tras el incidente, de haberse resistido a la detención. Por suerte, el episodio fue grabado por las cámaras y quedó claro que no se había resistido; solo estaba haciendo su trabajo. Después retiraron los cargos. Yo temía lo que pudiera llegar a sucederles a otros jóvenes reporteros de la campaña: Ali Vitali, de la NBC; Jeremy Diamond, de la CNN; y Jill Colvin, de Associated Press.

Los disturbios de aquella noche parecían un mal presagio. Trump aparecería esa misma noche en la CNN para defenderse, asegurándole a Don Lemon que el tono establecido en sus mítines no era el responsable de la violencia en Chicago.

—Mi tono es el de asegurar nuestras fronteras, de tener un país —dijo, y añadió que sus eventos versaban sobre el "amor". ¿En serio? El candidato que quería dar golpes en la cara a los manifestantes y que en una ocasión alardeó de poder disparar a alguien en la Quinta Avenida y salir impune decía que sus mítines trataban sobre el "amor".

Trump acusó a los medios de exagerar lo ocurrido en Chicago. Pero algunos de sus rivales hicieron declaraciones culpándolo. "Esta noche por fin han dado sus frutos las semillas de la división que Donald Trump ha estado sembrando durante su campaña", dijo el gobernador de Ohio John Kasich. "Cualquier candidato es responsable de la cultura de una campaña", añadió el senador de Texas Ted Cruz, quien también culpó a los manifestantes. En los meses posteriores, los ayudantes de Trump no mostraron remordimientos por el funcionamiento de la campaña.

—No me cuesta trabajo dormir por las noches. Me basta con mirar mi cuenta bancaria y me duermo enseguida —me dijo una vez su antiguo director de campaña, Corey Lewandowski.

Los mítines siguieron con su inestabilidad y los reporteros que cubrían la campaña empezaron a tomar precauciones. Como ya se informó, a nuestros equipos les asignaron guardias de seguridad para asegurar que llegáramos sanos y salvos hasta nuestros coches al finalizar los mítines. Hubo veces en las que estos guardaespaldas se mostraron demasiado invasivos; en ocasiones intentaban seguirnos hasta el baño. Pero tener esa protección extra resultaba esencial. Nuestros operarios de cámara también eran blanco de la hostilidad de los seguidores de Trump, que veían el logo de la CNN en nuestro equipo y empezaban a lanzar insultos. Durante un mitin en Orlando celebrado hacia el final de la campaña, una docena de seguidores de Trump comenzó a interrumpirme durante mi intervención en directo. Un par de ellos se pusieron como locos y empezaron a gritarme obscenidades. Una mujer me golpeó con su cartel de la campaña. Otro hombre dijo que quería darme una paliza en el aparcamiento. Casi le salía espuma por la boca, veía los escupitajos salir volando de sus labios. Así que sí, agradecí tener a mi agente de seguridad en aquel evento.

Pero el momento más escalofriante se produjo durante un

mitin en West Palm Beach, Florida. Tras la intervención de Trump, recuerdo que vi un cartel tirado en una de las mesas de prensa. Cuando lo levanté, no me creí lo que vieron mis ojos. En el cartel aparecía una esvástica nazi junto a la palabra "medios". Enseñé el cartel durante una de mis intervenciones en directo aquella noche para mostrar al mundo en qué se habían convertido los mítines de Trump. El odio que había arrojado contra los medios de comunicación durante meses estaba propagándose como un virus. Pensé lo siguiente: si, a los ojos de los seguidores más enfervorecidos de Trump, éramos como los nazis, ¿qué les impediría hacernos daño?

CUANDO COMENZARON LOS MÍTINES DE TRUMP EN 2018, quedó demostrado que apenas había cambiado nada en dos años. En cierto modo era como en los viejos tiempos. Trump subía al escenario, daba un discurso y animaba a la gente a gritar "Construye el muro" y "A la cárcel". Seguía disfrutando al saberse capaz de provocar a la gente con temas tan dispares como el comercio y la inmigración. La retórica en sí apenas había cambiado. Y, de igual modo, la multitud seguía estando compuesta por los mismos alborotadores: enfadados, ofendidos y ruidosos. En la superficie, la situación se parecía mucho a la de 2016, pero las apariencias no lo son todo.

Para muchos de los periodistas que los vivieron, los mítines de 2018 fueron mucho peores. Al fin y al cabo, se producían después de meses y meses de insultos a los medios de comunicación por parte de Trump y de la Casa Blanca, ataques en los que los periodistas quedaban retratados como los seres más viles y deshonrosos del planeta. Los seguidores de Trump se habían pasado casi tres años (los últimos dos desde la Casa Blanca) oyendo lo asquerosos que éramos. En ese tiempo, los ataques verbales nos habían pasado factura, convirtiéndonos en objeto de crítica para la derecha. Aun así, durante todo ese tiempo, la única vía de escape que habían tenido los defensores de Trump para dar rienda suelta a su rabia había sido la publicación de mensajes amenazantes o maliciosos en las redes sociales. Ahora nos tenían a pocos metros de distancia y, como era de esperar, querían dejar claro lo que sentían.

La hostilidad de 2016 seguía patente en los eventos de las elecciones de mitad de mandato, pero había algo más, una amenaza que se respiraba en los mítines y que hacía que los enfrentamientos fueran menos una posibilidad que una conclusión inevitable. El tono siempre había sido hostil y belicoso, pero en 2018 los reporteros fuimos cada vez más conscientes del hecho de que podía suceder cualquier cosa en cualquier momento.

Una de las principales diferencias, para mí, entre los mítines de Trump durante la campaña de 2016 y los discursos que daba como presidente fue que yo me había convertido en uno de los blancos de la hostilidad. Cierto, los defensores de Trump me lo hicieron pasar mal durante la campaña de 2016, pero, desde que Trump me llamó "noticias falsas" en la rueda de prensa antes de su investidura, todo cambió. Desde entonces, no había dejado de sufrir acoso, intimidación y amenazas de muerte por parte de sus seguidores. Aún hoy, son una presencia tan constante en mi vida como los tuits del presidente.

"Si Trump abandona la Casa Blanca por alguna razón, eres hombre muerto", decía un comentario publicado en mi cuenta de Instagram.

"Me encantaría mirarte a los ojos mientras te estrangulo hasta dejarte sin aire", decía otro mensaje publicado en mi perfil de Facebook.

De modo que, al empezar con la campaña de 2018, gran parte de esa atención comenzó a materializarse en persona, no solo en línea. Debido a mis enfrentamientos con Trump, Spicer, Sanders y Miller, y a la consecuente cobertura por parte de Fox News, que me describía como si fuera una especie de villano periodista, la multitud que se reunía en los mítines me prestaba mucha más atención. Los seguidores de Trump, con su vista de águila, me localizaban a los pocos minutos de mi llegada al estadio o centro de convenciones, horas antes de que el presidente saliera al escenario. A veces oíamos las burlas mientras esperábamos en fila para pasar el control de seguridad y acceder al recinto.

—Eh, los de las noticias falsas —gritaban los seguidores de Trump con sus gorras de MAGA—. La CNN es una mierda —coreaban algunos cuando entrábamos al evento, anticipo de los ataques que estaban por llegar.

Para aquellos fieles a Trump, yo era una mezcla entre el malo en un evento de lucha libre y el verdadero enemigo del pueblo. La manera de tratarme variaba entre un seguidor u otro. Algunos se me acercaban y me pedían selfis y autógrafos. Otros se me acercaban y se quedaban mirándome sin decir una palabra. Luego estaban los de MAGA, que iban desde la docena hasta los más de cien en un mitin, y que se mostraban mucho más hostiles, insultándome y sacándome el dedo. A veces incluso insinuaban o decían con claridad que me iban a pasar cosas malas.

Supongo que muchas de esas personas solo intentaban expresar su frustración ante lo que Trump les había metido en la cabeza. Él odiaba nuestro trabajo, así que ellos lo despreciaban también. Había otros que solo querían gritarnos. Pero en sus gritos y en sus gestos de rabia se describía muy bien la clase de hombre al que habían ido a ver. Eran una prolongación del cuadragésimo quinto presidente de Estados Unidos, empleaban su lenguaje y sus argumentos para atacarnos verbalmente. Durante más de dos años, desde la campaña de 2016, había estado demonizando a la prensa y, ahora que nos tenían cerca, sus seguidores estaban más que dispuestos a demostrar que habían escuchado a su presidente.

Uno de los primeros mítines a los que asistí durante la campaña de 2018 tuvo lugar en Nashville. Fue magnífico regresar a Tennessee. En Knoxville, situado al este, había tenido mi primer trabajo en las noticias locales, y con frecuencia viajaba hasta Nashville para informar sobre el gobierno. Trump encendió la llama del odio aquella noche de finales de mayo, refiriéndose a Nancy Pelosi, por entonces líder de la minoría en la Cámara de Representantes, como "amante del MS-13", un anticipo de las atracciones que estaban por llegar. Volvió a llamar a Clinton la "corrupta Hillary" y calificó a la prensa de "noticias falsas", pero lo que llamó la atención aquella noche no fue la habitual retórica del presidente. Fue un hombre vestido de negro, situado justo al lado del área de prensa, que no paraba de gritarme "escoria" y "parásito".

—¡Eres una escoria! —me gritaba el hombre—. ¡Eres un parásito! —Así estuvo durante media hora. Una de mis compañeras, del *New York Times*, le pidió que parase. Entonces le gritó a ella. Me pareció un mal presagio para el resto del año.

En torno a un mes más tarde, viajé a Carolina del Sur para

asistir a otro mitin. En cuanto llegué al acto en Columbia, hubo problemas. Antes de la comparecencia de Trump, una mujer mayor se acercó a la jaula de la prensa y me dijo que "me fuera al infierno". He conocido a muchas abuelas a lo largo de los años, pero esta era la primera que me decía que me "fuera al infierno". (Normalmente caigo bien a las abuelas). He de admitir que fue un poco surrealista. ¿Me había transportado a un planeta donde la gente mayor era mala y cruel? La multitud pareció volverse loca con aquel episodio de *Abuelas salvajes* y comenzó a gritar: "Jim, vete a casa". Todo esto sucedió durante mi entrada en directo para *The Situation Room with Wolf Blitzer*. Traté de estrechar la mano a la mujer, pero ella me la apartó de un manotazo y me dijo que "me fuera al infierno". Después le dije a Wolf que no pensábamos abandonar el edificio por los gritos y que nos quedaríamos a hacer nuestro trabajo.

—Señora, tengo derecho a estar aquí —le recordé a la mujer.

—¡Fuera, fuera, fuera! —me gritó ella, agitando los brazos mientras la multitud a su alrededor la vitoreaba.

Según parece, no me gané su confianza.

Aun así, fue una noche fascinante debido a la gran variedad de interacciones que tuve con los defensores de Trump. Hay que decir que esas personas no eran un fiel reflejo de Estados Unidos. Eran mayoritariamente blancos, obreros y ancianos, y apenas vi a una persona de color. Pero, aunque homogéneos, estos súper admiradores de Trump también tenían sus diferencias. Sus actitudes oscilaban entre la amabilidad candorosa y la hostilidad declarada. Muchos se me acercaban para disculparse por el comportamiento rebelde durante los mítines. Otros me decían las cosas más horribles que se puedan imaginar. Curiosamente, muchos de ellos solo querían hacerse un selfi conmigo. Yo trataba de hablar con todos los que me era posible. ¿Por qué?, cabría preguntarse. En parte era una estrategia. Me di cuenta de que, mientras escuchaba con atención lo que tenían que decir, muchos de ellos se calmaban. Ignorarlos no servía de nada. Eso también lo intenté, pero solo empeoró las cosas. Se sentían ofendidos y lo consideraban un desafío para pasar al siguiente nivel. De modo que la hostilidad aumentaba en vez de disminuir. Pruébenlo y después me lo cuentan.

Mantuve una larga conversación con una mujer que me reprendió por mi trabajo. Me acusó de ser un maleducado con el presidente y con Sarah Sanders. Yo cerré la boca y escuché. Lo que decía era muy inquietante. Me acusó de conducir al país hacia otra guerra civil.

—Lo que va a pasar es que vamos a acabar con una guerra civil. Hará que las personas se disparen entre ellas —me advirtió—. Tiene que moderar un poco el tono. El lenguaje, todo. Tiene que parar. Sea decente, por favor, sea decente. No haga más preguntas estúpidas —añadió, y pareció aliviada por habérselo quitado de encima antes de marcharse.

Yo pensaba, ¿otra guerra civil? ¿Ahí es donde vamos?

Y sí, había quienes, de manera improvisada, mostraban una amabilidad increíble. Siempre intentaba ser amable con ellos. Poco antes del discurso de Trump, un caballero de unos cincuenta y tantos años preguntó si alguien de la prensa podía prestarle una silla para una mujer mayor que no se encontraba bien. Ella, como muchos otros seguidores del presidente, había pasado horas en pie haciendo cola con una temperatura de treinta y dos grados, solo para ver a Trump en acción. Sin dudarlo, le ofrecí la mía. El hombre regresó después con su madre para darme las gracias. Una reportera de Associated Press en Columbia, Meg Kinnard, capturó el momento.

"Gracias a Dios", pensé. "Nadie se va a creer que he compartido un momento civilizado con un defensor de Trump".

—Es usted un buen hombre —me dijo el hijo de la mujer—. Su madre lo educó bien.

—Lo intentó —bromeé.

Hizo entonces una curiosa observación al comentar que le parecía extraordinario que hubiera recitado el Juramento de Fidelidad y hubiera cantado el himno nacional antes de que comenzara el mitin.

Pensé para mis adentros: "Sí, conozco el juramento y el himno. Soy estadounidense".

Pero aquello fue muy significativo. Los miembros de la prensa han sido tan denostados por Trump y sus propagandistas en los medios que los periodistas parecen casi extranjeros o antiamericanos a ojos de sus seguidores. Viéndolo con perspectiva, la sorprendente observación de aquel hombre no es tan inusual. Los defensores de Trump tienen por costumbre mirar hacia las plataformas de la prensa para ver si los reporteros recitamos el juramento o cantamos el himno nacional. Voy a decir una cosa a cualquier defensor de Trump que esté leyendo este libro: los reporteros que cubrimos los mítines no solo conocemos el juramento e incluso el himno nacional (algo que al parecer el presidente no ha memorizado; ¿han visto los vídeos en los que intenta seguir la letra?), sino que además somos estadounidenses patrióticos.

Mientras el presidente arremetía una vez más contra la prensa durante su discurso, el mismo hombre me miró y sonrió. Sabía que yo no era el enemigo. Al finalizar el mitin, su madre me estrechó la mano durante unos segundos y me dijo: "Espero que no le pase nada". Minutos más tarde, con nuestro guardia de seguridad intentando seguirnos el ritmo, corrimos hasta nuestros coches mientras otros seguidores de Trump gritaban: "¡Noticias falsas!".

A finales de julio fuimos a Tampa, donde mi productor Matt Hoye y yo decidimos empezar a documentar en vídeo algunos de los abusos que sufríamos. Fue algo crucial, ya que los mensajes de acoso y las amenazas en redes sociales aumentaban. Deseaba asegurarme de que parte de esas respuestas hostiles quedaran grabadas en vídeo, para que no quedara duda de lo que estaba sucediéndonos. Como demostraron después varios vídeos virales, estábamos sometidos a una avalancha de rabia y ataques. Cientos de seguidores de Trump gritaban "la CNN es una mierda" mientras yo emitía en directo. Tras recoger las cosas al finalizar el mitin, saqué mi teléfono y grabé un minuto de vídeo mientras los defensores de Trump gritaban todo tipo de insultos, desde "eres un pendejo" hasta "traidor". Otros me sacaban el dedo o llevaban camisetas con la frase "Al carajo los medios". De fondo, entre los gritos, se oye la canción de los Rolling Stones *"You Can't Always Get What You Want"*, que cierra todos los mítines de Trump. Las críticas de los admiradores de Trump aquel día se extendieron por las redes sociales, pues varios reporteros locales capturaron también el momento. Una mujer, que me sacó el dedo utilizando todo el antebrazo para hacer el gesto, se convirtió en una leyenda de internet durante un breve periodo de tiempo.

A Trump le encantó aquella efusión de hostilidad. Su hijo Eric tuiteó un enlace al vídeo de la escena con la palabra "Verdad". Trump retuiteó ese tuit, que multiplicó su visualización hasta las decenas de millones. En lo que a mí respectaba, aquello era como poner el sello de aprobación de la familia presidencial a los abusos contra la prensa.

Al día siguiente, mi vídeo con los gritos y los insultos se había hecho viral y aparecía no solo en *Morning Joe*, sino en sitios de noticias de todo el mundo. Me pedían entrevistas para medios de prensa extranjeros. Parecía que todos querían saber lo que era estar en el ojo del huracán de Trump. Sería deshonesto por mi parte negar que sus ataques me habían otorgado cierta fama, pero había un precio a pagar. Me había convertido en el "enemigo público número uno", según una de mis fuentes, un funcionario de la administración que también veía el peligro en los ataques de Trump.

En los días posteriores al mitin de Tampa, las amenazas de muerte regresaron con más intensidad. Se crearon memes en los que aparecía hecho un ovillo en el suelo de la habitación acolchada de un hospital psiquiátrico y cosas por el estilo. En mi cuenta de Instagram, un visitante me dejó un mensaje inquietante, uno de tantos: "Espero que lo maten pronto de una paliza".

No todas las respuestas eran amenazadoras. Por suerte, mi madre me escribió para darme apoyo moral: "Di las cosas como son. Sigue brillando, Jim", me escribió. Una antigua presentadora de Fox News cuyo nombre todo el mundo conoce me escribió para decirme que me "enviaba fuerza". Y un funcionario de la administración muy cercano al presidente escribió para decirme que sentía lo que había sucedido. Tengo todos esos mensajes guardados, así que no se molesten en decir que me lo estoy inventando.

Durante todo ese tiempo, no podía dejar de pensar en esa

gente llena de rabia y odio entre la multitud de Tampa. Una
mujer levantó a un bebé que llevaba una insignia en su ropita.
En ella ponía "la CNN es una mierda". Yo solo podía pensar:
¡Dios mío! Están criando a los bebés para que nos odien, casi
desde que salen del vientre. ¿Qué será lo próximo? ¿Adoctrina-
miento dentro del útero?

Aquellas demostraciones de odio eran el resultado de años
de ataques a los medios por parte de Trump. Había normalizado y justificado la crueldad y la maldad. A la gente no le
preocupaba alcanzar ese nivel de hostilidad hacia sus compatriotas. Para ellos ya no éramos humanos. Aquel era el clima
de miedo que había creado Trump. En ese ambiente, un defensor de Trump podría recurrir a la violencia. Vivíamos una
época peligrosa en Estados Unidos.

Quizá la imagen más inquietante de Tampa fue el inmenso
despliegue de carteles de "QAnon" que vimos entre la multitud. Había referencias a esa teoría de la conspiración en camisetas, carteles y gorras. QAnon es una teoría retorcida y falsa
que asegura que hay famosos en Hollywood implicados en
redes de pedofilia. Es la misma clase de tonterías que adverti-
mos en la teoría de la conspiración del Pizzagate, que acusaba
falsamente al director de campaña de Clinton, John Podesta,
de implicación en una red de tráfico sexual en una pizzería de
Washington. Con QAnon, el virus se había propagado para difamar a los oponentes políticos en Hollywood. Aquella locura,
impulsada por las fuerzas más oscuras de la extrema derecha,
parecía no tener fin.

Mis compañeros se preguntaban por qué quería cubrir los
mítines de Trump. Esta es la razón: ¿Cómo no iba a querer ver
con mis propios ojos lo que el fenómeno Trump ha provocado

en Estados Unidos? La teoría de QAnon es un buen ejemplo. Cuando tienes a un famoso teórico de la conspiración en el Despacho Oval, es natural que sus más ardientes seguidores se cuelen por la misma madriguera de datos sin contrastar. Uno de los fracasos de la era Trump ha sido la negativa del presidente a acabar con esas teorías tan peligrosas. Como en el caso de sus ataques a los periodistas, el empeño de Trump en explotar esa clase de comportamiento chiflado podría tener consecuencias muy graves.

DESDE QUE EL PRESIDENTE SE REFIRIERA A LA PRENSA COMO el "enemigo del pueblo" en 2017, a muchos de los que trabajamos en los medios nos preocupaba que fuera solo cuestión de tiempo que mataran a un reportero. Esos miedos fueron a peor después del tiroteo en la redacción del periódico de Annapolis *Capital Gazette*, en junio de 2018. El tiroteo no fue resultado directo de la retórica del presidente, pero el ataque sí que parecía una represalia por reportajes realizados por ese periódico. Después del tiroteo, algunos de los empleados del *Gazette* transmitieron su preocupación por los comentarios del presidente en una carta dirigida al mismo.

"No olvidaremos que nos llamó 'enemigo del pueblo'", escribieron. "No, no lo olvidaremos. Porque nuestro trabajo es destapar el mal, arrojar luz sobre los delitos y luchar contra las injusticias".

Conozco bien el periódico de Annapolis, pues viví varios años en la capital de Maryland. Es todo lo que un periódico local debería ser: cubre la escena política, criminal, los deportes de la escuela secundaria y ofrece críticas de los asombrosos restaurantes de mariscos que hay en la ciudad. El periódico tiene una nómina reducida, pero dedicada, para la que no existe noticia demasiado grande o demasiado pequeña. Nunca olvidaré el día en que apareció en el periódico una foto de mi hijo patinando sobre hielo en la pista local. Mucha gente de Annapolis tiene fotos de sus hijos o nietos puestas en el refrigerador gracias a los fotógrafos del periódico de la ciudad. El enemigo del pueblo, desde luego, no es.

El día después del ataque en Annapolis, Trump rebajó el tono de su retórica contra la prensa en un acto no relacionado celebrado en la Casa Blanca. "Los periodistas, como todos los estadounidenses, deberían vivir libres del miedo a los ataques violentos cuando realizan su trabajo", dijo a una pequeña multitud de seguidores reunidos en el Salón Este.

Aun así, en ese mismo acto en la Casa Blanca, me pareció importante preguntar al presidente por un asunto fundamental: ¿iba a dejar de referirse a la prensa como el "enemigo"?

—Señor presidente, ¿va a dejar de decir que la prensa es el enemigo del pueblo? —pregunté desde el fondo de la sala después de su comparecencia. En mi mente estaban los reporteros del *Capital Gazette* que habían muerto esa semana: Gerald Fischman, Rob Hiaasen, John McNamara, Rebecca Smith y Wendi Winters. Me daba la impresión de que los del periódico habrían querido que se hiciera esa pregunta.

No obtuve respuesta.

Un mes más tarde, Ivanka Trump contó al reportero de Axios Mike Allen que no estaba de acuerdo con la línea de ataque de su padre al asegurar que la prensa es el enemigo del pueblo.

—No, no estoy de acuerdo —dijo—. Sobre mí también se

han publicado informaciones que sé que no eran muy precisas, de modo que estoy sensibilizada y entiendo la preocupación y las quejas de la gente, sobre todo cuando son una especie de patraña —añadió—. Pero no, no creo que los medios de comunicación sean el enemigo del pueblo.

Aquel mismo día, durante una curiosa sesión informativa en la Casa Blanca, preguntaron a Sarah Sanders por el rechazo de Ivanka a los ataques de su padre contra la prensa. Sarah, como era de esperar, esquivó la pregunta. Así que yo seguí con el tema.

> ACOSTA: Creo que estaría bien que dijera aquí mismo, en esta sesión, que la prensa, la gente reunida en esta sala ahora mismo, haciendo su trabajo cada día, haciendo preguntas a funcionarios como los que ha traído usted aquí antes, no son el enemigo del pueblo. Creo que nos merecemos eso.
>
> SANDERS: Si el presidente ha dejado clara su postura, también creo que es irónico...

Estaba empezando a esquivar de nuevo la pregunta, así que la interrumpí. Volvimos al mismo tema una y otra vez. Y finalmente empezó a ofrecer algo que se parecía a una respuesta.

> SANDERS: Es irónico, Jim, que los medios y tú ataquen al presidente por su retórica cuando con frecuencia rebajan el nivel del diálogo en este país. En muchas ocasiones los medios de comunicación recurren a ataques personales sin ningún objetivo salvo el de incitar al odio. Los medios me han atacado personalmente en varias ocasiones, incluida tu

propia cadena; dijeron que deberían acosarme de por vida; que deberían estrangularme... Cuando fui recibida por la Asociación de Corresponsales, de la que casi todos ustedes son miembros, trajeron a una comediante para burlarse de mi aspecto y dijeron que era una traidora para mi propio género.

Se refería a la actuación de la comediante Michelle Wolf en la cena de la Asociación de Corresponsales de la Casa Blanca a principios de ese año. Wolf, durante sus críticas mordaces a la administración Trump, se había burlado de los "ojos ahumados" de Sarah. Sinceramente, en su momento yo no tenía ni idea de a qué se refería, hasta que unas compañeras me informaron de que era un comentario sobre la sombra de ojos de Sanders, con un dardo añadido sobre la tendencia de la secretaria de Prensa a mentir en las sesiones informativas. Algunos miembros de la prensa criticaron la actuación de Wolf, asegurando que rebajaba la dignidad del evento. Pero, para ser franco, la cena de la Asociación de Corresponsales de la Casa Blanca ya había perdido gran parte de su credibilidad a lo largo de los años, con tantas celebridades que asistían a lo que se suponía que era un evento académico para jóvenes periodistas. Pero ese es un debate para otro momento.

En mi conversación con Sarah, le recordé que la prensa no se había burlado de su sombra de ojos en aquel evento; había sido la comediante.

ACOSTA: No fuimos nosotros los que intentamos hacer eso, Sarah.

SANDERS: De hecho, que yo sepa, soy la primera secretaria de Prensa en la historia de Estados Unidos que ha necesitado protección del Servicio Secreto... Los medios de comunicación siguen atacando verbalmente al presidente y a todos los miembros de la administración, y desde luego nosotros tenemos un papel que desempeñar, pero los medios desempeñan un papel en el discurso de este país.

Protección del Servicio Secreto, dijo Sanders. ¿Y qué hay de la seguridad que llevábamos nosotros?, pensé. Pero no pensaba dejar que se saliera con la suya.

ACOSTA: Disculpe. En esas declaraciones que acaba de hacer, no ha dicho que la prensa no sea el enemigo del pueblo. Debemos interpretar, por lo que acaba de decir, que todos nos enfrentamos a situaciones desagradables, que a todos nos pasan por la trituradora en esta ciudad, y usted no es ninguna excepción. Y siento que le sucediera eso. Ojalá no le hubiera sucedido. Pero, por el bien de esta sala, por el bien de la gente presente en esta sala, de esta democracia y de este país, todas las personas del mundo están viendo lo que dice, Sarah. Y la Casa Blanca, por los Estados Unidos de América, el presidente no debería referirse a nosotros como el enemigo del pueblo. Su propia hija lo ha admitido y yo le pido a usted, Sarah, que lo admita también ahora mismo.
SANDERS: Agradezco tu pasión y la comparto. Ya he abordado esta pregunta. He hablado de mis sentimientos personales. Estoy aquí para hablar en nombre del presidente y él ya ha dejado claras sus impresiones.

La única moraleja razonable de esta conversación es que la secretaria de Prensa de la Casa Blanca, una portavoz de Estados Unidos cuyo sueldo sale de los contribuyentes, cree que la prensa es el enemigo del pueblo; o, al menos, no tiene agallas para llevar la contraria a su jefe. Lo que también resulta alarmante es que todavía guardase rencor por lo de la cena de la Asociación de Corresponsales y permitiese que eso afectara su trabajo en la Sala de Prensa. Parecía que a Sarah le gustaba criticar, pero luego era incapaz de aceptar las críticas. Al fin y al cabo, había atacado a periodistas concretos en las sesiones informativas; había llamado "noticias falsas" a la CNN. Pero una comediante soltaba unos pocos chistes y eso sí que no podía soportarlo. Vamos... por favor.

Sanders parecía estar diciendo en aquel momento que las palabras sí importan, que las palabras pueden hacer daño; razón por la cual me costó entender que pudiera adoptar el convencimiento del presidente de que la prensa es el enemigo. Ella conoce las consecuencias de ese tipo de retórica. Quizá hubiera decidido que era una cuestión de "ojo por ojo", o por ojo ahumado, tal vez.

He aquí la lucha a la que todos nos enfrentamos en el debate sobre la retórica de Trump y el efecto perjudicial que ha tenido en el diálogo político de Estados Unidos. Si Sarah puede defender los comentarios del presidente sobre la prensa haciendo alusión a lo que dijo una comediante sobre su aspecto físico, entonces cualquier cosa puede utilizarse para justificar los ataques a los medios de comunicación. El problema de esta práctica es que le falta perspectiva. El reportero o político de a pie, ya sea de izquierda o de derecha, no tiene el mismo megáfono (o MAGA-fono, como suelo llamarlo) que utiliza Trump cada vez que quiere vilipendiar a sus adversarios. Esa es la base de los derechos y las responsabilidades de cualquier presidente estadounidense. Claro, el presidente tiene derecho a la libertad de expresión, pero hasta la libertad de expresión tiene sus límites. No puedes gritar "fuego" en un cine lleno de gente. Además, el presidente ha hecho un juramento a la nación para defender la Constitución de Estados Unidos. En mi opinión, Trump ha demostrado no respetar el punto más esencial de la Constitución: nuestra libertad de expresión.

Por supuesto, nadie va a destituir al presidente por llamarnos enemigo del pueblo. Y, en todo caso, Sanders acababa de ganarse otro año como secretaria de Prensa. Pero el vídeo de esa sesión informativa estará siempre presente; no puede borrarse de internet. Tampoco puede borrarse la demonización que Trump ha hecho de los periodistas. La utilización del podio como arma para aplacar el pensamiento disidente e independiente en Estados Unidos quedará grabada durante generaciones. La historia nos ha enseñado que palabras como las de Trump entrañan riesgos y peligros reales, y el momento de la historia, cuando el presidente de Estados Unidos llamó a los periodistas "enemigo del pueblo", quedará grabado en nuestra conciencia nacional durante mucho tiempo. Leeremos sobre ello en nuestros libros de historia... si acaso no acabamos por quemarlos algún día.

12

El miedo y la derrota

Nunca podría haber predicho las consecuencias que traerían consigo las elecciones de mitad de mandato, o que coincidirían de manera tan peligrosa e inquietante con la investigación rusa, con el miedo sembrado por Trump sobre la inmigración y, por supuesto, su creciente guerra contra los medios de comunicación. Como informaba cada día desde cada extremo del país, estaba claro que iban a ser mucho más que unas elecciones, o un referéndum sobre el mandato del presidente hasta la fecha; eran un punto de inflexión para la nación y respondían a una pregunta esencial para mí: ¿Pagaría Trump el precio de su inquietante comportamiento? Los votantes iban a tener la oportunidad de evaluar los impulsos autoritarios, las mentiras, la xenofobia y los ataques a las instituciones estadounidenses que se habían convertido en sello distintivo durante los dos primeros años de su presidencia. Para Trump, las elecciones de mitad de mandato serían el Día del Juicio Final. Se emitiría un veredicto.

Todos los elementos polémicos de los dos primeros años

de la administración, desde la primera rueda de prensa de Spicer en adelante, se encontrarían en la recta final antes de las elecciones al Congreso. Una vez más, Trump buscaría entre sus trucos de magia mediáticos para dominar las noticias diarias utilizando una retórica explosiva y llena de odio. Ya había funcionado antes y le había permitido instalarse en la Casa Blanca. Pero ahora había más cosas en riesgo. Se palpaba la desesperación dentro del mundo de Trump. Lo que se desencadenó en las últimas semanas previas a las elecciones fue un intento enfervorecido por preservar el control republicano del gobierno federal y librar a Trump de la vigilancia del Congreso. Trump sabía que un Congreso controlado por los demócratas levantaría todas las piedras y abriría todas las puertas. La investigación rusa, sus declaraciones de impuestos y los sombríos secretos de su política de inmigración saldrían a la luz en una Cámara presidida por los demócratas, que llevaban dos largos años afilando sus cuchillos desde la oposición.

La última línea defensiva de Trump eran sus "fieles", el ejército de seguidores que se tragaban cada palabra suya en los medios conservadores, en Twitter y, por supuesto, en sus mítines. Era la retórica de Trump la que aseguraba que esos súper admiradores mantuvieran la energía. Para la prensa, eso implicaba que los mítines siguieran suponiendo amenazas visibles e inmediatas para los periodistas que informaban sobre la administración. Pero pronto descubriríamos que había peligros aún mayores ahí fuera, peligros causados por el frenesí de los últimos meses previos a las elecciones.

Pocas semanas después de Tampa, viajé a Virginia Occidental. Trump se dirigía al estado montañoso para prestar su apoyo al candidato republicano al Senado, en su intento por derrotar al demócrata de turno, Joe Manchin. Estábamos a mediados de agosto, faltaban algo más de dos meses para las elecciones de mitad de mandato y Trump albergaba la esperanza de liderar la carrera en un puñado de estados rojos donde los demócratas se enfrentaban a una dura batalla por la reelección; Manchin en Virginia Occidental, Joe Donnelly en Indiana, Jon Tester en Montana, Claire McCaskill en Missouri, etcétera. Siempre consciente de la investigación sobre Rusia, Trump estaba desesperado por mantener ambas Cámaras en manos republicanas. Sabía, igual que sus asesores, que los demócratas podrían iniciar los preparativos para la destitución si lograban victorias en el Senado y en la Cámara de Representantes. Pero la verdadera noticia de aquel día tuvo lugar lejos del centro de convenciones de Charleston.

A primera hora, el antiguo director de campaña de Trump, Paul Manafort, fue condenado en un tribunal federal por una serie de delitos financieros que, en su momento, no tenían ninguna relación con la investigación rusa. La Casa Blanca respondió a la noticia de Manafort como había hecho en innumerables ocasiones: distanciando al presidente del antiguo director de campaña, alegando que el militante republicano había tenido un papel muy limitado dentro del equipo Trump antes de las elecciones. El presidente repitió varias veces que los delitos de Manafort no tenían nada que ver con su trabajo en la campaña.

—No me implica a mí —contó Trump a los reporteros aquel día. Eso era cierto en su momento, pero el peligro para Trump era que Manafort acabase volviéndose en su contra y cooperase con los fiscales federales. Aun así, parecía que por el momento

Manafort estaba decidido a mantenerse fiel a Trump, con la esperanza de lograr el indulto presidencial.

Pero aquel día estalló otra bomba informativa potencialmente devastadora, cuando el antiguo abogado personal de Trump, Michael Cohen, se declaró culpable por haber incumplido las leyes de financiación de la campaña al destinar dinero a dos de las supuestas amantes del presidente, incluida la actriz porno Stormy Daniels. Cohen admitió ante los fiscales que había realizado los pagos "según las instrucciones de" un candidato político, una clara referencia al presidente que dejaba a Trump en una situación de peligro. Como el dinero estaba destinado a influir en las elecciones de 2016, los fiscales dijeron que Cohen había violado con sus acciones las leyes de financiación de campaña. Para aumentar el melodrama de la historia de Stormy Daniels, el abogado de la actriz, Michael Avenatti, se burlaba de Trump y de su abogado externo Rudy Giuliani. La historia de Daniels era, sin duda, más sórdida que la investigación rusa, pero Avenatti tenía entre manos un caso que ponía a Trump en verdadero peligro político. Los académicos jurídicos debatían sobre si el presidente podía ser imputado o no. Pero, si Trump había violado las leyes de financiación de campaña, estaría entrando en el terreno de "la traición, cohecho u otros delitos y faltas graves" y podría enfrentarse a una destitución.

Abróchense los cinturones, tuiteó Avenatti.

En cuanto a Cohen, su declaración de culpabilidad supuso un inesperado giro de acontecimientos para el antiguo hombre de confianza del empresario de Manhattan o, como lo describió uno de los asesores de Trump, "una versión menos espléndida de Ray Donovan", el personaje interpretado por Liev Schreiber en la serie de Showtime. La decisión de Cohen de sincerarse le salió cara al equipo del presidente, revelando una red de mentiras en la que la Casa Blanca se había visto involucrada durante meses para intentar ocultar la implicación de Trump en los pagos a Daniels. Para Cohen, las malas noticias habían empezado ya en enero de 2018, cuando el *Wall Street Journal* aseguró que había destinado 130 000 dólares a callar a la estrella de porno. Como todos sabemos, quizá con demasiado detalle, ese pago secreto tenía como objetivo que la actriz, cuyo nombre legal es Stephanie Clifford, no hablase de su antigua relación con Trump en los días anteriores a las elecciones de 2016. El pago no figuraba en los archivos oficiales de la Comisión Electoral Federal. Como sucedió en el caso de la reunión con los rusos en la Torre Trump, las explicaciones iniciales del equipo de Trump sobre la historia de Stormy resultaron ser mentira.

Una vez más, Sarah Sanders fue la encargada de confundir a la opinión pública sobre los problemas legales del presidente. En la sesión informativa de la Casa Blanca del 7 de marzo de 2018, mi compañero Jeff Zeleny preguntó a Sanders por el pago realizado a Daniels.

> ZELENY: ¿El presidente aprobó el pago realizado por su abogado y asesor Michael Cohen en octubre de 2016?
> SANDERS: Mire, el presidente ya ha hablado abiertamente de este tema y ha dejado muy claro que ninguna de esas acusaciones es cierta.

Algunas semanas más tarde, Catherine Lucey, de Associated Press, preguntó directamente a Trump si sabía de dónde había salido el dinero para pagar a Daniels.

—No, no lo sé —respondió el presidente, mintiendo descaradamente—. Tendrán que preguntárselo a Michael Cohen. Michael es mi abogado —añadió, un comentario que después se volvería en su contra.

Un mes más tarde, el 2 de mayo de 2018, Giuliani destapó todo el asunto al explicar que ese dinero había sido enviado a través de Cohen y su bufete de abogados y "el presidente se lo reembolsó".

Al día siguiente, en la sesión informativa de la Casa Blanca, pregunté a Sarah por sus falsas declaraciones sobre el pago a Stormy.

ACOSTA: Me gustaría continuar con este tema... Dijo usted el 7 de marzo que "no se tenía conocimiento de ningún pago por parte del presidente y él ha negado esas acusaciones". ¿En aquel momento estaba mintiéndonos o no sabía nada?

SANDERS: El presidente ha negado y sigue negando esa acusación. Yo di la mejor información que tenía en ese momento. Y lo remito a los comentarios que usted mismo ha mencionado hace unos minutos sobre la cronología del alcalde Giuliani.

Se dio mucha importancia a mi pregunta principal: "¿En aquel momento estaba mintiéndonos o no sabía nada?". Se insinuó que la mía era una pregunta injusta destinada solo para llamar la atención. Incluso aunque ella no supiese la verdad, Trump sin duda la sabría y había mentido al respecto, tanto a la gente de su administración como al público estadounidense. La verdad tiene que significar algo en la Casa Blanca, y aquel era un ejemplo flagrante de cómo el presidente y sus ayudantes mentían al pueblo estadounidense. Y la historia del soborno a la actriz porno fue algo más que una noticia sórdida. Si las declaraciones de Stormy Daniels sobre su supuesta aventura con el presidente hubieran salido a la luz en los últimos días de la campaña de 2016, es muy posible que el resultado de las elecciones hubiera sido distinto. El soborno a Daniels fue un intento satisfactorio por enterrar lo que Trump sabía que era una noticia perjudicial. Así que esas preguntas sí que importan.

Poco después de la actuación de Sanders aquel día, notamos una disminución considerable de las sesiones informativas de la Casa Blanca. Sarah pasó a celebrar, de media, una sesión por semana. A finales de 2018, las apariciones de la secretaria de Prensa prácticamente se habían extinguido. Las sesiones informativas se hicieron más cortas, de unos quince o veinte minutos cada una. Los críticos conservadores culpaban a los medios de comunicación, y a tipos como yo, de esta tendencia, pero la responsabilidad es del presidente y de su secretaria de Prensa. Mi impresión es que Sanders estaba empezando a darse cuenta de que no podía seguir acudiendo a las sesiones informativas de manera regular y mantener la poca credibilidad que le quedaba, sobre todo cuando sus ocasionales declaraciones falsas podrían tener serias consecuencias legales.

Pero un alto funcionario de la Casa Blanca dijo que Trump también estaba harto de las sesiones informativas. El funcionario me explicó que el presidente prefería tener las cámaras de televisión en directo pendientes de sus palabras, cosa que apenas me sorprendió.

—Es el presidente —dijo el funcionario—. Le gusta hacerlo. Le gusta hablar en el Jardín Sur y en las ruedas de prensa.

En abril de 2018, pocos días después de que Trump mintiera sobre el pago efectuado a Daniels, el FBI registró la oficina de Michael Cohen y embargó una serie de documentos e informes relacionados con la investigación del caso de Stormy Daniels. Como descubrimos más adelante, Michael Cohen se volvió en contra de su antiguo jefe y comenzó a ayudar a esos mismos fiscales.

Cohen pronto descubrió cómo era la vida cuando no contaba con la simpatía del presidente. Un mes después del registro, el *National Enquirer*, el tabloide sensacionalista de supermercado dirigido por el amigo de Trump David Pecker, publicó un artículo sobre Cohen titulado *Los secretos y mentiras del hombre de confianza de Trump*. Desde hacía tiempo se sospechaba que el *Enquirer* era la "revista interna" de Trump, dispuesta a redactar noticias acusatorias sobre sobornos a personas como Karen McDougal, una modelo de *Playboy* que también había acusado a Trump de haber mantenido una aventura con ella. La empresa matriz del *Enquirer*, según las acusaciones, pagó a McDougal para comprar su silencio. En cuanto al artículo del *Enquirer* que acusaba a Cohen de decir "mentiras", le pregunté al abogado si era un mensaje que le enviaba Trump.

La respuesta de Cohen, de la que ya informamos en su momento, fue: "¿A usted qué le parece?".

La cooperación de Michael Cohen con los fiscales federales supuso su excomunión del mundo de Trump. Poco después, el presidente lo llamaría "chivato" en Twitter, el tipo de lenguaje utilizado por los capos de la mafia antes de pegarle un tiro a un soplón. A Cohen le preocuparía más tarde que la presión ejercida por el equipo de Trump hubiera puesto en peligro a su familia. Yo había hablado con Michael por teléfono algunas veces. Como su caso aún estaba pendiente de juicio, no quiso hablar de manera oficial, pero me resultó evidente durante esas conversaciones que su vida se estaba desmoronando. La carrera legal que había construido trabajando para una estrella de la tele convertida en presidente se estaba viniendo abajo. Los ayudantes y asesores de Trump no tenían piedad y decían que Cohen era un "mentiroso" en quien no se podía confiar; lo cual planteó una pregunta: de ser así, ¿cómo empezó a trabajar con Trump en un primer momento? Aun así, uno de los asesores de Trump me dijo que se sentía "triste" por Cohen, y lo describió como un hombre que "no tiene país". Parece que, cuando abandonas el mundo de Trump, quedas desterrado para siempre.

Durante el mitin celebrado en Virginia Occidental aquel día de finales de agosto, fue pura casualidad que las noticias sobre Cohen y Manafort salieran a relucir casi al mismo tiempo, horas antes de que Trump se presentara en el escenario. Aquello demostró hasta qué punto el presidente estaba rodeado de escándalos. Por supuesto, no mencionó nada de eso durante el mitin. Aun así, parecía desanimado mientras atacaba a sus blancos habituales; a saber, los medios de comunicación, los inmigrantes y los demócratas del Congreso. No pensé que fuese a hacer comentarios sobre la condena de su antiguo director de campaña o la declaración de culpabilidad de su antiguo abogado personal y, en cualquier caso, suponía que muchos de los allí presentes aquel día habrían hecho oídos sordos a las noticias. Convencidos de que los principales medios de comunicación estaban propagando mentiras sobre Trump, simplemente habrían elegido no creerse que la gente cercana a él acabara de ser declarada culpable de delitos federales. Trump les haría creer que había sido el "estado profundo" en colaboración con los medios de las "noticias falsas", que se esforzaban por incriminarlo. Los defensores de Trump que se pasaron todo el mitin tratando de intimidarnos con miradas y carteles estaban empeñados en tachar a los periodistas de delincuentes, y aun así los que iban a la cárcel eran aquellos cercanos al presidente. Menuda yuxtaposición.

Allí de pie, tratando de reconciliar la escena que tenía ante mis ojos con lo que había sucedido aquel día en los juzgados, levanté la mirada y vi que un inmenso defensor de Trump estaba mirándome con odio. Se quedó allí durante veinte minutos, con esa mirada amenazadora. Con frecuencia he intentado saludar a esas personas, para ver si están esperando algún tipo de reacción. Pero no funcionó con ese tipo; siguió mirándome. La verdad es que parecía un psicótico. Nuestro guardia de seguridad en el mitin, un tipo igual de grande e imponente con cresta en el pelo, y que durante el día trabajaba como guardia en una prisión local, le devolvió la mirada a aquel hombre, preparado para entrar en acción. Yo solo deseaba largarme de allí. Ni siquiera con el guardia de seguridad nos sentíamos a salvo.

Cuando intentábamos abandonar a toda prisa el centro de convenciones, se produjeron más problemas casi de inmediato. Una joven reportera, Millie Weaver, del sitio web radical Infowars, me abordó en la calle. Sin previo aviso me colocó un micrófono de Infowars en la cara mientras su cámara grababa. Mi productor, Matt, y nuestro guardia de seguridad con cresta trataron de bloquearle el paso para poder seguir avanzando. Preocupado ante la idea de que Infowars pudiera arremeter contra nosotros por ignorar a sus cámaras, pensé: "¿Sabes qué? Vamos a dejar que haga sus preguntas".

Millie me preguntó por la decisión de Facebook de bloquear a Infowars por el historial de discurso de odio de la página, incluida la falsa teoría de la conspiración según la cual el tiroteo en la escuela primaria de Sandy Hook, en Newtown, Connecticut, habría sido un engaño del gobierno. Los padres del colegio Sandy Hook han denunciado a la página por esa historia falsa, un ejemplo real de noticias falsas (perdonen el oxímoron). La entrevista a traición de Millie vivirá para siempre en internet junto al título *Millie Weaver da una lección a Jim Acosta sobre la Primera Enmienda*. Pueden verlo ustedes mismos en YouTube. De hecho, la lección la aprendió ella misma.

—Eh, Jim Acosta, ¿qué te parece que hayan bloqueado a Alex Jones? —preguntó.

Tuvimos un breve debate sobre el tema frente al centro de convenciones de Charleston. Yo hablé sobre el valor de la prensa libre, sabiendo que no era eso lo que ella tenía en mente.

—¿Estás preocupado por ello? —continuó.

—Desde luego, apoyo la libertad de prensa —le dije a Millie—. Apoyo la libertad de expresión. Desde luego, no me gusta lo que he visto a lo largo de los dos últimos años, con un presidente que ataca a la prensa. Creo que eso ha puesto el foco sobre la importancia de la prensa libre. Y creo que cualquiera que ejerza con responsabilidad ese derecho a la libertad de expresión y a la libertad de prensa debería ser respetado.

—¿Y no crees que el presidente puede recurrir a la Primera Enmienda para criticar y hacer comentarios contra los medios de comunicación? —me preguntó.

—Desde luego, parte de los derechos que le garantiza la Primera Enmienda es hacer comentarios sobre los medios de comunicación —respondí—. Pero yo también recurro a la Primera Enmienda al decir que no me parece buena idea que el presidente de Estados Unidos demonice a la prensa y nos llame enemigo del pueblo y esa clase de cosa. Creo que ese tipo de discurso podría poner en peligro a los periodistas.

Weaver pasó a comparar Infowars con la CNN y la NBC, diciendo que a todos nos llamaban "noticias falsas".

—Mi opinión, es que no puedes meter a la CNN en la misma categoría que Infowars, con el debido respeto —le dije—. Creo que, si pensamos en lo que están viviendo ahora mismo los padres del colegio Sandy Hook...

Millie intentó cortarme, pero yo seguí.

—Creo que, si pensamos en lo que están viviendo ahora mismo los padres del colegio Sandy Hook con respecto a Infowars, habría que reflexionar sobre lo que se dice en la esfera pública y lo que se dice en redes sociales, y lo que se les cuenta a muchas personas que confían en lo que ustedes publican. Por ejemplo, no creo que sea correcto decirles a los padres del colegio Sandy Hook que lo que sucedió fue un engaño. No creo que sea apropiado.

La cara de Millie no tenía precio. En resumen, no pudo gestionar la verdad. Sabía que lo de la conspiración del colegio Sandy Hook era mentira. Me di cuenta de que estaba intentando ignorar lo que yo decía, como un niño que se resiste cuando su padre o su madre intentan darle jarabe para la tos.

Ese episodio fue muy revelador. Las teorías de la conspiración se han convertido en una fuerza muy poderosa dentro de nuestra política porque se nutren de un miedo específico. Para los entusiastas de las armas, es el miedo a que se las confisquen. Para los xenófobos, es el miedo a que millones de migrantes inunden las calles de las ciudades de Estados Unidos.

Trump sabe que las mentiras funcionan mejor cuando están ancladas en el miedo.

———————

A MEDIDA QUE LA NACIÓN SE ENCAMINABA HACIA LAS ELEC-ciones de mitad de mandato en otoño, Trump seguía alimentando a sus fieles con esa clase de miedo. Simpatizaba con la gente de Infowars y QAnon en sus ataques a la prensa y mostraba compasión por sus quejas de censura en las redes sociales; en muchos de sus mítines, parecía el teórico jefe de la conspiración. Pero fue en octubre cuando Trump se centró en un mensaje de campaña que combinaba elementos radicales con una idea política de verdad. Tras aprobar una de las reducciones de impuestos más impopulares de la historia e intentar quitarles la asistencia médica a millones de personas, dejó a un lado su agenda legislativa y volvió al tema de la inmigración y al miedo que había provocado dos años antes para llegar a la Casa Blanca. Pero, mientras que dos años atrás había construido su argumento en torno a la imagen del muro, ahora, con el poder de la presidencia a su disposición, podía fabricar una crisis migratoria diseñada para sembrar las discordancias raciales y llevar a sus fieles a las urnas.

Comenzó aquel mes de octubre, cuando Trump, para conseguir su tan ansiado muro, aprovechó la existencia de una caravana de cuatro mil inmigrantes que se dirigían hacia la frontera de Estados Unidos desde Centroamérica, haciendo hincapié en la tenebrosa amenaza que planteaba aquel grupo de solicitantes de asilo. La campaña de Trump llegó incluso a elaborar un anuncio racista en el que aparecían los inmigrantes como invasores que trepaban el muro, que fue catalogado como "anuncio Willie Horton" de 2018. Para aquellos que no lo recuerden, era una referencia a la campaña publicitaria en favor de George H. W. Bush de 1988, que aprovechó la decisión del gobernador demócrata de Massachusetts Michael Dukakis, que concedió un permiso de fin de semana a un preso afroamericano, Willie Horton, que después no volvió a prisión y violó a una mujer. Ya en su momento, el anuncio de Willie Horton se consideró racialmente divisorio. También sucedió con el anuncio de la invasión de Trump, que no era más que una herramienta para sacudir unas elecciones que daban la espalda al Partido Republicano, sobre todo en la carrera por liderar el Congreso, lo cual supondría la diferencia entre el representante de la Cámara Paul Ryan o la demócrata Nancy Pelosi. Varias cadenas de televisión, incluidas la CNN, Fox News y Fox Business, se negaron a emitir el anuncio de Trump.

Como si eso no fuera suficiente, Trump añadía nuevos giros para satisfacer a sus fieles más xenófobos. Durante los mítines, empezó a insinuar que podría haber fuerzas económicas demócratas detrás de la caravana, dando crédito a la teoría de la conspiración elaborada por miembros de la derecha según la cual el multimillonario filántropo George Soros estaría financiando a los migrantes como medio para insuflar votantes de izquierda en el electorado.

—Ahora estamos empezando a averiguar... y no estoy al cien por ciento seguro. Lo pondré un (sic) pequeño signo de interrogación, porque tenemos ahí todas esas noticias falsas. Hay mucho dinero que ha estado cambiando de manos para que la gente llegue a la frontera antes del día de las elecciones, porque creen que eso es negativo para nosotros —dijo Trump en el mitin de Montana en octubre.

Como si la insinuación no contrastada sobre la implicación de Soros no fuera suficiente, Trump describió aquella caravana como una especie de tormenta perfecta de caos inmigratorio, y expandió su teoría de la conspiración al declarar que había musulmanes infiltrados entre los inmigrantes, convirtiendo así aquel peregrinaje hacia la frontera en una terrible amenaza para sus seguidores. Trump sugería que entre los que venían habían personas de Oriente Medio que utilizaban la caravana como tapadera, supuestamente para entrar en Estados Unidos y llevar a cabo ataques terroristas. Llegó incluso a plasmar en un tuit aquella acusación racista.

@realDonaldTrump
Por desgracia, parece que la Policía y el Ejército de México no pueden detener la caravana que se dirige hacia la frontera sur de Estados Unidos. Hay delincuentes y personas de Oriente Medio infiltradas. He alertado a la Patrulla Fronteriza y al Ejército de que se trata de una emergencia nacional. ¡Hay que cambiar las leyes!
8:37 AM—22 Oct 2018

Pese al hecho de que no existían pruebas de que hubiese personas de Oriente Medio en la caravana, Trump siguió alimentando esa fantasía, algo que yo puse en duda esa misma semana en el Despacho Oval. Nos habíamos reunido para la firma de un proyecto de ley sobre un tema no relacionado. Entonces surgió de nuevo el asunto de la caravana cuando los reporteros comenzaron a hacer preguntas.

—Tengo muy buena información —respondió Trump a los reporteros.

Lo presioné para averiguar si tenía alguna prueba. No la tenía.

—No hay pruebas de nada, pero bien podría ser así —respondió, añadiendo una nueva expresión a los "hechos alternativos" y al comentario de "la verdad no es verdad" que realizó Rudy Giuliani para la NBC. "No hay pruebas de nada" parecía un eslogan apropiado para la presidencia de Trump, escasa en hechos. En la mente de Trump, cualquier declaración falsa, si se expresa con la suficiente pasión, tiene el mismo peso que una verdad objetiva basada en la realidad. Si lograba convencer a suficiente gente de que había terroristas en potencia cruzando la frontera, entonces se aseguraría el apoyo suficiente para sacar adelante cualquier tipo de política, desde un muro medieval hasta una política de separación de familias que destroza la vida de miles de niños.

Durante casi dos años, habíamos sido testigos de una administración distanciada de la verdad, pero con el episodio de la caravana de inmigrantes, todo el país se dio cuenta de que Trump, por su propio pie y sin el escrutinio de una prensa libre, era capaz de politizar y fabricar una crisis para satisfacer sus necesidades políticas.

Y el hecho de que Hillary Clinton no fuese candidata no significaba que Trump fuese a dejar de atacarla. Parecía que seguía obsesionado con ella. La mencionaba en sus discursos como si 2016 nunca hubiera tenido lugar. Era incapaz de olvidar. Tuiteaba sobre la controversia de sus correos electrónicos y se quejaba de que el objetivo de Mueller debería ser la antigua secretaria de Estado y no él. Una fuente cercana al presidente me confesó que mientras Trump le retiraba la autorización de seguridad a otro de sus adversarios, el exdirector de la CIA

John Brennan, en agosto de 2018, deseaba hacer lo mismo con Clinton. El presidente y el antiguo jefe de Gabinete de la Casa Blanca John Kelly mantuvieron una discusión tan acalorada por el deseo de Trump de revocar las autorizaciones de sus rivales que los gritos de la pelea llegaron a oídos de los demás. Una fuente del Congreso confirmó los esfuerzos de la Casa Blanca por acabar con Clinton. En esencia, Trump logró lo que quería. Clinton acabó renunciando voluntariamente a su credencial de seguridad. En una carta dirigida al Departamento de Estado a finales de agosto, David Kendall, abogado de Clinton, ajeno a los deseos de Trump, escribió a la administración para solicitar de forma voluntaria que retirasen la credencial a la antigua secretaria de Estado. El Departamento de Estado llevó a cabo su solicitud al día siguiente, según las cartas a las que he tenido acceso.

Ni la inexistencia de una crisis en la frontera ni la ausencia de Hillary Clinton en las urnas eran hechos que tuvieran importancia para él. Y, claro, la única manera de convencer a sus fieles de su versión de la realidad era seguir atacando a la prensa en la guerra que había declarado a la verdad. En uno de los momentos más bajos de aquella campaña de mitad de mandato, durante un mitin en Missoula, Montana, Trump elogió al único congresista de ese estado, Greg Gianforte, por tirar al suelo a mi amigo y compañero Ben Jacobs, del periódico *The Guardian*, en un ataque de ira provocado por unas preguntas que no fueron de su agrado.

—Por cierto, nunca se peleen con él. Cualquiera que sepa golpear así es de los míos —dijo Trump en referencia a Gianforte durante el mitin, encendiendo a la multitud.

Fue un ejemplo perfecto de por qué mi preocupación no se

limita solo al comportamiento del presidente. Se trata también
del efecto que tiene en el resto del país. Aquella noche en Missoula, después de que Trump idolatrara a un congresista por
atacar a un reportero, vi a un grupo de jóvenes en la multitud
que me miraban y se reían a carcajadas del comentario del presidente sobre Gianforte. Uno de esos jóvenes, de unos veintipo-
cos años, empezó a hacer gestos de lucha libre, justo antes de
pasarse el pulgar por la garganta, como para señalar que quería
cortarme el cuello.

Son pequeños gestos y amenazas, cierto, pero también son
un comportamiento que Trump ha normalizado y alentado. La
mayor preocupación es dónde poner el límite. No siempre es
fácil distinguir cuándo una amenaza es solo una persona que
trata de intimidarte y cuándo esa amenaza representa un peligro legítimo. Hasta ahora, el peligro había sido en su mayor
parte teórico, pero, por desgracia, eso estaba a punto de cambiar.

––––––––

POCOS DÍAS DESPUÉS DE QUE TRUMP ELOGIARA A GIANFORTE,
empezaron a llegar los primeros paquetes sospechosos con
bombas caseras a las casas y oficinas de diversos demócratas
influyentes de Estados Unidos. El primer artefacto fue enviado
a George Soros, uno de los blancos más recientes de Trump. Al
día siguiente enviaron otro paquete a Hillary Clinton. Al otro,
las oficinas centrales de la CNN en Nueva York tuvieron que
ser evacuadas tras descubrirse otro artefacto, enviado al antiguo director de la CIA John Brennan. Mis compañeros de la
CNN, incluidos los presentadores Poppy Harlow y Jim Sciutto,
siguieron emitiendo en directo, utilizando sus teléfonos móviles, con la ayuda de nuestros productores y cámaras que, con

su talento, hicieron que fuera posible. Me sentí orgulloso de su trabajo.

Pero no era el momento de aplaudirnos los unos a los otros. Enviaron más artefactos explosivos al expresidente Barack Obama, a la congresista Debbie Wasserman Schultz y al exfiscal general Eric Holder. Incluso el actor Robert De Niro, activista anti-Trump, recibió un paquete sospechoso. Una fuente de los cuerpos de seguridad me reenvió imágenes de alertas enviadas por el Servicio Secreto que ofrecían detalles exclusivos de los paquetes y de sus destinatarios. Era un material escalofriante. La persona que enviaba las bombas, aunque utilizaba artefactos rudimentarios, parecía ser un terrorista doméstico que buscaba venganza en nombre de Trump.

Se supone que los periodistas somos personas curtidas, pero el intento de ataque a nuestras oficinas en Nueva York, que desató el miedo a que se encontraran más artefactos en otras oficinas de la CNN por el país, trasladó el peligro real de la retórica de Trump hasta nuestro lugar de trabajo. Ya no era cuestión de que nos dieran una paliza en uno de los mítines de Trump. Cualquier miembro de la CNN, que lleva una vida real fuera del trabajo, con familia, podría haber muerto debido, en parte, a la retórica envenenada que había alimentado el ascenso de Trump al poder. La dirección de la cadena, incluido el presidente de la CNN Jeff Zucker, tuvo que tranquilizar a los trabajadores de una de las organizaciones de noticias más importantes del mundo. Sí, la gente estaba asustada. Aquel era el resultado de años de ataques a la CNN por parte de Trump. Nos habían llamado "noticias falsas". Nos habían llamado "enemigo del pueblo". Habíamos oído los gritos de "la CNN es una mierda" durante los mítines. Pero aquello no era algo que me sucediera solo a mí o a cualquier otro empleado de la CNN. De pronto estábamos viviendo una época peligrosa para todos.

Pese al envío de aquellos paquetes-bomba a la CNN y a otros objetivos por todo el país, ni Trump ni la secretaria de Prensa de la Casa Blanca Sarah Sanders tuvieron la decencia de dejar de llamar a la prensa "enemigo del pueblo". Después del susto en nuestras oficinas centrales, Sanders no mostró ninguna compasión por la CNN en su primer tuit luego de que se descubriera el artefacto explosivo. En su declaración inicial condenaba el "intento de ataques violentos" contra Obama y los Clinton, pero ni siquiera mencionaba a la CNN. Tras ser criticada en Twitter por tan flagrante omisión, trató de enmendarlo con otro tuit que sí incluía a la CNN.

Nuestra condena a estos actos tan desprecibles (sic) **incluye también las amenazas a la CNN, así como a cualquier otro funcionario público presente o pasado**, tuiteó, escribiendo mal la palabra "despreciables".

La primera dama Melania Trump tampoco mencionó a la CNN en su declaración inicial sobre lo sucedido, al condenar "los intentos de ataque al presidente Clinton, al presidente Obama, a sus familias, a los funcionarios públicos, a los individuos y a las organizaciones".

Fue otra señal alarmante desde el Ala Oeste hasta el Ala Este de que el odio de Trump por la CNN se había vuelto canceroso. De modo que nadie se sorprendió cuando la CNN al fin respondió. Jeff Zucker, que llevaba meses mordiéndose la lengua y resistiendo la tentación de perder el tiempo con los ataques de Trump a la prensa, ya se había hartado.

—El presidente, y especialmente la secretaria de Prensa de la Casa Blanca, deberían entender que las palabras importan —dijo Zucker en una declaración publicada por la CNN.

Seis horas más tarde, Sanders contraatacó con un tuit en el que insistía en que Trump había **pedido a los estadounidenses que "se unieran y dejaran bien claro que los actos y las amenazas de violencia política de cualquier tipo no tienen cabida en Estados Unidos". Y aun así ustedes prefieren atacar y dividir. Estados Unidos debería unirse contra la violencia política.** El tuit de Sanders pasaba por alto el hecho de que el remitente de los paquetes-bomba se había inspirado en la retórica del presidente y en la hostilidad que azuzaba en sus eventos. Fue otro momento vergonzoso para Sanders, que había vuelto a olvidarse de que su labor era trabajar con la prensa.

A finales de semana, el efecto tóxico que Trump había generado en nuestro discurso nacional quedó claro cuando el FBI capturó a Cesar Sayoc, fanático defensor de Trump de cincuenta y seis años, y lo acusó de haber enviado trece paquetes-bomba a la CNN y a objetivos demócratas por todo el país. Como pudo apreciar el país el día de su detención, la furgoneta blanca de Sayoc estaba cubierta de carteles contra los medios de comunicación, en especial contra la CNN. En una pegatina de la furgoneta aparecía una de las frases más repetidas en los mítines de Trump: "La CNN es una mierda". En los laterales de la furgoneta MAGA de Sayoc también se veían fotos del comentarista de la CNN Van Jones y del cineasta Michael Moore. Ambos tenían en la cara la marca roja de una mira telescópica, al igual que la foto de Hillary Clinton.

Sayoc, que vivía en su furgoneta después de ser expulsado de casa de sus padres, era un asiduo asistente a los mítines de Trump celebrados en Florida. El antiguo repartidor de pizza y fisicoculturista también había empleado las redes sociales para enviar mensajes amenazantes a diversos objetivos, incluido este reportero.

@CNN @Acosta Eres el enemigo de América CNN. Sigues tu (sic), decía uno de los tuits dirigidos a mí.

Acosta sigues tu (sic). Nos vemos en el próximo mitin, se leía en otro.

Un total de nueve tuits parecían amenazarnos a la CNN y a mí. El más inquietante de todos, enviado a mi seudónimo en Twitter, @Acosta, mostraba imágenes de una cabra decapitada y su cabeza cortada. Al parecer, Sayoc utilizaba esas imágenes para amenazar a otros críticos de Trump. Varios de sus tuits fueron publicados durante esa primera semana de agosto, después de que me acosara la muchedumbre furiosa de defensores de Trump en Tampa, la misma noche que Trump y su hijo Eric publicaron sus tuits para dar su aprobación a todos esos insultos.

Yo no supe de los tuits amenazantes de Sayoc hasta después de su detención. Andrew Kaczynski, de la CNN, había hecho capturas de pantalla de algunos de ellos antes de que cerraran las cuentas del supuesto agresor. El hecho de que yo no viera esos mensajes pone de manifiesto uno de los problemas de las redes sociales en la actualidad: la invisibilidad casi absoluta de lo que debería ser una bandera roja que alerta de un comportamiento peligroso. Aplicaciones populares como Twitter e Instagram son tan grandes que las empresas no pueden ver o impedir cada mensaje amenazante que se publique, creando así un espacio seguro para que perturbados como Cesar Sayoc acosen a los periodistas a la vista de todos. Trump era el héroe de Sayoc. Nosotros éramos su enemigo.

Sayoc es exactamente el tipo de persona sobre la que habíamos estado advirtiendo a la gente de Trump. No nos preocupaban todos los defensores de todos los mítines de Trump. Nos daba miedo la gente como Sayoc. Sí, era evidente que no estaba en su sano juicio, pero eso era lo que nos preocupaba. Era la personificación de esa pequeña fracción de defensores perturbados de Trump que algunos temíamos, una persona que no controlaba plenamente sus impulsos, pero que se había radicalizado hasta el punto de llevar a cabo actos de violencia. Sabíamos que haría falta solo uno de esos tipos para llevar las cosas al límite.

Uno pensaría que la detención de Cesar Sayoc habría frenado el ritmo de Trump. Pero no. Ni hablar. Cinco días después del cruce de tuits y declaraciones entre la CNN y Sanders el día en que aparecieron los artefactos explosivos en nuestras oficinas, Trump y ella volvieron a atacar a la prensa. En la guerra contra la CNN y el resto de los medios informativos no habría un alto al fuego. Quedaba una semana para las elecciones de mitad de mandato y Trump tenía que insuflar energía a sus fieles. Con paquetes-bomba o sin ellos, volvió a decir que la prensa era el enemigo:

@realDonaldTrump
Hay una inmensa rabia en nuestro país causada en parte por la información imprecisa e incluso fraudulenta de las noticias. Los medios de las noticias falsas, el verdadero enemigo del pueblo, debe frenar esta hostilidad tan evidente e informar con precisión y justicia. Eso ayudaría mucho a calmar los ánimos...

Por increíble que parezca, el tuit de la "inmensa rabia" de Trump pretendía atribuir responsabilidades por un terrible ataque perpetrado pocos días después del envío de los paquetes-bomba. Un tiroteo en la sinagoga del Árbol de la Vida en Pittsburgh se había saldado con once personas fallecidas. La policía dijo que el atacante, Robert Bowers, había hecho comentarios antisemitas tanto en redes sociales como durante la masacre. En una de sus diatribas en las redes sociales, Bowers se quejó de que los judíos estuviesen de alguna manera ayudando a transportar a los migrantes en la caravana hacia la frontera. ¿Les suena? Fue una mentira despreciable, pero parecía alimentarse en cierta medida de la retórica antiinmigratoria de Trump, parte de la cual había estado dirigida contra George Soros, a quien había acusado injustamente de financiar la caravana. Obviamente a Trump no le gustó nuestra manera de informar sobre el tiroteo en el Árbol de la Vida. Así que, por supuesto, redobló sus ataques contra los medios y echó más gasolina a su hoguera de tonterías sobre "el enemigo del pueblo".

@realDonaldTrump
La CNN y otras cadenas de noticias falsas siguen asegurando erróneamente que yo dije que "los medios son el enemigo del pueblo". ¡Error! Dije que "los medios de las noticias falsas son el enemigo del pueblo". Hay una gran diferencia. ¡No está bien dar información falsa!

Volviendo al tuit de la "inmensa rabia", también es importante recalcar que no se responsabilizó en absoluto de los acontecimientos violentos que estaban aterrorizando a los estadounidenses por todo el país. Trump aseguraba que una mejor cobertura informativa de su presidencia "ayudaría mucho a calmar los ánimos". ¿Qué pretendía decir? ¿Que, si le dábamos las noticias que quería, pondría fin a sus ataques verbales? Eso sí que es una noticia falsa. ¿De verdad alguien cree que iba a abandonar su retórica amenazante? Ese mismo día, dio la casualidad de que Sanders celebró una sesión informativa para la prensa. Y yo sabía bien lo que quería preguntarle. Fiel a su estilo, no mostró ningún remordimiento.

ACOSTA: ¿No deberían reservar el término "enemigo" para aquellos que realmente son el enemigo de Estados Unidos y no para los periodistas?

SANDERS: El presidente no se refiere a todos los medios de comunicación. Habla de la creciente cantidad de noticias falsas que circulan por el país. El presidente está denunciando eso.

ACOSTA: ¿Puedo hacer otra pregunta al respecto, por favor? Ya que lo menciona, el presidente ha dicho esta mañana: "Los medios de las noticias falsas, el verdadero enemigo del pueblo debería frenar. Tienen la responsabilidad de informar con precisión y justicia". ¿Puede declarar oficialmente qué cadenas consideran el presidente y usted el enemigo del pueblo?

SANDERS: No voy a hacer aquí una lista, pero creo que esos individuos saben quiénes son.

De modo que estaba de acuerdo con la idea de que algunos miembros de la prensa eran "el enemigo". Si les parece ridículo y peligroso, imaginen cómo lo recibí yo allí sentado. Aun así, seguí insistiendo.

ACOSTA: ¿Incluiría a mi cadena, que recibió amenazas de bomba?

SANDERS: No creo que se deba generalizar sobre una cadena entera. En ocasiones, el presidente se refiere a individuos concretos.

Para ser sincero, me enfadé mucho con Sarah por hacer una de las declaraciones más viles y antiamericanas que se han dicho jamás en la Sala de Prensa de la Casa Blanca. Me quedé horrorizado. Sé que mis compañeros se quedaron horrorizados. De modo que seguí para ver dónde acababa aquello.

ACOSTA: ¿Así que no va a declararlo oficialmente? El presidente dice que los medios de las noticias falsas son el enemigo y, si usted se planta ahí y dice que algunos periodistas y algunas cadenas del país encajan en esa descripción, ¿no debería tener el valor de declarar qué cadenas y qué periodistas en concreto son el enemigo del pueblo?

SANDERS: Creo que es una irresponsabilidad por parte de una organización como la suya responsabilizarnos a nosotros de un paquete-bomba que no fue enviado por el presidente. Y no solo culpan al presidente, sino a varios miembros de su administración. Creo que eso es irresponsable e indignante.

No hacía falta que Sanders especificara en aquella sesión quién era el "enemigo" de Trump. Era más que evidente antes de hacer la pregunta. Pero quería que quedase registrado. Lo quería en vídeo. Esas palabras debían quedar inmortalizadas para la eternidad. Mis compañeros no me dieron palmaditas en la espalda aquel día al salir de la Sala de Prensa, pero yo no buscaba la aprobación de nadie. Si la gente cree que estaba alardeando o llamando la atención en mi interacción con Sanders, me da igual. Se trataba de preservar para la posteridad un capítulo sombrío de nuestra historia. Es necesario que las generaciones futuras lean y entiendan que hubo un momento en este país en el que el presidente y su principal portavoz llamaron a los reporteros "el enemigo del pueblo" en plena Casa Blanca. Estaría mal pasar por alto esos comentarios metiendo la cabeza en la arena. Eso solo justificaría el comportamiento y la retórica de la órbita de Trump, cuando ambas cosas deberían quedar grabadas y bien expuestas. Y eso era lo que esperaba conseguir aquel día en la Sala de Prensa. Sabía que Sarah no se responsabilizaría de sus actos. No perdería su trabajo por esos comentarios. De hecho, lo más probable es que aquellos actos tuvieran como objetivo conservar su trabajo. Pero sus comentarios aquel día nos sobrevivirán a todos.

Durante casi tres años, había soportado las burlas, los insultos y los ataques en innumerables mítines de Trump. El presidente había incitado a millones de estadounidenses para hacerlos sentir odio hacia la prensa. Yo lo había presenciado de primera mano, ya fuera de pie en las plataformas de prensa durante un mitin o simplemente mirando mi teléfono para leer la última amenaza de muerte publicada en mis redes sociales. En los días previos a las elecciones de mitad de mandato, hablaba por teléfono con agentes del FBI y detectives de la policía local que habían empezado a investigar las diversas amenazas dirigidas a mí y a algunos de mis compañeros. Los cuerpos de seguridad empezaban a tomarse el asunto muy en serio. Les preocupaba que Cesar Sayoc no fuese el único perturbado suelto y que alguien resultara herido. En aquella época no dormía mucho. Miraba hacia todas partes cuando volvía a casa caminando por las noches. Mi productor Matt Hoye y yo empezamos a plantearnos si debíamos llevar chalecos antibalas en los mítines, algo que probablemente el Servicio Secreto no permitiría. Me preguntaba si debería llevar encima una pistola paralizante.

Como reportero veterano, me parecía un poco ridículo, pero

lo cierto era que ninguno de nosotros sabía hasta dónde podía llegar el riesgo.

————————

CON SAYOC ENTRE REJAS, LA CNN TODAVÍA TENÍA UNAS ELEC-ciones que cubrir. Teníamos que dejar atrás nuestro enfrenta-miento con la Casa Blanca por el tema del hombre apodado como el "dinamitero MAGA". Quedaba solo una semana para saber si los ataques de Trump a los inmigrantes y a los medios de comunicación arrojaban dividendos con los votantes, y el presidente intensificó su retórica durante aquella última etapa cargada de mítines. Viajé a Florida para asistir a uno de sus últimos mítines, en apoyo al candidato republicano al Senado Rick Scott y al aspirante a gobernador Ron DeSantis. Estába-mos nerviosos, pues con frecuencia a los mítines de Florida acudían los fieles más alborotadores. Pero teníamos un plan.

Dado lo que acababa de pasar con Sayoc, la CNN no pen-saba correr riesgos con mi seguridad. Durante el mitin de Fort Myers, estuve rodeado por un grupo de cuatro agentes de poli-cía fuera de servicio de la zona de Miami. Eran grandes e impo-nentes, y la verdad es que me sentía algo avergonzado. La CNN hacía bien al ofrecerme toda esa protección, pero cualquiera que me conozca sabe que no me gusta que se preocupen por mí en exceso. Y aquello era sin duda un exceso.

Cuando entramos al recinto, fue como las polillas al acer-carse a una llama. Los seguidores de Trump se dirigieron a la jaula de la prensa para hacerme todo tipo de preguntas. Una mujer me preguntó si George Soros me había pagado para hacerle preguntas a Trump. Le dije con educación que no, "George Soros no me paga". Otro hombre me preguntó si estaba "en la nómina de la CIA". Estos son algunos de los ejemplos más extraños, pero ilustran bien un aspecto esencial: los seguidores de Trump se habían dejado engañar por los teóricos de la conspiración, los sitios web radicales y las cadenas conservadoras hasta el punto de que pudiera parecerles normal que un reportero de uno de los principales medios de prensa pudiera recibir dinero de George Soros o de la CIA.

Aquella noche no estuvo tan mal. Después del mitin, un caballero llamado Merlin se me acercó y tuvo un gesto muy amable. Me dijo que había asistido a aquel mitin en Tampa celebrado en agosto y me lo había hecho pasar mal. Si se observa el vídeo con todas esas personas gritando y sacándome el dedo, puede verse a Merlin, sacándome el dedo con todo y antebrazo incluido, entre la multitud. Desde entonces, me dijo Merlin, se había sentido mal por lo que había hecho. Quería disculparse. Yo no podía creer lo que estaba oyendo. Sinceramente, creí que iba a ponerme a llorar. Así que le pregunté si podía grabar su disculpa con el iPhone. Dijo que no le importaba en absoluto.

—Solo quería disculparme por sacarte el dedo en Tampa. Me dejé llevar —dijo Merlin, con su esposa a su lado, todo sonrisas—. Era como si estuviera pidiendo hechos y no opiniones. Eso es lo único que queremos. Me dejo llevar, así que quería disculparme. —Y, dicho eso, se marchó.

A mí me conmovió aquel gesto. Después de todos esos mítines y esos gritos de los seguidores del presidente, era agradable hablar con alguien que había cambiado de opinión. Entiendo que los defensores de Trump no quieren verme a mí ni a la CNN. Lo entiendo. Pueden encontrar lo que quieren oír en Fox News o en los sitios web conservadores. Lo que a mí me importaba era que Merlin se hubiera dado cuenta de algo mucho más importante: estamos juntos en esto. Entendió que no somos enemigos. Estamos en el mismo equipo. Somos todos estadounidenses. Entendió bien cómo debemos tratarnos los unos a los otros: con dignidad y respeto.

Pensé mucho en eso aquella noche y durante los días posteriores, y cuando Trump cayó derrotado la noche de las elecciones, yo seguía pensando en Merlin. Sí, hubo una oleada azul aquella noche: Los republicanos de la Cámara de Representantes perdieron el poder y Trump y su partido se aferraron al Senado por muy poco. Había llegado el Día del Juicio Final para Trump. Se enfrentaría a un nuevo mundo en cuanto se constituyera la Cámara demócrata. Pronto llegarían las audiencias judiciales y las investigaciones. En las noticias solo se hablaba de eso. Un ex alto funcionario de la Casa Blanca de Trump había explicado la derrota de Trump. La energía que lo había impulsado al poder había tenido que enfrentarse a un entusiasmo creciente por parte de la izquierda. "Ciento trece millones de personas han salido a votar. ¿Quieres saber por qué? Tenían muchas ganas de deshacerse del jodido Donald Trump", dijo el funcionario.

Pero, al reflexionar sobre mi propia experiencia durante la campaña y los mítines, me impresionó más la decencia de Merlin. Sabía que debía de haber otros como él ahí fuera, gente que sentía lo mismo. El miedo y el odio habían perdido aquel día. De modo que tenía esperanza en Estados Unidos, no porque Trump hubiese sido vencido, sino porque el racismo, la xenofobia y la paranoia presentes en sus discursos habían sido derrotados.

Al menos por el momento.

13

Una mancha en la Casa Blanca

Para cuando llegó la rueda de prensa posterior a las elecciones de mitad de mandato, en noviembre de 2018, supongo que debería haberlo visto venir. Al fin y al cabo, Trump había sufrido una dolorosa derrota en la Cámara de Representantes, que de nuevo volvería a estar controlada por los demócratas. Los republicanos tuvieron algunas victorias en el Senado, pero fueron bastante modestas; también habían perdido un escaño clave en Arizona, donde el antiguo senador Jeff Flake había decidido no presentarse a la reelección, convirtiendo a Kyrsten Sinema en la primera demócrata en ser elegida para el Senado en Arizona desde la década de los 90. Sobra decir que, para un hombre como Trump, que no soportaba perder, estaba garantizado que la rueda de prensa sería complicada.

No podía hacerme idea de cuánto.

A decir verdad, me había preparado mentalmente para el día en que la Casa Blanca me quitara el pase de prensa. En mi mente, hacía tiempo ya que existía esa posibilidad, incluso antes de que el director de campaña de Trump Brad Parscale sugiriera en Twitter que me retirasen la acreditación. Sabía que ya había antecedentes de aquello con Trump. En un evento a comienzos de la campaña de 2016, había expulsado a Jorge Ramos, de Univision, por preguntarle por un comentario descaradamente racista, según el cual muchos inmigrantes mexicanos eran violadores y narcotraficantes. Expulsar a un reportero de un acto de campaña presidencial era algo impensable antes de que Trump se presentase a las elecciones. Pero el candidato republicano estaba sobrepasando límites que nadie imaginaba que se pudieran cruzar.

Aunque mi acreditación nunca se vio amenazada durante la campaña, hubo momentos en 2016 en los que a algunos reporteros de otras cadenas se les negó el acceso a los actos de Trump. Jenna Johnson, del *Washington Post*, y los periodistas de BuzzFeed con frecuencia no podían acceder a la jaula de la prensa durante los mítines de Trump. Era la manera que tenía la campaña de enviar un mensaje sobre las noticias que no les gustaban. La CNN se hallaba en una categoría distinta en 2016. Durante las primarias, la gente de Trump contaba con nosotros. Era la época en la que ofrecíamos una cobertura en directo y prácticamente sin interrupciones de los mítines de Trump, algo que las otras campañas solo podían ver con envidia en sus portátiles, teléfonos y televisiones. La campaña de Trump no iba a poner en peligro esa clase de publicidad gratis tomando represalias contra nuestros periodistas. De hecho, muchos de los trabajadores de la campaña se desvivían por asegurarse de que mi equipo y yo llegáramos a los mítines a tiempo de hacer nuestros directos, y con frecuencia nos acompañaban hasta el principio de la cola para pasar el control de seguridad cuando llegábamos tarde.

Obviamente, las cosas cambiaron de forma drástica cuando la CNN y yo fuimos calificados de "noticias falsas" en aquella infame rueda de prensa en enero de 2017. Y estaban también los numerosos enfrentamientos que había mantenido con Trump, Spicer y Sanders. Pensando sobre ello, supongo que las cosas iban por muy mal camino desde hacía mucho tiempo.

Aquel otoño, durante una pelea por la decisión de Trump de escoger a Brett Kavanaugh para formar parte del Tribunal Supremo, desafié a Sanders a defender al presidente por haberse burlado de Christine Blasey Ford (una mujer que había acusado a Kavanaugh de acosarla sexualmente cuando iban a la escuela secundaria durante un mitin de campaña en Misisipi). Para cuando Sanders me dio la palabra, ya había repetido hasta la saciedad el mismo argumento: que Trump no se estaba burlando de la doctora Ford, sino que solo hacía alusión a los hechos. Sí, claro. El vídeo habla por sí solo. Estaba burlándose de una mujer que aseguraba haber sufrido acoso sexual. Y, como de costumbre en los mítines de Trump, sus seguidores se reían y lo animaban a seguir.

Le pregunté a Sarah si tenía algún problema en defender a Trump. Su respuesta fue predecible y horrorosa.

—No tengo ningún problema en referirme a los hechos, no... Sé que es algo que probablemente a usted le supondrá un problema, pero a nosotros no —dijo con sarcasmo.

En circunstancias normales, un reportero recibiría el golpe y lo asimilaría. En su lugar, yo respondí educada, pero intencionadamente.

—De hecho, Sarah, nosotros sí que nos referimos a los hechos —contraataqué—. Y creo que ha habido muchas ocasiones en las que usted no se ha referido a ellos.

Están además todos esos momentos con la Casa Blanca que podrían situarse entre la mezquindad y el acoso. En junio de 2018, la asesora de la Casa Blanca Kellyanne Conway trató de demostrar que yo estaba siendo antipatriótico porque estaba escribiendo en el iPhone mientras una multitud de gente cantaba "Dios bendiga a América" durante un acto de "Celebración de América" organizado por Trump en el Jardín Sur. Puede que recuerden aquel acontecimiento, pues se organizó apresuradamente para sustituir la celebración en honor de los Eagles de Filadelfia, ganadores de la Super Bowl. Trump estaba tan enfadado porque muchos de los jugadores hubieran declinado la invitación para acudir a la Casa Blanca que canceló el evento y, en su lugar, celebró un espectáculo patriótico. Aquello formaba parte de la guerra cultural de Trump contra los jugadores de la NFL que se arrodillaban durante el himno nacional en los partidos de la liga en señal de protesta por la brutalidad policial en las comunidades de Estados Unidos.

Mientras escribía una nota sobre el acto en mi teléfono y publicaba un tuit, Conway se volvió hacia mí y me acusó de haber reprobado el examen de patriotismo de Trump. Levantó su teléfono y empezó a grabarme, o a fingir que lo hacía.

—Oh, miren, es Jim Acosta escribiendo en su teléfono en vez de estar cantando "Dios bendiga a América" —dijo con ironía.

Entonces levanté mi teléfono para empezar a grabar a Kellyanne, puesto que ella tampoco estaba cantando. Sí, esto no es más que una pequeña muestra de las tonterías que tienen lugar en la Casa Blanca de Trump de forma habitual.

Momentos como esos, combinados con mis enfrentamientos posteriores con Sarah Sanders por la reacción de la Casa

Blanca a Cesar Sayoc y a sus paquetes-bomba, no hizo más que consolidar la idea de que mi relación con la Casa Blanca iba cada vez peor. Mi relación con muchas de las personas de Trump, por llamarla de alguna manera, se había vuelto tóxica mucho antes de las elecciones de mitad de mandato. Aun así, tenía preparado un plan por si acaso intentaban quitarme el pase de prensa. En cuanto intentaran arrebatármelo, pensaba grabarlo todo con el teléfono para asegurarme de que quedaba documentado. No sabía si algún día tendría que utilizar esa grabación.

La mañana posterior a las elecciones, no escaseaban las preguntas para Trump. En ese punto, no había despedido a Sessions, pero muchos de nosotros imaginábamos que sucedería pronto. También estaba el tema de que los demócratas se hubieran hecho con el control del Congreso. ¿Trump podría trabajar con la próxima presidenta de la Cámara de Representantes, Nancy Pelosi? ¿Qué opinaba de las voces que pedían que se investigaran sus devoluciones de impuestos? Y cosas por el estilo, procedentes de muchos demócratas que estaban a punto de hacerse con el poder. Esas eran preguntas importantes.

Parecía que la mejor manera de tantear a Trump en aquel momento era preguntarle por la caravana inmigrante. Durante las semanas previas a las elecciones, había utilizado alguna de la retórica más racista que yo había oído pronunciar a un presidente de Estados Unidos. Había asegurado, sin pruebas, que "personas desconocidas procedentes de Oriente Medio" se habían infiltrado en la caravana. Su campaña también había creado un anuncio para televisión sobre el tema de la caravana que fue rechazado por las cadenas, incluida la CNN (Fox News había llegado a emitir el anuncio antes de retirarlo). La CNN etiquetó el anuncio de "racista". Cierto, no era más que una continuación de su retórica incendiaria en contra de los inmigrantes que comenzó el día que anunció su candidatura a la presidencia. Pero el hecho de que el racismo hubiera sido su pecado original como político no significaba que los comentarios sobre la caravana debieran quedar impunes. Yo llevaba años escuchando cómo llevaba su lenguaje de odio a nuevos niveles, encontrando un sinfín de maneras de describir a los inmigrantes de la peor manera posible. Había hecho del miedo a la caravana la piedra angular de su estrategia de campaña, pero el pueblo estadounidense no se había tragado aquella crisis inventada y ahora su partido había perdido la Cámara. Sí, el día después de las elecciones, lo de la caravana no era solo una pregunta justa; era la pregunta correcta.

Como era de esperar, Trump comenzó la rueda de prensa dando la palabra a Fox News. Su reportero preguntó sobre la posible reestructuración del gabinete de Trump y las posibles investigaciones. Preguntas adecuadas. Después llegó una pregunta sobre el muro de la frontera, una de las obsesiones de Trump. Luego le preguntaron por sus devoluciones de impuestos. Trump ya empezaba a irritarse. Reprendió al siguiente reportero, Brian Karem, por sus preguntas sobre las devoluciones de impuestos y por querer saber si el presidente podría separar sus luchas con los demócratas de su deseo explícito de trabajar en un terreno bipartito. Trump interrumpió a Karem en varias ocasiones y lo llamó "comediante". Minutos más tarde, y para mi sorpresa, me dio la palabra para hacer la quinta pregunta de la rueda de prensa.

Casi desde el principio de la conversación, quedó claro que estaba adentrándome en un terreno que no le hacía gracia; no por sus palabras en sí, sino porque también estuvo interrumpiendo mis preguntas en todo momento. La interrupción es una estratagema que Trump emplea para evitar dar respuestas claras. "Disculpe, disculpe", dirá cuando no le guste hacia dónde va la pregunta. He aquí una regla de oro: si te interrumpe, es que has dado en el clavo, así que sigue intentándolo, que es lo que hice yo.

ACOSTA: De acuerdo. Gracias, señor presidente. Quería preguntarle por una de las declaraciones que hizo hacia el final de la última campaña, y es que...

TRUMP: Ya empezamos.

ACOSTA: Bueno, si no le importa, señor presidente...

TRUMP: Adelante. Vamos. Adelante.

ACOSTA: Dijo que la caravana era una "invasión". Como sabe, señor presidente...

TRUMP: Yo la considero una invasión.

ACOSTA: Como sabe, señor presidente, la caravana no es una invasión. Es un grupo de inmigrantes que viene desde Centroamérica hacia la frontera con Estados Unidos.

TRUMP: Gracias por decírmelo. Se lo agradezco.

ACOSTA: ¿Por qué la describió como tal? Y...

TRUMP: Porque la considero una invasión. Usted y yo tenemos opiniones diferentes.

ACOSTA: Pero ¿cree que ha demonizado a los inmigrantes en estas elecciones...?

TRUMP: De ninguna manera. No, en absoluto.

ACOSTA: ... ¿para tratar de mantener...?

TRUMP: Yo los quiero. Quiero que vengan al país, pero tienen que entrar legalmente. Tienen que entrar mediante un proceso, Jim. Quiero que sea un proceso. Y quiero que la gente entre. Necesitamos a esa gente.

ACOSTA: Claro. Pero su campaña, en su campaña...

TRUMP: Espere. Espere. Espere. Sabe por qué necesitamos a la gente, ¿verdad? Porque tenemos cientos de empresas nuevas. Necesitamos a la gente.

ACOSTA: Claro. Pero su campaña creó un anuncio en el que aparecían inmigrantes trepando el muro.

TRUMP: Bueno, eso es cierto. No eran actores. No eran actores.

Mientras debatíamos, traté de explicar que la caravana estaba a cientos de kilómetros, lo que significaba que no se trataba de esa invasión inminente que él pretendía vender. Me refiero a que, si se trata de una invasión, ¿los inmigrantes no deberían llevar armas en vez de pañales? Trump no me hacía caso e intentó poner fin a la conversación, pero no sin antes lanzar un dardo venenoso contra mi cadena.

TRUMP: Creo que, sinceramente... creo que debería dejarme a mí dirigir el país y usted dirija la CNN...

ACOSTA: De acuerdo.

TRUMP: ... Y, si lo hiciera bien, sus índices de audiencia serían mucho mejores.

ACOSTA: Pero déjeme hacerle otra pregunta...

TRUMP: Bueno, ya es suficiente.

ACOSTA: Señor presidente, si pudiera hacerle otra pregunta...

TRUMP: Veamos, Peter [Alexander], adelante.

ACOSTA: ¿Le preocupa que...?

TRUMP: Ya basta. Ya basta. Ya basta.

ACOSTA: Señor presidente, no he... Iba a hacerle otra pregunta. Los demás han podido...

TRUMP: Ya basta. Ya basta.

ACOSTA: Disculpe, señora... señor presidente...

Fue entonces cuando una becaria de la Casa Blanca trató de arrebatarme el micrófono. Llevo más de veinte años en este negocio. Nadie había intentado nunca arrancarme un micrófono de las manos. Como puede verse en el vídeo, retrocedí para aferrarme al micrófono. Por eso dije: "disculpe, señora". En ese momento, su brazo se rozó con el mío durante un breve instante. Cuando me aferré al micrófono, ella retrocedió. Así que seguí hablando mientras Trump arremetía contra mí.

Volvió a intentar dar la palabra a Peter Alexander, de la NBC, pero yo quería dejar clara mi opinión. Primero, quería dejar claro que un presidente no debería poder bloquear a un reportero de esa forma en una rueda de prensa. La gente de Trump acababa de intentar quitarme el micrófono. El presidente estaba intentando callarme con insultos. En ese momento me pareció de vital importancia mantenerme firme.

TRUMP: Disculpe, ya basta.

ACOSTA: Señor presidente, tenía otra pregunta más, si...

TRUMP: Peter, adelante.

ACOSTA: Si puedo preguntarle sobre la investigación de la trama rusa. ¿Le preocupa que pueda haber imputaciones...?

TRUMP: No me preocupa nada de la investigación rusa porque es un engaño.

ACOSTA: ¿Le preocupan las posibles imputaciones? ¿Está...?

TRUMP: Ya basta. Deje el micrófono.

ACOSTA: Señor presidente, ¿le preocupan las posibles imputaciones de esta investigación?

TRUMP: Le diré una cosa: La CNN debería avergonzarse de
tener a alguien como usted trabajando para ellos. Es una
persona terrible y maleducada. No debería trabajar para la
CNN. Adelante [a Peter Alexander].

ACOSTA: Creo que eso es injusto.

TRUMP: Es usted una persona muy maleducada. La manera
en que trata a Sarah Huckabee es horrible. Y la manera en
que trata a otras personas es horrible. No debería tratar así
a la gente. Adelante. Adelante, Peter. Adelante.

En ese momento intervino Peter. Yo había entregado el micrófono y él tenía toda la atención. Pero sobra decir que yo no
estaba dispuesto a quedarme sentado mientras Trump me atacaba. La transcripción ya no resulta muy útil en este punto,
puesto que no tengo el micrófono, pero se me oye de fondo en
el vídeo, recordando al presidente que en la CNN habíamos
recibido paquetes-bomba en el correo. Trump estaba furioso.
Fue entonces cuando nos llamó a mis compañeros de la CNN
y a mí "el enemigo del pueblo" ... pero no antes de que Peter
Alexander pudiera intervenir.

En mi opinión, Peter fue el verdadero héroe de la rueda de
prensa, porque hizo algo entonces que debería verse más en
Washington. Defendió a un compañero de la prensa, a mí. Muchos otros reporteros se habrían quedado callados mientras el
presidente atacaba a otro periodista. De hecho, ya había ocurrido muchas veces antes. Lo importante de este momento es
que Peter no hizo eso. No dejó que el abusador se saliese con
la suya.

ALEXANDER: En defensa de Jim, he viajado con él y lo he observado. Es un reportero diligente que se deja la piel como el resto de nosotros.

TRUMP: Bueno, tampoco soy muy admirador suyo. Que lo sepa. (Risas).

ALEXANDER: Lo entiendo.

TRUMP: Para ser sincero con usted.

ALEXANDER: Déjeme entonces... hacerle una pregunta si puedo...

TRUMP: No es usted... no es usted el mejor.

Entonces intenté intervenir de nuevo. La transcripción está incompleta. Repito que ya no tenía el micrófono. Quería dejar claro que Trump había sobrepasado un límite. Puede que fuera el presidente, pero no tenía derecho a atacarnos, en especial días después de que uno de sus seguidores intentara explosionar nuestra cadena. Era hora de plantar cara al abusón.

TRUMP: Bueno, cuando dan noticias falsas...

ACOSTA: (Inaudible).

TRUMP: No. Cuando dan noticias falsas, cosa que la CNN hace mucho, se convierten en el enemigo del pueblo. Adelante.

Ahí estaba. Incluso después de los paquetes-bomba, el presidente de Estados Unidos seguía llamándonos "el enemigo del pueblo".

Llegado ese punto, la rueda de prensa ya había perdido el rumbo. Al pensar en aquel día, no puedo evitar recordar la vez que Hope Hicks me contó que Trump decía, "Jim lo entiende",

como si yo entendiera que su comportamiento era todo un teatro; pero aquello no era un teatro para ninguno de nosotros,
incluido el presidente. Al insistir con mis preguntas, estaba
decidido a destapar las mentiras y acabar con la fantasía de que
los inmigrantes estaban invadiendo nuestro país. Y Trump me
odiaba por ello. Se le puso la cara roja y caminaba de un lado
a otro por detrás del atril mientras todo esto sucedía. Cuando
todo acabó, algunos compañeros me dijeron: "Pensaba que iba
a bajar a pegarte un puñetazo".

Trump estuvo visiblemente enfadado durante el resto de
la rueda de prensa. Nunca lo había visto tan irritado ante los
reporteros. Más tarde, Yamiche Alcindor, una reportera de la
PBS intentó preguntarle por su decisión de etiquetarse como
nacionalista en los últimos días de la campaña. Esa etiqueta
fue interpretada por muchos de sus críticos como un mensaje
para sus fieles, según el cual pretendía decir que era un nacionalista *blanco*. Yamiche preguntó a Trump si estaba animando
a los nacionalistas blancos con esa clase de mensaje.

—Esa es una pregunta racista —respondió el presidente.
Dijo que su pregunta era racista tres veces. Fue un momento
horrible en un conflicto que solo iría a peor.

A lo largo de los dos días siguientes, Trump atacaría a otras
dos periodistas negras, April Ryan, de American Urban Radio
Network, y a mi compañera de la CNN Abby Phillip. Trump le
dijo a Phillip que su pregunta era "estúpida" cuando ella le preguntó por Matt Whitaker, el hombre a quien Trump acababa de
escoger para sustituir a Sessions como fiscal general. Dijo que
Ryan, que había cubierto la Casa Blanca desde la época de Bill
Clinton, era "una perdedora". Eso hace un total de tres ataques

diferentes a tres periodistas negras. No es ninguna casualidad. Y todas sus preguntas eran perfectamente legítimas.

En los momentos posteriores a la rueda de prensa tras las elecciones de mitad de mandato, quedó claro que mi enfrentamiento con Trump estaba haciendo mucho ruido. En cuanto el presidente abandonó el Salón Este, mi misión era entrar en directo, así que corrí al Jardín Norte para hacerlo cuanto antes. Al salir, vi a Peter Alexander. Tuvimos una breve conversación y nos dimos un abrazo algo incómodo. Pero quería darle las gracias por expresar su apoyo en un entorno tan hostil. Se habían producido muchos ataques contra los corresponsales de prensa de la Casa Blanca por poner la otra mejilla cuando Trump insultaba a un reportero. Era la primera vez, que yo recordara, en la que el reportero de una cadena defendía a otro.

Minutos después, durante mi intervención en directo, Wolf Blitzer y Jake Tapper me preguntaron cómo era encontrarse en mitad de esa situación con Trump. No recuerdo mucho de lo que dije, pero cerré con mi propia versión de la frase que Michelle Obama pronunció en la campaña de 2016. "Cuando ellos bajan de nivel, nosotros subimos".

—Cuando ellos bajan de nivel, nosotros seguimos haciendo nuestro trabajo —les dije a Wolf y a Jake.

La CNN publicó una declaración posterior a los ataques del presidente durante la rueda de prensa: "Los ataques continuos de este presidente a la prensa han ido demasiado lejos. No solo son peligrosos, sino increíblemente antiamericanos. Mientras que el presidente Trump ha dejado claro que no respeta la prensa libre, está obligado a protegerla por juramento. Una prensa libre es vital para la democracia y nosotros apoyamos a

Jim Acosta y a sus compañeros periodistas", decía la declaración.

Fue otra muestra de apoyo incondicional por parte de la CNN. Me sentí muy agradecido. La empresa ya había emitido antes declaraciones en nombre de varios de nosotros, de modo que pensé que el día proseguiría con normalidad. Volveríamos al trabajo, compondríamos nuestras historias y después, por la noche, intervendríamos en directo para informar de los acontecimientos del día. Transmití mi información en *The Situation Room with Wolf Blitzer*, como de costumbre, y después abandoné la Casa Blanca para ir a cenar.

Fue entonces cuando todo en mi vida empezó a descontrolarse.

DETRÁS DE LAS CÁMARAS, TRUMP Y SUS AYUDANTES ESTAban furiosos. Era evidente que el presidente estaba disgustado con la manera en que me había enfrentado a él durante la rueda de prensa. En esta ciudad, no todos los días apodan a uno "el enemigo del pueblo". Pero los ataques de Trump a los medios, que normalmente tildamos de fanfarronadas, estaban a punto de pasar a un nuevo nivel. Una de mis fuentes me dijo que el director de Comunicaciones de la Casa Blanca, Bill Shine, el antiguo ejecutivo de Fox News, era el impulsor de lo que estaba a punto de suceder. Pero los funcionarios de la Casa Blanca se han negado hasta ahora a especificar quién estuvo detrás del asunto. Quizá fueran todos ellos.

Cuando regresaba de cenar aquella noche para realizar mi próxima intervención en directo con Anderson Cooper, me llegó una notificación al teléfono. Sarah Sanders había anunciado que habían suspendido mi "pase fijo". El pase fijo es una acreditación de prensa fundamental que permite a un reportero atravesar diariamente el control del Servicio Secreto para periodistas sin demasiado lío. Como reportero de la Casa Blanca, técnicamente puedes trabajar sin un pase fijo, pero es mucho más difícil. Un reportero puede obtener un "pase de día", pero eso me permitiría el acceso a la Casa Blanca solo día a día. El pase fijo es una acreditación muy codiciada por cualquier reportero en Washington, pues significa que puedes entrar en el 1600 de la avenida Pensilvania en cualquier momento dentro del horario normal de trabajo. No supone ningún engorro atravesar el gabinete de Prensa de la Casa Blanca y el Servicio Secreto. Con un pase fijo, simplemente pasas por la cabina de seguridad y ya estás dentro. Perder esa clase de acceso a la Casa Blanca es un fastidio bastante importante si tu trabajo consiste en cubrirla. Sin ese pase fijo, te perderás las noticias reales que sucedan dentro de la Casa Blanca, pues los eventos pueden tener lugar en cualquier momento. Si tienes que estar pendiente de conseguir un pase de día, podrías estar esperando en la cabina del Servicio Secreto para que te permitan pasar mientras tus competidores están dentro asistiendo a una sesión informativa o a una rueda de prensa.

En cuanto a la revocación de mi pase de prensa, Sanders ni siquiera me había avisado de que iba a producirse. Por un momento me quedé de piedra. Y después leí la declaración de la secretaria de Prensa.

La declaración era una calumnia asquerosa, llevada a cabo por el gobierno de Estados Unidos y pagada con el dinero de los contribuyentes. Sanders me había acusado de ponerle las manos encima a la becaria que intentó quitarme el micrófono cuando, de hecho, ocurrió justo lo contrario. La becaria se me había acercado, había invadido mi espacio personal y había intentado arrebatarme el micrófono. Como cualquiera puede ver claramente en el vídeo de la escena, la becaria me puso las manos encima al ir a por el micrófono. Que quede claro que no la culpo a ella de lo ocurrido. Pensaba que estaba haciendo su trabajo.

Sanders justificó sus acciones contra mí con un tuit despreciable, publicado desde una cuenta oficial del gobierno, en el que anunciaba la decisión de la Casa Blanca. Continúa en Twitter para que todo el mundo pueda verlo:

@PressSec
El presidente Trump cree en una prensa libre y espera
y agradece preguntas difíciles para él y para su
Administración. Sin embargo, nunca toleraremos que
un reportero le ponga las manos encima a una joven que
solo intenta hacer su trabajo como becaria de la Casa
Blanca...

"Que un reportero le ponga las manos encima a una joven que solo intenta hacer su trabajo", así lo describió Sanders. Ya me habían atacado antes por mi trabajo. Me habían llamado egocéntrico y altanero. Pero jamás me habían acusado de acoso. Eso fue lo que hizo Sanders.

———————

YO ESTABA ASIMILANDO AQUELLAS PALABRAS Y ME ENCONtraba a unos veinte metros del complejo de la Casa Blanca. Me escocían los ojos, porque todo parecía un poco surrealista. A los pocos minutos, llegué a la cabina del Servicio Secreto. De inmediato, un agente miró por la ventanilla y me vio. Segundos más tarde, otro agente salió de la cabina por una puerta lateral y se acercó a mí.

En ese momento, los agentes me informaron que me habían denegado el acceso a la Casa Blanca, un lugar al que llevaba yendo a trabajar más de cinco años. Recordé entonces mi plan y saqué el teléfono para grabar la conversación.

—Puede hablarlo con el gabinete de Prensa —me dijo uno de los agentes.

—Pero no se me permite entrar ahora mismo —dije.

—Tendrá que hablarlo con el gabinete de Prensa —repitió el agente.

Mientras hablábamos, el otro agente bloqueó la entrada al complejo. Experimenté un sentimiento muy raro. ¿Aquel tipo estaba protegiendo la puerta para que no pudiera entrar? ¿Como si fuera una especie de delincuente?

En ese momento, me dirigí de nuevo hacia la avenida Pensilvania con la certeza de que no podría entrar en directo a las ocho. Cuando estaba a punto de llamar a la oficina de la CNN para darles la noticia, el agente que me había bloqueado la puerta se me acercó de nuevo. Una vez más, saqué el teléfono. Por entonces no sabía lo que iba a suceder. ¿Me iban a detener? ¿Me iban a llevar a la cárcel? Quería que quedase todo grabado.

Me pidió que le entregase mi pase fijo, así que empecé a narrar el momento como si estuviese haciendo una intervención en directo, pensando "no pares, sigue grabando". Se me ocurrió que posiblemente no hubiera precedentes de aquello y quizá podría ser un documento valioso para cualquier acción legal por mi parte.

—Aquí Jim Acosta. Estoy delante de la Casa Blanca. Este agente del Servicio Secreto me está pidiendo mi pase fijo. Obviamente no guardo rencor al agente. Pero ahora mismo voy a entregar mi pase al Servicio Secreto —dije a mi teléfono.

Le entregué mi cordón al agente, que procedió a sacar el pase fijo de su funda de plástico.

—Lleva aquí metido bastante tiempo —comentó el agente mientras trataba de sacar el pase.

—Gracias por su colaboración —le dije al agente. Y así fue como me quitaron el pase.

La cabeza me daba vueltas. Fui consciente de que, en teoría, aquello podía suponer el fin de mi carrera como corresponsal de la Casa Blanca. Pero entonces me di cuenta de que no podían hacer eso. Era ridículo. No podían elegir quién cubría la información del presidente.

Se me ocurrieron entonces otras cosas: ¿Qué querría hacer al respecto la CNN? ¿Querrían pelear? ¿Qué pensarían mis compañeros de la prensa? ¿Me defenderían? No eran preguntas fáciles. Pensé que, en parte, aquello se remontaba al día en el que, en la Torre Trump, el presidente me llamó "noticias falsas". Como aprendí durante aquella experiencia, algunos periodistas (Peter Alexander, por ejemplo) alzarán la voz para apoyar a un compañero; otros apoyarán a un compañero, pero les dará miedo defenderlo públicamente; y habrá quienes no se preocupen en absoluto o incluso vean el beneficio potencial de ponerse del lado del presidente. Por insensible que parezca, mantenerse al margen en una pelea entre otro periodista o cadena y la Casa Blanca tiene su lado bueno: La Casa Blanca te verá como alguien con quien poder hacer negocios. Pueden darte exclusivas, entrevistas y acceso... cosas que yo no podía darles.

Sin embargo, por ahora, debía dejar a un lado todo eso. Para empezar, había que hacer pública de inmediato la revocación de mi pase fijo. Sarah había hecho su declaración; ahora me tocaba a mí responder.

Y lo hice mediante un tuit, retuiteando el tuit en el que Sarah me acusaba injustamente de haber acosado a una becaria. Lo hice con un mensaje simple que aún sigue en Twitter.

@Acosta
Es mentira.
https://twitter.com/PressSec/
status/1060333176252448768

Pero necesitaba algo más que un tuit. Tras perderme mi entrada en directo en el programa de Anderson Cooper, corrí a la oficina de la CNN en Washington para hablar con Anderson en persona en los estudios. Como le conté, yo no había tocado a nadie. Me defendí durante un breve segmento al final del programa.

Antes de ponerme ante las cámaras, hablé por teléfono con el presidente de la CNN Jeff Zucker, quien me aconsejó que mantuviera la calma, me ciñese a los hechos y contase a los espectadores lo que había sucedido. Anderson citó a reporteros de otras cadenas presentes aquel día en la rueda de prensa que declararon que no le había hecho nada a la becaria en cuestión.

—Esto es una prueba para todos nosotros —le dije a Anderson—. Creo que están intentando callarnos la boca.

De camino a casa, intentaba encontrarle sentido a lo ocurrido durante el día. Me parecía que los de la Casa Blanca habían perdido la cabeza. Estaban tan molestos por el resultado de las elecciones que habían abandonado todo pensamiento racional. Agitaban los brazos, como un nadador que se ahoga, tratando de agarrar a cualquiera que estuviese cerca para arrastrarlo al fondo.

En las redes sociales, la gente especulaba con la idea de que el gesto del micrófono con la becaria hubiera sido una trampa. La idea que se escondía tras esa teoría era que Trump había quedado tan perjudicado por los resultados electorales que necesitaba cambiar el discurso atacando a su objetivo favorito: los medios de comunicación. Creo que eso supone dar demasiado crédito a la gente de Trump. Lo que pensé entonces, y sigo pensando, fue que Trump y la Casa Blanca estaban enloqueciendo. Recuerden que hablamos de los mismos tipos que dijeron que eran demasiado tontos para conspirar con los rusos. Cierto, atacar a la CNN ayudaría a Trump a cambiar el discurso. Pero ¿por qué decir entonces que las preguntas de Yamiche Alcindor eran "racistas"? No. Aquel era el típico comportamiento de Trump. Se había visto acorralado y estaba contraatacando. Pero iba perdiendo. Y en esta Casa Blanca, no son buenos perdedores.

Sanders lo dejaría claro con sus jugadas posteriores. Como podía apreciar cualquiera que viese el vídeo, no le puse las manos encima a nadie. Pero, como es muy mala mentirosa, Sanders redobló la apuesta y publicó otro tuit. Parecía ser muy consciente de que en Twitter estaban acribillándola por su ridículo intento de acusación contra mí. Esta vez, renunció al termino de "poner las manos encima" y respondió distorsionando los hechos al estilo de la Casa Blanca a niveles propios de George Orwell.

@PressSec
Nos mantenemos firmes en nuestra decisión de revocar este pase fijo en particular. No toleraremos el comportamiento inapropiado que queda documentado en este vídeo.

Adjunto al tuit iba un extracto manipulado de mi encuentro con la becaria; una brevísima versión acelerada del vídeo que magnificaba y exageraba el contacto momentáneo y accidental que la becaria tuvo conmigo al invadir mi espacio personal para arrebatarme el micrófono. Otra modificación evidente realizada al vídeo tuiteado por Sanders era que ahora carecía de sonido, de modo que ya no se me oía decir, "Perdone, señorita", una omisión que los demás detectaron de inmediato. La Casa Blanca había ofrecido al público algo más que un dato alternativo; aquello era una realidad alternativa tuiteada para todo el mundo.

Según las informaciones que aparecieron en su momento, el movimiento de "golpe de karate" del que se me acusaba era, en apariencia, creación de un individuo asociado al sitio web radical Infowars. Aquello supuso otro gesto alucinante por parte de la Casa Blanca. Como muchos observadores advirtieron en su momento, era asombroso y surrealista que la Casa Blanca, o el gobierno de Estados Unidos, se rebajara a utilizar un vídeo manipulado de una web sin credibilidad para atacar a un periodista. Era algo digno de un gobierno autoritario. Algo que harían China o Rusia.

Se me ocurrió que además era el colmo de la hipocresía. Al fin y al cabo, se trataba del mismo presidente que, en una ocasión, había alardeado diciendo que no importaba agarrar a una mujer por sus genitales. Era el mismo presidente al que múltiples mujeres habían acusado de acoso sexual. El mismo presidente que había apoyado a presuntos acosadores, como Roy Moore en Alabama y Roy Porter, miembro de la misma Casa Blanca. ¿Quién era esa gente para acusarme a mí de nada? Además, costaba entender que pudieran acusarme de acoso cuando solo intentaba aferrarme al micrófono.

Al menos una cosa estaba clara: la Casa Blanca por fin iba por todo. El final era evidente. No se trataba de cambiar el discurso. La gente de Trump quería echarme y estaban dispuestos a manchar mi nombre para lograrlo. Sabía que no había hecho nada malo. Revisé el vídeo unas cuantas veces más para asegurarme. ¿Le había dado un "golpe de karate" a la becaria en el brazo, como mostraba el vídeo manipulado? No era cierto. Resultaba más que evidente.

Entonces sucedió otra cosa bastante extraña.

Recibí una oleada de apoyo en privado. Antiguos compañeros a los que no había visto en veinte años me escribían correos electrónicos para expresar su indignación ante lo que claramente era una calumnia para silenciarme. Algunos de esos antiguos compañeros publicaban sus opiniones en Facebook. Fue una gran muestra de apoyo que me dio la determinación para seguir luchando.

Detrás de las cámaras, en la CNN, estábamos sopesando nuestras opciones. Obviamente la Casa Blanca había reaccionado de manera exagerada. Pero había ocurrido algo más grave:

habían violado mis derechos como periodista. En primer lugar, Sanders y su jefe, Bill Shine, ni siquiera me habían notificado su decisión. En segundo lugar, habían orquestado una razón ridícula para retirarme el pase de prensa. Si hubieran tenido pruebas para inculparme, no les habría hecho falta recurrir a un vídeo manipulado para demostrarlo. Además, Trump, como bien sabe su gente, fomenta un entorno de agresividad en sus ruedas de prensa. Vive por ello. Cuando vuelvo a ver el vídeo de la rueda de prensa o leo la transcripción, me doy cuenta de que la Casa Blanca es el verdadero agresor. Trump empezó a interrumpirme mientras yo hacía mi pregunta. Fue él quien recurrió a los insultos, llamando a la CNN el "enemigo del pueblo".

Para mí, el riesgo iba más allá de perder el trabajo o no volver a cubrir la Casa Blanca nunca más. Aquello sucedió tan solo dos semanas después de que un defensor de Trump enviara paquetes-bomba a la CNN y a más personas, después de amenazarme personalmente en redes sociales. Mentiría si no admitiera que en su momento tuve miedo. Para algunos estadounidenses, me había convertido en el enemigo del pueblo. Las amenazas de muerte inundaban de nuevo mis cuentas en redes sociales. Además de eso, estaban los defensores de Trump que repetían como loros los ataques de la Casa Blanca, acusándome de acoso sexual y cosas peores. Preocupado por la salud mental de la gente que publicaba esos comentarios, me planteé por primera vez la posibilidad real de que alguien intentara matarme por hacer mi trabajo. Durante las dos semanas siguientes, iba siempre mirando por encima del hombro. Ya había recibido amenazas de muerte antes y les había restado importancia, pero esto era demasiado.

————————

ENTRE TANTO, HABÍA OTRAS PREOCUPACIONES MÁS INME-
diatas y prácticas. Tenía que recuperar mi pase fijo. La CNN
pidió a la Casa Blanca que lo reconsiderase, pero no quisieron
dar marcha atrás. (Qué sorpresa).

Por suerte, la planificación del resto de esa semana nos permitía tener un poco de tiempo para sopesar nuestras opciones.
Me fui a París para cubrir el viaje de Trump a Francia para celebrar el Día del Armisticio, el centenario del fin de la Primera
Guerra Mundial. No necesitaba un pase fijo para el principio
del viaje, pues podía entrar en directo desde la oficina de la
CNN en París, con unas vistas asombrosas de la Torre Eiffel.
Pero el fin de semana iba a ser más complicado, ya que Trump
tenía programados varios eventos para los que era necesario un
pase fijo de la Casa Blanca. El primer acto fue el domingo por
la mañana, cuando Trump se reunió con los líderes de Francia,
Alemania, Reino Unido y Rusia (sí, Putin) para celebrar el fin
de la Primera Guerra Mundial. Por suerte, el evento lo orga-
nizaban los franceses. Mi productor Matt Hoye y yo habíamos
hablado de la situación la noche anterior. Imaginamos que la
Casa Blanca no cedería y me entregaría mi pase fijo, así que
decidimos usar una puerta trasera. Llamé a un contacto del
gobierno francés, que me proporcionó la acreditación. *Vive la
France!* El funcionario, que permanecerá en el anonimato, dijo
que el gobierno francés estaría encantado de tenerme allí.

De modo que aquel domingo por la mañana, Matt y yo nos
fuimos al Arco del Triunfo, donde Trump asistiría a su primer
evento del Armisticio. La escena en París aquel domingo fue
memorable, porque el presidente francés Emmanuel Macron

reprendió a Trump por su visión nacionalista y unilateral del mundo.

—El patriotismo es justo lo contrario al nacionalismo —dijo Macron bajo la lluvia en el Arco del Triunfo. Añadió que el nacionalismo era una "traición al patriotismo". Era una reprimenda evidente por parte del presidente francés. Trump acababa de describirse como "nacionalista", justo antes de las elecciones de mitad de mandato.

Macron advirtió del "despertar de viejos demonios" y vinculó de manera implícita la política de Trump y la oleada de nacionalismo que estaba extendiéndose por Europa con el ascenso del fascismo, el mismo azote que había amenazado con acabar con la humanidad en el siglo XX.

—A veces la historia amenaza con repetir sus patrones trágicos y socava el legado de la paz que pensábamos que habíamos sellado con la sangre de nuestros antepasados —continuó Macron. Fue una humillación muy clara para Trump.

El funcionario francés que me había ayudado con el pase de prensa me dijo que el discurso de Macron no iba dirigido solo a Trump, sino al resto del mundo. Me pregunté si el resto del mundo estaría atento. Macron, que se había comportado con Trump como una especie de "amigote" en sus anteriores encuentros, con todo y apretones de manos muy masculinos, había reprendido al presidente de Estados Unidos defendiendo la libertad al estilo Kennedy. En lo que debió de ser un momento surrealista para el líder francés, de pie en las mismas calles de París que habían sido liberadas de los nazis, Macron defendió la clase de liderazgo multilateral y global que había mantenido a gran parte del mundo en paz durante más de medio siglo. Personalmente, yo nunca había visto a un presidente estadounidense humillado de esa forma por un homólogo extranjero. Ahí estaba Macron, defendiendo lo que antes eran los principios de Estados Unidos. Un insulto para algunos estadounidenses, estoy seguro, pero a mí me pareció que Macron lo hacía por amor a Estados Unidos y por todos sus sacrificios para salvar al pueblo francés.

Lo presencié todo e informé en directo para la CNN. Con un poco de magia logística, mi productor Matt logró ponerme en antena usando solo su iPhone. Conectamos por Skype con la sala de control y entramos en directo para informar de aquel momento histórico, todo ello sin un pase de prensa de la Casa Blanca.

Más tarde, aquel mismo día, nos enfrentamos a un desafío mayor. Trump, a quien habían criticado duramente tras saltarse una visita a un cementerio el día anterior a causa de la lluvia, se dirigía a otro cementerio. Salimos de la ciudad para cubrir el acto, a unos quince kilómetros a las afueras de París. Estaba lloviendo a cántaros. Al llegar al lugar, un agente del Servicio Secreto nos preguntó si teníamos la acreditación adecuada para asistir al acto. Le enseñamos nuestro pase francés y no nos echó de allí. (Tal vez no hubiera recibido la circular). Seguimos mostrando el regalo del gobierno francés y llegamos hasta el cementerio para asistir al único discurso de Trump. Como sabe cualquier reportero que haya cubierto actos presidenciales, llegar hasta el lugar donde se encuentra el presidente de Estados Unidos no es tarea fácil. Y esta ocasión no fue una excepción. El perímetro de seguridad se extendía un kilómetro y medio alrededor del cementerio.

Por desgracia, cuando llegamos al puesto de control del Servicio Secreto para entrar en el cementerio, nos dejaron claro que no íbamos a entrar. Un supervisor nos explicó con mucha tranquilidad que no teníamos la acreditación para asistir al acto.

—Háblenlo con el gabinete de Prensa —nos dijo. Y eso fue todo.

Por primera vez en mis cinco años cubriendo la Casa Blanca, me habían negado el acceso a un acto presidencial. Es extraño. En ese momento, no me sentí decepcionado ni frustrado. Me sentí más perplejo que otra cosa, aunque después lo vi con claridad. Iban en serio con la prohibición, lo que significaba que a mí me tocaba ponerme igual de serio. Estaba decidido a asegurarme de que aquella tontería inconstitucional no se prolongara.

En cierto sentido, la Casa Blanca nos había hecho un favor. Resultó que en la CNN ya habían empezado a hablar de denunciar en los juzgados la revocación de mi pase de prensa. El gabinete de Prensa de la Casa Blanca acababa de demostrar el impacto de su prohibición a mi trabajo. Sin una notificación previa de la revocación y sin ningún tipo de proceso para tomar una medida tan extrema, la Casa Blanca había hecho algo que ningún presidente se había atrevido a intentar en décadas. El presidente Trump había violado los derechos civiles de un periodista estadounidense. Y estábamos a punto de averiguar qué pensaban hacer al respecto los Estados Unidos de América, con su sistema imperecedero de controles y equilibrios.

14

Revocación y redención

Después de que el Servicio Secreto me impidiera entrar en aquel cementerio de Francia, me pregunté cuánto tiempo más podríamos seguir luchando. Me parecía que las probabilidades de lograr una victoria eran bastante remotas.

Mi vuelo de vuelta a casa tuvo un retraso de cuatro horas, así que me quedé en el aeropuerto de París Charles de Gaulle buscando en mi teléfono información sobre lo que sucedería a continuación en la disputa por mi pase de prensa. Llegado ese punto, la CNN había tomado la decisión de presentar una demanda contra la Casa Blanca con la intención de que me devolvieran la acreditación. Nuestros abogados de la CNN, junto con un estupendo equipo legal externo, habían estado barajando las opciones sobre cómo proceder. Las instrucciones para todos eran simples: no decir nada de lo que estaba a punto de ocurrir (y desde luego nada de tuits; eso iba por mí).

Era un plan demasiado utópico. La noticia se supo de todas formas.

El antiguo corresponsal de la Casa Blanca Sam Donaldson,

que había sido una molestia para la administración Reagan, nos había ofrecido su apoyo en aquel caso. Donaldson y yo nos habíamos conocido a principios de 2018, en el retiro de fin de semana de la CNN. Mordaz y divertido como siempre, Sam había venido a ofrecernos a todos apoyo moral, diciéndonos que nuestra manera de cubrir la Casa Blanca iba en sintonía con la tradición de periodismo agresivo sobre la presidencia.

—A la gente que asoma la cabeza por encima de la multitud le tiran fruta podrida —nos dijo Donaldson.

Mientras yo concluía mi viaje a París, Donaldson estaba siendo entrevistado en el programa de la CNN *Reliable Sources*, que cubre a los medios de comunicación, y sin darse cuenta le dijo al presentador, Brian Stelter, que nos había ofrecido su ayuda para el caso. Aquello supuso un gran impulso para nuestro caso, pues Donaldson, que se había hecho un nombre informando sobre Ronald Reagan, podía recurrir a su propia experiencia para demostrar que las preguntas difíciles, sobre todo aquellas que se plantean a los líderes mundiales, no solo forman parte de una práctica aceptada en la Casa Blanca, sino que son un componente esencial en la manera en que las cadenas de noticias cubren cualquier presidencia.

—Espero no equivocarme, pero tengo entendido que la CNN y Acosta han demandado, que habrá una audiencia judicial el martes sobre este tema del que estamos hablando —le dijo Donaldson a Stelter.

Aquello, por supuesto, sorprendió a Stelter, que no había visto aquella información en ninguna parte, al menos por el momento.

—Me lo han dicho porque me han pedido una declaración

jurada, que ya he preparado, para presentar en el juzgado
—añadió Donaldson.

Sam tenía la exclusiva. No habíamos demandado aún, pero
estábamos a punto de lanzarnos. Donaldson se había ido de
la lengua sin darse cuenta. A mí no me importó en lo más
mínimo. De hecho, me pareció apropiado que Sam Donaldson
hubiera destapado la noticia. Resultaba gratificante tener de
nuestro lado a una leyenda como Sam. A él también lo habían
llamado "altanero" y "egocéntrico" en su época, cuando cubría
a Reagan. Todavía pueden encontrarse vídeos de los mejores
momentos de Sam en YouTube. Le lanzaba preguntas a Reagan, que se rodeaba la oreja con una mano para fingir que no
oía lo que le preguntaba. Sam sabía que nos atacarían si nos
poníamos duros con Trump; era lo que se esperaba. Pero eso
no debería detenernos. Sam y yo nos habíamos mantenido en
contacto desde aquel retiro de la CNN. Me había enviado un
correo electrónico después de que me revocaran el pase fijo y
me animaba a "seguir haciendo el trabajo duro".

Cuando aterricé en Washington, me encontré con un correo
electrónico que requería mi atención inmediata. Teníamos
programada una conferencia telefónica en menos de una hora
para hablar de la demanda. Mientras hacía la fila en la aduana,
escuché la explicación de nuestros abogados: el abogado principal de la CNN, David Vigilante, y nuestro abogado externo, Ted
Boutrous. Dejando de lado nuestra convicción unánime de que
habían violado nuestros derechos sobre la Primera Enmienda,
los abogados estaban muy interesados en una decisión judicial
previa que apuntaba a un aspecto mucho más desconocido del
caso, aunque muy importante, que a nadie se le había ocurrido.

Por decirlo de manera sencilla, al quitarme mi pase fijo sin darme ninguna explicación previa, la Casa Blanca había violado mi derecho a un juicio justo. En otras palabras, también teníamos entre manos una violación de la Quinta Enmienda.

Nuestros abogados se referían al caso de 1977 *Sherrill contra Knight*. En ese caso, el reportero Robert Sherrill solicitó su acreditación, pero la Casa Blanca de Lyndon B. Johnson se la denegó. Hablando de decencia, Sherrill se había metido en un lío al dar un puñetazo al ayudante de un candidato a gobernador de Florida. Según parece, el incidente bastó para que el Servicio Secreto rechazara la solicitud de su pase de prensa cuando pasó a ser corresponsal de la Casa Blanca para *The Nation*. El error de la Casa Blanca de Johnson, y del Servicio Secreto, fue negarse a notificar a Sherrill las razones de aquella decisión, impulsando así la demanda contra el gobierno. Un juez federal del caso dictaminó que el Servicio Secreto y la Casa Blanca habían violado el derecho de Sherrill a un juicio justo. El tribunal decidió que la Primera Enmienda protegía los derechos de Sherrill como periodista para entrar en el complejo de la Casa Blanca y realizar su trabajo. Un fallo de un tribunal de apelaciones de D.C. estipulaba que "la protección de la Primera Enmienda, que garantiza la libertad de prensa, exige que no se niegue el acceso a la información de manera arbitraria o por razones que no sean convincentes". Nuestros abogados estaban preparados para argumentar que eso mismo era lo que había sucedido en mi caso.

Como cabe esperar, no dormí mucho aquella noche. Antes de irme a la cama, la jefa de Relaciones Públicas de la CNN, Allison Gollust, me informó de que los reporteros de los medios darían la noticia de la demanda por la mañana. La CNN iba a llevar a juicio a Donald J. Trump, presidente de los Estados Unidos. Fue el caso *CNN contra Donald J. Trump*. En la demanda también aparecían los nombres de Sarah Sanders y Bill Shine, nombrado recientemente director de Comunicaciones de Trump. Como parte del procedimiento, demandamos también a un agente anónimo y al director del Servicio Secreto, pues técnicamente esa agencia me había retirado el pase fijo en nombre de la Casa Blanca. No me gustó nada esa parte, porque siempre había tenido muy buena relación con el Servicio Secreto. Sabía bien que el agente que me confiscó el pase de prensa solo estaba haciendo su trabajo.

Además, la demanda incluía una declaración mía. Reconozco que es un poco extraño leer esa clase de cosas en un documento judicial, pero así es como funciona el proceso. En la declaración, aseguro que la revocación de mi pase de prensa afectaría mi carrera, imposibilitándome trabajar como corresponsal de la Casa Blanca en ninguna otra cadena. ¿Eso despertaría su compasión? Probablemente no. Pero debía poner por escrito que la decisión del gobierno de retirarme el pase me impediría cubrir la Casa Blanca como periodista. Era justo decir que, si me prohibían entrar en el complejo de la Casa Blanca, otras cadenas no podrían contratarme como corresponsal de la Casa Blanca.

A la mañana siguiente empecé a recibir las notificaciones en mi iPhone: "CNN, Acosta demandan a la Casa Blanca por el pase de prensa", y cosas así. El *Washington Post*, el *New York Times*, la CNN, la NBC, Politico, Axios y otros medios publicaban la noticia, que también se extendía a cadenas extranjeras de todo el mundo. En redes sociales, los críticos no tardaron en saltar, acusándome nuevamente de convertirme a mí mismo en la noticia, como si pudiera elegir. En este caso, o me convertía en la noticia o me quedaba sin trabajo.

Los ejecutivos y abogados de la CNN me recomendaron que me mantuviera apartado de las redes sociales mientras durasen los procedimientos judiciales. Fue un sabio consejo. No queríamos publicar un tuit que pudiera enviar el mensaje equivocado al juez que fuese a oír nuestro caso, y, desde luego, no queríamos dar munición a la Casa Blanca.

La administración Trump parecía estar preparada para la batalla. Sanders anunció que la Casa Blanca "se defendería vigorosamente" en los tribunales. Pero había algo que llamaba la atención dentro de la declaración de la secretaria de Prensa; había cambiado de manera considerable las razones argüidas por la Casa Blanca para retirarme el pase fijo:

Nos han informado de que la CNN ha presentado una queja en la que se objeta la suspensión del pase fijo de Jim Acosta. Esto supone más fanfarronerías por parte de la CNN, y desde luego nos defenderemos vigorosamente frente a esta demanda. La CNN, que tiene otros cincuenta miembros con pases fijos, y el señor Acosta no son ni más ni menos especiales que el resto de las cadenas o reporteros con respecto a la Primera Enmienda. Después de que el señor Acosta hiciera dos preguntas al presidente, a las que él respondió, se negó físicamente a entregar el micrófono de la Casa Blanca a una becaria para que otros reporteros pudieran hacer sus preguntas. No era la primera vez que este reportero se negaba de forma inapropiada a ceder el turno a otros reporteros. La Casa Blanca no puede celebrar una rueda de prensa organizada y pacífica si un reportero se comporta de esta

forma, que no es apropiada ni profesional. La Primera
Enmienda no se respeta cuando un único reportero, de
más de los 150 presentes, intenta monopolizar la rueda
de prensa. Si ese tipo de comportamiento no se controla,
impide que el presidente, los empleados de la Casa
Blanca y los medios de comunicación hagan su trabajo.

Era evidente que Sanders había dado marcha atrás a su declaración inicial, en la que me acusaba de poner las manos encima a una becaria. En esta ocasión, el lenguaje era mucho
más moderado: "se negó físicamente a entregar el micrófono
de la Casa Blanca a una becaria para que otros reporteros pudieran hacer sus preguntas. No era la primera vez que este reportero se negaba de forma inapropiada a ceder el turno a otros
reporteros".

"Se negó físicamente a entregar" me pareció un sustancial
cambio de argumento. A nuestros abogados también se lo pareció. Me había "negado a ceder el turno a otros reporteros",
añadía Sanders en su declaración. ¿Acaso nadie ha visto una
sesión informativa de la Casa Blanca? Desde luego no soy el
primer reportero que hace una pregunta adicional. Aquella
era la manera que tenía la Casa Blanca —y a veces he de recordarme que era *la Casa Blanca*— de reconocer que habían
hecho una chapuza con su declaración inicial sobre el "golpe
de karate".

Otros artículos estaban de acuerdo con esa opinión. "La
Casa Blanca cambia las razones para quitarle el pase de prensa
a Jim Acosta", decía el titular del *Washington Post*. Todo aquello
ayudó al buen desarrollo de nuestro caso.

Aunque las cosas parecían progresar a nuestro favor, yo estaba cada vez más nervioso. Se acercaba la fecha del juicio y nos jugábamos mucho con aquel caso. Sí, era algo bueno y necesario que estuviéramos desafiando a la Casa Blanca en los tribunales, pero mentiría si dijera que no me preocupaba que pudiera salirme el tiro por la culata, porque sí podía. Se nos presentó un posible obstáculo, ya que Timothy J. Kelly, un juez nombrado por Trump, sería quien oiría nuestro caso. Aquello servía para recordar el impacto que un presidente podía tener sobre el sistema judicial. Trump y el líder de la mayoría en el Senado Mitch McConnell se habían asegurado de llenar los juzgados de juristas conservadores. Y, con un Senado republicano, tuvieron mucho más éxito en ese aspecto de lo que mucha gente en Washington habría imaginado.

Mi miedo en su momento era que el juez Kelly dictaminara sin dudar en contra de la CNN, lo que habría significado una batalla legal prolongada, quizá hasta llegar al Tribunal Supremo de Estados Unidos, un proceso que podría durar meses o años. En esas circunstancias, el debate sobre quién hizo qué durante la rueda de prensa se habría recrudecido. Y, lo más importante, me habría enfrentado a un largo periodo de tiempo sin mi pase de prensa. Trump habría puesto fin a mi carrera como corresponsal de prensa de la Casa Blanca. El hombre que me había llamado "noticias falsas" y "el enemigo del pueblo" habría ganado.

Viéndolo con perspectiva, desearía no haber pensado que el juez Kelly pudiera fallar en nuestra contra simplemente por haber sido designado por Trump. Nuestros abogados nos habían advertido que debíamos tener más confianza en la independencia del sistema judicial. Pero, por desgracia, estábamos en la era Trump. La fe en nuestras instituciones se había erosionado, incluso en mi caso. Pese a creerme un fiel defensor de nuestro sistema de gobierno, empezaba a sentirme deprimido ante nuestras perspectivas y me dejaba vencer por el cinismo. La era Trump me estaba afectando. El resto de las personas lo veían a través de la lente partidista. Es así como Trump ve el mundo, cuestionando las motivaciones de las acciones de las personas en todo el mundo, desde los funcionarios civiles hasta los jueces confirmados por el Senado. Llevaba dos años viendo aquel proceso, pero hasta entonces no había sido víctima directa del mismo.

Uno de nuestros abogados, el legendario Ted Olson de *Bush contra Gore*, trató de aliviar la tensión. Cuando nos dimos la mano en el vestíbulo de las oficinas de Gibson, Dunn y Crutcher, Olson sonrió y restó importancia a las acusaciones de "fanfarronería" dirigidas a mí desde la Casa Blanca.

—Fanfarronería —murmuró Olson con una sonrisa—. No puedo creerme que haya fanfarronería dentro de la Casa Blanca.

Me reí. Todos nos reímos. Olson, con aquella frase hilarante, había señalado el sinsentido de los ataques de la Casa Blanca y, supongo, de mis otros críticos. Al igual que en la escena de *Casablanca* en la que el prefecto de la policía de Vichy se declara "sorprendido" al descubrir que se hacen apuestas en el café de Rick mientras se guarda sus ganancias en el bolsillo, Olson estaba burlándose de que la "altanería" en la Casa Blanca pudiera considerarse una ofensa punible.

Aun así, Olson podía ser tan serio como divertido. En una entrevista anterior con Brooke Baldwin para la CNN, explicó lo que nos jugábamos en el caso y le dijo que "la Casa Blanca no puede quedar impune con esto".

————————

LA AUDIENCIA JUDICIAL EN SÍ MISMA FUE A LA VEZ FASCI-
nante y terrorífica. El juez Kelly mostró una cara de póquer
impresionante a lo largo de todo el proceso. Oyó respetuosa-
mente a ambas partes mientras expresaban sus casos. Yo no
testifiqué. En su lugar, como capturó el dibujante presente en
la sala, permanecí sentado e impertérrito mientras se expo-
nían los argumentos. Pero no se equivoquen. Estaba nervioso.

El abogado jefe del Departamento de Justicia que representaba a la administración Trump, James Burnham, llamó nuestra
atención al asegurar que el presidente podía prohibir la entrada
a la Casa Blanca a cualquiera que considerase oportuno.

"No existe el derecho a la Primera Enmienda" para que
los reporteros accedan al complejo de la Casa Blanca, arguyó
Burnham. "No creo que nadie pusiera objeción si el presidente
quisiera excluir a todos los reporteros de la Casa Blanca, porque tiene autoridad para hacerlo". Después continuó diciendo
que yo podría cubrir la información de la Casa Blanca y de
Trump viéndolo por televisión.

No podía creer lo que estaba oyendo.

Burnham aseguró después que el presidente podría incluso
retirar a las cadenas de televisión que no le gustaran, argumentando que Trump, o cualquier futuro ocupante del Despacho
Oval, podía escoger quién cubría la información de la rama
ejecutiva del Gobierno. A mí aquello me pareció una declaración alucinante y peligrosa de la autoridad presidencial. Si el
juez Kelly fallaba a favor de Trump en nuestro caso, la Primera
Enmienda recibiría un duro golpe.

El juez Kelly se mostró escéptico ante los argumentos extralimitados de Burnham y le preguntó al abogado del gobierno si la Casa Blanca podía decirle a un reportero: "No nos gusta tu manera de informar, así que te retiramos el pase fijo".

La respuesta de Burnham nos dejó a todos con la boca abierta.

—La verdad es que sí —respondió.

El juez Kelly también quiso hacer algunas preguntas inquisitorias. Curiosamente, quiso saber quién había impulsado la decisión de quitarme el pase.

—¿Tiene alguna información que sugiera que la decisión fue tomada por alguien más aparte de la señora Sanders? —preguntó.

Burnham no tenía una buena respuesta.

—No, hoy no puedo ofrecer ninguna. No lo niego, pero no sé nada más allá de lo que aparece en el archivo —respondió.

Kelly, que parecía seguir con interés la cobertura informativa, había tomado nota del cambio en la explicación de Sanders sobre los motivos para revocarme el pase de prensa. Quiso saber qué había ocurrido con las acusaciones de la Casa Blanca, acompañadas del vídeo manipulado, que pretendía mostrar que yo le había puesto las manos encima a la becaria para intentar recuperar el micrófono.

—¿Por qué no me lo aclara? —le pidió Kelly—. Dígame cuál era la razón y conteste a la pregunta de si las razones del gobierno han cambiado con el paso del tiempo.

—No vamos a apoyarnos en eso, y creo que la Casa Blanca no se apoyará en esas declaraciones —comentó Burnham más adelante en referencia al vídeo manipulado.

Voy a repetirlo. El propio abogado del gobierno dijo que no iban a apoyarse en el vídeo.

Aun así, Kelly me dio motivos para preocuparme. Preguntó a nuestro abogado, el gran Ted Boutrous, por mi comportamiento en la rueda de prensa.

—Todos hemos visto el vídeo —dijo Kelly, y señaló que yo había "seguido hablando después de que se acabara mi tiempo" y que "no quería renunciar al micrófono".

"Au", pensé.

Imperturbable, Boutrous señaló que no estaba de acuerdo con las acusaciones del gobierno sobre mi comportamiento, y advirtió que la Casa Blanca tenía un argumento poco sólido al asegurar que podía tomar represalias contra periodistas que no le gustaran.

—¿Cuáles son los valores? —preguntó Boutrous—. La grosería no es un valor. Si lo fuera, nadie habría podido ir a la rueda de prensa. —Añadió además que Trump había sido bastante grosero también—. El presidente era la persona más agresiva, por no decir grosera, de la sala —argumentó Boutrous—. Él fomenta esa clase de debates tumultuosos... Conociendo a Trump, es probable que conceda la palabra al señor Acosta el día en que consiga recuperar su pase de prensa —continuó.

Boutrous no sabía cuánta razón llevaba, pero confieso que sus idas y venidas me inquietaron un poco. Me parecía que aquello no debía ser un debate sobre grosería. Creía haberme defendido bien mientras el presidente me atacaba. ¿Cuántas veces debemos dejar que el abusón nos pegue una paliza en el patio del colegio? Aun así, si aquel argumento servía para convencer al juez, que así fuera.

Boutrous pasó después a un argumento más general: que el presidente estaba intentando seleccionar a los periodistas para cubrir la información de la Casa Blanca. Eso es algo que deciden las organizaciones de prensa, no el presidente.

—El presidente no tiene derecho a escoger a quién envía la CNN a la Casa Blanca —dijo Boutrous.

¡Amén, Ted!

Después expuso que parte del razonamiento de la decisión de la Casa Blanca se basaba en su insatisfacción ante lo que consideraba el "sesgo liberal" de la CNN. Justo antes de la audiencia judicial, la campaña de Trump envió un correo electrónico a sus seguidores para recaudar fondos, aprovechando el caso de la CNN contra el presidente y la Casa Blanca. El correo electrónico atacaba a la CNN por tener un "sesgo liberal". Boutrous señaló el correo electrónico como prueba de que la decisión que habían tomado contra mí estaba motivada en parte por una discriminación "basada en el contenido".

Yo intenté fijarme en la reacción de los abogados del Departamento de Justicia cuando Ted utilizó el correo electrónico para recaudar fondos. Sentados a su mesa, parecieron considerarlo algo muy perjudicial para su caso.

"Te lo dije", vi que murmuraba Burnham en voz baja a otro de los abogados del gobierno sentados a su mesa, como si quisiera reconocer que sí, que aquel correo electrónico no beneficiaba al caso de la administración.

Boutrous arremetió entonces contra la Casa Blanca por las falsas acusaciones de que le había puesto las manos encima a la becaria, junto con el uso vergonzoso del vídeo manipulado con el "golpe de karate".

—Es absolutamente falso —declaró Boutrous—. Han abandonado ese argumento —añadió en referencia a la acusación de acoso.

En cuanto al argumento más peligroso de la administración, que los funcionarios podían prohibir a los reporteros la entrada a la Casa Blanca sin tener en cuenta lo que hiciéramos como periodistas, Boutrous criticó también esa declaración, acusando al Departamento de Justicia de ignorar el proceso de recopilación de noticias por parte de los reporteros. Los reporteros se reúnen con sus fuentes en el complejo de la Casa Blanca. Los periodistas asisten a sesiones informativas celebradas por funcionarios de la administración. Todo eso sería impensable si estuviésemos obligados a ver a la gente de Trump por televisión.

—No es así como los reporteros dan las noticias. Se trata de una idea equivocada del periodismo —argumentó Boutrous.

Pero fue Burnham quien logró tener la última palabra en la audiencia judicial. Arguyó que la CNN tenía a más de cincuenta empleados acreditados para cubrir la información de la Casa Blanca. Los derechos de la cadena no se verían amenazados si a mí me vetaban, añadió.

—El presidente no tendrá que hablar con el señor Acosta nunca más —dijo Burnham—. El presidente no tendrá que concederle una entrevista al señor Acosta nunca más. Y nunca más tendrá que darle la palabra al señor Acosta en una rueda de prensa.

Burnham sugirió que, si Trump decidía ignorarme de ahora en adelante, ¿qué más daría que yo tuviera un pase fijo para entrar a la Casa Blanca?

—Me parece que estamos tratando aquí un curioso caso de injurias contra la Primera Enmienda —dijo Burnham.

De nuevo, pensé: "¿El señor Burnham conocerá de algo a Trump? Está claro que volverá a darme la palabra".

Pero el caso del gobierno tenía un punto débil. No abordaba el tema de los derechos de la Quinta Enmienda, explicados en el caso de *Sherrill contra Knight*, que eran una parte fundamental de mi queja contra la Casa Blanca. En resumen, no había tenido un juicio justo. Burnham no abordó aquella cuestión.

Aun así, el juez Kelly, en un adelanto de la que sería su decisión, dijo a los abogados del gobierno que estaba legalmente obligado por el caso *Sherrill*. Aquello supuso cierto consuelo para mí cuando acabó la audiencia, que duró casi dos horas extenuantes. El juez dijo que al día siguiente habría tomado una decisión sobre nuestra petición de una orden de alejamiento temporal, en esencia, que la revocación de mi pase fijo se mantuviera un máximo de dos semanas.

Recuerdo que me volví hacia la supervisora de Relaciones Públicas de la CNN en la oficina de D.C., Lauren Pratapas, que estaba sentada a mi lado en el juzgado. Cuando terminó la audiencia, ambos respiramos aliviados. Fue agotador. Fue estresante. Había cosas que sonaban bien. Otras no sonaban tan bien.

Aun así, había un factor importante que jugaba a nuestro favor, pues habíamos recibido una oleada de apoyo por parte de nuestros compañeros de la prensa. Trece cadenas de noticias, incluidas Fox News (¡!), la NBC y Politico se unieron para presentar un informe coadyuvante en apoyo a nuestra demanda contra la administración. Otras cadenas se sumaron más tarde a la iniciativa. A todos los efectos, eran un frente unido.

"Es imperativo que los periodistas independientes tengan acceso al presidente y a sus actividades, y que no prohíban la entrada a periodistas por motivos arbitrarios. Nuestras organizaciones de noticias apoyan el derecho constitucional a hacer preguntas a este presidente, o a cualquier presidente", decía el informe de las organizaciones de noticias.

El juez Kelly no podía ignorar sin más esa clase de solidaridad por parte de los corresponsales de prensa de Washington. Cierto, tal vez no inclinara la balanza en nuestro favor, pero era sin duda una muestra de apoyo importante. Incluso Fox estaba de nuestro lado. Después de todos los segmentos en horario de máxima audiencia en los que Fox News despedazaban a mis compañeros y a mí, ahora ese bastión de los medios conservadores se había puesto de nuestro lado.

Después de la audiencia, nos reunimos en una pequeña sala frente al juzgado para hablar de lo que había sucedido. Los abogados y yo estuvimos de acuerdo en que siguiera guardando silencio mientras el juez estudiaba el caso.

Olson, que había estado sentado a la mesa del equipo de la CNN durante la audiencia y cuya sola presencia aumentaba el valor de nuestros argumentos legales, explicó por qué pensaba que Kelly fallaría a nuestro favor.

Argumentó que el juez utilizaría el fallo del caso *Sherrill* para resolver deprisa lo que podría llegar a ser un complicado caso contra la Primera Enmienda. La CNN y la Casa Blanca podían debatir sobre si se habían violado mis derechos de la Primera Enmienda, pero, en lo relativo a un juicio justo, la Casa Blanca no tenía argumentos suficientes. No me habían ofrecido ningún juicio justo. Olson pensaba que el juez Kelly nos otorgaría la victoria basándose en el caso de *Sherrill contra Knight*.

Al día siguiente se produjo otro drama. El juez Kelly decidió posponer su decisión otras veinticuatro horas. Los abogados me aconsejaron que no le diera demasiada importancia. Recuerdo que aquel día el clima estaba horrible.Me aferraba a la esperanza de que el juez estuviese dándole vueltas a otro factor, aunque tardío. La Asociación de Corresponsales de la Casa Blanca, de la que soy miembro, había presentado un informe coadyuvante aquel jueves. Nos pareció un momento extraño. Esa muestra de apoyo nos hubiese ayudado de haber sucedido antes de la audiencia judicial. Y, para ser sincero, me había decepcionado que la Asociación no hubiese estado de nuestro lado al entrar en el juzgado. Pero era mejor tarde que nunca.

El presidente de la Asociación, Olivier Knox, me dijo que parte del motivo del retraso se debía a la naturaleza misma de la junta voluntaria compuesta por nueve miembros.

—Es como arrear gatos —me dijo Knox.

Otro factor era que la organización estaba considerando la posibilidad de formar parte de un informe coadyuvante mayor junto a otros grupos por la libertad de prensa, pero cambiaron de opinión.

—Me pareció buena idea distinguirnos del resto de la multitud —dijo Knox.

Mis fuentes en la Asociación me dijeron que Knox y otros miembros del grupo hablaron en mi nombre con Sanders a puerta cerrada. Según me contaron, advirtieron a la secretaria de Prensa de que la decisión de su gabinete de revocar mi pase "sería una herida autoinfligida muy dañina".

—Todos los corresponsales de prensa se unirían —dijeron a Sanders los miembros de la Asociación.

Pero, según parece, Sanders no cedió. "Los ánimos estuvieron muy caldeados los dos primeros días" posteriores a la rueda de prensa.

En cuanto a Shine, en realidad no se podía contar con él

como defensor de los corresponsales de la Casa Blanca. Durante las reuniones con la Asociación, en ocasiones Sanders se mostró abierta a la preocupación expresada por los miembros de la junta sobre cuestiones logísticas y de cobertura informativa. Shine no hacía más que quejarse de las informaciones que emitían los principales medios de comunicación, sin apenas ocultar el hecho de que había llegado a la Casa Blanca desde Fox News.

Pero la declaración extralimitada de la administración durante la audiencia, al argumentar que el presidente podía vetar a cualquier periodista que quisiera, dio a la Asociación razones suficientes para actuar. La declaración de la organización fue directa al grano: "El presidente de Estados Unidos sostiene que tiene capacidad absoluta para decidir quién puede informar desde dentro de la Casa Blanca. Según su manera de interpretar la ley, si no le gusta el contenido de un artículo que escribe un periodista sobre él, puede negar a ese periodista el acceso a la Casa Blanca. Si no le gusta el punto de vista expresado por el periodista, puede negarle el acceso a la Casa Blanca", decía la declaración.

Me alegré mucho de la última parte de la declaración, que abordaba de forma directa el peligro real que planteaba el argumento utilizado por la administración en el juzgado, que Trump podía llevar sus críticas falsas contra la prensa al siguiente nivel. Podría empezar a eliminar información fundamental sobre su administración. Si lo lograba, podría acabar por someternos a todos con sus abusos.

"Si no le gusta la pregunta de un periodista, puede negar a ese periodista el acceso a la Casa Blanca. Si decide que la historia del periodista es una 'noticia falsa', puede negar a ese periodista el acceso a la Casa Blanca. De hecho, según el presidente, si considera que un periodista es 'malo' o 'grosero', puede negarle el acceso a la Casa Blanca. Y además puede hacerlo sin proporcionar a dicho periodista un juicio justo. El presidente interpreta la ley de manera equivocada. Aunque tenga capacidad absoluta para expulsar a un miembro de la prensa de su residencia en la Torre Trump, no tiene capacidad para expulsar a un miembro de la prensa de la Casa Blanca".

La Asociación de Corresponsales advirtió al juez que la autoridad que el presidente aseguraba tener iba demasiado lejos. Mi caso, que había comenzado como una represalia ridícula por parte de la Casa Blanca, se había convertido en un desafío a las capacidades de la prensa libre de Estados Unidos para cubrir la información de la oficina más importante del país.

Si piensan que me daba palmaditas en el hombro por esto, se equivocan. A decir verdad, empezaba a preocuparme, mucho, que mi discusión con Trump pudiera hacer mucho daño a mi profesión y a muchos de mis compañeros. Si aquel juez nombrado por Trump fallaba en contra de la CNN, no sería una exageración decir que se produciría un efecto desalentador sobre la prensa de Estados Unidos. Me preocupaba April Ryan. Habían intentado castigar a mi compañera, Kaitlan Collins, por sus preguntas. Es posible que tomaran represalias en su contra también. La Casa Blanca podía empezar a expulsar a periodistas que no le gustaran. Los gobernadores y alcaldes de todo el país podrían empezar a bloquear a reporteros en los actos oficiales. Lo único que les haría falta sería aludir al caso *CNN contra Trump* y eso sería todo.

Pensaba que todo ese asunto podía venirse abajo y a mí me echarían la culpa. Sería radiactivo. Las demás cadenas no querrían ni tocarme. Aquello bien podría suponer el fin de mi carrera.

Sobra decir que no dormí mucho aquella noche. A mi nivel de estrés se sumaba el flujo constante de mensajes amenazantes que recibía en redes sociales. Un perturbado me envió una serie de correos electrónicos violentos demasiado inquietantes para publicarlos.

Llegó el día siguiente y nos dirigimos hacia el juzgado. El director de mi oficina, Sam Feist, junto con la ejecutiva de Relaciones Públicas Lauren Pratapas, el abogado de la CNN David Vigilante y el equipo legal de Gibson, Dunn y Crutcher entraron apresuradamente en el edificio. Charlamos de asuntos triviales e intentamos bromear, pero no había manera de aliviar la tensión. Estábamos con los nervios a flor de piel, anticipando la decisión del juez. Había algunas predicciones. Creo que nadie pensaba que el juez fuese a concedernos una orden de alejamiento temporal y que, a su vez, restableciera de inmediato mi pase fijo. El cinismo se había apoderado de todos nosotros.

Y entonces... no pudimos quedar más satisfechos con el resultado.

El juez Kelly, como había predicho Olson, se apoyó en la decisión del caso *Sherrill* para dictar su sentencia. La Casa Blanca "debe ofrecer un juicio justo si pretende revocar el pase fijo del señor Acosta", declaró.

Curiosamente, el juez parecía sugerir que había algo de credibilidad en las declaraciones del gobierno al asegurar que el derecho a la Primera Enmienda no tenía cabida en la Casa Blanca. Pero incluso esa fue una victoria vacía para Trump y

Sanders. Cuando los periodistas acceden a la Casa Blanca, continuó el juez, están amparados por la Primera Enmienda para seguir allí.

Mientras el juez hablaba, uno de los abogados de Gibson Dunn, Joshua Lipshutz, me dirigió una mirada que es difícil describir con palabras. Me miraba asintiendo con la cabeza, asombrado, mientras el juez leía su sentencia, como diciendo: "Vaya... esto se pone cada vez mejor". Y así fue. Cada vez mejor.

El juez Kelly amonestó a la Casa Blanca en varias ocasiones durante su fallo, recalcando que el gobierno no había podido precisar quién había tomado la decisión de revocar mi pase de prensa. Mis fuentes me dijeron que Shine, Sanders y Trump tomaron la decisión conjuntamente, pero que fue Shine el impulsor de la idea de echarme. Y tal vez los abogados del gobierno no quisieran admitirlo en el tribunal. En lo que supuso una pequeña victoria para mí, el juez reprendió a la Casa Blanca por utilizar el vídeo manipulado, que describió como de una "precisión dudosa". Aquello supuso una reprimenda a Sanders por parte de un juez al que su jefe había puesto ahí.

Kelly pasó entonces a otorgarme la orden de alejamiento temporal y ordenó a la Casa Blanca que me devolviera mi pase fijo. Sobra decir que estábamos extasiados. Habíamos ganado.

"Nuestro más sincero agradecimiento a quienes han apoyado no solo a la CNN, sino a la prensa estadounidense libre, fuerte e independiente", dijo la CNN en un comunicado.

Por fin rompí el silencio impuesto por mi compañía y por mí mismo y, a la salida del juzgado, dije a los reporteros:

—Solo quiero dar las gracias a todos los compañeros de la prensa que me han apoyado esta semana. Quiero dar las gracias al juez por la decisión que ha tomado. Y ahora, volvamos al trabajo.

————————

DESPUÉS, AL SUBIRME AL AUTO, NO PUDE AGUANTARME Y solté un grito.

— ¡Hemos vencido a Trump! —grité.

Puede que me oyeran hasta en la Casa Blanca, donde Sanders y Trump intentaban salvar las apariencias, para sorpresa de nadie. Durante una breve charla con los reporteros, el presidente insistió en que él era un orgulloso defensor de la prensa libre.

—Queremos la libertad de prensa absoluta —dijo—. Pero hay que actuar con respeto cuando se está en la Casa Blanca. Y cuando veo la manera en que tratan a mi gente durante las ruedas de prensa, me parece terrible. De modo que vamos a establecer ciertos estándares, que es lo que el tribunal nos solicita —añadió.

Es para estallar de la risa. Trump estaba diciéndome: "tienes que actuar con respeto cuando estés en la Casa Blanca". Sus palabras me parecieron el colmo de la hipocresía. ¿Había tratado él con respeto a la Casa Blanca? Una vez más, le declaraba la guerra a la verdad. Trump no ha elevado la presidencia.

Sanders vio solo lo que quiso ver en la decisión del juez.

—El tribunal ha dejado claro que no existe el derecho a la Primera Enmienda para acceder a la Casa Blanca —dijo en una declaración. Pero ignoró el hecho de que el juez Kelly había dicho que los reporteros que cubren la información del presidente sí tienen derecho a la Primera Enmienda una vez dentro de la Casa Blanca. Me pareció extraño que siguiese repitiendo como un loro la absurda declaración del Departamento de Justicia sobre cómo funciona el acceso al complejo de la Casa Blanca. Trump acababa de decir, "queremos la libertad de prensa absoluta". Y Sanders defendía justamente lo contrario.

Ni siquiera se ponían de acuerdo a la hora de presentar información falsa.

Pero no había tiempo de centrarse en todo eso. Como comenté a la salida del juzgado, "volvamos al trabajo".

El presidente de la CNN, Jeff Zucker, me envió un correo electrónico para felicitarme y básicamente me dijo lo mismo. ¡Hora de volver al trabajo! El plan era que regresara a la Casa Blanca, recuperase mi pase fijo y preparase un reportaje para esa noche en *The Situation Room with Wolf Blitzer.* Lo único que pedí a cambio fue poder irme temprano para llegar al recital de baile de mi hija. En vista del calvario que acababa de vivir, me dieron el permiso.

Por muy emocionados que estuviéramos por la decisión del juez, los defensores de Trump seguían vilipendiándonos en las redes sociales. Algunos de los comentarios volvieron a hacer saltar las alarmas.

Que maten a Jim Acosta, decía un tuit. En ese momento, los agentes de seguridad de la CNN ordenaron que me pusieran protección las veinticuatro horas durante los próximos días. Fue otro momento difícil, pero tuve que seguir adelante. Tenía que volver a trabajar.

Al regresar a la Casa Blanca, mi productora aquel día, Allie Malloy, me advirtió de que había docenas de personas de los equipos de noticias esperando mi regreso. "Oh, mierda", pensé. Iban a volver a decírmelo: "¡Te estás convirtiendo en la noticia!".

Feist me acompañó hasta la Casa Blanca. Y Allie tenía razón. Unos cincuenta productores, cámaras y reporteros se hallaban a la entrada de la Casa Blanca para captar el momento. Resultaba un poco extraño encontrarme al otro lado de la escena. Sin saber bien qué hacer mientras miraba a las cámaras, recuerdo que pregunté nervioso si tenían alguna pregunta que hacerme. No la tenían. Así que, en resumen, repetí lo que había dicho a la salida del juzgado. Un reportero me preguntó qué consejo me gustaría dar a los periodistas jóvenes.

—Hagan su trabajo y relaten la verdad —respondí. Sinceramente, ojalá hubiera dicho algo más en ese momento. Soy reportero de televisión; siempre quiero decir algo más. Pero la CNN quería limitar mis comentarios aquel día. Así que fui breve. En teoría, seguíamos en medio de una batalla judicial. Sí, nos habían otorgado una orden de alejamiento temporal, pero en su momento aún cabía la posibilidad de que tuviéramos que seguir defendiendo nuestro caso ante el juez Kelly. La brevedad fue un sabio consejo.

Uno de los fotógrafos de la Casa Blanca, un "foto fija" (como los llamamos) llamado William Moon, sacó una foto de mi pase de prensa al reflejar la luz del sol. Apenas pude creerlo cuando me la envió. Técnicamente, no podemos sacar fotos a nuestros pases de prensa. Supongo que está mal visto por el Servicio Secreto, porque podría animar a los delincuentes a usarlas para fabricar acreditaciones falsas. Pero aquella foto se podía compartir sin problemas porque en realidad no se veía el pase fijo. Era solo un destello de luz al final del cordón. Me quedé mirando la foto y pensé: "Qué semana más loca".

¿Quién habría imaginado que, después de todos esos mítines y ruedas de prensa, después de todos los ataques que había tenido que soportar durante los últimos tres años, acabaría luchando en un tribunal por mis derechos como periodista? ¿Quién habría imaginado que ganaría esa batalla?

Yo no.

De modo que volví al trabajo, entregué mi reportaje y llegué al recital de baile de mi hija. Pero aún no estaba fuera de peligro.

———

DE REGRESO A CASA EN MI AUTO AQUEL VIERNES POR LA NO-che, recibí un correo electrónico en mi teléfono. Era de Sarah Sanders (Shine estaba en copia), informándome de que la Casa Blanca había decidido solicitar la revocación de mi pase fijo. Pese a su derrota en los tribunales, pese a la sentencia de un juez elegido por Trump, no iban a renunciar a la lucha. "Muy bien", pensé. Aquel era el mundo de Trump. Allí nunca admiten los errores, sino que los redoblan. El razonamiento de Sanders era que, esta vez, me lo notificaban con tiempo y me ofrecían un juicio justo.

Llamé de inmediato a Sam Feist, que aparecía en copia en el correo electrónico. Lo primero que pensé fue en dejarlo así. Me sonaba a desesperación. La gente de Trump no estaba acostumbrada a perder. Quizá solo estuvieran haciendo ruido para mantener las apariencias. Le sugerí a Sam que no dijésemos ni una palabra de aquello fuera de un reducido círculo dentro de la CNN. De ese modo, la carta de Sarah no se filtraría a través de nosotros. Se filtraría a través de la Casa Blanca. Pensamos que, así, ellos tendrían la palabra.

Al contrario que la primera vez, cuando tuiteé la declaración de Sarah y el vídeo en el que me arrebataban el pase de prensa, la clave era el silencio. "Vamos a disfrutar del ciclo informativo todo lo que podamos", pensamos. Queríamos ver hasta dónde estaba dispuesta a llegar Sarah para iniciar de nuevo la Tercera Guerra Mundial.

Me había puesto en contacto con mi abogado, el reputado Robert Barnett, para que me aconsejara sobre el asunto de la carta de Sanders. Predijo que la táctica de la secretaria de Prensa no tendría éxito. No se puede iniciar de forma retroactiva un proceso por algo que ya había sucedido, me dijo Barnett.

—Nunca es buena idea cuestionar el juicio de un juez federal —añadió.

A lo largo del fin de semana, nuestra estrategia pareció funcionar. Es posible que la Casa Blanca esperase que protestásemos de inmediato, pero guardamos silencio. Durante todo el sábado y gran parte del domingo, todos los titulares eran positivos para la CNN. La noticia era que habíamos ganado. ¡Habíamos ganado!

Entonces llegó el domingo. La Casa Blanca debía de haber filtrado la noticia. Mike Allen, de Axios, informó de la existencia de la carta. Otros reporteros empezaron a confirmar la noticia. Lo único positivo era que habíamos logrado mantener la ridícula carta de Sarah alejada de los titulares durante cuarenta y ocho horas.

La CNN solicitó de inmediato una audiencia judicial de emergencia con el juez Kelly, que había adjudicado el caso el viernes anterior. Queríamos que la Casa Blanca entendiese que nosotros también podíamos ser despiadados. Al fin y al cabo, no había razón para tomarnos a la ligera las palabras de Sanders. En su nueva carta declaraba que Trump "está al corriente de esta decisión preliminar y da su aprobación".

En nuestra solicitud de una audiencia de emergencia descríbíamos aquel último gesto de la Casa Blanca como un "intento por proporcionar un juicio justo con carácter retroactivo". Pero pensé que tal vez la Casa Blanca se saliese con la suya en esta ocasión. El juez Kelly había insistido en que la administración necesitaba un proceso para revocar pases de prensa. Aquel era un intento bastante patético de ofrecer un juicio justo, pero quizá convenciera al juez. Volví a tener miedo. Sanders había dicho en su carta que mi suspensión se haría efectiva cuando terminase la orden de alejamiento temporal. Pero la Casa Blanca estaba tratando de burlarse de nosotros, en su intento por desafiar la decisión del juez y, al mismo tiempo, tratar de obedecerla. Me pareció que se estaban pasando de listos. Tal vez al final todo saliera bien.

En un mensaje enviado al Departamento de Justicia, Ted Boutrous se mostró tajante con los abogados del gobierno y dijo que la carta de Sanders era una "prueba más de la antipatía de sus clientes hacia el señor Acosta basada en su trabajo como corresponsal jefe de la Casa Blanca para la CNN". Boutrous había dado en el clavo. La Casa Blanca estaba actuando por despecho. No podían evitarlo. Y era imprescindible que el juez Kelly los detuviera.

Entonces sucedió algo gracioso el lunes por la tarde, menos de veinticuatro horas después de que Axios destapara la noticia de la carta de Sanders. En mi pantalla apareció un tuit de John Roberts, de Fox News. John había dado la noticia de que la Casa Blanca iba a devolverme el pase de prensa. Sarah o Bill Shine, el antiguo jefe de John, debían de haberle dado la confidencia. Envié un correo electrónico a Sarah. ¿Esto es cierto? Me confirmó que sí. A los pocos minutos, emitió un comunicado.

"Esta tarde hemos notificado a Jim Acosta y a la CNN que le será devuelto su pase fijo", declaró Sarah. Y, una vez más, trató de salvar las apariencias: "También le hemos notificado ciertas normas que se aplicarán en las ruedas de prensa de la Casa Blanca de ahora en adelante". Después, con la elegancia que todos esperábamos, dio un último golpe.

"Hemos creado estas normas con cierto grado de arrepentimiento", añadió.

Sí, seguro que te arrepientes de muchas cosas, Sarah. Seguro que sí.

Las nuevas normas eran tremendamente ridículas, como algo que se hubiera inventado un maestro de guardería con una gorra MAGA. Aquí están:

1. Un periodista a quien se dé la palabra hará una sola pregunta y después cederá el turno a otros periodistas;

2. A juicio del presidente o de cualquier otro funcionario de la Casa Blanca que esté respondiendo preguntas, se podrá hacer una segunda pregunta relacionada; cuando se haya hecho y respondido esa segunda pregunta, el reportero cederá el turno;

3. "Ceder el turno" incluye, cuando proceda, devolver físicamente el micrófono al personal de la Casa Blanca para que lo use el siguiente reportero;

4. Si no se respetara cualquiera de las 3 normas anteriores, se suspenderá o revocará el pase fijo del periodista.

Como les conté a algunos de mis compañeros, a la gente de Trump no le gusta perder. Y, durante este episodio, era evidente que habían recibido un buen azote. Además, habían perdido ante quienes más odiaban: la prensa. Uno de sus propios jueces había rechazado su ataque a la prensa. En cuanto a las nuevas normas, nadie se las tomó en serio, ni siquiera el presidente. Los periodistas de la Casa Blanca siguieron haciendo más de una pregunta. Y Trump siguió contestándolas porque le gusta discutir, al menos cuando cree que va a ganar.

Al día siguiente, Trump demostró que esto era así. Salió al Jardín Sur de la Casa Blanca, de camino a un acto, y aceptó preguntas de los reporteros. Y cuando digo preguntas me refiero a múltiples preguntas de múltiples reporteros. Los reporteros hicieron muchas preguntas. David Martosko, del *Daily Mail*, hizo bastantes. (Podría decirse que David se negaba a ceder el turno a otros reporteros, pero debería haberlo hecho; es reportero). Y no hubo ningún drama. Casi de inmediato y sin mucha fanfarria, las normas de Sarah se fueron por la borda.

Cuando Trump me dio la palabra, le pregunté por el asesinato del periodista saudí y columnista del *Washington Post* Jamal Khashoggi. Pese a la valoración de la CIA, que creía que el príncipe saudí Mohammed Bin Salman Al Saud había organizado el sórdido asesinato de Khashoggi en un consulado de Estambul, Trump había publicado una extraña declaración aquel día en la que se ponía de parte de los saudíes en el asunto de la muerte de Khashoggi, diciendo del príncipe saudí que "Puede que lo hiciera y puede que no". Le pregunté si rechazaba la evaluación de la CIA. En realidad, no contestó a la pregunta. Así que le hice otra. Y, de nuevo, Trump respondió sin mucho drama.

—¿Va a permitir que los saudíes queden impunes después de asesinar a un periodista? —pregunté.

—No. Esto se trata de poner a Estados Unidos primero

—respondió. "Defender a un reportero es una manera de poner primero a Estados Unidos", pensé. Pero Trump ya había dado la palabra a otro reportero. Al finalizar aquella ronda, el presidente me señaló como diciendo: "Has vuelto". Y así era.

Entonces sucedió algo que me puso enfermo. Mientras avanzaba por la fila de reporteros, Trump se negó a responder a una pregunta de mi amiga April Ryan. April le había preguntado si la Casa Blanca investigaría el uso por parte de Ivanka Trump de una cuenta de correo electrónico personal para enviar y recibir mensajes con asuntos del Gobierno. Trump se limitó a señalarla con el ceño fruncido. Después se volvió hacia los demás y preguntó: "¿Qué más?". Por muy fuerte que sea, April pareció dolida por el desprecio de Trump en aquel momento. Sé que le quitó importancia, pero a mí me fastidió.

Por mucho que disfrutara de estar de vuelta en la Casa Blanca haciendo mi trabajo con el pase fijo en el bolsillo, sabía que nuestra victoria en los tribunales nunca cambiaría el comportamiento de Trump. Habíamos ganado la batalla, pero la guerra contra la prensa no había terminado. Ni de lejos. Sarah y el resto de la Casa Blanca nunca se disculparon por intentar manchar mi nombre y destruir mi carrera; aunque tampoco esperaba que lo hicieran.

Puede que esto no guste a mis detractores, pero no pierdo el tiempo hecho un ovillo, llorando por las noches hasta quedarme dormido. Recibí con los brazos abiertos el odio del mundo de Trump. Además, prefería centrarme en la cantidad de respuestas positivas que encontraba en cada esquina. Hay funcionarios anónimos de la Casa Blanca que me han parado por la calle para decirme que "siguiera luchando". (Sí, esto ha sucedido). Los pilotos de algunos de mis vuelos por todo el país han enviado notas desde la cabina de mando diciéndome que "siguiera presionando". No piensen ni por un segundo que los abusos que soportamos en la Casa Blanca y en los mítines de MAGA cuentan la historia completa. Porque no es así.

He recibido mensajes de gente de todo el mundo, igual que mis compañeros de la prensa. Se nos acerca gente en las estaciones de tren, en los supermercados y restaurantes. Esas personas creen en esa cosa llamada prensa libre. Saben que desbaratar las mentiras es un trabajo difícil. Saben que sacrificamos muchas cosas. Han visto el comportamiento abusivo. Y la gente en casa nos ha dicho: "No pares". O, como dijo Sam Donaldson, "Sigue haciendo tu trabajo".

———

POCO DESPUÉS DE VOLVER A MI TRABAJO EN LA CASA BLANCA, pude desempeñar un pequeño papel cubriendo la noticia del fallecimiento del expresidente George Bush padre. Me encontraba frente a la Catedral Nacional de Washington. La misa acababa de terminar. Fue una ceremonia emotiva. Parecía que el mundo entero lloraba con la familia Bush mientras se despedía de Bush 41. Tuve la oportunidad de cubrir el encuentro entre las familias Bush y Trump, describiéndolo como "La Gran Generación se encuentra con Volver a Hacer de América un Gran País", para recordar que Estados Unidos era un gran país mucho antes de que el cuadragésimo quinto presidente jurase el cargo. Fue agradable informar sobre otro presidente además de Trump para variar. George Bush nunca habría llamado a la prensa el enemigo del pueblo.

Cuando todo acabó y los poderosos de Washington se fueron a casa, distinguí un rostro familiar que se dirigía hacia mí. Era

Tom Brokaw, el legendario presentador de la NBC que había escrito el libro *The Greatest Generation* ("La gran generación"). No nos habíamos visto nunca.

—¿Estás procurando no meterte en problemas? —me preguntó Brokaw con una carcajada.

—Más o menos —respondí con una sonrisa.

Epílogo
Estados Unidos, si estás escuchando…

En las semanas posteriores a la recuperación de mi pase de prensa en la Casa Blanca, muchos de mis compañeros de otras cadenas, e incluso algunos agentes del Servicio Secreto, me instigaban con el asunto; era parte del humor negro característico en la Casa Blanca.

—¿Te dejan volver a entrar aquí? —me preguntaban.

Les respondía que sí y me reía.

Pero también había recibido cálidos gestos de apoyo. En una cena de premios en Washington, el exsenador republicano Jeff Flake, que también había discutido con Trump, me dio un saludo.

—Ve por ellos, Acosta. No te eches atrás —me dijo Flake.

En la fiesta navideña de la Asociación de Corresponsales de la Casa Blanca, celebrada en el JW Marriott de Washington, Sarah Sanders y Bill Shine se me acercaron en un intento poco sincero por aliviar la tensión.

—No huyas —me dijo Sarah cuando se me acercaron—. Venimos en son de paz.

Entonces insistieron para que cantara con ellos una versión poco entusiasta de *Doce días de Navidad*, mientras algunos de mis homólogos de la prensa se reunían a nuestro alrededor para observar la escena con curiosidad.

—"Cinco ruedas de prensa doradas" —bromeé modificando la letra. Hubo algunas risas. Fue todo muy incómodo, así que di un trago a mi copa de vino y me escabullí.

La gente me ha preguntado si las cosas han vuelto a la normalidad con la Casa Blanca. No, por supuesto que no, les respondo. ¿Cómo iba a ser así? Las cosas no eran normales en la Casa Blanca antes de perder mi pase de prensa.

Después de las elecciones de mitad de mandato, Trump siguió poniendo a prueba la Constitución de Estados Unidos. Ignoró al gobierno para obligar a los contribuyentes estadounidenses a construir su muro fronterizo, el proyecto que en 2016 prometió que financiaría México. Al no conseguirlo, declaró una emergencia nacional para eludir el Congreso con la intención de desviar fondos al proyecto de su barrera fronteriza. Algunos republicanos acusaron al presidente de violar la Constitución, una curiosa prueba de vida de un partido prisionero de su líder. El difunto senador John McCain, archienemigo de Trump, habría estado orgulloso.

Pero ¿qué más podría intentar Trump con otro mandato más? Supongo que, en algún punto, ambos partidos se rendirán y dejarán que Trump se salga con la suya con el muro. Pero ¿de verdad creen los demócratas que el presidente corresponderá con iniciativas bipartitas para afrontar, por ejemplo, la epidemia de tiroteos masivos que ha asolado comunidades desde Newton, Connecticut, hasta Parkland, Florida, ¿pasando por Las Vegas? Es evidente que no abordará la crisis del cambio climático, que sigue considerando un engaño, pese a lo que nos dicen las pruebas científicas.

Cuando se trata de la frontera, los hechos no tienen cabida en el cerebro de Trump. Durante una rueda de prensa en el Jardín de las Rosas, donde anunció su emergencia migratoria, arremetió contra mí por mis intentos de acorralarlo con preguntas. Cuando le recordé que los estudios demuestran que los inmigrantes, incluso los indocumentados, cometen menos delitos que los estadounidenses nativos, me gritó "noticias falsas".

—No puede creerse eso —dijo Trump.

—Yo creo en hechos y estadísticas —le dije durante otro de nuestros enfrentamientos.

Una emergencia nacional que Trump parece haber ignorado por completo es la posibilidad de que Rusia vuelva a manipular el proceso democrático estadounidense en 2020. Pese al acalorado debate sobre si los socios y ayudantes de Trump conspiraron con Moscú, sí que existen algunas conclusiones claras que aparecen recogidas en el informe del fiscal especial Robert Mueller sobre la injerencia de Putin en 2016. Mueller descubrió, como ya hiciera el servicio de inteligencia estadounidense mucho antes de que él fuese designado fiscal especial, que los rusos habían llevado a cabo con éxito una operación para alterar el resultado de las elecciones presidenciales. Altos funcionarios de la administración, incluido el director de la inteligencia nacional, Dan Coats, ya han advertido de que los rusos volverán a intentarlo en 2020.

El 18 de abril de 2019, el fiscal especial Robert Mueller publicó su informe sobre la trama rusa. Aunque no acusó a

Trump de haber conspirado con el gobierno ruso en 2016, tampoco exoneró al presidente de obstrucción a la justicia. En el informe de Mueller figura que el presidente ordenó al abogado de la Casa Blanca Don McGahn que despidiera al fiscal especial. McGahn ignoró la orden. A Trump le preocupaban las conclusiones de Mueller y comentó a sus ayudantes: "Este es el final de mi presidencia". También se supo que Sarah Sanders había admitido a los investigadores que había mentido sobre el despido de Comey.

Merece la pena recalcar que, después de que los demócratas se hicieran con el poder en la Cámara de Representantes tras las elecciones de mitad de mandato en 2018, Trump comenzó a expresar su preocupación ante una posible destitución, según me contaron. Lo veía como una "posibilidad real". Según mis fuentes, los funcionarios de la Casa Blanca creían que las acusaciones por financiación ilegal de la campaña, sumadas a los sobornos a las supuestas amantes de Trump, podían suponer un problema importante.

Cuando evaluamos el efecto de Trump en el mundo, deberíamos ir más allá de la amenaza rusa. Quizá deberíamos evaluar el daño que estamos haciéndonos a nosotros mismos al traicionar los valores que han hecho de Estados Unidos un país de referencia. Pensemos en el caso del columnista del *Washington Post* Jamal Khashoggi, el periodista saudí que vivía en Virginia, cuyos hijos son ciudadanos estadounidenses, y que fue asesinado en el consulado saudí de Estambul. Los servicios de inteligencia de Estados Unidos consideraron que el reino de Arabia Saudí, posiblemente siguiendo órdenes del príncipe heredero Mohammad Bin Salman, había planificado el asesinato de Khashoggi como represalia por sus comentarios sobre el gobierno de Riad.

En su defensa, los saudíes al principio dijeron que Khashoggi había abandonado el consulado con vida; de hecho, había un vídeo de circuito cerrado que lo demostraba. Pero, como destapó un excepcional reportaje de la CNN sobre el asesinato del periodista, la persona que aparecía en el vídeo abandonando el consulado era un doble vestido con la ropa de Khashoggi. Después supimos que Khashoggi nunca salió del edificio. En su lugar, el periodista fue detenido dentro, donde, según declaran los gobiernos turco y estadounidense, los agentes saudíes lo asesinaron y lo desmembraron con una sierra.

Los saudíes trataron de engañar al mundo sobre lo sucedido con Khashoggi y llegaron a culpar del asesinato a unos "asesinos corruptos", mentira que Trump repitió ante la prensa. Era como si O. J. Simpson escribiera las declaraciones de prensa de Arabia Saudí. El vergonzoso intento del gobierno de Riad por ocultar el asunto, destapado en parte por los periodistas, pero también por sus rivales geopolíticos de Turquía, puso de manifiesto el peligro que suponía dejar el mundo en manos de autócratas como la familia real saudí.

Cuando el presidente estadounidense acabó por ponerse del lado de los saudíes y no del lado de la prensa, dejó claro que el reino no se haría responsable en ningún caso del asesinato de un periodista. El equipo de Trump pensaba que no merecía la pena defender la vida de un "enemigo del pueblo" si eso implicaba sacrificar la buena relación entre Estados Unidos y Riad. Aquello dio luz verde a otros gobiernos del mundo para atacar a la prensa —no es que Vladimir Putin necesite el visto bueno;

aun así, había otros tiranos, grandes y pequeños, observando el panorama—. Y ahora los líderes extranjeros llaman "noticias falsas" a las historias que desean tapar. El virus antiverdad de Trump se está extendiendo.

Una prensa libre es un elemento fundamental de la vacuna democrática contra los ataques a la verdad. Aun así, resulta casi imposible mirar hacia lo que nos espera en 2020 y no preguntarse hasta qué punto podrían empeorar las cosas para los periodistas.

Durante el fin de semana posterior a recuperar mi pase de prensa, estuve pensando en el alto precio que pagan ahora los periodistas por hacer preguntas difíciles. Ahí estaba yo, lanzando un balón de fútbol americano con mi hijo en plena calle (como solemos hacer), y a unos quince metros de nosotros había un hombre con una pistola en el cinturón: un guardia de seguridad enviado para protegernos a mi familia y a mí en respuesta a las amenazas de muerte que había estado recibiendo tras el fallo judicial a favor de la CNN. Hubo otros intentos de acoso. Alguien había enviado a la policía a mi casa para asustar a mi familia, asegurando que allí estaba produciéndose un incidente violento. La policía llegó en mitad de la noche con las armas empuñadas. Por suerte, mis hijos siguieron durmiendo.

Pregunto a mis compañeros periodistas y a mis compatriotas estadounidenses: ¿este va a ser nuestro destino?

No podemos ignorar los peligros. Cuando el llamado dinamitero MAGA, Cesar Sayoc, se declaró culpable en un tribunal federal en marzo de 2019, dijo estar arrepentido por poner en peligro a los periodistas y a los críticos de Trump, pero después insistió ante el juez en que nunca tuvo intención de hacer explotar los artefactos.

"Solo tenía intención de intimidar y asustar", le dijo Sayoc al juez en una carta.

La detención de Sayoc no supuso una pausa en las amenazas a los periodistas que cubrían a Trump. En febrero de 2019, un defensor de Trump con gorra MAGA atacó a un cámara de la BBC en uno de los mítines del presidente en El Paso.

Los periodistas deben seguir expresando su repulsa contra estos actos de violencia hacia la prensa. No deberíamos callar.

Llegado 2020, habremos alcanzado el año número cinco de la guerra de Trump contra la prensa y la verdad. Llegados a ese punto, Estados Unidos habrá cambiado en muchos aspectos, aspectos que ni siquiera ahora podemos predecir. Yo diría que una sociedad libre no puede soportar el peso colectivo de los abusos que hemos sufrido sin que sus instituciones y sus habitantes experimenten una profunda metamorfosis. Por todo el país, mucha gente habrá alcanzado la mayoría de edad expuesta a una retórica peligrosa que distorsiona nuestro sentido colectivo de la realidad y eso tendrá consecuencias que aún no podemos imaginar del todo.

Para entender mejor la gravedad de este momento en la historia de nuestra nación, consulté a varios historiadores y eruditos. Si comparten la opinión de que vivimos una época peligrosa para Estados Unidos, ánimo. No son los únicos.

—Ahora mismo nos movemos por aguas muy peligrosas —me dijo Douglas Brinkley, historiador de la Universidad Rice—. Una parte fundamental del autoritarismo consiste en asfixiar a la prensa libre —continuó—. Si [Trump] logra convertir la prensa en "noticias falsas" y en "el enemigo del pueblo", conseguirá eliminar el principal obstáculo para un gobierno autoritario —añadió.

Otros historiadores a los que consulté no se atrevieron a decir que nos dirigimos hacia el autoritarismo, pero sí se mostraron preocupados ante la mala situación de la capital de la nación y el impacto que puede tener en el resto del país. Julian Zelizer, historiador de la Universidad de Princeton, culpó de los problemas actuales de la nación al brote de partidismo extremo del que abusa Trump. Esperemos que sea solo eso. Pero Larry Sabato, del Centro de Política de la Universidad de Virginia, fue más allá y dijo:

—[Trump] puede describirse como el líder de una secta; millones de seguidores creen cualquier cosa que les diga, sin importar la verdad. —Sabato continuó diciendo—: Desde los últimos días de Nixon en 1974, me he preguntado si un presidente se plantearía dar un golpe de Estado para conservar el poder... hasta ahora.

Le pregunté a Larry si le importaba que lo citase literalmente. ¿Su respuesta?

—Usa todo lo que quieras, Jim... arremete. —(Eso haré).

Al concluir el testimonio del antiguo abogado personal de Trump, Michael Cohen, se produjo el que fue, con diferencia, el momento más significativo cuando el presidente del comité, Elijah Cummings, demócrata de Maryland, ofreció un discurso apasionado sobre el estado de la política estadounidense.

—Tenemos que volver a la normalidad —aseguró—. Cuando estemos bailando con los ángeles, nos preguntarán: En 2019, ¿qué hicimos para asegurarnos de que nuestra democracia se mantuviera intacta? ¿Nos quedamos sentados sin decir nada? —agregó Cummings.

Creo que sus palabras son muy acertadas. Si mantenemos

esta situación de anormalidad, sin duda habrá consecuencias. Si seguimos por este camino, no sería exagerado decir que, en Estados Unidos, habremos presenciado una transformación muy triste. Es posible que millones de seguidores de Trump ya no se crean lo que cuentan o escriben los periodistas que trabajan para las principales cadenas de informativos. Es más, Trump ha demostrado una y otra vez que avivará la hostilidad hacia la prensa entre sus fieles para beneficiar a sus simpatizantes y defensores en los medios de comunicación conservadores. La pregunta es: ¿hasta dónde podrá resistir el sistema antes de romperse? Al fin y al cabo, no lograremos enfrentarnos al poder con la verdad si los que están en el poder son capaces de aplastar esa verdad.

Tras viajar a todos los rincones del país y asistir a todos esos mítines ruidosos, tras absorber todo ese veneno y esa hostilidad, no me preocupa tanto lo que Trump esté haciéndole a Estados Unidos como lo que nos hemos hecho a nosotros mismos. Si los seguidores de un político están tan cegados por sus pasiones que son capaces de acercarse a una periodista durante un acto político y gritarle que es una traidora, o amenazar la vida de un reportero en redes sociales, entonces, como sociedad, estamos renunciando a algo más importante que la política. Estamos renunciando a nuestra decencia y, quizá, a nuestra humanidad. Es legítimo preguntarse cómo acabará esto sin sufrir.

En última instancia, el presidente de Estados Unidos debería responsabilizarse solo hasta cierto punto. Los ciudadanos aún poseen la capacidad de distinguir entre lo correcto y lo incorrecto, de percibir la diferencia entre las noticias reales y las noticias falsas. No permitamos que la verdad muera en un tuit. Sería una manera horrible de acabar con ella.

Cuando hablo con grupos de personas que quieren saber qué se siente al cubrir la Casa Blanca en la actualidad, con frecuencia me preguntan cómo lograremos salir de esta época tan oscura para el país. Desde luego no tengo todas las respuestas. Pero lo primero que les digo es que no me preocupa tanto el "Síndrome de Enajenación Trump", como describen algunos de los defensores del presidente la indignación de sus detractores. Me preocupa más lo que yo llamo el "Síndrome de Depresión Trump". Hay muchas personas que se sienten desalentadas, incluso derrotadas, cuando ven las noticias del día o los tuits de cada mañana. ¿Pasará este momento? Creo que sí. Pero ¿cómo llegaremos hasta allí? Esto es lo que pienso: Vamos a necesitar más fe, no solo en los hechos, sino en nosotros mismos. Necesitamos más fe para poder contar con nuestros vecinos, incluso los desconocidos de las gorras rojas de MAGA o las camisetas rosas de #RESIST, para formar así una unión más perfecta. Estamos divididos, pero creo que no es una situación irreversible. Pese a todo lo sucedido, aún tengo fe en todos nosotros.

Será difícil alcanzar ese lugar de unidad duradera. Hemos de entender todos que las palabras importan. Tienen significado. Las palabras tienen poder. Creo que el término "enemigo del pueblo" ayudará a definir esta era, cuando un grupo de gente se enfrentó a otro de formas que no había visto en toda mi vida. Antes del ocaso de esta democracia —y ojalá que no llegue ese día—, hay que decir que la prensa no es el enemigo. Somos defensores del pueblo. Algunos periodistas, yo no, han sacrificado todo por esta profesión, desde zonas de gue-

rra hasta, por desgracia, redacciones de periódicos. Los periodistas han hecho todo esto por su devoción al pueblo. Es una
devoción nacida del amor a todos los pueblos. Es una verdad
que merece la pena defender, porque los periodistas también
forman parte del pueblo.

Agradecimientos

Este libro no habría sido posible sin la ayuda de algunas personas muy especiales para mí. Quiero dar las gracias especialmente a mi familia, por su paciencia durante el proceso de escritura. Mis maravillosos compañeros de la CNN también me han mostrado todo su apoyo. Así que me gustaría agradecer a Jeff Zucker, Michael Bass, Allison Gollust, Rick Davis, David Vigilante (¡y el resto de los abogados de la CNN!), Sam Feist, Virginia Moseley, Antoine Sanfuentes, Steve Brusk y Matt Hoye. Son muchos los productores y presentadores que me han invitado a sus programas durante mis doce años en la CNN. Les estoy agradecido a todos.

Por otra parte, me gustaría reconocer el trabajo de mis compañeros en la unidad de la Casa Blanca para la CNN, pasados y presentes: Laura Bernardini, Brianna Keilar, Dan Lothian, Jeff Zeleny, Pam Brown, Sara Murray, Kaitlan Collins, Joe Johns, Athena Jones, Abby Phillip, Boris Sanchez, Michelle Kosinski, Kevin Liptak, Allie Malloy, Jeremy Diamond, Dan Merica, Sarah Westwood, Meghan Vasquez, Betsy Klein, Noah Gray, Kristen Holmes, Becky Brittain Rieksts, Bonney Kapp y Elizabeth Landers. Los productores de Nueva York Laura Dolan y Julian Cummings, además de mis antiguos compañeros Jon Klein, James Kraft (ahora en la NBC) y Edith Chapin (ahora en NPR) también me ayudaron mucho durante mis años en la CNN.

Sería un descuido por mi parte no mencionar a nuestro magnífico equipo de fotoperiodistas en este trabajo tan exigente: Khalil Abdallah, Peter Morris, Jay McMichael, Bill Alberter, Geoff Parker, Burke Buckhorn, Mark Walz, John Bodnar, David Jenkins, Tony Umrani y Tim Garraty.

———

EN CUANTO A LA REDACCIÓN DEL LIBRO, DEBO QUITARME EL sombrero ante la apasionada Lisa Sharkey, de HarperCollins, que fue quien me propuso el proyecto, además de mi editor Matt Harper, astuto e incansable. Los consejos de Matt han sido brillantes durante todo el proceso. Como siempre, estoy agradecido a Robert Barnett por su apoyo y sus recomendaciones.

Hay muchas fuentes sin las cuales no habría podido cubrir esta administración tan desafiante y poco ortodoxa. Por supuesto, no puedo dar aquí sus nombres, pero deberían saber que no me olvido de ellas.

Por último, les deseo lo mejor a todos ustedes, ciudadanos igual que yo, por tomarse el tiempo de leer este libro, que sale directo del corazón. Que Dios bendiga a América.

Sobre el autor

JIM ACOSTA es el corresponsal jefe de la Casa Blanca para
la CNN y en la actualidad se encarga de cubrir la presidencia
de Trump. Anteriormente también cubrió la administración
Obama desde la Casa Blanca y por todo el mundo. Cubre con
asiduidad las ruedas de prensa presidenciales, las visitas de jefes de Estado y los asuntos relevantes para la rama Ejecutiva del
gobierno federal.

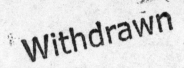